竞争政策与法律文库

黄勇 总主编

专著系列

江山 主编

# 反垄断私人诉讼制度研究

Private Enforcement in Anti-monopoly Litigation

戴宾 著

法律出版社
LAW PRESS·CHINA

竞始择
争而和

# 总　序

时至今日,市场经济成为现代国家经济发展模式的最优选择,已是共识。市场经济是主要通过市场来配置资源的经济运行机制,即经济生活中“生产什么”“如何生产”和“为谁生产”等问题交由市场决定。市场经济条件下,由竞争所形成的资源相对价格承载着某一资源相对于其他资源的稀缺程度信息,而市场参与者依据该信息便可掌握相关市场的竞争态势,并作出相应的资源配置决策,从而大大降低信息成本和交易成本。与此同时,市场参与者不仅要受到竞争约束,而且要受到产权约束,从而极大降低了监督成本。正因如此,市场经济成为一种静态和动态资源配置效率兼具的经济制度。倘若不建立这样的制度,社会资源配置就缺乏可靠的指引,经济资源也就无法得到有效配置。因而市场经济成为各国发展经济的不二选择,我国也不例外。党的十四大确立“建设社会主义市场经济体制”目标、1993年“市场经济”入宪,宣示我国开启了经济建设的新模式。

市场经济要求市场在资源配置中起决定性作用,竞争是市场的核心机制。没有竞争,也就无所谓市场,更遑论市场经济。政策文件、法律文本上的“市场经济”,并不必然意味着市场或竞争能够在现实的资源配置中发挥积极作用。对于尚处于转型期的中国来说,计划经济体制下长官意志、行政命令和对产业政策的深度路径依赖并未完全消除,仍残留在经济政策制定的过程之中,或隐或显地影响或干扰着经济运行,其典型体现便是坊间所称的“行政垄断”。这不仅戕害市场公平竞争,也损害市场运行效率和政府威信。与此同时,竞争的自我毁坏性在我国市场经济运行中也不可避免。如何有效规制垄断便成为市场经济运行中不可回避的话题。1993 年出台的《反不正当竞争法》和 2007 年颁布的《反垄断法》相继成为我国打击垄断、保护竞争的法制支撑,在矫正竞争扭曲行为、维护市场竞争秩序方面发挥了不容忽视的效用,但在我国改革进入深水区之时面临包括体制、机制在内的诸多束缚和挑战。显然,这已不是反垄断法所能承载之重,需将竞争政策与法律置于中国全面深化改革的时代大背景之下整体考量、全面筹划。

在中国,自古以来改革绝非易事,当代经济改革更是一件宏大的历史叙事。对内改革、对外开放,是 30 多年来经济建设不变的主题。众所周知,改革就会向旧体制“宣战”,更会触动某些利益集团或群体的“奶酪”,从而使改革困难重重。拿出“壮士断腕”的勇气和魄力,不是套话而是改革浪潮中决策者的真实呼唤与深情呐喊。因此,在经济改革进程中,导入竞争机制,将计划经济体制遗留下来的那只踩住市场“无形之手”的政府“有形之脚”驱离,还以市场经济之应有活力,其难度可想而知！改革尚未完成,法治仍需努力！唯有通过改革,方能不断巩固和强化市场机制,以及竞争在资源配置和国民经济运行中的决定性作用。“使市场在资源配置中起决定性作用和更好发挥政府作用,必须以保护产权、维护契约、统一市场、平等交换、公平竞争、有效监管为基本导向,完善社会主义市场经济法律制度”,不仅是政策表达,更是经济改革的制度诉求。其核心,是促进市场竞争的政策选择与法律治理问题。对学者来说,是挑战,更是机遇。

在欧美成熟市场经济法域,丰富的反垄断理论学说与实践经验的积累,源自于制度与市场长时期的共同演进。而在中国,反垄断法诞生伊始就面临着浓缩的改革大时代和迭代的经济新潮流,既要夯实制度基础、因应改革变局、又要立足理论前沿、迎接未知未来。为此,与之相关的竞争政策与立法的基础性、系统性和前沿性、开创性的研究都亟待充实。当前,竞争政策与法律所处的宏观环境是动态的。正推进着的全面深化改革战略,不仅从制度层面上不断改变着现行的制度与规范体系,更改变着制度所处的环境,需要研究动态之下的制度把握与应用。唯有宏观把握竞争政策与产业政策作为经济发展政策工具选择的优劣、消长,方能从容布划,为经济改革的路径选择、制度设计和政策制定建言献策。与此同时,反垄断法的不确定性也呼唤理论与实践的深化。这种不确定性由多种因素促成，既有规范文字的原则抽象，也有垄断行为的千变万化，更有市场情势的瞬息万变。也正是因为这种不确定性，使反垄断法适用极具技术性、专业性，无论是具体实务还是理论探讨，无不需要跨领域、跨学科的多角度、多层次深入思考、比较分析、潜心研究，借鉴和汲取域外有益经验，总结和归纳国内反垄断实践之得失。竞争政策与反垄断法不是停留在政策与法律文本的字里行间，而是要落地、生根，在政策实施与法律适用中方能获得生命。脱离实际、远离中国市场竞争的竞争政策与法律研究注定是灰色的。该领域的研究不仅要着眼于竞争政策与反垄断法深层次的理论追寻，更要善于把握现实中的实践需求，如当下的公平竞争审查、执法机制与程序完善、创新与反垄断等问题，深入挖掘、扎实研究，小心求证、谨慎结论。唯有如此，竞争政策与法律研究在中国方可开花、结果。

对外经济贸易大学竞争法中心是为回应我国《反垄断法》制定和实施需求、推动竞争法律与政策研究、加强对外学术交流与合作而成立的校级研究机构。自成立以来，始终以"竞始择，争而和"为情怀，以推动和引领中国竞争法研究为己任，通过举办国际性论坛、系列讲座和提供咨询服务等多种形式，构建良好的学术研究平台，开展前沿性研究、培养竞争法人才，服务国家与社会。百舸争流，奋楫者先。为进一步推动中国竞争政策与法律研究的发展，中心拟举惠园之力、聚全国竞争法同人之智识，组织出版《竞争政策与法律文库》，以共襄中国竞争法治之盛事。《文库》设专著系列、译著系列、案例系列、文集系列，是法律出版社与对外经济贸易大学竞争法中心共同打造的学术品牌。中心将秉持开放包容之胸怀、恪守择优务实之原则，认真对待每一位竞争法志士的优秀作品。期待您的大作！

[*]

2016年10月6日

* 对外经济贸易大学竞争法中心主任，教授、博士研究生导师。

Contents

# 目录

# 导　论

《反垄断法》自2008年实施以来，反垄断民事诉讼案件呈几何态势增长。反垄断民事救济方面的研究在国内外上有了实质性的发展与深化，本书研究的是关于反垄断法民事救济方面，探讨的主题是在反垄断法框架下的私人诉讼制度。反垄断法律制度的健全不仅仅表现为法律规则的完善，更应表现为执法机制的有效性。[①] 反垄断法私人诉讼的立法和实践肇始于美国，20世纪90年代末期特别是21世纪以来，反垄断法私人诉讼已经成为大多数国家的必然选择。由于理性对社会变革的确认和相应法律调整的滞后性，加之在法律的实施上，我国传统上看重的是公权力的保障作用，忽视了私人作用的发挥。因此，如何设计并构建中国反垄断法私人诉讼制度，对于完善我国反垄断法立法体系，以及填补我国反垄断法实施机制等方面，具有重要的现实意义。

## 一、选题意义

### （一）从学术研究的角度看选题意义

从学术研究的角度来看，本书选题主要基于以下两方面的考虑：

---

① 参见时健中：《私人诉讼与我国反垄断法目标的实现》，载《中国发展观察》2006年第6期。

1. 从结构与功能角度看

从结构与功能角度看，法的实现实际上表现为不同主体间的一系列角色分工与互动。① 作为国家干预市场运行的管理型法律，反垄断法旨在维护有效竞争，而维护有效竞争的终极目的在于增加消费者福利。因此，反垄断法的实施在很大程度上必然依赖于公共权力的介入。而垄断问题往往涉及广泛的市场主体和公共利益，仅仅依靠反垄断执法机构对于反垄断法的有效实施是不够的，救济措施是反垄断法赖以生存的基础，没有以私人诉讼为代表的救济手段，反垄断法就是“没有牙齿的怪兽”。② 反垄断法的主体多元化、成本多元化与过程效率化的实现必然是公共执法和私人诉讼的有效互动。加之，反垄断法的规则特征具有鲜明的不确定性，正如张瑞萍在其《反垄断法理论与实践探讨》所言“……任何立法都要在确定性与不确定性之间寻求平衡。如果法律规定失去其针对性，那么这种规定便毫无意义；但如果法律的规定过于具体而肯定，那么就会在实施中遇到困难，因为立法者无法将生活中可能出现的各种情况都完全预见到。反垄断法作为调节社会经济生活的基本法，更不可能规定得过于具体……”③这决定了反垄断法实施成本是很大的，在“小政府、大社会”或“有限政府”已经成为普遍行政模式的背景下，无疑需要私人积极介入反垄断法实施机制，与国家共同承担实施反垄断法的职责。④ 作为公共执法的补充，私人诉讼可以优化反垄断法的执行机制，加强执行力度，提高执行水平，更好地维护市场竞争秩序。

2. 从权利救济实现方式看

从权利救济实现方式看，反垄断法面前人人平等，反垄断法并非只是反垄断机构“垄断”的法律，任何权利人在其合法利益遭受不法侵害时，必然寻求通过公权力介入的救济形式以弥补损失。反垄断法是公法与私法的结合，是以社会利益为本位之立法，其所规制的对象为垄断与限制竞争行为。反垄断法对市

---

① 法的实现是执法的要求在社会生活中被转化为现实，其内容包括法的实施与法的实效，前者侧重强调法的要求向现实转化的过程，后者侧重强调这种转化的实际效果。参见张文显主编：《法理学》，高等教育出版社、北京大学出版社 1999 年版，第 266 页。

② 黄勇：《中国反垄断法下的救济措施》，载王晓晔主编：《反垄断立法热点问题》，社会科学出版社 2007 年版，第 143 页。

③ 张瑞萍著：《反垄断法理论与实践探索》，吉林大学出版社 1998 年版，第 749 页。

④ 参见蔡从燕：《论反垄断私人诉讼——法实现机制中私人的作用及保障》。转引自梁慧星主编：《民商法论丛》（第 29 卷），法律出版社 2004 年版，第 275 页。

场主体之间竞争关系的调整、对垄断行为之规制、对社会公共利益与消费者利益的保护,实质上是公权对私权的主动介入,这种介入的出发点是为了社会整体利益包括受到或可能受到垄断行为损害的受害人之利益而限制垄断行为人的私人权利。反垄断法正是通过对规制反竞争行为来实现其功能的,这也是公平正义的必然要求。

**(二)从社会实践的角度看选题意义**

在现代复杂的经济生活中,反垄断主管机构的孤军奋战往往不能使之得到有效的贯彻和执行。竞争能否得到有效的保护,在很大程度上取决于因限制竞争的行为而受到侵害的第三者利益能否在反垄断法的执行过程中得到合理的维护。

由于"首先,违法行为最容易由直接受其影响的人发现;其次,比起背着预算包袱的政府行政机关,更多情况下是私人较易提起诉讼"。[①] 因此,私人诉讼应当成为反垄断法实施的最有效的手段。作为世界上反垄断执行机制最发达的国家,美国《克莱顿法》第5条第a款,由政府根据反托拉斯法起诉并通过民事或刑事程序确定被告违反反托拉斯法的场合,其判决或审决在其他人对被告的诉讼中可以作为直接证据。不言而喻,这将有助于私人利用政府程序的结果请求损害赔偿,而没有限制私人请求赔偿。近几十年来,美国私人诉讼案件与公共执法机构诉讼案件的比例是10:1到20:1,法院在解决反垄断案件中扮演主要角色。数据显示,私人诉讼是实施反托拉斯法的主要方式。[②]

以反垄断私人诉讼为代表的私人执行机制,对于我国反垄断法的有效实施具有十分重要的意义,其不仅可以弥补反垄断主管机构执法过程中的一些不足、保护受害人的利益,还具有抗衡公权力和培养民主观念的积极作用。

## 二、概念的厘清和限定

**(一)私人实施、私人执行、私人诉讼**

学界对"private enforcement of law"有不同的理解,有的学者将该词译为

---

① [日]田中英夫、竹内昭夫:《私人在法实现中的作用》,李薇译,法律出版社2006年版,第3页。

② See Frank Wamser, *Private Enforcementofthe Antitrust Laws*, 607 PLI/Corp 225 Practising Law Institute, June 1, 1988.

"私人法律实施",[①]也有的学者将其翻译为"法律的私人执行"。[②] 有的学者将法律执行分为公共执法和私人执法,试图通过"私人执法"这一概念质疑执法由公共机关垄断的一般概念。[③]

笔者认为,"执法"一般是指狭义的执法概念,是指国家行政机关及其公职人员依照法定职权和程序,贯彻、执行法律的活动,称为"行政执法"。[④] 而"private enforcement of law"是指经营者、消费者等私人主体在竞争性市场中,受到限制竞争行为侵害而自主地寻求救济的方式。考察各国反垄断司法实践,通常意义下的"private enforcement of law"实际上是上述私人主体在反垄断法框架内遭受限制竞争行为侵害而提起的民事诉讼,即反垄断私人诉讼。在本书中,对于"private enforcement of law"的理解,反垄断私人实施以及反垄断私人执行均取反垄断私人诉讼之意。

**(二)反垄断法、竞争法、反托拉斯法**

反垄断法、竞争法、反托拉斯法等概念是各国不同的称谓,因本书旨在讨论有关这一领域内法律的民事救济制度的问题,并不涉及上述概念具体内涵与外延的比较,故为行文方面,在本书中具有同样的含义,不作区分。[⑤]

## 三、研究方法

研究只有有相应的方法论作支撑才能得以深入,研究的过程也是对方法的检验和提高的过程。研究方法是特定的研究对象来决定的,何种研究方法的选择,要以研究目标、研究对象为根据,以顺利完成研究任务宗旨。基于反垄断法私人诉讼问题的复杂性,笔者拟采用多种研究方法来研究。具体如下:

**(一)辩证分析法**

这是贯穿全书研究过程的基本方法,也是马克思主义唯物辩证的分析方法,即按照客观事物自身的运动与发展规律来认识事物的思维和分析方法。在

---

① [美]理查德·波斯纳:《法律的经济分析》,蒋兆康译,中国大百科全书出版社 1997 年版,第 412 页;李国海:《反垄断实施机制研究》,中国方正出版社 2006 年版,第 126 页。

② 徐昕:《法律的私人执行》,载《法学研究》2004 年第 1 期。

③ 参见[美]理查德·波斯纳:《超越法律》,苏力译,中国政法大学出版社 2002 年版,第 247 页。

④ 张文显主编:《法理学》,法律出版社 1997 年版,第 359 页。

⑤ 关于各个国家使用这些概念的情况,参见许光耀:《欧共体竞争法通论》,武汉大学出版社 2006 年版,第一章第三节。

这一方法的具体运用中，就是坚持联系的观点、发展的观点、全面的观点、对立统一的观点、具体问题具体分析的观点、实事求是的观点来认识事物的本质，揭示事物的运动规律与轨迹。反垄断私人诉讼问题备受关注，不仅是在概念上，而且在实施上争议颇大。各国对私人诉讼的执行方面做法不一。对反垄断私人诉讼问题，要运用辩证分析的方法，具体情况具体分析，根据国内国际的实际情况，针对各种具体问题，确定应遵循的原则，作出相应的判断和处理。

**（二）比较分析法**

所谓比较分析法，是将两个或多个同类或相近的事物，按同一法则进行对比分析，寻找它们的相同点与差异点，并根据同一法则进行对比分析的结果来推测未能知的事物或具有同样或近似的性质和特征。规范的比较法研究是从法律规范和制度的比较出发的，即对世界各国相关的法典、判例和制度进行从概念、原理到法律技术和具体设计方面的比较。私人诉讼是一个国际性问题，每个国家以何种方式去解决这一问题，有着完全不同的理念和具体做法。不仅涉及法律制度的设计，而且取决于一个国家的经济社会发展程度、政治体制、司法权威和功能、法律职业、当事人、社会观念以及法律文化等多种因素。各个国家，不仅是发达国家与发展中国家之间，特别是发达国家之间，现实地说，美国和欧盟对待私人诉讼的态度和做法就大相径庭。只有对在其他国家和地区私人诉讼问题上的态度和采取的做法进行比较分析以资借鉴，才有可能找到最适合本国社会基础和现实条件、成本与风险最小、最适用的解决方案。① 因此，比较分析法是研究私人诉讼问题的基本方法。

**（三）实证与案例分析法**

这是学界比较公认的研究方法，也可以称为成熟的研究范式。实证分析方法的特点是，指明研究事物"是什么"，具有什么特征，以及说明该事物在各种条件下会发生什么样的变化，产生什么样的结果。反垄断私人诉讼多发生在经济发达的国家，笔者拟对私人诉讼的成因、私人诉讼法律制度结合具体案例进行列举并分析，尤其注重以典型案件为基础进行研究，以期在对私人执行反垄断法的认识和处理方法的把握上有所裨益。

**（四）经济的分析方法与价值分析方法**

基于经济利益是私人诉讼的基本成因，对该问题的规范涉及成本收益的考

---

① 参见范瑜：《集团诉讼问题研究》，北京大学出版社2005年版，第86页。

虑,以及要充分考虑社会公正与契约自由等价值问题,笔者拟采用经济的分析方法和价值分析方法。

## 四、写作思路和文章结构

### (一)写作思路

本书设计的主旨已经在开篇中作了介绍,即考察反垄断法私人诉讼的特征以及这种特征在反垄断法私人实施机制的实践中的彰显程度。结合我国的实际情况,提出中国反垄断法私人诉讼的制度建构。

为实现本书设计所确立的研究目的,笔者计划从以下两方面展开讨论:

第一,从本书的写作目的出发,即建构和完善我国的反垄断私人诉讼制度。本书并非旨在对国际反垄断私人诉讼制度的方方面面都进行一览无余的仔细考察、分析和比较,所讨论的问题都是针对目前我国反垄断法实施状况,不管是反垄断法理论界还是实务界,人们对于反垄断私人诉讼制度如何从书本上的制度演化为生活中能够进行操作的制度都存在诸多争论,而本书正是对这些热点问题进行分析和探讨。

第二,同样立足于本书的写作目的。笔者以为,反垄断法私人诉讼制度毕竟是"舶来品",在进行法律移植时必须对于世界各主要市场经济国家中这一制度的作用机理、具体的制度设计等问题进行比较法学的研究,然后才能站在我国的现实情况的基础上,通过挑选和改造,确定适合我国国情的制度模式。笔者选用美国和欧盟的反垄断私人诉讼制度作为比较研究的重点,美国构建了世界上最发达的反垄断私人诉讼制度,而欧盟在进入 21 世纪后,其竞争法在私人诉讼方面有了重大突破。同时,笔者还结合其他在反垄断私人诉讼方面有独到之处的英国、日本、德国、我国台湾地区的具体制度进行比较研究,以期为我国反垄断私人诉讼的制度构建尽绵薄之力。

### (二)文章结构

除去导论和结论部分,全书共分为 12 章。

第一章"反垄断私人诉讼概述"。作为本书的开篇,本章分两节展开论述。第一节"反垄断私人诉讼的概念",主要介绍反垄断私人诉讼的概念,特别是作为一个舶来的法律概念所特有的内涵,然后介绍反垄断私人诉讼制度在经济法领域的功能以及反垄断救济制度中公共执法与私人诉讼的关系与协调。第二节"各主要市场经济国家反垄断私人执行机制比较研究",主要采用比较研究的方法，对反垄断私人诉讼制度中的一些基本问题，包括私人诉讼制度的立法和司法实践情况，这一制度的实现模式，主体和对象，途径和救济方式等问题进行考察。在比较研究的对象上，主要选取世界各主要市场经济体——美国和欧盟及其成员国德国、英国作为比较，兼论日本、澳大利亚等其他国家和地区。

第二章“反垄断私人诉讼制度的作用机理”。任何法律制度的存在和发展都离不开对于其价值取向的考察和追问。本章正是站在这样一个更为高远的“平台”上，凭借自然法理论、法社会学以及法经济学知识来更加深入观察和审视反垄断私人诉讼制度的作用机理。本章分两节展开论述。第一节“反垄断私人诉讼制度所具有的法理正当性”重点考察反垄断私人诉讼制度所具有的法律正当性，即它所具备的反垄断法的目的价值和形式价值；第二节“反垄断私人诉讼的制度缺陷”则讨论这一制度本身所不可避免存在的天然缺陷，即其所具有的威慑功能、激励功能和补偿功能方面的有限性。

第三章“反垄断私人诉讼制度的理想模式”。前文分析反垄断私人诉讼制度的作用机理，要想有效地利用私人诉讼这种手段达到补偿和阻吓的双重目的是有一定困难的。这主要是因为反垄断法案件具有不同寻常的特点，这些特点导致了私人不愿起诉。本章分两节展开论述。第一节“反垄断案件的特点”反垄断案件是一类非常特殊的案件，具有高度技术化、专业化、复杂化的特点。第二节“反垄断私人诉讼制度的原则”强调重视私人诉讼的执法功能与防止滥诉文化相平衡；对实体和程序制度作综合规定并加以完善；重视救济方式的体系化；具体救济制度的设计应该具有选择性和区别性。

第四章“反垄断私人诉讼民事救济形式”。在反垄断私人诉讼中，原告可以请求的民事救济方式有以下形式：(1)合同无效；(2)损害赔偿；(3)禁制令；(4)分拆；(5)强制许可；(6)吐出获利；(7)返还。由于损害赔偿、合同无效、禁令是反垄断私人诉讼民事救济形式中的常态，故笔者拟在本论文中重点对上述3种救济形式进行论证，并结合这些救济方式的有效实现，对相关的程序制度加以考察。按照救济形式的不同，本章分为三节。第一节“损害赔偿”，主要是美国反垄断法对于3倍损害赔偿之救济方式进行论述；第二节“合同无效”，主要分析大陆法国家德国、日本等立法和司法情况；第三节“禁令救济”，则主要是对美国与德国和日本的情况进行比较的研究。

第五章“反垄断私人诉讼的起诉资格制度”。就反垄断法的私人诉讼而言，反垄断案件涉及公益，存在多层次的受害人，如竞争者、中间商、零售商、消费者等，还存在直接的受害人通过转售把损害完全转移给消费者的情况。适格当事人的范围大小直接决定反垄断法执行的后果。一方面,如果对适格原告限制过于严格,那么很多受害者将无权提起诉讼,违法者将会肆无忌惮;另一方面,如果对适格主体进行宽泛的定义,应诉的经营者疲于应对各种各样的诉讼,将承担很大的诉讼压力,造成诉讼资源不合理的浪费。无论这些诉讼是否具有实质意义,尤其是在原告受到很大激励的情况下,被告更将会受到诉讼压力的沉重负担。因此,需要在这两者之间维持适度的平衡。具体来讲,本章分三节进行论述。第一节"私人诉讼中的诉权理论",将对民事诉讼中的当事人适格理论进行概要的介绍;第二节"反垄断私人诉讼中的起诉资格制度"将以美国反垄断私人诉讼原告起诉资格进行深入的考察,同时以比较法的视角研究德国、英国、日本以及我国台湾地区反垄断法对于当事人起诉资格的限制性规定;第三节"两种特殊类型的当事人的起诉资格",主要分析在反垄断法执行领域两类常见的特别的人可能提出诉讼请求的情况,即间接购买者和协议方是否有权提起民事诉讼的问题。

第六章至第十章为反垄断私人诉讼的具体程序问题,从"管辖制度""证明问题""专家制度""诉讼费用""诉讼时效"5 个方面展开探讨,对这 5 个制度逐一作了详细的考察和分析,并结合国外的实践及其制度理由对我国在这些方面的工作提出了完善建议。

第十一章"反垄断私人诉讼中的集团诉讼"。在反垄断法案件中,受害人往往众多,但是每个人所受损害金额较小,而全部损害的合计金额却非常庞大。在这种情况下,单个受害者的起诉动力不大,且传统的诉讼模式是一对一的设计,每个原告仅就其本身所受损害起诉被告。在这样的情况下,一方面,受害者不愿提起诉讼,纵容违法行为;另一方面,各个原告单独起诉,增加了法院的负担和全社会的交易成本。鉴于此,各国纷纷设计出形式各样的集团诉讼,主要用来应对新兴经济法领域的大规模纠纷的处理。如美国的集团诉讼、德国的团体诉讼、英国竞争法上的消费者代表诉讼。这些集团诉讼方式,各有特色,也不同程度地存在问题。本章分三节展开论述,第一节"集团诉讼的概念及功能",主要概述有关集团诉讼的基本概念和功能。第二节"各国反垄断集团诉讼制度的考察",鉴于美国反垄断法私人诉讼制度中集团诉讼机制的非常繁荣和强大威力,因此将以美国的反垄断私人集团诉讼为主要考察对象,同时兼论德国、英国。第三节"反垄断集团诉讼的模式和赔偿计算",根据具体设计的不同,集团诉讼表现为不同的形式;根据划分标准的不同,集团诉讼的具体形式可作不同的划分。在集团诉讼中,如何计算和分配损害赔偿是一个非常重要的问题,往往直接决定着整个集团诉讼的有效性。

第十二章“完善我国反垄断私人诉讼制度”。本书前述各章对反垄断私人诉讼制度作了比较全面的考察,考察的目的是为我国反垄断私人诉讼制度的构建提供借鉴。因此,一切论述最终都要归结到对我国制度的考察、分析、评价和完善。对于我国应当建立何种反垄断执行制度的问题,在学术界曾经存在“一元执行体制”——单一的行政执法和“二元执行体制”——行政执行和私人诉讼机制相结合的争论。2007 年我国《反垄断法》正式出台,其第 50 条规定:“经营者实施垄断行为,给他人造成损失的,依法承担民事责任。”因此,关于一元体制还是二元体制的争论尘埃落定,我国立法最终采纳的是二元执行体制。但第 50 条只是一项关于诉权的条款,授予因垄断违法行为受损害者,请求违法者“承担民事责任”的权利。而如何实施反垄断法的损害赔偿诉讼则是我国反垄断法立法和未来执法和司法的难题:我国长期以来一直实行行政主导的经济法救济模式,即人们通常所说的一元模式,使我国反垄断法私人诉讼制度面临着一个艰难的制度整合问题,主要是如何与我国现有的行政执法模式与我国的民事诉讼、行政诉讼制度相衔接的问题。鉴于这一问题的复杂性,本书仅以此章提出些初浅的看法和见解。本章分两节讨论这一问题。第一节“我国现有反垄断法私人诉讼制度的问题”,讨论我国反垄断私人诉讼制度在我国现有法律框架下存在的问题;第二节“我国反垄断私人诉讼制度的完善”,在对前述各章具体制度考察进行总结的基础上,阐明我国反垄断私人诉讼制度构建时应有的指导思想,并对我国未来反垄断私人法诉讼制度的设计提出一些具体的建议,以供立法者参考。

最后是全文的结论:反垄断法私人执行机制在有效维护一国的市场竞争秩序中能够发挥非常重要的作用,但是,我们也要对这项制度本身作用的有限性存在清醒的认识,在进行制度设计时对它心存谨慎。从当下中国现实出发,针对反垄断违法行为,反垄断法私人执行机制自然当行,却也应当慎行。对待反垄断私人诉讼机制,理性的态度应当是“稳健而非冒进的,或者在这里可能用保守更为合适”。① 由此,方能使我国的经济法律在个人自由与国家干预之间维持一种合理限度,进而在个人权利与社会整体福利间达至适度的平衡。毕竟,权利只“可欲”而不“可能”,不是法治社会应有之人间秩序。但社会成员争相诉讼官司缠身,亦非和谐社会之生活常态。

---

① 黄勇:《中国反垄断法下的救济措施》,载王晓晔主编:《反垄断立法热点问题》,社会科学出版社 2007 年版,第 154 页。

# 第一章　反垄断私人诉讼概述

作为本书的开篇,本章分两节展开论述。第一节"反垄断私人诉讼的概念",主要介绍反垄断私人诉讼的概念,特别是作为一个舶来的法律概念所特有的内涵,然后介绍反垄断私人诉讼制度在经济法领域的功能以及反垄断救济制度中公共执法与私人诉讼的关系与协调。第二节"各主要市场经济国家反垄断私人执行机制比较研究",主要采用比较研究的方法,对反垄断私人诉讼制度中的一些基本问题,包括私人诉讼制度的立法和司法实践情况,这一制度的实现模式,主体和对象,途径和救济方式等问题进行考察。在比较研究的对象上,主要选取世界主要市场经济体——美国和欧盟及其成员国德国、英国作为比较,兼论日本、澳大利亚等其他国家和地区。

## 第一节　反垄断私人诉讼的概念

### 一、反垄断私人诉讼概念的限定

通常,反垄断法的执行可以采用两种方式:一种方式是法律赋予特定的公共机构执行相关法律的权力,这种由公共机构执行法律的方式称为"法律的公共执行"(public enforcement of law),也译"公共执法"。"执法"一般是指狭义的执法概念,国家行政机关及其公职人员依照法定职权和程序,贯彻、执行法律的活动,称为"行政执法”。[1] 另一种方式是私人自然人、法人或其他实体保护自己不受违法行为的侵害,从而帮助实现法律所追求的目的,这种方式属于“法律的私人执行”(private enforcement of law),也译“私人执法”。

一般而言,反垄断法的私人执行可分为两种。广义上的私人执行是指因私人当事人倡导或介入而进行的反垄断法执行,包括私人当事人向反垄断主管机关控告反竞争行为以及私人作为第三人参与行政诉讼的情况。如果反垄断主管机关认为其控告理由成立,将发动公共执行程序。因此,这种私人执行实际上是一种公共执行,是私人引发的公共执行(private triggered public enforcement)。在有些国家和地区,由私人引发的公共执行占有非常重要的地位,如加拿大和欧盟。按照加拿大《竞争法》第 10 条的规定,如果 6 个加拿大成年居民认为已经存在或将产生竞争违法行为并且向竞争委员会提出调查申请,竞争委员会必须发动调查程序。按照欧盟法律的规定,具有合法利益的自然人或法人有权向委员会控告,要求委员会作出决定,停止另一个企业违反欧盟竞争法的行为。委员会接到该指控后必须发动调查程序来评估这种指控。如果委员会认为指控的理由不成立,它必须通知控告者并且给其一定的时间进一步提交文件资料。如果控告者提供了另外的资料,委员会必须考虑。即使委员会发现了违反欧盟竞争法的行为,它也有权决定是否指控违法行为。如果它决定不指控,就必须将该决定通知控告者并且说明不指控的理由。对于该决定,控告者可以向欧洲初审法院提起上诉。[2] 狭义上的私人执行是指在诉讼程序中,因限制竞争行为而遭受损害的任何私人当事人基于反垄断法的规定向法院提起的要求违法者停止侵害以及寻求损害赔偿等寻求司法救济的活动。

笔者认为,“private enforcement of law”是指经营者、消费者等私人主体在竞争性市场中,受到限制竞争行为侵害而自主地寻求救济的方式。考察各国反垄断司法实践,通常意义下的“private enforcement of law”实际上是上述私人主体在反垄断法框架内遭受限制竞争行为侵害而提起的民事诉讼,即反垄断私人诉讼。在本书中,对于“private enforcement of law”的理解,以及反垄断私人实施、反垄断私人执行均取反垄断私人诉讼之意。

---

① 张文显主编:《法理学》,法律出版社 1997 年版,第 359 页。

② 参见 Frank Wamser, *Enforcement of Antitrust Law*, Peter Lang GmbH, 1994, pp. 116 - 117。转引自王健:《反垄断私人执行制度初探》,载《法商研究》2007 年第 2 期。

## 二、私人诉讼在经济法领域的功能

传统上的民事诉讼是以恢复特定人之间失衡的关系,从而提供矫正正义为目的的。故其最初功能是为争端各方提供一个和平解决私人争议的渠道,以此取代复仇、神明裁判等不文明、不理性的争端解决方式。随着现代新型法律关系的不断出现,民事诉讼的目的和功能已经悄然发生了改变。

应对这种变化,国外司法实践适时进行了立法和司法的相应调整。美国学者斯坦福大学法学教授肯尼斯·斯科特(Kenneth E. Scott)在其《民事诉讼的两种模式》一文中指出了传统民事诉讼与新型民事诉讼之间的功能差异。① 他认为,民事诉讼可以区分成两种模式,第一种称为"争议解决模式(Conflict Resolution Model),第二种称为"行为修正模式"(Behavior Modification Model)。争议解决模式将民事诉讼视为主要是一种实现和平解决私人争议的方式,即为了维持和平,社会通过法院提供的一种无偏袒地裁决私人不满的机制,以替代报复和暴力自助。而行为修正模式则是通过对行为人施加成本来修正其行为的一种方式,争议解决本身并不是事情的核心,其对于其他人未来行为的影响才是关键。② 在这种模式下,民事诉讼关注的主要是如何通过让被告承担成本来修正其行为,更加关注的不是原告的利益而是被告的行为。

同样,按照日本学者田中成明的观点,法律可以区分成"普遍主义型法律"和"管理型法律"。③ "普遍主义型法律"是着重权利义务规范的法律,如传统的民法、商法;"管理型法律"是以实现公共政策为中心、强调资源分配规范的法律,如经济法。普遍主义型法律旨在平衡原被告双方之间个别、具体的正义(形式正义),通过裁判程序由法官基于法律规范调和、解决社会纠纷。但管理型法律的主要目的却不是为了平衡当事人之间的个别正义,而是以实现某种管理政策目标为主要目的,为了追求一定的社会、经济政策目标等的总体正义。法律在这里充当的是实现该等政策目标的手段或工具。什么样的手段能够以最经济的方式实现法律的政策目标,是管理型法律的思考重心。传统民商法基本上

---

① See Kenneth E. Scott, "Two Models of the Civil Process", 27 *Stanford Law Review*, 1975, p. 937.

② Ibid., p. 938.

③ [日]田中成明:《法理学讲义》,有斐阁 1994 年版,第 86~90 页。转引自黄铭杰:《公平交易法之理论与实践——不同意见书》,台北,学林文化事业有限公司 2002 年版,第 564~566 页。

是由私人执行的，私人执行的力量无须强调。但在新型法律下，由于传统观念认为应该由公共机构执行，所以才会强调私人执行的作用。公共执法和私人诉讼即是管理型法律实现目的的两种主要执法手段。

因此，在新型案件中，民事诉讼除了仍然具有矫正正义的功能以外，还具有了执行法律的功能，即私人执法，甚至后者取代前者成为民事诉讼的最主要功能，矫正正义反而成了附带的功能。具体到反垄断法这种新型的经济法，其主要的立法目的无疑是实现一定的政策目标，实现实质的整体正义，具有很强的合目的性，因此通过何种手段实现这种立法目的才是这类诉讼的关注重点。反垄断法民事诉讼的目的既不是调整私人之间的平衡，也不是通过罚款和监禁来制裁，而是通过禁止进行某种行为来防止和限制违反反托拉斯法的行为，或者通过改变市场结构性质来恢复竞争局面。① 但是，仅仅依靠公共执法的力量不足以充分实现反垄断法的目的。所以应该调动私人的力量参与反垄断法执法。私人力量与反垄断执法之间的结合点就是私人诉讼。通过私人寻求民事救济迫使违法者承担民事责任，一方面，在当事人之间实现正义的追求和利益的平衡；另一方面，达到制裁垄断、矫正企业行为方式，恢复市场竞争的目的，从而实现公共利益。因此，赋予私人执法的权力、给予权益受到侵害者直接的救济，不再单纯是正义理念的要求，也是提高执法效力、保证法律高效实施的重要途径。"促进因违反反托拉斯法的损害赔偿诉讼，将不但使得因反垄断规则被违反而受到损害的消费者和公司能够更容易地向违法者追偿损失，也将强化反托拉斯法的执行。"②

## 三、公共执法与私人诉讼的关系与协调

如前所述，公共执法和私人执法同时并存是反垄断法执法的一个共同特点，但是在这一共同特点背后，却存在这很大的差异：有的国家主要依靠公共执法，有的则主要依靠私人执法。其实，无论是公共执法还是私人执法都各有优劣。因此，将两者协调配合应是理性的选择，但是如何配置二者的比例确实是

① 参见[美]马歇尔·C.霍华德：《美国反托拉斯法与贸易法规——典型问题与案例分析》，孙南申译，中国社会科学出版社1991年版，第44页。

② Green Paper on damages actions breach of the EC antitrust rules, COM (2005) 627 final, 3, available at: http://europa.eu.int/comm/competition/antitrust/others/actions_for_damages/gp_en.pdf.

一件微妙的事情。

**(一)公共执法和私人诉讼相配合的必要性**

1.行政执法的优势与不足

作为管理型法律,反垄断法具有浓厚的行政色彩,行政执法有其天然的优势。如前所述,作为世界上两大最具影响的反垄断执法体,美国、欧盟的实践表明,反垄断机构在反垄断法的实施机制中占据重要地位,究其原因,反垄断法的基本宗旨是维护有效的竞争秩序,而这正是政府必须承担的一项公共职能。[①]具体而言,反垄断机构天然具备的以下4个功能:一是纠纷解决功能。与立法、司法比较而言,行政权力是最为膨胀的权力,渗透于社会的各个角落,并且非常具有专业性,由于拥有诸如调查权、处罚权在内的广泛的行政资源,反垄断机构可以直接处理反竞争行为,对于限制竞争协议、滥用市场优势地位以及并购方面的先天执法优势较之私人诉讼更为广泛。二是决策功能。通过制定反垄断政策或处理特定反垄断案件,反垄断机构不仅可以确立、调整反垄断法中的利益关系格局,而且对于市场主体从事特定行为,以及私人与法院处理反垄断纠纷具有指导作用。美国司法部制定的企业合并指南和欧共体委员会制定的关于类别豁免的条例都成为法院审理反垄断案件的重要依据。三是支持功能。反垄断机构可以为处理反竞争行为提供直接或间接的帮助,这主要体现在反垄断机构充当"法庭之友"方面。欧盟2002年理事会条例为委员会充当"法庭之友"规定了详细规则。四是效率功能。作为公共执法机构,反垄断机构注重效率。由于公共执法的专属性、单方性,使反垄断机构在反垄断执行方面更加注重效率。例如,在反垄断并购审查方面,反垄断执法机构可以在并购方或被并购方提交申请之时即可启动审查程序,对于卡特尔等严重违法行为,虽然也要经过调查取证裁决等过程但是相对于司法权救济来说仍然非常迅速。

在理论上,行政执法应当追求社会整体利益而非个人利益的最大化。但是,由于反垄断执法机构并不直接承担审理中的公共支出或辩护费用,也可能从事过度执法行为。而且,不可否认的是,反垄断执法机构通常所享受的固定工资不随其执法行为而变化,因而容易疏于职守。同时,还有其他若干可能扭曲反垄断执法机构的动机和行为的潜在因素。

---

① 参见蔡从燕:《论反垄断私人诉讼——法实现机制中私人的作用及保障》,载梁慧星主编:《民商法论丛》(第29卷),法律出版社2004年版,第275页。

2. 私人诉讼的优势与不足

文明社会中主张自身权利、消除社会弊端的最终手段不失为3种:第一是诉讼;第二是诉讼;第三还是诉讼。[①] 诉讼制度乃是从程序上保护当事人的实体权利,法律所追求的公平、正义必须借助于严密的程序来实现。在反垄断法领域,经济合作与发展组织(Organization for Economic Co-operation and Development, OECD)制定的《竞争法基本框架》认为私人诉讼至少有两个作用:一是补充或增强了竞争法领域中的政府执法;二是使竞争当局免予承担为民间当事人的利益寻求法律调整的责任。私人诉讼有助于克服反垄断机构可能陷于裁决那些私人争端对竞争过程会产生重大影响从而不必要地耗费大量时间的缺陷。[②]

作为典型的经济法,反垄断法以公共利益为本位。违反反垄断法的行为,首先会侵害体现为市场竞争秩序的公共利益,其次将会侵害到具体的个人——竞争者、其他市场主体或消费者等。在反垄断法上引进私人诉讼不但是为了保护私人利益、实现正义的需要,更主要的是利用私人的力量,推动反垄断法的有效实施,即为了实现社会整体利益的需要。

竞争能否得到有效的保护,在很大程度上取决于因限制竞争的行为而受到侵害的第三者利益能否在反垄断法的执行过程中得到合理的维护。在现代复杂的经济生活中,反垄断法主管机构的孤军奋战往往不能使之得到有效的贯彻和执行。

私人在反垄断民事诉讼中有最直接的经济利益,受利益的驱使,私人诉讼往往较反垄断主管机关的执行更有利于发现和打击限制竞争行为,这是由于受到限制竞争不利影响的受害人显然比政府机构更加敏感,也更有更强烈的内在动力遏制和打击限制竞争行为。限制竞争行为能够轻易为企业带来巨大的非法利润,在此刺激之下企业采取的花样繁多、几乎无处不在的限制竞争行为远远不是政府机构能够应对得了的。因此,私人发起的反垄断诉讼的权利应当被充分保障,私人也应当是反垄断救济的主要组成部分。

但是,私人诉讼的直接动因是受利益的驱使。虽然有些案件中,私人利益与公共利益相契合,但并不能保证总是如此。在私人利益与公共利益发生偏离时,私人诉讼会破坏公共利益,如用作战略目的、阻吓企业的竞争性行为、浪费司法资源等。因此,肆意的、毫无节制的私人诉讼是不可取的,在激励私人诉讼

---

① 参见朱伟一:《美国公司法判例解析》,中国法制出版社2000年版,第161页。

② 参见尚明主编:《各国反垄断法汇编》,人民法院出版社2001年版,第758页。

的情况下更是如此。

**(二)公共执法与私人诉讼的协调**

就实现最佳执法效果而言,反垄断法的执行有赖于通过行政执法和私人诉讼的有机结合,协调行政执法与私人诉讼之间关系,促进反垄断执法的优化。美国学者威克瑞认为,这样的最佳联合执法水平意味着政府和私人对违反反托拉斯法的行为的制裁额之和可能相当于其造成的可确定损害总额。① 就反垄断法而言,使社会整体利益最大化的做法是预防违法的发生而不是对违法行为造成的结果做出补偿,因此,威慑违法是其基本目标。与其他法律一样,反垄断法要同时依赖行政执法与私人诉讼来最大限度地遏制违法行为的发生,鉴于行政执法与私人诉讼各自的执法标准迥异,将实施救济的手段在二者之间进行合理的分配,才能达到最佳的联合执法水平。

总体而言,私人诉讼应该是行政执法的补充,而非主导,也非无足轻重。如前所述,维护有效竞争是政府的基本公共职能,基于这种宗旨,反垄断机构在反垄断法的执行机制中处于核心地位理应发挥其核心作用。而私人参与反垄断法执行的直接目的在于实现其私益,获得损害救济,因此只能是补充性的。赋予私人执法的权力、给予权益受到侵害者直接的救济,不再单纯是正义理念的要求,也是提高执法效力、保证法律高效实施的重要途径。反垄断私人诉讼的出现一定程度上弥补了反垄断机构在纠纷解决方面的不足。

但是,如何在制度设计中体现这种私人诉讼的补充执法功能需要下一番功夫。要通过一种制度把公共和私人执法者联合起来,使综合的执法效果达到最佳水平,社会利益最大化,协调机制必须不仅确保二者能够从适当的目的出发,投入合乎比例的物力和人力,而且确保他们的行动完全步调一致且完美结合。关键在于对反垄断法执行机制进行设计,纳入一种双向协调手段。仅使私人能够通过提起诉讼来"监管"公共执法者是不够的,必须存在某种机制,使公共执法者有能力通过阻止不良的私人诉讼来监管私人执法者,并且鼓励其实施这种监管。

因此设计上的难题是,如何使公共执法有能力遏制过度的私人诉讼,而又不牺牲未来私人提起的反垄断诉讼,这是我们在以后几章具体制度的设计中所要考察的问题。

---

① See William Vickrey, "Counterspeculation, Auctions, and Competitive Sealed Tenders", 16 *J. Finance* 8, 1961, p. 20.

## 第二节　各主要市场经济国家反垄断私人执行机制比较研究

环顾世界各国和地区的反垄断法实施体系，虽然公共主体依然在绝大多数国家和地区的反垄断执法中发挥着主导作用。但近年来越来越多的国家和地区开始采取各种立法努力为反垄断法的私人实施扫除障碍。目前，包括世界各主要市场经济国家在内，已有30多个国家建立了私人实施反垄断法制度。① 从这些趋势中我们可以判断出，反垄断法的私人实施将在维护有效竞争和促进消费者权利保护方面发挥更为重要的作用。为使比较更有针对性和代表性，本书主要选取美国、英国和欧盟及其成员国德国作为比较，兼论日本、澳大利亚等其他国家和地区的制度设计。

### 一、私人诉讼的立法和实践

反垄断法私人执行的立法和实践始于美国。自20世纪90年代末期特别是21世纪以来，反垄断法的私人执行已经成为大多数国家的必然选择。但研究表明，虽然世界各主要市场经济国家纷纷建立反垄断私人诉讼机制，发展私人诉讼，但实施效果并不相同。

#### （一）私人诉讼机制广泛确立

反垄断法的私人执行制度始于美国1890年的《谢尔曼法》。《谢尔曼法》第7条规定，任何因反托拉斯法所禁止的事项而遭受财产或营业损害的人，可在被告居住的、被发现或由代理机构的地区法院提起诉讼，不论损害大小，一律给予其损害额的三倍赔偿及诉讼费和合理的律师费。《克莱顿法》第4条重申了《谢尔曼法》第7条的规定："业务或财产因反托拉斯法所禁止的行为而受到损害的……任何人"均可提起请求三倍赔偿的诉讼。无论是《谢尔曼法》还是《克莱顿法》，其立法目的在于确保原告不因被告不法行为而受有损失，通过法律救济，让原告得以恢复至其原先所应享有的"福利地位"（welfare status），间接地，也避免了被告以不法增加他人额外负担方式，来获

① William E. Kovacis, "Institutional Foundations for Economic Law Reform in Transition Economies: The Case of Competition Policy and Antitrust Enforcement", 77 *Chicago-Kent Law Review* 265, 2001.

取个人的私益。此外,《克莱顿法》还赋予私人寻求衡平法上的禁制令救济的权利。其第16条规定:"有遭受损失或损害之虞的……任何人"均可提起申请禁制令的诉讼。对违反反托拉斯法造成的威胁性损失或损害,任何人、商号、公司、联合会都可向对当事人有管辖权的法院起诉合伙的禁制令救济。当作为反对威胁性行为的禁制令救济条件、原则由衡平法院准许时,依据保证人对上述损害的请求和证明不可弥补的损害很快发生,按照相关的诉讼规则法院可签发预先禁制令。①

私人诉讼是美国反托拉斯法的一个重要制度。它被认为适合多样目标:补偿受害人,阻止和惩罚违法者,以及将私人资源引入执行过程能作为政府诉讼的补充。② 美国的立法者和普通公众甚至认为"反托拉斯法将主要依靠私人执行来实施。议员们担心,由政府机关来负责反托拉斯法的执行,可能会因为其处事犹豫不决以致不会采取任何行动,所以鼓励私人执行被认为是至关重要的"。③

由于私人诉讼制度在美国获得的空前成功,许多国家和地区逐渐开始关注或强化私人主体在实施反垄断法中的作用,探讨或采取了立法措施来促进反垄断法的私人实施。在全球范围内越来越重视反垄断法中的私人实施问题已成为一股潮流,私人实施反垄断法的数量不断增长。目前,已有30多个国家建立了私人实施反垄断法制度。最近几年,欧盟、英国、加拿大、日本等国家和地区对其程序法和实体法内容进行了广泛的改革,为加快反垄断法私人执行制度的发展铺平了道路。④

早在2001年,欧洲联盟法院的判例中就裁决,成员国法院在适当的情况

---

① 参见刘宁元:《中外反垄断法实施体制研究》,北京大学出版社2005年版,第87~88页。

② See Clifford A. Jones, *Private Enforcement of Antitrust Law In The EU, UK And USA*, Oxford, U. Press, 1999, p. 5.

③ Hedvig K. S. Schmidt, *Civil Action、 – Striking A Balance Between Public And Private Enforcement*, *Competition Law Insight* 25, November 2004, p. 1.

④ See William E. Kovacis, "Institutional Foundations for Economic Law Reform in Transition Economies: The Case of Competition Policy and Antitrust Enforcement", 77 *Chicago-Kent Law Review* 265, 2001.

下，允许私人提起损害赔偿诉讼。[①] 欧盟理事会后于2002年12月16日通过了第1/2003号条例。2004年5月1日该条例生效，取代第17号条例，成为欧盟内私人诉讼的纲领性文件。[②]该条例最核心的变革之一，就是取消了欧盟委员会对第81条第3款豁免权的垄断以及事前通知程序。这样，成员国的法官就可以直接裁定在具体的案件中，是否符合第81条第3款的规定而得到豁免，从而扫除了成员国法院广泛地适用欧盟竞争规则的障碍，为实施欧盟竞争法发挥更大的作用开辟了道路。[③] 2005年12月19日欧盟委员会还公布了《违反欧盟反托拉斯规则的损害赔偿诉讼绿皮书》（Green Paper：Damages Actions for Breach of the EC Antitrust Rules，以下简称绿皮书），旨在考察欧盟境内反垄断私人诉讼的实施情况，进一步完善制度设计，促进欧盟竞争法私人执行的发展。绿皮书强调：《欧盟条约》第81条和第82条规定的反托拉斯规则既可以通过公共来执行，也可以通过私人来执行，这两种执行服务于同一个目标：威慑反托拉斯法禁止的反竞争行为和保护公司和消费者不受反竞争行为的损害。绿皮书注意到，促进私人损害赔偿诉讼将会使遭受损害的当事人更容易弥补其损失，同时也会

---

① See Courage v. Crehan，Case C－453/99（2001）ECR I－6297. 该案中的判词这样写道："这样一种权利的存在，提高了欧盟竞争规则效能的发挥，抑制了缔结那些隐蔽的、限制和扭曲竞争的协议。从这一点来看，到成员国法院提起损害赔偿诉讼非常有利于保持共同体内有效的竞争。"欧洲联盟法院在这一案件中对私人实施的态度表明，损害赔偿诉讼是有效执行竞争规则的不可缺少的组成部分。不仅如此，欧洲联盟法院在判例法中确立了成员国对欧盟权利提供救济必须遵守的两个原则，即平等原则和有效性原则，前者要求对欧盟权利的救济不能低于对成员国法律中规定的权利的救济；后者要求对不能使行使欧盟权利在实践中不可能或过分的困难。

② See Council Regulation（EC）No. 1/2003 of 16 December 2002 on the implementation of the rules on competition laid down in Articles 81 and 82 of the EC Treaty，Official Journal L1 of 4 January 2003.

③ 欧盟由于其独特性，其竞争法立法体系包括基础性条约中的规定、在实体法和程序法方面发布的大量的条例、指令和通告。除了成文法外，欧盟委员会关于竞争案件的裁决以及欧洲联盟法院和欧洲初审法院关于竞争案件的法律判决也构成欧盟竞争法的重要渊源。其中，最为核心的条款是《欧盟条约》中的第81条和第82条以及在2004年5月1日之前一直适用的关于实施第81条和第82条的第17号条例。根据第17号条例，第81条第1款和第2款以及第82条在成员国具有直接适用性，成员国的竞争机构和法院可以直接适用它们来审理竞争案件，但只有欧盟委员会才有权根据第81条第3款对限制竞争的协议予以豁免。第17号条例要求企业对其认为有可能违反第81条第1款的行为，向欧盟委员会申报，如果符合豁免条件，委员会则会做出一项决定，对该协议或行为给予豁免。因此，成员国法院执行欧盟竞争规则受到限制。因为企业只需要向委员会提交通知，对该企业提起的私人诉讼就得中止。

加强欧共体反托拉斯法的执行。[①]

在成员国层面，为适应欧盟竞争法对于反垄断私人诉讼的改革，欧盟各成员国纷纷改革国内反垄断执行机制。[②] 其中，德国于2005年对其1957年颁布的《反对限制竞争法》进行了第7次修改，确立了私人诉讼制度。这次修订的核心条款是第33条。这一条明确规定，申诉方可以援引本条来对违反《欧盟条约》第81条和第82条或者是德国《反对限制竞争法》的行为申请禁制令救济或者损害赔偿。无论是过错还是过失都可以获得损害赔偿。而且，反竞争行为并不必指向申诉方。也就是说，任何受到反竞争行为的个人都可以提起损害赔偿诉讼，包括间接购买者和竞争者。此外，新法还规定，欧盟委员会、德国联邦卡特尔局，甚至欧盟成员国负责竞争事务的机构认定的违反《欧盟条约》第81条和第82条的决定都对德国民事法院有拘束力。但是，新法明确排除了转嫁抗辩。[③] 所有的这些法律措施都被认为是旨在激励私人提起反垄断民事损害赔偿诉讼。[④]

英国曾在《1998年竞争法案》(《Competition Act 1998》)草案中明确写入了私人损害赔偿的权利，但遗憾的是最终没有被通过。反垄断私人诉讼损害赔偿权利被最终明确是通过2003年6月生效的《企业法案》(Enterprise Act 2002)。依据这一法案，英国建立了专门的竞争法院——竞争上诉法庭(Competition Appeal Tribunal，CAT)。竞争上诉法庭享有广泛的管辖权。不仅原告可以对违反英国竞争法的行为提起损害赔偿诉讼，而且允许那些在本国提起损害赔

① 参见王健：《浅议欧盟竞争法的私人执行》，载《欧洲研究》2006年第5期。

② 按照欧盟法律传统，凡是欧盟法赋予的个人的权利，如果没有欧盟规则来保护这一权利，则由成员国法律规定救济方式和程序等对这一权利加以保护。反垄断法私人诉讼是通过在成员国法院的救济来保护欧盟法中的权利的问题。因此，违反欧盟竞争法的损害赔偿诉讼由成员国法院来调整的。这要求我们在考察欧盟国家反垄断法的执法情况时，要同时对欧盟层面的立法和执法情况进行分析，也要对欧盟成员国内部的立法和执法情况进行探究。

③ 买方从参与反竞争行为的供方购买了商品后可以把他多支付的价钱“转嫁”到消费者身上来减少它的经济损失。因此，反竞争行为引起的损失沿着供应链被分配，或者由最终的消费者来全部承担。损害赔偿诉讼的被告以此作为辩护理由。在德国第7次修订其竞争法之前，对于是否允许转嫁抗辩，各个法院存在者不一致的做法。

④ See Wolfgang Wurmnest, “A New Era for Private Antitrust Litigation in Germany? A Critical Appraisal of the Modernized Law against Restraints of Competition”, *German Law Journal* No. 8, 1 August 2005.

偿诉讼有困难的其他非英国申诉方在英国提起损害赔偿诉讼。① 这种管辖权上的扩大使英国成为欧盟范围内私人诉讼的可供选择的法院地国。此外，到竞争上诉法庭的申诉不是排他性的。因此，对私人当事方的保护没有降低，申诉方在穷尽所有申诉程序后还可以到民事法院申诉。②《企业法案》的另一创新是引入了消费者团体诉讼的概念，即一个代表机构代表或者是在征得两个或两个以上的对同一个违法行为提出申诉的消费者同意后到竞争上诉法庭提出损害赔偿申诉。为了激励使用这种集团诉讼的方式提出损害赔偿，消费者的定义被定义得很宽泛，其范围包括了间接购买者，最终的消费者也被包含在内。由此，英国的做法甚至超越了美国，因为在美国间接购买者，包括最终的消费者，在联邦这一层是没有资格提起损害赔偿诉讼的。③

与其他各国不同，加拿大《竞争法》将反竞争行为分为刑事行为和非刑事可审查行为两类。对于刑事行为，加拿大《竞争法》1976 年就规定私人可以执行，但限于单倍赔偿。由于对刑事行为的证明标准要求比较高，因此，实践中针对刑事行为的私人执行案件非常少。至于非刑事可审查行为，长期以来私人没有执行权，其执行权由加拿大竞争局(Competition Bureau)享有。2002 年 6 月法案 C－23 开始在加拿大生效实施。根据该法案的规定，私人当事人经竞争法庭(Competition Tribunal)的许可，可以对拒绝交易、排他交易、搭售或市场限制等非刑事可审查行为提起禁制令诉讼，从而为反垄断法的私人执行提供了制度保障。

---

① 在英国高等法院审理的 Provimi v. Aventis 案件中，法院认为，英国或者是外国申诉方可以对因违反欧盟竞争法的行为而受到的损害可以在英国法院对受到的整个损失提起损害赔偿诉讼，而不论损失是在哪国发生的，只要有一个英国分支机构实施了反竞争行为。参见蒋小红：《反垄断法的私人实施在欧盟及其成员国的发展》，载中国民商法网：http://www.jcrb.com/200801/ca671341.htm，访问日期：2008 年 1 月 24 日。

② 但值得注意的是，根据《企业法案》，私人提起损害赔偿的前提条件是已经得到欧盟委员会或者是英国公平贸易局作出的违反竞争法的认定，这一类案件被称为后续案件(follow-on case)。如果还没有被公共机关作出违法认定，则要到高等法院去申诉。详见后文。

③ 虽然英国法律传统上在欧洲独树一帜，但在反垄断私人诉讼的问题上，长期以来却与欧盟其他大陆法国家一样，在竞争法领域也更多依靠公共执法。但是，相较于欧盟其他各国较为缓慢的反垄断私人诉讼发展，英国在过去几年中对其竞争法进行了较为激进的改革，从而使得其反垄断私人诉讼走在了其他欧洲国家的前列。这也许可以部分地归功于其普通法传统。

日本的反垄断法依照美国模式于第二次世界大战后确立。①其《禁止垄断法》第25条规定,实施私人垄断或者不正当交易限制或者使用不公正的交易方法的事业者,对受害人承担损害赔偿责任。事业者证明其无故意或者过失的,亦不能免除上述责任。②但是多年来日本的反垄断执法活动更多是由公平交易委员会负责,③尽管《禁止垄断法》同时规定了民事责任、行政责任和刑事责任,但在实践中,受害人根据该法规定要求违法者承担民事责任的案件非常少,成功的案例更少。特别是基于《禁止垄断法》的规定提起的损害赔偿诉讼,自反垄断法颁布以来也不足20件。④ 但耐人寻味的是,依据日本《民法》第709条提起的请求损害赔偿诉讼却超过了60件。日本的私人诉讼之所以萎靡不振,与日本对于反垄断法救济长期主张并实行的行政前置和过窄的专业管辖(其一审的审判权仅限于东京高等法院)不无关系。故而,在其损害赔偿诉讼中原告胜诉的案件寥寥无几,有限的几个案例也乏善可陈。为适应反垄断私人诉讼在世界各国广泛兴起的态势,2000年5月日本再次修改《反垄断法》,扩大了私人执行中损害赔偿诉讼的范围,规定了私人禁制令诉讼制度。2005年对《禁止垄断法》规定的现有程序进一步作出简化。现第49条和第50条规定,经给予被调查者事先陈述和辩解的机会后,公平交易委员会可作出排除措施命令或支付课征金命令,如果相对方不服,可请求公正会启动审判程序。可以向东京高等法院上诉。

综上可见,反垄断法的私人执行已经成为世界各主要市场经济国家的必然选择,成为该国反垄断法执行体制的有机组成部分。并且,私人执行在整个反

---

① 虽然日本早在1947年就颁布了反垄断法,而且也成立了反垄断机构公正交易委员会,但是其长期以来却难以有效发挥作用。这种状况近年来才有了较彻底的改进。参见孙亚锋:《经济发展中的产业政策与竞争政策——日本的分析与借鉴》,载《产业经济》2007年2月。

② 参见游钰:《卡特尔规制制度研究》,法律出版社2006年版,第218页。

③ 日本公平交易委员会根据1947年《禁止私人垄断及确保公平交易法》设立的。主要负责实施反垄断法的竞争政策,是隶属于首相而独立于内阁行使职权的政府行政机关。公正交易委员会的职能是实施反垄断法、各种核准的受理和审查、经济状况和经营活动的研究、为其他行政机关提供咨询、就反垄断法的适用发布指南,并对一些请求做出反应。在实施反垄断法的过程中,公正交易委员会具有行政权、准立法和司法权三项职权。公正交易委员会主要是行政制裁措施,它包括发布排除垄断行为或垄断状态的命令和对违法者处以罚款等措施。当事人对公正交易委员会的判决不服,可以在自判决生效之日起30日内向东京高等法院起诉。法院根据事实和证据,做出取消或维持公正交易委员会判决的决定。

④ 参见[日]根岸哲、舟田正之:《日本禁止垄断法概论》(第3版),王为农、陈杰译,中国法制出版社2007年版,第350页。

垄断法执法过程中的价值和作用正在快速增长。

**（二）反垄断私人诉讼机制的实施效果比较**

与美国相比，世界上其他国家和地区的反垄断法比较依赖反垄断主管机关的公共执行，私人执行并不发达，案件数量非常少。其主要原因是这些国家的反垄断法虽然规定私人执行制度，但却缺乏相应的诉讼文化和传统，并且私人诉讼机制由于种种制度设计原因而不能有效发挥作用。本书仅以美国和欧盟作为主要对象展开比较研究。

1. 美国：私人诉讼具有强大的威慑力量

私人诉讼是美国反托拉斯法实施的最有效的手段。美国《克莱顿法》第5条(a)款规定，由政府根据反托拉斯法起诉并通过民事或刑事程序确定被告违反反托拉斯法的场合，其判决或审决在其他人对被告的诉讼中可以作为表面证据。不言而喻，这将有助于私人利用政府程序的结果请求损害赔偿，而没有限制私人请求赔偿。法院在解决反垄断案件中扮演主要角色，统计数据表明，在《谢尔曼法》开始实施的第一个50年（1890～1940年），美国反托拉斯法私人执行案件数量并不多，总共只有175件，平均每年3.5件。从20世纪40年代开始，私人执行案件慢慢增多，特别是自1971年以后，每年的反托拉斯法私人执行案件都超过了1000件。私人案件的数量在1976～1977年为1611件，1984～1985年则为1052件，1981～1985年的平均数量比1976～1980年低22%。1985年后，反垄断私人诉讼数量保持在600～1000件/年。1996～2000年，反垄断私人诉讼年均为674件。鲜明对比的是，联邦政府提起的反垄断诉讼数量很少，1890～1903年，联邦政府共提起23起诉讼。1996年～2000年，司法部提起的反垄断民事诉讼为25件，刑事诉讼为52件。[①]

在美国反垄断法的执行体制中，如果从单纯的案件数量来衡量，其私人执行比公共执行更为重要。统计资料表明，1941～1965年，私人执行和公共执行案件之间的比例是6∶1或更少；从20世纪60年代到70年代后期，由于私人反托拉斯案件增长很快，私人执行和公共执行案件的比例超过了20∶1；20世纪80年代开始，私人执行案件的绝对数量和相对数量都有所减少，私人执行和公共执行案件的比例降到10∶1。目前，这个比例基本上维持在10∶1左右，也就是说私人执行案件占了整个反托拉斯法执行案件的90%或更多。由于美国的私人

① See Frank Wamser, "InstitutePrivate Enforcementofthe Antitrust Laws", 607 PLI/Corp 225 *Practising Law*, June 1, 2001.

执行非常活跃,使美国的反托拉斯法执行体制相比其他实行反垄断法集中执行体制的国家而言,更具稳定性。①

2. 欧盟境内私人执行实施效果不理想及原因

虽然欧洲联盟法院的司法判例和第1/2003号条例为私人实施反垄断法开辟了道路,使私人执行获得了可能。但是,在实践中,欧洲各国的私人诉讼并未随之发展起来,随后几年欧盟各成员国的司法实践中,反垄断法的私人实施并没有发展起来。特别是通过与美国私人执行的情形相比较更显得欧盟境内私人执行的不发达:在整个欧洲的反托拉斯案件中,只有5%是由私人诉讼发起的,95%是通过公共执行形成的。因此,很多人对欧盟竞争法的私人执行表示非常失望,还有人认为欧盟竞争法的私人执行是失败的或者尚处于萌芽之中。②

缺乏美国那样的诉讼文化和传统被认为是欧盟反垄断私人诉讼较少的一个主要的原因。作为一种救济制度,通常情况下,只有当事人意识到法律所提供的救济途径迅速、有效和公正时,才能激发其寻求法律救济的热情,而不使法律规定的救济形同虚设。与美国的情况截然不同,私人实施在欧盟竞争法执行机制中并不占主要地位,长期以来,以欧盟委员会为代表的行政机构是欧盟竞争法实施的重心。欧盟及其成员国竞争法的私人执行总体来讲被认为并不发达(total underdevelopment),在反垄断领域没有相应的私人诉讼文化和传统。③

另外,则是由于欧盟没有建构起美国那样的有利于私人展开反垄断诉讼的一系列制度设计。从欧盟各国的立法努力以及欧盟发起的对私人实施反垄断

---

① 参见王健:《反垄断法私人执行制度初探》,载《法商研究》2007年第2期(总第118期)。

② See Denis Waelbroeck, Donald Slater and Gil Even-Shoshan, "Study on the Conditions of Claims for Damages in Case of Infringement of EC Competition Rules", 2004, p. 1. http://ec. eu-ropa. eu/comet/competition/antitrust/others/actions_for_damages/comparative_rcport_clean_en. pdf. Janet L. McDavid and Howard Weber, "E. U. Private Actions", http://www. hhlaw. com/files/Publication/fb9a11e2—8 ac3—41b4—a56d—144544c52ae5/Presentation/Publication-Attachment/a319a022—42c6—46ad—9124—ed777ea1bf44/1835 EU% 20Private% 20Actions. pdf. Angela Wigger, "Revisiting the European Competition Reform: The Toll of Private Self-Enforcement", 2004, p. 2, http://www. vu. nl/images _upload/95 F38 EB7—914E—46EA - 8E67C274415EC1ED. pdf.

③ 2004年由欧盟委员会资助的一项研究报告中所统计的数据表明,1962~2004年8月,在所有25个欧盟成员国中,总共只有60件私人执行案件,其中只有28件胜诉。See Denis Waelbroeck, Donald Slater and Gil Even-Shoshan, *Study on hte Conditions of Claims for damages in Casw of Infringement of EC Competition Rules*, pp. 1, 133 - 134, http://ec. europa. eu/comm/ competition/antitrust/others/actions_for-damages/ com-parative_report_clean_en. pdf, 2006 - 05 - 10. 转引自王健:《反垄断私人执行制度初探》,载《法商研究》2007年第2期。

法的广泛的讨论都表明欧盟以及欧盟各成员国已经意识到了这一问题的重要性。2005 年欧盟委员会公布的绿皮书通过主要对比美国反托拉斯法中的私人诉讼机制发现,存在于美国的一系列的激励机制在欧盟及其成员国法律中的缺失阻碍了私人诉讼的发展。由此出发,绿皮书明确指出了欧盟国家反垄断私人诉讼中所存在的障碍,对于每一个障碍,绿皮书都提供了各种供讨论的方案。这些障碍主要包括:反垄断案件的集团诉讼机制、胜诉酬金制度、惩罚性三倍损害赔偿制度、举证责任、诉讼费用缴纳机制等一系列制度的缺失和不完善。

## 二、私人执行的模式比较

大体而言,在目前世界各国的反垄断私人诉讼机制中,具体的执行模式可以被分为 3 类:(1)没有前置程序的模式;(2)有前置程序的模式;(3)混合模式。所谓没有前置程序的模式是指反垄断法对私人诉讼没有前置程序的限制性要求,只要私人当事人认为自己的合法权利受到了违法的反竞争行为的损害就可以发动私人执行程序。而有前置程序的模式是指反垄断法则规定,私人发动执行程序前必须有反垄断主管机关的调查和处理决定,否则,私人就不能提起反垄断诉讼。前者也被称为直接执行模式,后者被称为"审决前置"执行模式。

### (一)无前置程序执行模式

以美国为代表的一些国家的反垄断法私人执行完全独立于反垄断主管机关,私人当事人在发动执行程序前不需要反垄断主管机关的同意,也不需要将反垄断主管机关的调查和处理决定作为反垄断私人诉讼的前置程序,即私人可以直接到法院提起反垄断诉讼。这种直接执行模式在实践中又可分为两种:一种是后继执行模式(follow-on enforcement),另一种是独立执行模式(stand-alone enforcement)。

1. 后继执行模式

后继执行是指私人当事人借助于反垄断主管机关先前的调查和处理决定来指控被告的反垄断违法行为,但它并没有将反垄断主管机关的处理决定作为前置程序。美国的经验表明,后继执行在三倍损害赔偿诉讼发展过程中发挥了极其重要的作用。美国的许多反垄断私人诉讼是在成功的政府诉讼后提出的。在 1946 ~ 1963 年发生的 1456 件反托拉斯案件中,有 2/3 是基于先前美国司法部成功的反托拉斯指控而后继提出的。[①]甚至一个公共执行结果经常会衍生出针对同一被告的多个私人损害赔偿诉讼。例如,1962 年美国电器公司共谋案便是典型。受到政府成功诉讼的鼓舞,私人当事人提出了大约 2233 件 3 倍损害赔偿诉讼。在微软垄断案中,当美国政府与微软公司达成和解协议后,微软公司的一些竞争者和顾客随后提出 3 倍损害赔偿诉讼。其中,2003 年微软公司支付美国在线—时代华纳公司 7.5 亿美元的损失,用以和解由前者提起的反托斯诉讼。[②]

2. 独立执行模式

所谓独立执行模式是指私人完全不借助于公共执行的结果而在认为自己的合法权利受到损害时独自提起反垄断民事赔偿诉讼。由于反垄断法执法机关执法成本、技术要求等原因,在执法时并不企望能够实现"法网恢恢,疏而不漏"。更多的时候是通过严格挑选具有典型意义或严重违法的行为进行查处和惩罚,从而威慑那些社会中潜在的违法行为的出现,并以此实现立法的目的。此外,在一些情况下,反垄断法执法机关经过分析认为不会胜诉,从而主动放弃了公共执行。因此,当反垄断主管机关因为某种原因不能或不愿发动公共执行程序时,此时私人独立执行就扮演着非常重要的角色。

现在,美国联邦政府对于转售价格维持、搭售、价格歧视等纵向限制竞争行为很少提起反托拉斯诉讼,对于垄断化或试图垄断的案件提起诉讼的也比较少。因此,在上述诸领域几乎完全靠私人独立执行反托拉斯法。在美国历史上,曾经还有一些案件,政府简单地认为,该类案件不会胜诉,因此主动放弃了公共执行。后来,私人当事人独立地提起反托拉斯诉讼,结果胜诉,促进了美国反托拉斯法的发展。这些案件包括美国保险市场联合抵制案、食品添加剂产业的固定价格共谋案件、美国信用卡市场的结构和运营案等。[③]

3. 两者的比较

对比后继执行与独立执行可以看出,在后继执行中,执行者的举证责任明

---

① See Barry, T. Bodger & Angus MacCulloch, "Community Competition Law Enforcement Deregulation and Re-regulation: The Commission, National Authorities and Private Enforcement", 4 *Colum.*, *T. Eur. L.*, 1998, p. 588. 转引自王健:《反垄断私人执行制度初探》,载《法商研究》2007 年第 2 期。

② See Steve Lohr & David P. Kirkpatrick, "Microsoft to Pay AOL 750 Million to End 'Long War'", *N. Y. Times*, May, 30, 2003, A1.

③ 参见王健:《反垄断私人执行制度初探》,载《法商研究》2007 年第 2 期。

显轻于独立执行。由于有反垄断主管机关的先前处理决定,从而证明反垄断违法行为的存在不需要费太大的力气。因此,后继执行大多发生在共谋案件中。在这些案件中,私人当事人由于举证异常困难,因此一般没有能力独立提起反垄断诉讼。而当政府通过行使公权力调查并处理了该类案件后,私人当事人就可以凭借公共执行结果提起损害赔偿的反垄断诉讼。而独立执行一般发生在纵向限制竞争案件中。在这些案件中,反垄断诉讼的原、被告一般存在商业往来,如他们之间是供应商和客户的关系,因此举证容易,因而提起反垄断私人诉讼的积极性更高,对诉讼结果的预见性更强。

实证的研究证明,后继执行比独立执行更为有效。一份研究报告分析了1973～1983年美国的2357个私人反托拉斯案后发现相对于独立执行案件而言,后继执行几乎没有被法院驳回的,并且和解解决更为普遍。①

**(二)有前置程序执行模式**

日本的反垄断法规定,反垄断主管机关或竞争法庭认定违法行为是允许私人提出赔偿请求的先决条件。在2005年以前,日本《禁止垄断法》虽然在第25条规定了无过失损害赔偿制度。但是第26条第1款(2005年修订前的规定)紧接着规定:"前条规定的损害赔偿请求权,非于第48条第4款[劝告审决]、第53-3条[同意审决]或者第54条[审判审决]规定的审决确定后,或者在没有根据这些规定作出审决的情形下,非于第54-2条第1款[责令缴纳课征金的审决]规定的审决确定后,不能对此主张诉讼上的权利。"因此,私人只有在公正交易委员会作出正式审决后,方能依照第25条提起诉讼。公平交易委员会可能不做出正式裁决,即使做出,其程序也十分冗长拖沓。②因此,在2005的上法律改革之前,据日本学者的统计,基于《禁止垄断法》第25条提起的无过失损害赔偿诉讼,自该法制定以来不足20件,而依据《民法典》第709条提起的反垄断

① See Michael Van Hoof, "Will the New European Union Competition Increase Private Litigation? An International Comparison", 19 *Conn. J. Int'l*, 2004, p. 680.

② 这实际上赋予了公正交易委员会完全消灭私人执行的权力,因为只要它在处理竞争事务时采取一些非正式的措施但不作出正式的决定,私人就无法提起反垄断诉讼。该条规定对实践造成了重大的影响,因为在实践中公正交易委员会总是优先采取非正式行动,如警告或指导等方式来处置大量的竞争事务。

损害赔偿诉讼却超过了 60 件。①为适应社会发展的需要,2005 年日本对《禁止垄断法》的公共执行程序进行了修订和简化,但改革的步伐非常有限。修改后的第 26 条第 1 款规定如下:"前条规定的损害赔偿请求权,非于第 49 条第 1 款[停止令]规定的停止令[在没有做出该等停止令的情况下,第 50 条第 1 款规定的支付令(针对如下事业者做出的除外,即其建立的一个事业者团体违反了第 8 条第 1 款第 1 项、第 2 项的规定)]或者第 66 条第 4 款规定的决定确定之后,不能对此主张诉讼上的权利。"这一改革措施没有彻底放弃行政前置的做法。

**(三)混合执行模式**

英国由于其独特的普通法传统,使其反垄断私人执行兼有前置程序模式和无前置程序模式的特点,实行的是一种双重体制并存在的形式。

英国《2002 年企业法》第 18 条第 1 款规定,在《1998 年竞争法》第 47 条后插入第 47A 条,该条第 1 款和第 3 款规定,"因违反该法第 1 章[限制性协议]和第 2 章[滥用市场支配地位]和欧共体条约第 81 条第 1 款和第 82 条的违法行为遭受损失或损害的人,可以在英国任何部分提起的民事程序中主张的,任何损害赔偿请求权或者任何其他金钱请求权……可以在竞争上诉法庭受理的程序中主张"。② 该条第 5 款又规定直至公平交易局(Office of Fair Trading,OFT)、竞争上诉法庭(Competition Appeal Tribunal,CAT)(作为 OFT 决定的上诉机关)或欧盟委员会以决定认定相关的禁止性条款被违反,并且除非经 CAT 的许可,在该等决定成为终局决定之时,不得在该等程序中主张该等请求权。由此,确定了 CAT 审理的损害赔偿或其他金钱请求诉讼中实行行政前置主义的原则。③

---

① 由于《禁止垄断法》规定的障碍,私人原告开始寻求依据《民法典》第 709 条规定的一般侵权条款来提起反垄断损害赔偿诉讼。从技术上说,《民法典》第 709 条的损害赔偿请求以当事人主观故意或过失为要件,适用过失责任原则,而根据《禁止垄断法》第 25 条的规定,一般反垄断损害赔偿案件适用的是无过错责任原则,因此,私人依据《民法典》第 709 条规定提起反垄断诉讼其举证责任相对较重,证明当事人的主观意图是比较困难的。但实践中到底有多大区别现在还不是很清楚。参见[日]根岸哲、舟田正之:《日本禁止垄断法概论》(第 3 版),王为农、陈杰译,中国法制出版社 2007 年版,第 356 ~ 357 页。

② 显然,该条规定的目的是利用 CAT 在垄断方面的专门知识,促进案件的专业化解决,由于 CAT 在私人诉讼中无权独立就违法问题作出判决,而要以行政机构的违法认定为前提,才能够就损害赔偿和金钱请求问题作出判决,因此"将该等案件引到一个专业的竞争法法庭可能只有很小的附加值"。See Barry J. Rodger, "Private Enforcement and The Enterprise Act: An Exemplary System of Awarding Damages", *ECLR* 2003, 24(3), p. 107.

③ 在此之前英国普通法院一直受理竞争法案件,尤其是依据《欧盟条约》第 81 条和第 82 条(及其前身第 85 条和第 86 条)起诉的案件。

同时，与此CAT诉讼平行，第47A条第10款规定在CAT程序中主张本条规定的请求权之权利，并不影响就该请求权提起任何其他诉讼的权利。也就是说，该条规定并没有授予CAT一审案件的专属管辖权，不影响当事人就该等违法行为在普通法院提起普通民事程序的权利。相比之下，根据第47A条第9款和第58A条的规定，CAT和法院都要受行政机构做出的违法终局决定的约束，但普通法院并不受行政前置主义的约束，除了假定的专业能力外，CAT程序并没有比普通法院程序优越之处。①

## 三、私人执行的主体和对象

### （一）私人执行的主体

关于反垄断法私人执行主体的确定，世界上有两种做法：一是以美国为代表的"损害"标准；二是以德国为代表的"影响"标准。其中，按照"损害"标准确定私人执行主体的做法为大多数国家所采纳。

1. 损害标准

根据美国《谢尔曼法》第7条和《克莱顿法》第4条的规定，任何因反托拉斯违法行为遭受财产或营业损害的人都可以提起反托拉斯诉讼。这里的"人"应作广义理解，即除了个人以外，还包括公司、合伙以及其他商业实体、市政当局、州和外国政府。英国《1998年竞争法》第47A条第1款规定："该条适用于（a）任何损害赔偿请求；（b）任何其他一定数额金钱赔偿请求。"一个人因违反相关禁止性规定的行为而遭受损失或损害的，可以在英国任何地区提起民事诉讼。加拿大《竞争法》第36条第1款规定：任何因下列行为遭受损失的人：违反第VI部分规定的行为，或不遵守竞争法庭或其他法庭根据本法所颁发的命令，可以在任何有管辖权的法院起诉，要求从事违法行为或不遵守命令的人，赔偿其证明的已经遭受的实际损失，同时还有权要求赔偿法庭允许的、不超过本款规定的所有诉讼和调查费用的损失。

---

① 事实也证明，私人并不愿意使用这一程序。从该规定生效以来的实施情况来看，其效果也并不容乐观。根据该CAT的统计，在截至各年3月31日的2003/04、2004/05和2005/06年度，其受理的根据第47A条提起的私人起诉分别为2、0、0件。Competition Appeal Tribunal Annual Review and Accounts 2005/06, p. 35. 虽然我们无法查找到同期内英国普通法院受理的私人损害赔偿案件的数量，但是假设每年的案件数量超过零应该不为过，例如根据学者的统计，2004年普通法院共作出7个竞争案件的判决。Barry Rodger, Competition Law Litigation in the UK Courts: A Study of All Cases to 2004: Part 1, E. C. L. R., 2006, 27(5), 244.

2. 影响标准

德国《反不正当竞争法》(UWG)第 33 条第(1)款规定，具有起诉资格的是一切受影响的人(affected persons)。所谓受影响的人，是指竞争者以及其他受违法行为影响的市场参与者。但是这次修订后的《反限制竞争法》并没有对什么是“市场参与者”做出进一步的定义，从而使那些间接受到影响的当事人的诉讼地位并不明确。

**(二)私人执行的对象**

所谓私人执行的对象，是指私人针对何种行为可以起动反垄断民事诉讼。在美国，理论上认为任何违反托拉斯法的行为都可以成为私人诉讼的对象。实践中，首先拒绝交易是最频繁被提起的指控对象，其次是横向固定价格、搭售或排他交易以及价格歧视行为。如果将所有反托拉斯违法行为归类为横向和纵向两类行为，统计数据显示，纵向行为的案件多于横向行为的案件。①

德国《反限制竞争法》在第七次修订前，德国私人提起的反垄断诉讼主要针对的是处于市场支配地位的企业所实施的歧视性行为。② 该法第 7 次修订后，按照第 33 条的规定，任何违反《反限制竞争法》以及《欧盟条约》第 81 条和第 82 条规定的行为都可能成为德国私人执行的对象。

澳大利亚《1974 年贸易行为法》则规定，私人可以在澳大利亚联邦法院提起诉讼，指控该法第 IV 部分规定的限制性贸易行为。该部分禁止某些本身违法的限制性贸易行为，主要涉及固定价格、竞争者之间的特别协议、第三线价格歧视行为、价格转售限制行为等。此外，该部分还规定了一些基于合理原则进行判定的行为，主要有滥用市场支配地位和排他性交易安排，旨在实质性减少竞争或者存在实质减少竞争效果的任何反竞争安排、合并和收购行为等。

总体来讲，反垄断私人诉讼一般会针对那些举证责任容易完成，且诉讼结

---

① See Steven C. Salop and Lawrence J. White, “Economic Analysis of Private Antitrust Litigation”, 74 *Georgetown Law Journal*, 1986, pp. 1006 – 1007.

② 德国《反限制竞争法》在第七次修订前，规定只有那些违法行为特别指向的对象才可以起诉，这实际对私人执行附加了一个非常重要的前提条件——保护性标准(protective standard)，即违法当事人所违反的规定或决定“其目的是保护另一个人的利益”。按照法院的解释，实践中只有极少数的《反限制竞争法》规定被认为符合保护性标准，其中包括第 26 条的禁止歧视规定、第 25 条的禁止强迫其他企业参加反竞争的协调一致行动的规定。而《反限制竞争法》第 1 条所禁止的横向限制竞争并不一定具有保护性目的，实践中法院按照主体的不同作了不同的解释。See Frank Wamser, *Enforcement of Antitrust Law*, Peter Lang GmbH, 1994, p. 19.

果容易被预见的反垄断违法行为。从已有的统计数据来看,搭售、排他交易、拒绝交易3种行为占了整个反垄断私人诉讼对象的40% ~50% 。[①]

## 四、私人执行的途径和救济方式

### (一)私人执行的途径

私人执行反垄断法的主要途径是诉讼、仲裁和调解,仲裁和调解都属于民间争议解决方式(alternative dispute resolution,ADR)。最常见的依然是诉讼方式。但是,美国和欧盟各主要成员国都承认仲裁是一种可供选择的解决反垄断争议的途径。[②]特别是在美国,大量始于诉讼的反垄断私人诉讼最终都是以双方和解(settlement)的方式解决的。[③]

之所以会出现这样的情况,主要在于以下3个方面:[④]

---

① See R. Jack Roberts, *International Comparative Analysis of Private Rights of Access, A Study Commissioned by Industry Canada & Competition Bureau*, p. 3. 转引自王健:《反垄断私人执行制度初探》,载《法商研究》2007年第2期。

② 在欧盟各成员国中,立陶宛法律认为,由于竞争法的公共政策本质而不允许仲裁。除了塞浦路斯、捷克、爱沙尼亚、希腊、意大利、拉脱维亚、立陶宛、马耳他、波兰、葡萄牙、瑞典以外,其他国家还允许通过民间调解途径解决反垄断争议。但需要注意的是,欧洲联盟法院在Eco Swiss一案中认为,如果一个成员国的法律允许基于公共利益的理由撤销一项仲裁裁决,那么当该仲裁裁决被认为与欧盟竞争规则相矛盾时,该成员国法院必须同意该撤销申请。

③ 据统计,1964 ~1970年671个私人反托拉斯诉讼中有将近82%的案件通过和解方式予以解决了,1973 ~1983年的2350个案件中有73%的案件也是通过和解解决的。那些进入最后审判程序的私人反托拉斯案件,1964 ~1970年胜诉率只有15%,1973 ~1983年胜诉率是28%。与其他普通民事案件相比,私人反托拉斯案件的和解率提高了15%,但进入审判程序的私人反托拉斯诉讼的胜诉率却比普通民事案件低,而一般民事诉讼案件的胜诉率是52%。See Willianm F. Shughart, "Private Antitrust Enforcement Compensation, Deterrence, or Extortion", *The Cato Review of Business & Government*, Vol. 12, No. 3. 事实上,关于仲裁解决反托拉斯在美国并非没有争议。历史上美国有7个巡回区的上诉法院认为,就反托拉斯请求而言,联邦法院不应该执行仲裁允诺。也就是说,这些上诉法院认为,司法途径比仲裁途径更有利于解决复杂的反托拉斯案件。美国另5个巡回区的上诉法院则允许通过仲裁途径解决反托拉斯争议。这种分歧一直延续到1985年。1985年,美国最高法院在三菱汽车公司诉Soler Chrysler Plymouth, Inc.一案中认为,《克莱顿法》第4条并没有担保一个反托拉斯原告可以到美国地区法院起诉。一个Puerto Rican汽车经销商原告应该将它的案件提交瑞士仲裁庭仲裁,因为原告和被告在合同中约定了瑞士仲裁条款,它们应该受到合同的约束。自从那以后,反托拉斯请求的仲裁解决在美国已经越来越普遍。See Donald I. Baker, "Revisiting History—What Have We Learned About Private Antitrust Enforcement That We Would Recommend to Others?" 16 *Loy. Consumer L. Rev.*, 2004, pp. 406 -407.

④ 参见王健:《反垄断私人执行制度初探》,载《法商研究》2007年第2期。

第一,美国的程序法规则鼓励争议通过和解方式来解决。例如,《联邦民事程序法规则》第68号规则规定,当被告向原告建议用和解方式解决争议时,如果原告拒绝该建议并且最终的判决并不比被告建议的和解方案更有利,那么,原告必须向被告支付和解建议后所产生的诉讼费用。

第二,和解解决争议在本质上是保密的,不必成为公共记录的一部分,除非该和解协议用同意令或判决确认。

第三,和解解决争议时,赔偿额不一定必须是3倍赔偿,更常见的情形仅是单倍赔偿,也许再加上合理的律师费。

**(二)私人执行的救济方式**

私人执行反垄断法的救济方式直接关系到私人执行者的利益在多大程度上受到保护。各国由于国情不同,价值取向和所保护的法益也不太一致,所以其法律规定的救济方式有着较大的差异。总体来讲,在反垄断私人诉讼中,原告可以请求的民事救济方式主要有以下形式:(1)合同无效;(2)损害赔偿;(3)禁制令;(4)分拆;(5)强制许可;(6)吐出获利;(7)返还。作为反垄断私人诉讼民事救济中的常态,最常出现的主要是损害赔偿、合同无效、禁制令等形式。其中,损害赔偿又可以分为惩罚性损害赔偿和填补性损害赔偿。

美国私人执行的救济方式主要有3倍损害赔偿和禁制令两种方式。《谢尔曼法》第7条和《克莱顿法》第4条均规定,任何因其他人或公司从事反托拉斯法所禁止或宣布为违法的事项而遭受营业或财产损害的人,可以起诉并要求授予其所遭受损害的3倍赔偿以及诉讼费和合理的律师费。除此之外,《克莱顿法》第16条还授权原告可以寻求禁制令救济,此种禁令包括初步禁制令和永久禁制令两种。申请初步禁制令必须符合一定的条件:如原告胜诉的可能性;如果不授予禁制令将造成不可恢复的损害;如果禁制令授予或不授予原告和被告所遭受损害的衡量以及公共利益的保护等。与初步禁制令相同的是,一个永久禁制令也不要求必须有实际的损害,只要证明实际的或可能的反托拉斯违法行为会导致预期的损害即可。3倍损害赔偿和禁制令相比较而言,在实践中美国的私人反托拉斯的救济方式更主要是3倍损害赔偿。

按照德国《反限制竞争法》的规定,私人诉讼有3种救济方式:(1)损害赔偿;(2)禁制令;(3)合同无效。2004年以来,在德国总共发生的240个私人执行案件中,172个案件涉及合同无效,38个案件涉及损害赔偿,另外30个案件涉及禁制令。由此可见,与美国的情况不同,德国反垄断私人诉讼中最主要的救济方式是请求合同无效。因此,德国的私人诉讼又被称为防御性执行

(defensive enforcement)。[①]

虽然存在不同的观点,但人们普遍认为反垄断法的有效实施应当建构在公共执行与私人诉讼相结合相协同的机制之下。这一观点已为世界各主要市场经济国家所采纳,世界各国和地区纷纷仿效美国,建立起自己的反垄断私人诉讼制度。

尽管如此,各国对于反垄断私人诉讼制度设计由于各自不同的现实情况和法律传统的差异而呈现出各自不同的特点。总体来讲,美国是反垄断私人诉讼最为发达的国家,欧盟、日本等虽然也确立了这一机制,但由于缺乏与美国一样诉讼文化,反垄断私人诉讼的机制尚待完善,反垄断私人诉讼的文化尚待培育。

就具体制度而言,美国、欧盟的制度可谓各有优势和特点。美国式的做法,如3倍损害赔偿、集团诉讼制度等更能鼓励私人诉讼,积极地动用各种力量和途径维持市场竞争秩序;而欧盟、日本的做法也有其优点,它能够增强私人诉讼的针对性,避免因反垄断私人民事诉讼的盲目性而导致的社会资源浪费和其他的社会问题,更不会形成困扰美国的滥诉文化。

由此也可以看出,由于法律环境及法律文化的巨大差异,反垄断私人诉讼在不同国家被重视的程度并不相同。欧盟、日本等更侧重于行政主导下的反垄断执法,私人诉讼仅作为公共执行的补充而存在;而美国则将私人诉讼赋予了巨大的激励和威慑力,使其在反垄断法的实施方面发挥着异常重要的作用。

---

① See Uif Boge and Konrad Ost, "Up and Running, or is it? Private enforcement-the Situation in Germany and Policy Perspectives", *E. C. L. R.*, 2006, 27(4), p. 197.

# 第二章　反垄断私人诉讼制度的作用机理

任何法律制度的存在和发展都离不开对于其价值取向的考察和追问。本章正是站在这样一个更为高远的“平台”，凭借自然法理论、法社会学以及法经济学知识来更加深入地观察和审视反垄断私人诉讼制度的作用机理。

本章分两节展开论述。第一节“反垄断私人诉讼制度所具有的法理正当性”重点考察反垄断私人诉讼制度所具有的法律正当性，即它所具备的反垄断法的目的价值和形式价值；第二节“反垄断私人诉讼的制度缺陷”则讨论这一制度本身所不可避免存在的天然缺陷，即其所具有的威慑功能、激励功能和补偿功能方面的有限性。

## 第一节　反垄断私人诉讼制度所具有的法理正当性

德沃金说：“法律的正当性来源于法的整体性，即尽可能把社会的公共标准和理解看作以正确的叙述去表达一个正义与公平首尾一致的体系。”①换言之，评价

---

① “法律的正当性来源于法的整体性，即尽可能把社会的公共标准和理解看作是以正确的叙述去表达一个正义与公平首尾一致的体系”。参见[美]德沃金：《法律帝国》，信春鹰等译，中国大百科全书出版社1996年版，第171页。

一个具体的法律制度是否具有“正当性”的标准，首先就是要考察这一制度是否反应了一定历史时期内一个国家和社会主流的法律价值观，以及这一制度是否可以构成这个国家整体法律制度的有机组成部分，与其他相关法律制度互相协调，有序运行，共同实现法律的目的。这也正是我国学者在谈到“法的价值”时所主张的：法的价值，不仅包括法的目的价值，而且意味着法的形式价值，法的形式价值应服务于法的目的价值。①

## 一、反垄断私人诉讼制度体现了法的目的价值

价值是法律科学的基本范畴之一。“法律规则最本质的意义在于它反映了一个或一些目的。”②法的价值不仅指各国在制定和实施法律时希望通过立法和执法所欲达到的直接目的或所追求的直接社会效果，还指法律所追求的终极价值。如同任何法律一样，反垄断法也不能独立于它的价值而存在。而私人诉讼制度也承载着国家维护市场经济良性运行的现实目的。并负责通过此目的的达成进而实现法律对于平等、自由、秩序等终极正义的追求。③

### （一）个人本位意义上的法理正当性

垄断行为不仅影响了市场的竞争秩序，而且损害竞争者、消费者的利益。虽然反垄断私人诉讼制度是依照反垄断法的规定建构起来的，但是，这一制度在本质上是一种民事救济。而民事救济是通过强调利益与负担分配在特定交易相关者之间的对称性来显现出来的。以反垄断私人诉讼中的损害赔偿制度为例，在最早实行反垄断违法行为3倍损害赔偿之诉制度的美国，人们认为违

---

① 张文显教授指出，“法的价值”有三种含义：一是指法律在发挥其社会作用的过程中能够保护和增加哪些价值，即法的目的价值；二是指法的价值评价标准；三是指法律自身所应当具有的值得追求的品质和属性，即法的形式价值。参见张文显主编：《法理学》，高等教育出版社、北京大学出版社2003年版，第362～363页。

② ［美］富勒：《本世纪中叶的美国法律哲学》，载《法律教育杂志》（第6卷）。

③ 我国学者徐士英对竞争法的价值进行了探讨，认为维护竞争机制是竞争法价值的核心，围绕这一核心，在不同层次（面）又形成各种具体价值：(1)在终极目标上，竞争法表现为解决人们物质需求的无限性和资源的稀缺性之间的矛盾；(2)在经济制度层面上，制定竞争法是为了构建与生产力发展水平相适应的经济体制；(3)在市场层面上，制定竞争法旨在形成和维护市场中的竞争秩序；(4)在市场主体层面上，竞争法的目的和效果在于保护竞争者的合法权益；(5)在单个市场主体层面上，竞争法旨在禁止、控制、规范和惩治违反竞争机制的行为，使市场主体的行为符合社会整体利益的需要。参见徐士英：《市场秩序规制与竞争法基本理论初探》，第七次全国经济法理论研讨会论文。

反反垄断法不仅意味着公共利益受到了损害,还意味着这种经济上错误的行为也损害了私人的利益,反垄断违法行为并非是如内幕交易一样的"无受害人的犯罪"(victimless crime),故私人也有权采取法律行动。由此,反垄断法获得了美国民事侵权法的基础。①

值得注意的是,这里被侵害的权利并非是一般侵权法意义上的权利,而是通过反垄断法所创设的权利。也正是在这一点上,反垄断法私人诉讼制度与基于一般民事侵权而产生的损害赔偿制度并不相同,体现着民法由权利而秩序和经济法由秩序而权利的差别。②反垄断法引入损害赔偿等民事救济方式也可以看作是反垄断法为自己的实施引入了某种民法基础。

进一步分析还可以看出,私人诉讼制度是通过授予私人请求民事司法救济的权利来保护个体经营者和消费者的经济自由。"反垄断法并不是要限制生产者和经营者在市场活动中的自由,恰恰相反,它是通过限制和阻止市场势力和反对不正当的市场行为,以维护和扩大经营者在市场活动中的自由权利,排除进入市场的障碍。因此,反垄断法在美国被称为是自由企业的大宪章。"③放在微观层面考察,这种自由乃是一种私法自由:如果具有市场支配地位的企业滥用其优势地位限制竞争,滥用合同自由原则,就侵犯了其他经营者的自由和消费者的自由。反垄断法通过设定反垄断违法行为来干预垄断者的合同自由,从

---

① See Katherine Holmes, "Public Enforcement or Private Enforcement? Enforcement of Competition Law in the EC and UK", *E. C. L. R.*, 2004, 25(1), p. 26.

② 民法公平强调在对资源、社会合作利益及负担进行分配的时候,所有主体机会均等,都能通过自己的努力各取所求,排除市场外因素的干涉。民法对公平价值的评价所选取的参照系总是个别化的,它总是通过对具体分配过程中存在的对特定交易人的、非合理不利的否定来实现对社会公平的维护,而无法将对泛化的非特定的不公平的评价纳入自己的评价体系。显然,从本质上讲,民法公平是一种个人公平。经济法则不同,它强调在经济生活中,人们追求利益最大化的行为必须对全社会的经济发展而不仅仅是对某个别化的特定利益承担义务。在经济法"眼"中,某经济行为即令并不造成特定的损害后果,但却对整体社会经济存在一种泛化损害时,该行为就是不公平的。经济法规范将会依靠国家干预这种市场外因素的介入来矫正这种以民法标准进行衡量也许是无可厚非的分配方式。所以,在经济法看来,经济巨人与经济侏儒之间起点的不平等是不合理的,经济法要采用市场外力量来积极限制这种力量对比差异在经济生活中的作用。经济法总是以个别经济活动与社会总体经济的对比效果为参照系来评价公平价值的实现。因此,经济法总是以对社会公平的维护为其公平价值的核心。参见何平:《论民法与经济法价值定位的二元互补律》,载 http://www.studa.net/minfa/060929/15401623-2.html,访问日期:2006 年 9 月 29 日。

③ 王晓晔著:《企业合并中的反垄断问题》,法律出版社 1996 年版。转引自高桂林、肖彦山:《反垄断法的经济学和法理基础》,载《广西社会科学》2005 年第 12 期。

而保护竞争，保障其他经营者和消费费者的经济自由；当违法行为真的出现时，反垄断法又通过设定私人诉讼这样一种救济方式，允许经营者和消费者自己直接为受损的经济自由寻求法律救济，法院作为中立的，超脱的纠纷的裁决者，能够最大限度地保障纠纷的当事人得到公正的对待，司法的救济和人的基本权利联系在一起，不容被剥夺或者用其他的方式代替。通过私人诉讼，允许原告就其由于不当垄断行为遭受的损失获得赔偿，这样也使反垄断法的规则直接与私人受害者的利益相关联，从而保障任何社会成员都享有现代法治社会所主张的那种完全意义上的实质平等和自由。因为，在一个法治社会中，任由权利受到侵害而不给予救济，是不能被接受的。相反，如果受到损害的个体不能拥有正当诉求的权利则是不公平的。不允许提起诉讼，或者提起诉讼的权利在某种程度上被限制住了，那么，法律无条件提供救济将只是一种摆设。

**（二）社会本位意义上的法理正当性**

反垄断法的基本价值目标在于维护自由、有序的竞争秩序，保护消费者的合法权益。正是由于反垄断法具有如此明确的目的性和政策目标，其属于一个管理型的法律。如前所述，管理型法律的首要考虑是如何保证目的的实现。私人诉讼通过调动私人的资源，实现对行为人违法倾向的矫正，可以配合公共执法活动保证达到反垄断法的价值。

1. 维护自由、有序的竞争秩序

通过考察各国反垄断法可以发现，各国都将促进和维护竞争秩序作为反垄断法的基本目标，这在反垄断法理论界和实务界是不争的观点。①

反垄断法保护的是竞争格局和秩序，而不是竞争者。竞争本身就是一种优胜劣汰的过程，是市场经济背后的推动力量。在市场经济中，经营者的活动不是由行政干预而是由其自行决定，竞争的存在能够根据市场供求的自由作用决

① 参见瑞典《竞争法》第1条（“本法的目的在于打破并消除阻碍货物、服务及其他产品的生产和贸易领域中的有效竞争的壁垒”）；芬兰《竞争法》第1条第1款（“为保护正常有效的竞争不受有害的限制性行为的影响，特制定本法”）；波兰《反垄断法》引言（为了确保竞争的开展）；加拿大《竞争法》第1条（本法的目的在于保护和鼓励在加拿大的竞争）；日本《禁止私人垄断及确保公正交易法》第1条（本法的目的，是促进公平的、自由的竞争）；韩国《规制垄断与公平交易法》第1条（本法的目的，是促进公平的、自由的竞争）；英国《1998年竞争法》引言（本法旨在规范市场中的竞争及滥用市场支配地位）；美国反托拉斯法旨在“保护竞争而非竞争者”[Brown Shoe Co. v. United States（1962）]；我国台湾地区“公平交易法”第1条（为维护交易秩序与消费者利益，确保公平竞争，促进经济之安定与繁荣，特制定本“法”。

定价格,经营者根据价格信号,决定向那些领域投入生产要素最有效率。竞争能够带来价格的降低或质量的提高,从某种程度上说,竞争鼓励经营者积极进取,同时也惩罚业绩不佳者。我们重视竞争是因为它提高了效率,经济效率是反垄断法追求的基本目标,通过对自由、有序的竞争秩序的维护,使资源得到优化配置,从而实现经济的高效率。就企业合并而言,"效率是评价一切反托拉斯限制的最终标准(ultimate criterion),如果企业合并后对效率的提高以及由此带来的经济上的利益大于由于企业合并导致市场垄断力的产生或增加带来的损失,那么企业的合并就更符合反托拉斯法的立法目的,这种合并就应当被准许"。① 由于垄断行为损害了市场的效率机制并且带来了非效率,需要有反垄断法加以调整,恢复或实现经济效率。② 因此,效率是反垄断法追求的基本目标,通过效率的实现以维护自由、有序的竞争秩序。

作为美国反托拉斯法上的重要案例之一,Sylvania 一案,某种意义上是现代反垄断法上的一座里程碑。③ 自该案之后,主张效率优先"从合理原则出发就必须更注重经济效果而不是讲求形式主义"就成为反垄断法首要的价值目标。

2. 保护消费者整体权益

从美国立法史的分析来看,防止福利转移也应该是反垄断法的重要立法目的。即便是具有生产效率和配置效率的垄断行为,它能够导致全社会整体配置效率的最大化,如果将使消费者承担更高的价格,使消费者的利益受到损害,这种行为也是应该被禁止的,那怕以牺牲生产效率和配置效率为代价。美国反托拉斯法的立法史显示,国会主要的考虑是财富的再分配问题,即垄断行为造成的从消费者向生产者的"福利转移"。对于垄断行为导致的福利转移的谴责,包含了对于垄断行为的价值评判和道德评判,④即在消费者利益与垄断企业的利益之间消费者利益应该受到更大程度的维护。例如,在《谢尔曼法》立法过程中,国会深入讨论了托拉斯导致的价格提高,强烈谴责价格提高不公平地榨取了消费者的福利并转化为垄断利润,参议员谢尔曼在对以他的名字命名的法规

---

① Oliver E. Williamson, "Economies as an Antitrust Defense: The Welfare Tradeoffs", 58 Am. *Econ. Rev*. 18, 1968, pp. 27 – 28.

② 参见孔祥俊:《反垄断法原理》,中国法制出版社 2001 年版,第 213 页。

③ 参见黄勇、董灵:《反垄断法经典判例解析》,人民法院出版社 2002 年版,第 321 页。

④ A. William Kist, " Antitrust Enforcement: Deterrence and Leniency in an enlarged European Union", Tokyo, 4, Norember, 2003.(一项法定禁止的有效性依赖于两个条件,除了应该有适度制裁的可信威胁以外,该禁止还必须带有适当尺度的社区内部的道德评断。)

进行说明时谴责垄断行为："如果我们不能忍受作为政治权力的皇帝，我们也不能忍受统治我们各种生活必需品的生产、运输和销售的皇帝。我们不能屈服于一个皇帝，我们也不能屈服于以势力阻碍竞争和固定各种商品价格的贸易大亨。"①《联邦贸易委员会法》的立法过程同样表明，国会的主要考虑在于不正当竞争行为"不公平地"将福利从消费者转移到生产者。《克莱顿法》的立法史也表明，该法的主要目的仍然是防止垄断行为导致的福利从消费者向生产者的转移。因此，现代美国反垄断法承认，防止福利转移、保护消费者利益是反垄断法的立法目的之一。②

根据《欧盟条约》第81条第3款的规定，虽然能够带来明显生产效率和配置效率的个别卡特尔可以豁免第81条第1款对于卡特尔的普遍禁止，但是豁免的卡特尔不能以牺牲消费者的利益为代价，必须能够"使消费者公平分享由此产生的利益"。③

德国经济学家和政治家路德维希·艾哈德指出："竞争是获致和保证繁荣最有效的手段。只有竞争才能使作为消费者的人们从经济发展中受到实惠。它保证随着生产力的提高而俱来的种种利益，终于归人们享受。"④反垄断法通过维护自由、有序的竞争秩序以及提高经济效率，从整体上导致产品质量的提高和价格的降低，确保消费者在选择上的自由，使消费者获得福利即实现所谓的消费者福利最大化。这里需要强调的是，反垄断法上的保护消费者利益与《消费者权益保护法》所保护的消费者的利益的出发点不一致，消费者权益保护法着眼于对消费者具体的、特定的和直接的人身伤害或财产损害的救济，而反垄断法则侧重于在维护竞争秩序的基础上实现消费者福利最大化，使消费者利益得到根本的保护，乃是一种终极意义上的保护。⑤

---

① Robert H. Laude, *Wealth Transfer as the Original and Primary Concern of Antitrust the EfficiencyInterpretation Challenged*, supra note, p. 94.

② See Robert H. Lande, *Wealth Transfer as the Original and Primary Concern Antitrust the Efficiency Interpretation Challenged*, supra note 30, pp. 113 – 130.

③ 兰磊：《损害赔偿制度研究——法理分析与制度设计》，对外经济贸易大学2006年硕士学位论文，第8页。

④ 参见[德]路德维希·艾哈德、祝世索著：《来自竞争的繁荣》，商务印书馆1983年版，第11页。

⑤ 参见孔祥俊著：《反垄断法原理》，中国法制出版社2001年版，第213页。

## 二、反垄断私人诉讼实现着法的形式价值

与法的目的价值不同，法的形式价值并不是指法律所追求的社会目的和社会理想，而仅是指法律在形式上应当具备哪些值得肯定的或“好”的品质或属性。必须明确的是，从最根本的哲学意义上来看，法的形式价值必须是以法的目的价值为基础和原点的。①具体到反垄断私人诉讼制度，法社会学的实证研究和法经济学的数理分析均表明，它与公共执法相配合，可以更为有效地促进反垄断法目的价值的实现。② 反垄断私人诉讼制度在以下3种意义上具有法的形式价值：激励作用的价值、威慑作用的价值以及补济作用的价值。

一部法律的有效实施需要对违法者的有效制裁，还需要一个制度架构来保证能够以合理的成本准确迅速认定违法。一个救济体系的基本目标是威慑人们不敢违反法律，次要目标是对违法行为的受害者进行补偿。③ 反垄断法是经济法的核心，同时又是一种管理型法律。由此决定了反垄断法的首要执法目的是通过阻止（deter）预防违法行为的发生，从而实现法律规定的目的，次要的执法目的才是补偿受害人、提供矫正正义。

### （一）激励

从经济学的角度来看，反垄断私人诉讼的目的在于要使违法者承担违法成本。允许私人提起诉讼的一个根本原因就是诉讼预期从一开始就为期许行为提供了内在动机。在某些情况下，如在涉及禁制令救济的诉讼中，其目标就是要控制未来的行为。受到损害的个体希望法律提供的救济应该是允许其提起诉讼，从而使其所遭受的损失得到填补。

虽然反垄断私人诉讼制度在更多时候是作为公共执行补充而存在，但是与公共执行相比，私人诉讼机制更能激励当事人维权的热情，从而在有些时候在特定类型的案件中，会比反垄断公共执行更有效率。私人执行的优越性表现在以下几个方面：首先，私人当事人可以最快发现损害。当发生违法行为时，私人原告应该是最快知道的人。在程序上，私人原告相比政府机关的官员来说，他

---

① 参见张文显主编：《法理学》，高等教育出版社、北京大学出版社1999年版，第266页。

② 有关反垄断私人诉讼制度在社会实践中产生的确影响本书已在第一章通过大量的数据统计和分析进行了论证，故此处重点讨论这一制度的法经济学依据。

③ 参见［美］理查德·波斯纳：《反托拉斯法》（第2版），孙秋宁译，中国政法大学出版社2003年版，第313页。

们更容易发现违法行为。经济上的损失使得私人原告会尽最大的努力提起诉讼。其次,由于私人当事人处于市场活动之中,因此可以更加接近违法行为,这意味着他们具有某种程度的调查和收集证据的优势。最后,私人当事人在许多案件中可以在较短的时间内取得成效,及时制止反垄断违法行为的发生和负面效应显现。

私人当事人尤其是那些受到违法行为直接影响的私人当事人在监控守法行为和揭发违法行为时比政府机关通常处于更有利的位置。通过私人执行,可以确保违法行为的加害人赔偿受害人因合法利益受到侵害而产生的损失,并且受害人还可能获得惩罚性质的赔偿金,从而实现直接正义。垄断行为除了会导致社会净损失以外,还会造成社会福利转移。纯粹的威慑目的仅关注社会总体福利,如果违法行为对社会的总收益大于总成本(所谓的"有效违法")则是允许的,如果总收益小于总成本(所谓的"无效违法")则是不被允许的,而福利的转移并不会导致社会整体福利的损失,只是现有财富的重新分配。因此,以纯粹的威慑目的来看,矫正正义只会带来社会整体资源的浪费,因为矫正正义不可能不发生任何成本,而这种成本并不能带来社会整体利益的增加。

**(二)威慑**

传统民法从个人权利本位出发,调整平等民事主体之间的关系,追求等价有偿,在权利受到破坏时以填补损失为救济原则。而反垄断法是一种注重社会整体利益的经济法,是一种旨在实现某种政策目的的管理型法律,反垄断法的目的就是通过禁止某些行为保护竞争,从而促进经济效率和消费者福利的提高。因此,反垄断法首要的执法目的就是要确保这些禁止性规定不被违反,避免反垄断法旨在避免的反竞争效果。①

威慑的实现取决于给予违法行为以制裁的可信性,或者说违法行为将受到制裁的可预见性。它受到两个因素的影响,即给予违法行为的制裁强度,以及发现和制裁违法行为的概率(简称"制裁概率")。如果潜在违法者预见到违法行为很可能受到制裁,不但使其通过违法行为无利可得,甚至还要加倍惩罚,那么违法者很可能就会放弃无效率的行为。用国外的法经济学理论来表示,违法

---

① See Wouter P. J. Wils, *Optimal Antitrust Fines: Theory and Practice*, supra note 25, p. 6; Wouter P. J. Wils, *ShouldPrivate Antitrust Enforcement Be Encouraged in Europe?* p. 478; Commission Staff Working Paper, para. 179.

者的预期成本等于制裁强度乘以制裁概率。[①] 要有效阻止违法行为,预期成本必须大于(至少也要等于)预期收益。换句话说,惩罚力度应该大于预期违法所得除以制裁概率。

因此,要想有效遏制违法,可以从两个方面着手,即提高制裁力度和提高制裁概率。加大制裁力度的方式有多种,如给予刑事制裁或者增加罚金数量,或者增加损害赔偿的金额;提高制裁概率也有多种方式,如增加政府的执法资源以提高发现比例或者扩大执法者的范围,如授予私人执法的权力、赋予其向法院请求民事救济的权利。[②]

**(三)补济**

反垄断私人诉讼之所以可以与反垄断公共执法相辅相成,成为公共执法的有力补充,缘自反垄断公共救济的失灵,而这种失灵在法经济学的领域内,是一种典型的政府失灵。

早期资本主义在经济上奉行自由放任政策,强调自然的秩序和市场的和谐,古典经济学的代表人物亚当·斯密鼓吹反对政府的干预,甚至指责某些政府管制行为纯粹是帮助零售商勾结起来反对公众。[③] 古典经济学认为,竞争本身就是一种天然的制约和平衡的制度,它起到了平衡不同个人之间的自利的杠杆作用。但是,市场经济本身具有局限性,存在"市场失灵"。市场失灵为政府干预提供了基本依据和发挥作用的空间,但是政府干预和调节市场的过程中由于种种原因又产生了新的缺陷,这种缺陷被称为"政府失灵"(Government Failure)。

根据我国学者陈秀山的描述,"政府失灵"包括以下几种情况:(1)由于行为能力和客观因素制约,政府干预经济活动达不到预期目标;(2)政府干预经济活动虽达到预期目标,但效率低下,或者说成本昂贵,导致资源并未得到充分有效利用;(3)政府干预经济活动达到了预期目标,也有较高的效率,但却带来不利的后果;(4)某些外部性问题或国际性贸易问题。[④]

---

① See Kent Roach and Micheal J. Trebilcock, "Private Enforcement of Competition Law", *Osgoode Hall Law Journal* Vol. 34, No. 3, p. 492.

② 参见兰磊:《反垄断损害赔偿制度研究——法理分析与制度设计》,对外经济贸易大学2006年硕士学位论文,第11页。

③ See Adam Smith, *An Inquiry into the Nature and Causes of the Wealth of Nations*, ed., C. J. Bullock(New York: P. F. Collier & Son, Harvard Classica, Edition, 1909), Bk, I, Ch., pp. 20.

④ 参见陈秀山:《政府失灵及其矫正》,载《经济学家》1998年第1期。

就反垄断法执行而言,政府失灵是引入私人诉讼的重要原因,下面笔者从公共执法在政府失灵的表现和原因的分析来论证私人诉讼在反垄断法中的重要意义。

1. 公共执法决策失误

作为“经济宪法”,反垄断法同时涉及法律和经济,具有不同一般法律的复杂性,作为特殊的侵权行为,反竞争行为是对市场竞争的侵害。反垄断执法机关在调查一项反竞争行为时,必须界定相关市场,证明相关行为对界定的相关市场产生了负面的影响,如价格、产量。往往需要获得表明其他实际或潜在市场参与者活动的证据,需要对大量证据的分析,从而认定是否侵害了竞争秩序。世事的复杂程度以及大量繁多的经济数据,使公共执法在执法决策方面难免会出现偏差,由于受到行政机构的财政制约,公共执法机构只能挑选其认为符合公共利益的某些典型案件进行追诉,但是公共机构对于“公共利益”的判断可能并不准确;公共执法机构同时也会存在败诉的担心,因此对于疑难和新型案件的提起比较消极。①

2. 公共执法的低效率

(1)公共执法在实施方面的“垄断”,致使出现“执法者废法”的情况②

以欧盟为例,欧盟第 1/2003 条例生效以前,欧盟对于限制性协议实行申报制度,即有可能违反第 81 条第 1 款禁止性规定的协议,必须向欧盟委员会作事先通报,只有在委员会依据第 81 条第 1 款豁免条款的规定给予正式豁免或者决定不采取行动的协议才可以实施。委员会对于第 81 条第 3 款豁免条款具有垄断执法权,其他任何法院或者机构(包括成员国的反垄断当局)都无权给予该款规定的豁免。由于商业协议的数量非常巨大,需要申报的协议数量也非常惊人,因此委员会大部分的资源都浪费在了对申报协议的日常审查上,大大限制了用于采取调查、起诉等的执法资源。更有甚者,即便是私人提起了限制性协议诉讼,被告也可以通过向委员会提交申报来阻止程序的进行。结果,一方面,委员会执法资源不足,执法行为贫乏;另一方面,私人诉讼受到限制,从而导致欧盟范围内违法行为的受制裁概率过低。③

① 参见[日]齐藤荣三郎:《反垄断法改正》,日本经济出版社 1998 年版,第 60 页。转引自王玉辉:《日本反垄断法损害赔偿制度探讨》,载《现代财经》2005 年第 7 期(总第 186 期)。

② See William M. Landes and Richard A. Posner, p. 38.

③ 参见兰磊:《反垄断损害赔偿制度研究》,对外经济贸易大学 2006 年硕士学位论文,第 17 页。

(2)公共执法的威慑不足出现效率低下

首先,反垄断机构往往受制于反垄断政策,实践表明,政府在不同时期的反垄断政策往往存在差异。以美国为例,里根执政期间的美国反垄断政策具有明显的自由主义色彩,联邦政府曾上诉至联邦最高法院要求针对零售价格维持(Resale Price Maintenance,RPM)废除适用“本身违法原则”,并禁止反托拉斯局针对RPM提起诉讼。相比之下,克林顿政府执行的反垄断政策颇为严厉。1993年,反托拉斯局废除了里根政府制定的备受争议的关于纵向限制的指南,宣布重新提起针对RPM及其他涉及纵向限制的诉讼。诚然,政府调整反垄断政策无可厚非,但不可避免地会影响到反垄断机构对反垄断法的实施。①

其次,反垄断机构往往会受到包括利益集团活动在内的不正常因素的干扰。OECD制定的《竞争法基本框架》指出,反垄断机构的决定可能会影响到那些在政府中拥有很强影响的企业的利益,有时,反垄断机构出于个人利益或者迫于政治压力作出的抉择会造成不充分执法的结果。在受利益集团的院外活动的驱使,政府的偏袒甚至是腐败行为将使一些违法者逃脱充分的制裁。②

最后,人力资源不足与执法任务过重导致威慑不够。以欧盟为例,根据理事会第17/62号条例第4条第1款的规定,主张适用《欧盟条约》第81条第3款的当事人应该事前向委员会做出申报,委员会有义务审查是否满足该第3款规定的豁免条件,由于申报数量过多,委员会被迫发布大量缺乏法律约束力的“安慰函”来缓解执法压力,但积案问题仍然存在。③ 鉴于这种状况,行政执法对违反反垄断法行为的威慑力不足。在美国,在私人企业中专门进行反托拉斯诉讼的人员的起步工资可能超过联邦贸易委员会或司法部的起步工资近3倍。④ 鉴于这种状况,很容易就可以推测出这些部门人员不足。政府的代理人负责反托拉斯诉讼的公共执法,可能没有相应的物力和人力来尽可能多地应当提起的诉讼,因此公共执法对违反反托拉斯法行为的威慑力可能不足。

---

① 参见蔡从燕:《论反垄断私人诉讼——法实现机制中私人的作用及保障》,载梁慧星主编:《民商法论丛》(第29卷),法律出版社2004年版,第277页。

② See Stephen Calkins, *Perspectiveson Stateand Federal Antitrust Enforcement*, 53 Duke L. J. 673,2003, p.701.

③ 参见蔡从燕:《论反垄断私人诉讼——法实现机制中私人的作用及保障》,载梁慧星主编:《民商法论丛》(第29卷),法律出版社2004年版,第278页。

④ See Susman Godfrey L. L. P. *Attorneys at Law*, accessed 2 February 2005.

(3)公共执法的威慑过度也会出现效率低下

各国反垄断执法机构对于是否处理以及如何处理反垄断案件普遍拥有自由裁量权。这种自由裁量权的运用,不可避免地会导致权力被滥用。鉴于反垄断执法机构的经费不足,很难说其执法效果会达致社会效益最大化的标准。但是,由于反垄断机构为某种不为人所知的自我扩张目的进行过于热心的执法的诱因,这种行为可能不仅出于提高其自尊和社会地位,它也可能对政策与预算决策部门产生影响,借以增加执行经费,司法权及其他权力。某种意义上,它还可能为升职提供平台,为从事政治、司法甚至是律师行业打下基础。

3. 公共执法的寻租和腐败行为

西方经济学假设人是理性的效用最大化者,即"经济人"。新自由主义经济学把这一假设扩大到个人在面临"非商品"选择时所采取的行为和态度,以便解释公共决策人的行为,如当选者、政党、政府和国家官员。政府和政府官员是公共利益的代表,但是出于其自身效用最大化的考虑,它们在代表公共利益的同时也会为自己的私人利益着想,甚至不惜牺牲公共利益获取私人利益的最大化。例如,相对于执行法律,公共执行机构可能更加关注获得更多的预算,以及取得更多的"政绩"以获得更多的政治支持。①

20 世纪 70 年代开始,西方政治经济学创立寻租理论解释这一现象。所谓"寻租"(rent seeking)②是指出于政府的无意创租、被动创租和主动创租可使经济活动产生巨额租金,经济人通过各种政治的、经济的、合法的、非法的手段从政府官员处获得某种垄断特权,或者政府机构及官员直接凭借其垄断特权取得租金的活动。在现代寻租理论中,一切利用行政权力大发横财的活动都可称为寻租活动。③ 寻租行为是一种无效率的行为,只产生现有资源不公平的再分配效果,并且阻断了资源向最有效率的地方流动和合理配置,同时它也造成大量的政府腐败和权钱交易。例如,公共执法机构对于某些违法行为不采取执法措

---

① See M. A. Cohen and P. H. Rubin, "Private Enforcement of Public Policy", 3 *Yale J. Reg.*, 1985, pp. 167, 170.

② 参见彭羽:《政府失灵的成因及防范》,载《前沿》2005 年第 5 期。

③ 比如,全国政协委员、云南省政协副主席陈勋儒,指出我国行政立法中存在的"立法割据"现象,并将其描述为"行政权力部门化,部门权力利益化,部门利益法制化"。其实质是一种"立法寻租",表现为两个方面:各部门制定的法规、规章存在冲突;立法过程中强势集团的影响越来越大,容易对立法产生支配性影响,并使弱势群体和其他阶层被排挤和边缘化。参见《新京报》2006 年 3 月 12 日,第 A02 版。

施,将造成一种经济租。为了获得这种经济租,违法者将通过各种手段进行寻租,如游说、政治献金,甚至行贿。因此,公共执法机构将面临着巨大的诱惑,很容易被其监管对象“俘虏”(capture),①从而造成政府机构的选择性执法或者歧视性执法。例如,在美国,对于联邦政府的内部运作情况的披露情况显示,税法的执行对于执政党的反对者有时会比对于支持者更加严厉,并且这种现象可能比所披露的还要普遍。②

相比较而言,由于私人起诉者人数众多,难以对其进行游说和俘虏;并且私人执行也不会带来选择性执法的问题,因为私人在衡量是否起诉时所考虑的是利益的最大化。

“寻租理论”是20世纪70年代西方经济学提出的一种理论,其大致含义是各种经济主体通过合法或非法的方式从行政主管部门获取经济利益的活动。表现为经济主体获取某种垄断特权以及行政主管部门通过其权力获取租金。寻租行为是一种无效率的行为,只产生现有资源的不公平的再分配效果,并且阻断了资源向最有效率的地方流动和合理配置,同时它也造成大量的政府腐败和权钱交易。如前所述,反垄断执行中的公共执法部门出于个人利益或者迫于政治压力作出的抉择会造成不充分执法的结果。在利益的驱使下,政府的偏袒甚至是腐败行为将使一些违法者逃脱充分的制裁。③

从以上分析可以看出,反垄断私人诉讼制度存在的必要性是毫无疑问的。它的存在不仅有助于节约政府支出、弥补反垄断主管机构预算有限的问题,而且,也有利于实现对于反垄断主管机构的制约,减少反垄断行政主管机构本身存在的或者以积极方式或者以消极方式滥用权力的可能。

## 第二节　反垄断私人诉讼的制度缺陷

虽然反垄断私人诉讼制度不仅具有反垄断法的目的价值,更存在形式价值:具有激励作用、威慑作用和补济作用。这几种作用无疑确是反垄断法私人

---

① See Kent Roach and Micheal J. Trebilcock, “Private Enforcement of Competition Law”, 34 *Osgoode Hall Law Journal*, 1996, pp. 461, 482.

② See William M. Landes and Richard A. Posner, “The Private Enforcement of Law”, NBER Working Paper No. 62(1974), p. 42.

③ See Stephen Calkins, *Perspectiveson State andFederal Antitrust Enforcement*, Duke L. J., 2003, pp. 673 – 701.

执行机制优势所在。但问题的关键在于这几种作用能被发挥至何种程度？它们所起的作用到底有多大？私人执行机制在发挥上述作用带来正效应的同时是否也会产生负效应？正负效应相比，哪个更加突出？本节的目的正是要对上述问题展开思考。

### 一、激励作用之有限性

与当事人确定且民事损害赔偿的救济成本和收益大致可以预期的传统侵权行为相比较，反垄断违法行为当属于一种"非典型意义的侵权"。其"非典型意义"表现在：要么侵权人不易确定或发现侵权人的成本过高，要么是侵害行为对权利人造成的侵害远远低于权利人寻求救济的预期成本。[①] 法经济学的分析和社会实践表明，对非典型意义的侵权，一般的民事救济是没有效率的。这种没有效率又同时表现在微观和宏观两个方面。

#### （一）微观方面：成本收益分析使"理性人"放弃求偿

首先，反垄断案件整体上呈现出非常之不确定性，这种不确定性是反垄断法本身特有的属性。其不仅主要表现在关于垄断本身的界定、相关市场、确认原则上的不确定，而且表现在救济费用支出、所需消耗时间上存在的不确定性。而这两方面的不确定性最终表现为对案件结果预期的难以把握。对此，加上加害人行为一般大多隐蔽，往往造成巨额的救济准备成本和寻求司法解决成本。"理性受害人"通过对成本与收益的比较，可能会失去寻求救济的动力。故而，虽然存在私人诉讼机制，却不能有效地激励受害人采用。

其次，在某些情况下，即使加害人和成本收益都确定，但由于反垄断违法行为受害人非常众多，虽然总体的损害赔偿额巨大，但对每个个体来讲损害却太小。这也可能导致受害人因自身利益过于微不足道而失去寻求救济的意愿。集团诉讼虽是解决之道，但其本身有着严重缺陷，美国也正在对这一制度进行反思。

最后，通过制度安排，可以将前述的受害人对于成本收益的担忧通过成本转移（如胜诉后由败诉方承担）和惩罚性的赔偿金安排来进行校正。但如前所述，反垄断法本身所具有的高度不确定性，使当事人对胜诉的预期并无明确的把握，因此这种制度安排虽然可以解决受害人的部分忧虑，但绝不是真的解决了问题。况且，费用补偿制度和惩罚性赔偿制度也有其自身问题，以下详述之。

---

① 参见许明月：《侵权救济、救济成本与法律制度的性质——兼论民法与经济法在控制侵权现象方面的功能分工》，载《法学评论》（双月刊）2005 年第 6 期（总第 134 期）。

### (二)宏观层面:社会财富的浪费

救济性支出从其经济属性上来讲,是一种非生产性支出,这意味着它仅是一种纯粹的社会消耗,而非社会财富的增长。无论谁承担,所产生的结果至多是分配的变化,而非社会财富总量的变化。对反垄断违法行为,一味地鼓励所有受害人采取民事损害赔偿之救济手段进行救济,将会消耗大量的社会财富,导致过高的社会成本。

如前所述的费用补偿制度和惩罚性赔偿金制度,从两个不同的方面都在鼓励人们诉讼,发展到一定程度便会产生人们竞相争讼的后果。费用补偿制度在波斯纳看来,实际上是一种"降低诉讼门槛"的方式,很容易造成案件负担增长;而惩罚性赔偿更是激发"理性人"通过诉讼赚取收益的原动力。这种局面发展至一定程度,必会产生司法服务供不应求之"拥堵"现象。如果人们争相忙于诉讼,就要建立大量法院、仲裁机构或其他纠纷解决机制去处理这些纠纷,而所有这一切并不能带来国民财富的增长,也不会使整个国家人民生活水平有普遍的改善。美国法律界对于美国人的"好讼"其实早有忧虑,甚至称为"诉讼爆炸"。可见,适当的司法节制是必需的。

但是,实证的研究表明,司法节制和激励作用之间存在负相关性。也就是说,如果采用成本转移、惩罚性赔偿金方式,提高受害人维权的积极性,那么,就必然增加案件的数量;而要有效的控制案件的数量,就必须减弱对权利人寻求救济的激励。

## 二、威慑作用之有限性

对于反垄断法等经济法律的执行来讲,威慑作用的重要性远高于赔偿作用。波斯纳在谈到反垄断法的救济体系时说:"一个救济体系的基本目标是威慑人们不敢违反法律。另一个目标是对违法行为的受害者进行补偿,但这是一个次要目标,因为,一个规划合理的威慑体系将把违法行为的概率降低到一个很低的水平,而且,像我们将要看到的那样,作为副产品,这样一个体系将会保证充分的补偿,除非补偿的执行成本高得无法承受。"①

这种将威慑作用置于赔偿作用之前的看法,正是经济法之首要目的在于维护社会整体利益而非社会人员个人利益的表现。以反垄断法执法机关为代表

① [美]理查德·波斯纳:《反托拉斯法》(第2版),孙秋宁译,中国政法大学出版社2003年版,第313页。

的经济法执法部门由于执法成本高昂、技术要求复杂等原因，在执法时并不企望能够实现"法网恢恢，疏而不漏"。更多的时候是通过严格挑选具有典型意义或严重违法的行为进行查处和惩罚，从而阻吓那些社会中潜在的违法行为的出现，并以此实现立法的目的。因此，经济法执法时对于其威慑力的关注，远大于对公平性的关注——反垄断案件的查处都更注重阻吓作用，而非在于一般微观意义上的校正正义。这也正是经济法实施不同于传统刑法民法实施之所在。

虽然惩罚性的民事赔偿制度确实可以发挥威慑或阻吓的作用，但是这种作用并非不可替代。正如波斯纳所指明的"一个理性的个人在决定要不要从事犯罪行为时，影响他的是惩罚的概率及如果给予处罚的话，惩罚的轻重"。[①] 只要惩罚的程度达至威慑，不管是行政罚还是民事罚，在实质上并无不同。因此，即使不存在私人执行机制，只要其他的惩罚性措施使违法的成本高昂到足以阻吓人们去从事违法行为，即"它给违法者带来的成本，无论是财产方面还是非财产方面，等于其违法行为给社会带来的成本"，[②]便可以起到威慑的作用。从这一角度出发，惩罚性民事赔偿金机制所发挥的威摄作用就变得多少有些无足轻重了；相反，它诱导人们争相诉讼的负面意义却凸显出来。

**（一）威慑过度**

不可否认，目前存在私人诉讼坐享公共执法结果和工作成果的现象，而这种"搭便车"行为的后果在于，容易造成过度执法的重大风险。[③] 正如美国学者寇珀教授所说："私人诉讼的确存在过度执行反托拉斯法的重大风险。一个重要原因是许多私人诉讼只是在"坐享"公共执法的结果和工作成果。"[④]即使这种私人诉讼对于提高最佳的威慑效果而言是必要的，却没有个人主动要协同反垄断执法机关来确定此类诉讼的适当标准，更遑论将其控制在合理限度以内。当然，过度的私人诉讼很可能在公共执法之前发生，甚至在没有公共执法的情况下也会发生。由于私人的物力和人力投入水平是由其牟利动机而非社会利益决定的，公共执法缺位会导致私人滥诉的风险。

---

① ［美］理查德·波斯纳：《反托拉斯法》（第2版），孙秋宁译，中国政法大学出版社2003年版，第318页。

② 同上书，第314页。

③ See Christopher R. Leslie, "Trust, Distrust, and Antitrust", 82 *Tex. L. Rev.* 515, 2004, pp. 641 - 642.

④ Thomas E. Kauper & Edward A. Snyder, *An Inquiry into the Efficiency of Private Antitrust Enforcement: Follow-on and Independently Initiated Cases Compared*, Geo, LJ, 1163, 1986, p. 74.

姑且不论私人诉讼的原告过分好诉或乐于投机的特点，一般而言，私人诉讼的主要动机是由理性的预期价值分析结果支配的，而这种分析结果在很大程度上又是由巨大的利益驱动下的激励机制决定的。美国学者沙威尔认为，在决定是否提起反托拉斯诉求及3倍赔偿金请求的过程中，私人执法者的投入很可能超出适于社会的标准，因为投资者不需要完全承担其选择带来的成本；尤其是他们不需要承担其对手的辩护成本和公众提供司法场所的成本。① 美国目前的制度结构为进行诉讼提供了激励，但同时，通过民事诉讼确定反托拉斯法责任的结果不够准确，而成本又过高。法院在适用责任规则和赔偿金规则的时候很少注意过度执法的可能性，并且在缺乏信息、专业技能和资源的情况下，进行协调的努力无论如何都很可能失败。

**（二）威慑不足**

私人不充分执法的危险同样存在，私人执法者对其投入产生的积极社会效果即威慑力漠不关心。如果投资进行诉讼不经济，那么无论其潜在的威慑价值如何，都不会有人提起诉讼。由于对社会效益好的诉讼行为的经济激励不足，某些本应提起的诉讼要么无法提起，要么在进行过程中资金不足而被迫放弃，给违法者提供了安全的违法空间。

有理由相信，在许多情况下，从实现守法目的角度来看，私人诉讼可能是毫无益处的。第一，对违反限制竞争行为采取刑事制裁措施的情况下，通过私人民事诉讼进行补充威慑的必要性降低。第二，公共执法中通常要依赖从宽政策：即对于企业与私人达成协议，承认和停止违法行为并作出补偿，并且在针对其他被告的控诉中作证或者进行其他方式的合作的，予以从宽处理。倘若违法者得知他的合作会给私人的损害赔偿诉讼提供了方便，而政府对此诉讼又无力控制，那么政府要获得其合作就不那么容易了。第三，对所有的违法行为都加以惩处，未必能达到最佳的执法效果。现代经济学分析显示，许多类型的限制竞争协议和限制竞争行为可以提高社会福利，因此，监管者需要使用高度精确、区别对待的方法，避免芝艾并焚。反垄断私人诉讼对实现最佳执法效果的社会利益可能并无好处，相反还有可能诉讼成本过高、制裁过度，过分妨碍、压制生产企业的风险。

---

① See Steven Shavell, "The Fundamental Divergence Betweenthe Private and the Social Motive to Use the Legal System", 26 *J. Legal Stud.* 575, 1997, p. 577.

## 三、补济作用之有限性

公力执行同样需要成本，同时，执法机关也会存在有限理性、信息不完全以及外界压力等问题，而私人执行在这方面确能发挥补济之功效，弥补公共执行财政预算和人力资源之不足，而且可以当公共执行偏离正常轨道时，克服反垄断主管机关的失职和懈怠，促进反垄断法更有效地执行。这也正是私人执行最被认可并赋予其激励作用的缘故。

但是，一个必须值得警惕的现象是“公器私用”。反垄断法案件的实证研究表明，实践中提起反托拉斯诉讼的除了经销商、特许权使用人等下游商业实体外，发动反垄断私人执行程序比较多的是竞争者，他们之间相互起诉。有美国学者尖锐指出，由竞争者提起的私人反托拉斯诉讼通常动机不良，他们试图通过反托拉斯法来达到减少竞争、保护自己利益，同时干扰竞争者正常经营活动的目标，而不是出于良好的维护市场竞争秩序的想法，甚至也不是真的认为其竞争者实施了反垄断法违法行为。①

更有许多案件，究其初源，却是律师出于自身利益的引诱诉讼。波斯纳就曾说：“反托拉斯法学者已经被私人律师们提起的那些胡言乱语、糊里糊涂——竟然胜诉的反托拉期案件惊得目瞪口呆了。大家的感觉是，这些案件中很多是政府机构不会提起的，简言之，私人诉讼对反托拉斯规则发展的影响从整体上看是有害的。这一担忧不仅限于集团诉讼。”②

可见，虽然具有补济之作用，但私人执行中并不会都有利于反垄断法立法目的。相反，它们可能是扰乱正常市场竞争秩序的。

## 四、反垄断私人诉讼存在的问题

私人执行反垄断法主要存在以下问题。虽然我们这里对各种潜在问题分别加以介绍，但是实际上它们相互之间存在交叉。

### （一）被用作策略性目的

策略性诉讼主要考虑公司（而非个人）作为原告的情况，实质是公司追求

---

① 1991 年，美国学者奥尔森出版了《诉讼爆炸》一书，书中提到美国已经成为世界上最“好讼”的国家。See Walter K. Olson, *The Litigation Explosion: What Happened When America Unleashed the Lawsuits*, published by E. P. Dutton/Truman Talley books in 1991.

② ［美］理查德·波斯纳：《反托拉斯法》（第 2 版），孙秋宁译，中国政法大学出版社 2003 年版，第 324 页。

“在法院凭借法律赢得其在市场上凭借与竞争对手诚实竞争无法赢得的东西”。① “只要私人启动权和资源被用于公共目的,肯定会存在出现策略行为的风险。该等行为意味着,原告的私人目的将取代法律所追求执行的公共目的。”②

在反垄断法领域,策略性诉讼的问题尤其严重,因为原告在很多类案件中是被告的竞争对手或收购目标,它们即便是知道竞争对手没有违反反垄断法仍然会提起诉讼,以打击竞争对手,阻挫其竞争或收购行为。例如,公司可能通过援用反垄断法来阻止大企业进入市场(如控告其滥用市场支配地位),阻止竞争对手进行激烈的竞争(如控告其正常的降价是掠夺性定价),敲诈成功的企业,改善合同条款,强制执行心照不宣的共谋协议,防御现有诉讼,③阻止敌意收购(如主张收购方市场地位将进一步增强,造成市场力量的过度集中)。

公司在提起策略性诉讼时存在多种动机,有经济上的成本—收益分析,如为了获得高额的损害赔偿或敲诈被告(因为被告有时更愿意以低于预期诉讼成本的较高金额进行和解);也有非经济的动机,如阻止竞争对手的收购行为,阻止对方的诉讼,或者阻止大型竞争对手进入以维持其市场份额。

**(二)用作敲诈目的**

如果制度设计不合理,会导致私人原告起诉的预期收益与被告因此面临的财务风险之间过度失衡,给被告带来过重的和解压力。④ 例如,学者根据美国制度下 1973 ~ 1983 年案件资料的考察发现:原告在经审理胜诉的案件中平均获得判决金额 456,000 美元,胜诉概率是 28%,即原告在全部反垄断法案件中取得 456,000 美元的概率是 28%;假设原告诉讼费用为判决金额的 20%,即 91,200 美元,承担的概率是 72%。根据以上资料,原告将一个反垄断案件推进到审理阶段的预期收益约为 62,000 美元( = 456,000 × 28% − 91,200 × 72%)。相

---

① R. Preston McAfee, Hugo M. Mialon, and Sue H. Mialon, *Private v. Public Antitrust Enforcement: A Strategic Analysis*, 3, August 1, 2005.

② Kent Roach and Micheal J. Trebilcock, “Private Enforcement of Competition Law”, 34 *Osgoode Hall Law Journal*, 1996, pp. 461, 485.

③ 例如,过去欧盟反托拉斯法(《欧盟条约》第 81 条和第 82 条)在成员国法院通常(主要在合同争议中)作为抗辩被援用,如在被告提起的实际履行合同之诉、因不履行请求损害赔偿之诉或者侵犯知识产权之诉中作为抗辩;很少被积极地用于请求损害赔偿或禁令救济。

④ See William F. Shughart Ⅱ, “Private Antitrust Enforcement: Compensation, Deterrence, or Extortion?”, *Regulation Magazine*, Vol. 12, No. 3.

反，被告在该案中的风险是，支付456,000美元判决的概率为28%，支付原告诉讼费用91,200美元的概率为28%，承担自己诉讼费用91,200美元（假设与原告相同）为100%。则被告进入审理阶段的预期财务风险约为244,000美元（=456,000×28%+91,200×128%）。结果显示，在一个典型的案件中，双方当事人都愿意在62,000美元至244,000美元的任一数字达成和解。[①]

在美国，除了上述制度特点外，造成被告和解压力的还有一个主要的制度因素：连带责任和无分担追索权的组合，即参与共谋的任何一个违法者都可能承担所有共谋参与者导致的损害，且要乘以3，而且其向原告承担以后不能向其他共谋参与者追偿后者应承担的部分。因此，原告在诉讼早期往往会选择一些共谋参与者以较低金额和解，为后续诉讼活动融资，然后对剩余的参与者就三倍损害赔偿中未通过和解获得的部分继续追诉，由于后者面临的财务风险大大增加，他们往往被迫以高昂的代价和解。

**（三）被用作律师谋利的工具**

由于私人在提起诉讼时主要考虑成本与收益之间的权衡，如果给予很高的起诉激励，并且对私人起诉行为不加限制，反垄断法诉讼势必会被一些别有用心者用作牟取利益的工具。前文所讲的策略性诉讼就是一例。另外，消费者受到高额损害赔偿判决的诱惑也可能提起没有价值的诉讼，尤其是在不受限制的集团诉讼中，这类诉讼实际上往往成为律师追求高额律师费的工具，消费者真正获得的判决金额很少。

**（四）影响反垄断法的公共执法政策**

私人执法可能监督和限制公共执法机构的追诉裁量权，监督其不追诉决定。虽然公共执法机构在作出决定时有可能考虑不适当的因素，作出不符合公共利益的决定，但是一般来说，对某一领域具有监管职能的机构，通常都拥有相关领域的专家，具有相关行业的专业知识，并且能够较好地把握公共利益所在。如果公共执法机构经过专业的考虑认为不追诉符合公共利益，那么私人向法院起诉不但打乱了公共执法机构的执法政策，也不利于公共利益的实现和维护。

**（五）过度阻吓**

私人执法与公共执法的区别在于，私人几乎不考虑社会整体利益问题，在决定是否提起诉讼时其唯一考虑，是预期成本与预期收益之间的衡量。如果受

---

① See Steven C. Salop and Lawrence J. White, "Economic Analysis of Private Antitrust Litigation", 74 *Geo. L. J.*, 1986, p. 1019.

害者可以获得超过其实际损失以及诉讼成本的判决,他就有动力提起诉讼。如果制度设计过度激励私人起诉会大大修正私人预期收益和预期成本之间的平衡,使即便是胜诉概率很小的诉讼,其预期收益也大于预期成本。

假设原告胜诉概率为p,预期损害赔偿额为D,预期诉讼成本原被告相同,均为C,原告的预期收益为EB,预期成本为EC。那么,原告起诉时的成本—收益衡量,根据不同的制度设计会大不相同:

制度设计(1):单倍损害赔偿,败诉方承担诉讼成本

$$EB = pD + pC$$
$$EC = 2(1 - p)C$$

制度设计(2):三倍损害赔偿,败诉方承担诉讼成本

$$EB = 3pD + pC$$
$$EC = 2(1 - p)C$$

制度设计(3):三倍损害赔偿,原告胜诉时可向被告求偿诉讼费用,被告胜诉时不可求偿

$$EB = 3pD + pC$$
$$EC = (1 - p)C$$

毫无疑问制度(3)下较制度(1)下,因预期收益EB增加,同时预期成本EC下降,原告起诉动力大大增加,即便是p值有一定程度的下降,净预期收益(EB - EC)仍然可能大大提高。

美国是世界上最早实行反垄断私人诉讼制度的国家。百余年来,这一制度不仅因其体现了自然法意义上自由、平等、正义的价值取向,从而具备了其作为一种法律制度得以存在和发展的基础,获得了法律的正当性;而且经历了法社会学(包括法经济学)意义上广泛的实证检验,证明了其之所以存在和发展的深刻而积极的社会效果——与公共执行相配合,可以更为有效地实现反垄断法的价值。正因如此,它才能够历久弥新,展示着强大的制度生命力。

私人诉讼制度是通过授予私人请求民事司法救济的权利来保护个体经营者和消费者的经济自由。违法行为真的出现时,反垄断法又通过设定私人诉讼这样一种救济方式,允许经营者和消费者自己直接为受损的经济自由寻求法律救济,法院作为中立的,超脱的纠纷的裁决者,能够最大限度地保障纠纷的当事人得到公正的对待,司法的救济和人的基本权利联系在一起,不容被剥夺或者用其他的方式代替。通过私人诉讼,允许原告就其由于不当的垄断行为遭受的损失获得赔偿。这样也使反垄断法的规则直接与私人受害者的利益相关联。

从而保障任何社会成员都享有现代法治社会所主张的那种完全意义上的实质平等和自由。因为,在一个法治社会中,任由权利受到侵害而不给予救济,是不能被接受的。相反,如果受到损害的个体不能拥有正当诉求的权利则是不公平的。不允许提起诉讼,或者提起诉讼的权利在某种程度上被限制住了,那么,法律无条件提供救济将仅是一种摆设。

同时,反垄断私人执行机制的主要形式价值在于,私人执行被认为具有以下优越性:首先,它具有激励功能。通过私人执行,可以确保违法行为的加害人赔偿受害人因合法利益受到侵害而产生的损失,并且受害人还可能获得惩罚性质的赔偿金,从而实现直接正义。其次,它能发挥威慑功能。这一功能主要通过惩罚性损害赔偿制裁来实现。通过威慑功能,可以有效阻吓社会中潜在的反垄断违法行为的发生。最后,能够实现补济功能。私人执行被认为不但可以弥补公共执行财政预算和人力资源之不足,而且可以在当公共执行偏离正常轨道时,克服公力执行机关的失职和懈怠,促进反垄断法更有效地执行。

然而,另外,同任何制度设计一样,反垄断私人诉讼制度并不完美,这一制度本身不可避免地存在天然的缺陷。由于私人诉讼与公共执行间所追求的利益有着根本差异,私人诉讼的原告选择的诉讼标准与社会整体利益之间必然存有差异,①这种动机上的不契合会导致出现滥诉或少诉。对于私人诉讼而言,私人个体是基于利润最大化的理性选择来决定执行投资和努力的程度、范围和强度的。私人片面强调利益,必然导致威慑效果的扭曲,因此,私人诉讼的有效性必然会大打折扣。

---

① See Steven Shavell, *Foundations of Economic Analysis of Law*, Cambridge, MA: Harvard University Press, 2004, pp. 391 – 401.

# 第三章　反垄断私人诉讼制度的理想模式

前文分析反垄断私人诉讼制度的作用机理说明，要想有效地利用私人诉讼这种手段达到补偿和阻吓的双重目的，是有一定困难的。这主要是因为反垄断法案件具有不同寻常的特点，这些特点导致了私人不愿起诉。本章分两节展开论述。第一节“反垄断案件的特点”反垄断案件是一类非常特殊的案件，具有高度技术化、专业化、复杂化的特点。第二节“反垄断私人诉讼制度的原则”强调重视私人诉讼的执法功能与防止滥诉文化相平衡；对实体和程序制度作综合规定并加以完善；重视救济方式的体系化；具体救济制度的设计应该具有选择性和区别性。

## 第一节　反垄断案件的特点

反垄断案件是一类非常特殊的案件，具有高度技术化、专业化、复杂化的特点。

### 一、违法行为的认定及民事责任要件的证明非常复杂

就违法行为的认定而言，要证明被告的行为满足法定的违法要件，是非常困难的。各国反垄断法通常主要打击垄断协议行为和滥用市场支配地位行为。传统上，

对于滥用市场支配地位行为都采用“合理原则”作为违法认定的原则，对于垄断协议行为多采用“本身违法原则”作为违法认定原则。但是，近几十年来反垄断法理论的发展，将适用本身违法原则的案件范围逐步缩小，如历史上纵向协议（包括价格的和非价格的）曾采用本身违法原则，但现在都改采用合理原则了。[1] 现在基本上只有核心卡特尔行为仍适用本身违法原则，如竞争者之间达成的固定价格、限制产量、联合抵制的协议。对于适用本身违法原则的行为，只要证明了法律规定的要件，即“竞争者之间”“达成协议”，且是关于“固定价格、划分市场、联合抵制”的协议即可认定违法。即便如此，仍然存在很大困难。“找到协议存在的证据是诉讼获胜的关键，但要证明协议的存在又是一件极其复杂且困难的事情，面临着程序和证据两方面的问题。在反托拉斯法的严厉打击下，公开的、明目张胆的协议转入了地下。很多共谋行为并没有表现为有文字表述的协议，彼此间更多的是心照不宣地进行协议与合作。”[2]“这样，要求证明协议存在的反垄断诉讼中，间接证据往往就是必不可少的。”[3]但是，受到新的效率导向的经济学思潮的影响，法院在采用间接（环境）证据推定协议的存在时往往比较谨慎。“在缺乏直接证据证明反托拉斯违法行为时，法院对于原告使用环境证据证明违法行为的存在提出了更高的要求”，[4]如在松下电器案[5]中，美国最高法院针对掠夺性定价判决“就违反《谢尔曼法》第1条的行为寻求获得损害赔偿的原告，要击败一个简易判决动议或者一个指示裁决动议，必须提出倾向于排除被控共谋者独立行事的可能性的证据”，方能推定协议存在。[6] 在适用合理原则的垄断协议案件中，上述关于证明协议存在的困难同样存在，除此之外还面临着更大的困难。例如，在滥用市场支配地位案件中，原告要证明被告违法，首先要证明被告具有市场支配地位，而要证明这一点，必须首先界定相关市场，进而测量被告在该市场上是否具有支配地位；只有完成这些初步工作

---

① Continental T. V. ,Inc. v. GTE Sylvania,Inc. ,433 U. S. 36(1977)（纵向非价格限制）；State Oil Co. v. Khan,522 U. S. 3(1997)（纵向最高价格限制协议）；Leegin v. PSKS,127 S. Ct. 2705(2007)（纵向最低价格限制协议）。

② 吴玉岭：《契约自由的滥用与规制：美国反托拉斯法中的垄断协议》，江苏人民出版社2007年版，第154页。

③ 同上。

④ 黄勇、董灵：《反垄断法经典判例选读——禁止垄断性协议》，人民法院出版社2008年版，第165页。

⑤ Matsushita Electric Industrial Co. ,Ltd. v. Zenith Radio Corporation,475 U. S. 574(1986).

⑥ Matsushita v. Zenith Ratio Corp. ,475 U. S. 574(1986).

后,方才有必要证明被告从事了法律规定的反竞争行为,如搭售、零售价格维持、排他性分销。对于适用合理原则的案件,无论是垄断协议行为还是滥用市场支配地位行为,证明存在反竞争行为后还不足以认定违法,有时还需要考察该行为对总体竞争的影响,即考察其具有的破坏效率的影响与促进效率的影响,并加以比较,只有前者大于后者时,方能认定违反反垄断法。因此,认定反垄断违法行为存在前,往往需要对整个市场进行广泛的调查,需要对涉及的企业和其他各方进行广泛的取证工作,需要对收集到的资料作认真的筛选、甄别;除了"本身违法"的严重反垄断违法行为可以根据企业的行为作出认定外,在认定其他反垄断违法行为时还需要考察涉嫌行为对于市场竞争的影响,这样的工作非常复杂、耗时、耗力,有时需要选取经济学理论、建立模型、开展问卷调查、进行统计学分析。

认定被告行为违法后,原告并不当然地能够获得民事救济。因为认定被告行为违法只是证明了被告行为的违法性,构成侵权行为,但是要让被告承担侵权责任,原告还须证明侵权责任的其他构成要件。就损害赔偿责任而言,原告还需证明其受到了损害以及损害与违法行为间存在因果关系,另外还需满足诉讼法上的其他规定,如关于起诉资格的规定。反垄断法案件中损害赔偿的数额,通常是取存在违法时的现实价格与假设不存在违法时原本的价格之间的差额。现实价格很容易获得,但是"假设不存在违法时原本的价格"(一个"反事实")却需要借助一定的方式加以构建。因为反垄断法案件主要涉及价格、市场机会等非常不确定的因素,反事实的构建具有较大的不确定性,也是非常困难的。比如,需要考察没有受到违法行为影响的一个与相关市场相似的市场上的价格水平,或者考察违法行为发生前或者结束后相关市场上的价格水平,或者考察违法企业的成本并据此计算出一个竞争状况下合理的价格水平。

## 二、反垄断案件与经济学的联系非常密切

反垄断法是调整市场竞争秩序的法律,其所使用的众多概念,如有效竞争、垄断、寡头、集中度、市场力量等都是纯粹经济学的概念。许多反垄断法规则的构成要件和判断标准,必须借助于经济学理论,例如界定相关市场和判断市场力量时通常使用的"假定垄断者测试"(Small but Significant Non-transitory Increase in Price, SSNIP)标准、双赫指数(Herfindahl-Hirschman Index, HHI),判断是否构成掠夺性定价时通常使用的"阿瑞达—特纳测试"(A-T test)。经济学

对于反垄断法的渗透并不限于此。在欧盟、美国、英国以及其他反垄断法较成熟的法域，在判断协议或行为是否构成反垄断违法时，以及在判断并购是否具有或者可能具有排除、限制竞争效果时，执法机关、法院甚至私人诉讼人，越来越多地借助于计量经济学的方法。反垄断法成了"经济学的帝国"。

## 三、造成的损害具有分散性

反垄断案件是典型的经济法案件，这种性质本身给其带来一些特殊问题。如违法行为造成的损害，特别是对消费者的损害，往往涉及面很广，但单个受害人所受损害不大，即损害具有分散性。这往往会对受害人的起诉动力、起诉形式，以及损害赔偿的计算与分配带来特殊的困难。

## 四、反垄断诉讼耗时长久、成本高昂

根据美国的经验，一个反垄断法案件，往往要耗费几年，甚至十几年的时间，除了动辄几年的取证工作外，法院的审理程序也往往耗时数周，甚至数月。法庭上要传唤大量的证人、呈供不计其数的书面证据、陪审团连续几天甚至几个星期进行评议，才能最终作出是否违法的认定。在计算损害赔偿时，又要耗费大量的时间和精力。借助计量经济学模型计算损害赔偿的新方法，导致了反事实的计算更加复杂化。学者对美国1973～1983年提起的全部私人反垄断民事案件的研究后估计，这些案件的平均诉讼成本高达20万～25万美元。① 兰岱根据多个学者的研究估计，一个"典型"的卡特尔案件，从起诉到判决之间的时间平均为4.5年。②

## 五、反垄断法案件具有多样性

反垄断案件是一大类案件的总称，实际上包含众多违法行为类型。就大的类型而言，主要包括垄断协议行为、滥用市场支配地位行为、非法并购行为和行政垄断行为。就违法行为的危害性而言，有危害效果明显的，如适用本身违法原则的核心卡特尔行为，有危害效果比较模糊的，即适用合理原则的行为。就

---

① See Steven C. salop and Lawrence J. White, "Economic Analysis of Private Antitrust Litigation", 74 *Geo. L. J*, 1986.

② See Robert H. Lande, "Are Antitrust 'Treble' Damages Really Single Damages?", 54 *Ohio St. L. J.* 115, 134 (1993).

起诉的主体而言,反垄断法案件可分为竞争者起诉的案件,上下游企业起诉的案件,消费者起诉的案件;企业起诉的案件还可以分为大型企业起诉的案件和中小企业起诉的案件。另外,就私人起诉与公共执法的协调情况而言,又可分为独立起诉的案件和公共执法之后的后续案件。不同类型的违法行为和不同的起诉形式,会面临着迥然不同的问题,带来不同的课题。在美国,反垄断诉讼之所以如此复杂,一定程度上与其制度有很大关系,如无序、庞大的集团诉讼,州和联邦对反垄断法案件的并行管辖和由此带来的规则方面的混乱,各个巡回法院之间规则的不一致,以及采用判例法的形式等。但是,反垄断法案件的复杂和专业程度是不容置疑的,在其他法域也同样如此。

## 第二节　反垄断私人诉讼制度的原则

考虑到反垄断法案件的特点,反垄断法所具有的独特立法目的,以及民事救济在反垄断法上所具有的独特的双重功能——执法和私人救济——的特点,我们认为,理想的私人诉讼制度应该遵循以下几个指导思想。

### 一、采用一种平衡的方式

我们追求的私人执行制度,应该是一个培养"竞争文化"的制度,而非培养"诉讼文化"的制度。例如,欧盟委员会明确提出对于反垄断法的私人执行采用"平衡模式"(balanced approach),①并指出:"委员会希望通过本次讨论找到实现如下目的的途径:更好地补偿反托拉斯法损害并提高阻吓力,但又能避免被告仅因诉讼成本过高而和解。最终目标应为培育竞争文化,而非诉讼文化。"②欧洲议会2009年的一项决议指出:"无论争议如何解决,至关重要的一点是,应该设计相关的程序和保障机制,确保所有各方都得到公正的对待,与此同时又不会发生其他法律制度特别是美国发生的那种滥用该制度的情况。"③要做到这一点,对于设计的任何一种反垄断法私人执行制度都应该作认真的调试,以

① Commission Staff Working Paper annex to the Green Paper on damages actions for breach of the EC antitrust rules,SEC(2005)1732,p.8.

② Ibid.,at para.12.

③ European Parliament resolution of 26 March 2009 on the White Paper on damages actions for breach of the EC antitrust rules(2008/2154(INI)),P6_TA(2009)0187,recital I.

保持所有相关各方的利益并对其公平。改善竞争执法的任何方案都必须在下述各对潜在竞争的优先课题间维持适当的平衡:原告与被告;公平与效率;公共执法与私人执法;共同体利益与成员国利益。英国贸工部早在2001年的竞争政策白皮书中,就已认识到竞争法上的私人诉讼不但应保证"受害人就其所受损害获得应得的补偿",而且"将私人资源引入到执法过程",[①]并进而提出"政府热切希望英国建立这样一种竞争执法体制:私人诉讼不像现在这样受到限制,但在做到这一点的同时,也希望挡掉美国反托拉斯法体制所带来的种种风险"。[②]

因此,我们至少应重视以下两个方面的平衡。

**(一)私人诉讼的执法功能与私人救济功能的平衡**

反垄断法是经济法,是管理型法,是新型法,以实现特定的管理目标为目的,因此,如何实现立法目的才是反垄断法执行中应坚持的最高原则。理论上,公共执法机关是公益的代表,是拥有强大权力的专门执法机关,因此最适合反垄断执法工作。但是,现实中由于执法资源有限、政府行政失灵等因素,公共执法机关并不能保证反垄断法立法目的的实现。鉴于此,世界的潮流是动用私人的力量参与反垄断执法活动。动用的方式就是积极鼓励和推动私人提起反垄断法诉讼,私人诉讼在反垄断法上属于行为矫正模式,以实现反垄断法的立法目的为首要关切。

反垄断法应该突破传统上过分依靠公权力执行管理型法律的传统,积极鼓励和支持私人提起反垄断法诉讼,从而调动私人和法院的执法力量,保证公共执法机关将执法资源和力量集中处理危害严重的垄断违法行为。这样可以形成行政力量与司法力量、公共执法和私人执法的紧密配合和良性互动,确保有效地打击和阻吓垄断违法行为,保证经济运行中的自由竞争秩序。

但是我们也不能因此而过分强调私人诉讼的执法功能,而忽视了其作为民事诉讼所应追求的给予受害人救济的功能,如不能以牺牲受害人补偿权为代价追求防止违法的目的。无一例外地,在注重反垄断法私人诉讼的执法功能的法域,同时也注重其实现矫正正义的功能。

在私人执行方面,在不同的法域,两个目的的受重视程度有所不同,这进而会导致具体制度设计上的差异。例如,美国反托拉斯法对于防止违法功能给予

---

① UK Department of Trade and Industry, *A World Class Competition Regime*, CM 5233, para. 8.1 (July 2001).

② Ibid., at para. 8.4.

过多的重视,因此为追求更有效率地防止违法,法院可能会限制私人的求偿权利;而欧盟更多地关注矫正正义功能,强调受害人的救济权,因此法院判决保证任何受害人求偿的权利。

**(二)鼓励私人诉讼与防止滥诉的平衡**

要重视私人诉讼的执法功能和私人救济功能,除了要解放思想、改变民事诉讼作为纠纷解决的方式的单一定位,更重要的是要在具体的制度设计中向私人提起诉讼提供足够的激励,减少私人起诉面临的障碍,如惩罚性损害赔偿、诉前利息、减少举证难度、放宽起诉资格、降低诉讼费用风险、提供诉讼援助、以群体性纠纷解决制度增强原告的力量,等等。

但是,重视和鼓励私人诉讼,并不是允许和激励私人无节制地提起诉讼。过度和不合理的激励会导致过度的私人诉讼,甚至滥诉。结果不但会使企业因担心受到无端起诉而不敢采取虽然激烈但是正当的经营行为,从而损害竞争,与反垄断法的目的背道而驰。同时,诉讼是一种非生产性的分配活动,过多的诉讼将消耗掉大量的资源,不但是原被告双方的资源,还有法院宝贵的司法资源。

因此,我们在推动私人执法和设计私人反垄断救济制度时应该既保证私人能够对公共执法活动提供必要的补充,实现阻吓违法的目的,同时也要避免滥诉文化的形成。

## 二、对实体和程序制度作综合规定并加以完善

法律规范的明晰化有利于增加法律行为的可预见性和效果确定性,这是显而易见的道理。这里的"法律规范"不但指实体规范,也指程序规范。

反垄断法是经济法的核心,而经济法是在社会发展进入垄断资本主义阶段以后发展起来的一个新兴的法律部门。在我国,经济法是一个独立法律部门基本上已经得到普遍认可,但是其是否应该像民法对应民事诉讼法、行政法对应行政诉讼法、刑法对应刑事诉讼法那样,有自己对应的诉讼法?在这一点上还存在着较大的争议。有的认为应构建独立的经济诉讼法,有的认为经济法纠纷适用民事诉讼法。但是,就目前来看,构建独立的经济诉讼法部门是不太现实的,因为经济法是一个内容比较庞杂的法律部门,各法之间在调整对象上存在差异,如竞争关系、宏观调控关系,目前还没有任何国家制定统一的经济法法典,人们对于经济法许多方面的认识还有待深化。有关经济法调整对象这个基

本问题，国内仍然存在争议。例如，漆多俊教授认为，它包括“市场规制关系、国家投资经营关系和宏观调控关系”，[①]张守文教授认为，它包括“宏观调控关系和市场规制关系”，[②]邱本教授认为它包括“市场竞争关系和宏观调控关系”。[③]在经济法实体法典缺失的情况下，要制定统一的诉讼法是不现实的。

经济法之中调整私人之间关系的部分，本质上是从民商法中发展并独立出来的，是人们在认识到这类法律关系并不像民商法预设的那样具有主体的平等性，而是不平等关系之后，从民商法中分离出来并划归到经济法调整对象之中的。传统上，这类在私人之间出现的经济法关系产生的纠纷适用民事诉讼法。

但是，传统民事诉讼法并不完全适应经济法纠纷，因为经济法所引起的“民事纠纷”与传统民事法律关系引起的“民事纠纷”(至少一部分)有一个重大的不同，即主体之间虽然是形式上平等，但本质上有强弱之别，实质上具有不平等性，如消费者与垄断企业之间。另外，经济法上的纠纷标的，往往具有公共性，表面上来看是私人间的私益纠纷，但隐藏在私益背后的，是莫大的社会公共利益。[④] 损害私益的行为同时会对公益造成更大的损害，而维护私益的行为，也能够同时维护更大的公益，但这种维护需要借助不同于传统民事诉讼法的制度才能实现。正是认识到这一点，各国立法机关采取了一种权宜之计，即在相关经济法中对传统民事诉讼法不适应经济法纠纷特点的方面作出特殊规定。因此，经济法呈现出对实体制度和程序制度加以双重规制的特点。严格来说，经济法既不是纯粹的实体法也不是纯粹的程序法，而是综合规制法。这样的立法模式保证了经济法纠纷既能适用民事诉讼法，又对民事诉讼法中不合适的方面作出调整，从而保证诉讼程序能够最有效地处理经济法纠纷。对于经济法中包含的具有行政争议性的事项同样如此，一方面适用传统行政程序法和行政诉讼法，另一方面对特殊的方面在经济法中作出特殊的规定。德国、日本、欧盟、美国等法域的反垄断法均是既规定有实体制度，又对程序制度作出详细的专门规定。

例如，德国《反对限制竞争法》第三篇(“程序”)，日本《禁止垄断法》第八章第二节、第九章，以色列《限制性贸易行为法》第七章“集团诉讼”，都对程序问题做了详尽的规定。

---

① 漆多俊：《经济法基础理论》(第3版)，武汉大学出版社2006年版，第109页。

② 张守文主编：《经济法学》(2006年版)，北京大学出版社2006年版，第12页。

③ 邱本：《经济法总论》，法律出版社2007年版，第102页。

④ 参见王新红：《经济法纠纷司法解决机制研究》，中国法制出版社2006年版，第8页。

我国反垄断法也应该在观念上认识到，作为经济法，反垄断私人诉讼具有不同于传统民事诉讼的特点，在基本适用民事诉讼法的同时，应该在反垄断法中对反垄断法诉讼所要求的特殊规则作出专门规定。这就要求立法者首先在观念上打破实体法与程序法分别立法的思维定式，将经济法视为综合规制法，对实体制度和程序制度一并作出规定，最大限度上保证管制计划的完整性和有效性。事实上，在我国现行立法中并不乏这样的例子，如《消费者权益保护法》第 35 条（方便起诉的要求）和第 37 条第 1 款第 7 项（消协支持起诉的权利）即根据该法的当事人地位不平等性，对民事诉讼法的一般性规定所作的特殊变更规定，尽管变更的幅度很小。反倒是属于民法范畴的知识产权法，对民事诉讼法作出了较大程度的突破，如《商标法》第 65 条、《专利法》第 66 条和《著作权法》第 57 条规定的诉前责令停止侵权和财产保全制度属于纯粹的程序制度。而在行政管理事项方面，《反垄断法》本身则规定了大量的程序规则，如第四章（经营者集中）、第六章（对涉嫌垄断行为的调查），和第七章第 53 条有关行政复议和行政诉讼的规定无不是程序规则。

关于这一原则，需要强调如下几点：

第一，反垄断私人诉讼应立足于现有民事诉讼制度，而不是另搞一套程序制度。如前所述，反垄断法案件具有多样性，有些类型的案件仍然具有传统民商事案件的特点，如竞争者之间的反垄断法纠纷。因此，适用传统民事诉讼制度基本上并不会带来特殊的困难。即便是消费者与经营者之间这种力量对比较为悬殊的“民事纠纷”，现有民事诉讼制度的许多具体制度仍然是适用的，如大部分有关起诉、送达、审理、证明等的制度规定。另外，反垄断法争议往往与其他争议交织在一起，在同一个案件中同时提出，如合同争议与反垄断法争议、知识产权争议与反垄断法争议。如果反垄断法案件采用一套完全不同于传统民事诉讼制度的规则，将会给争议的综合解决带来困难。因此，应该“将能够在现有民事诉讼制度中解决的经济法纠纷仍在民事诉讼中解决”。① “反托拉斯法领域中任何程序改变的建议，都应该放在整体诉讼和适用程序规则的大背景下加以考虑。”②

第二，对于因反垄断法案件自身特点，现有民事诉讼制度无法包容的制度，

---

① 王新红：《经济法纠纷司法解决机制研究》，中国法制出版社 2006 年版，第 70 页。

② Freshfields Bruckhaus Deringer, *Response to Commission of the European Communities DG Competition Green Paper on damages actions for breach of the EC antitrust rules*, para. 22.

需要在反垄断法中作出特别的规定。现有民事诉讼制度的某些具体制度,从整体诉讼来看,其本身即具有不合理之处,如我国民事诉讼法规定的一审级别管辖制度、起诉条件过严,这些需要通过民事诉讼制度本身的现代化来实现。① 但是在民事诉讼改革滞后的情况下,在反垄断法中先行作出特别规定,也是一个可选的路径。另外,由于反垄断法案件具有的专业化、复杂化、成本高昂、多样化、公益化等特点,普通民事诉讼规则(即便是经过现代化)囿于其固有的制度理念可能无法包容,从而导致若将反垄断法案件"放到普通民事诉讼制度中解决会出现不协调,需要制定专门的规则"。② 例如,由于反垄断法案件调查成本高昂,并且有时公共执法机关和私人会针对同一违法行为启动执法程序。在这类案件中,如何便利私人起诉者利用公共执法的调查结果,减少诉讼成本,即是各国反垄断法特别考虑的一个问题。对于这类特殊的问题,需要在反垄断法中作出专门规定。正是考虑到这一点,欧洲议会 2009 年的一项决议一方面指出:"(欧洲议会)注意到针对违反欧共体竞争规则行为的诉讼应尽可能地与其他非合同诉讼请求作一致的对待;(欧洲议会)认为一种横向或者整合的方式可以涵盖不同法律领域群体性救济机制共通的程序规则。"另一方面又指出:"(欧洲议会)强调这种方式不得推迟或避免发展那些明确的为充分执行欧共体竞争法所必需的建议和措施;(欧洲议会)进一步注意到竞争法民事救济的分析和竞争执法机构框架较为发达,至少就某些事项而言,这可以成为迅速推进的理由……(欧洲议会)并认为针对违反欧共体竞争规则行为的受害人遭遇的特殊复杂性和困难,现在已经可以提议采取该等部门性措施了。"③

在针对反垄断法案件制定专门规则时,应遵循一个"必要且最小"原则。即只要普通民事诉讼规则能适用的,仍应适用普通民事诉讼规则:"只有在用以因应反托拉斯法背景下产生的具体问题时,才制定专门规则"。④ "仅仅针对私人执行的某些方面作具体改进才是适当的。考虑实施专门规则时,对反托拉斯法中的以下区分,应该给予适当的考虑:(a)后续诉讼与独立诉讼;(b)核心卡特尔案件与不很清晰的实体法领域;(c)消费者起诉与中间间接购买者起诉。我

---

① 王新红:《经济法纠纷司法解决机制研究》,中国法制出版社 2006 年版,第 71 页。

② 同上。

③ European Parliament resolution of 26 March 2009 on the White Paper on damages actions for breach of the EC antitrust rules(2008/2154(INI)),P6_TA(2009)0187,para. 6.

④ Freshfields Bruckhaus Deringer, *Response to Commission of the European Communities DG Competition Green Paper on damages actions for breach of the EC antitrust rules*, para. 22.

们相信，专注的规则不但更清晰，而且平衡性更好——更接近于实现培育竞争文化而非滥诉的目标。”①

第三，实体救济制度，即民事责任的承担方式，应该遵循与程序规则相同的原则，即以民商法关于民事责任的现有制度为基础并尽量适用，现有制度不完善或无法包容时，在反垄断法中制定专门规则。这也是各国在实践中普遍的做法。例如，在英美法国家，救济被视为介于实体法与程序法之间的制度，并发展了完整的关于救济方式的规则。但鉴于反垄断法案件的特点，这些国家的制定法或判例法为救济制度在反垄断法领域的适用制定了专门规则。如美国《克莱顿法》第 4 条规定私人起诉可一律获得实际损害 3 倍的损害赔偿，这既不同救济法上补偿性损害赔偿的制度，也不同于一般惩罚性损害赔偿制度；另外，法院判例还要求，原告要获得起诉资格（实际效果类似于获得损害赔偿的要件），必须证明“反托拉斯法损害”，这也是对一般救济制度的突破。在大陆法上，救济的任务由民事责任制度来承担，涉及反垄断法，主要是侵权责任。但各国反垄断法上对于反垄断法侵权责任通常都根据反垄断法案件的特点作了专门规定。如日本《民法典》第 709 条对一般侵权责任的构成要件作出规定，采取过失归责原则，原告要获得损害赔偿需证明的要件之一是被告有过错。但日本反垄断法明确规定采用无过失损害赔偿责任制度，即日本《禁止垄断法》第 25 条规定：“（一）进行私人垄断或不正当交易限制或者使用不公正交易方法的事业者，对受害人负有损害赔偿责任。（二）事业者证明其无故意或过失的，亦不能免除前款规定的责任。”

第四，反垄断法的实体规则是否清晰，对于私人执法的鼓励，与程序和救济规则是否清晰同等重要。如果实体规则不清晰，企业从事竞争行为时面临的不确定性增加；原告起诉时，原被告双方面临的诉讼结果的不确定性也将增加；特别是在没有特殊的诉讼费用规则鼓励私人起诉的情况下，原告面临的诉讼费用风险随着程序的推进不断增加，被告同样如此。因此，在实体规则不清晰时，诉讼当事人无法对诉讼结果做有意义的事先评估，从而导致原告起诉动力的抑制，以及双方会倾向于作出与案件实质缺少联系的和解。② 正因如此，反垄断法比较成熟的法域都通过采取各种各样的措施，如发布实施细则、指南、通知等，

---

① Freshfields Bruckhaus Deringer, *Response to Commission of the European Communities DG Competition Green Paper on damages actions for breach of the EC antitrust rules*, at para. 22.

② Ibid., at para. 14.

力图细化反垄断法规则,使反垄断法违法行为的判断更加方便。如虽然《欧盟条约》仅在第81条和第82条对竞争规则作了非常原则性的规定,但是欧洲理事会和欧盟委员会发布了大量的条例、指南、通知、建议,对反垄断法规则进行阐释,内容细化到对具体条款(如第81条第3款)、具体概念(如"贸易影响的概念")的理解,对具体交易类型(如研发协议、横向合作协议)的规制。这些措施可以帮助企业更加明确地判断何种行为违法,帮助私人原告和法院更方便地证明和认定违法行为的存在,尽管有些措施并没有法律约束力,但至少可以起到一定的指引作用。美国、英国也是如此。

## 三、重视救济方式的体系化

在反垄断法上,就民事救济方式而言,主要有损害赔偿和禁令两种。根据反垄断法的特殊性,有些国家还将合同无效作为一种救济方式。此外,当事人还可以请求公共执法机关动用行政手段给受害人以救济,尽管其本身不属于严格意义上的民事救济方式,但也是私人可以援用的获得救济的手段。在考虑民事救济体系的设计时,还应该充分考虑到公共执法机关的处罚体系,即应该将民事责任和行政责任,甚至刑事责任综合起来作为一个救济体系整体加以考察。不同的救济方式,在执法权力大小、责任构成要件的繁简、援用时机的早晚、救济效果的强弱等方面各不相同。理想的反垄断法救济体系应该综合运用这些救济方式,针对不同的违法行为,因时、因地、因人、因事、地选用最合适的救济方式,以实现最佳的效果,既补偿受害人,又阻吓违法者,同时又不过分鼓励执法和过度阻吓。

单就私人的救济手段而言,私人的救济手段除了包括通过向法院起诉,要求违法者承担民事责任外,还包括通过向公共执法机关申诉,要求对违法者处以行政责任。

### (一)请求公共执法机关调查处理违法行为

对于私人而言,这是最为经济的方法,由于整个程序由公共机关发起、推动,无须受害人花费金钱和精力,并且大多数国家的反垄断法均授权公共执法机关采取临时措施防止损害扩大的权力。因此,在反垄断案件中这种方式具有明显的重要性。例如,加拿大《竞争法》第9条规定,任何6名不低于18岁的加拿大居民均可向竞争委员提交发起调查的书面请求;第10条规定,竞争委员接到请求后,应发起调查,并可在调查过程中随时移送加拿大检察总长处理。日本《禁止垄断法》第45条规定,任何人在认为存在垄断违法行为时均可向公正会报告并请求采取适当的措施。欧盟第1/2003号条例第7条规定,能够表明合法利益的自然人或法人,有权向欧盟委员会提交申诉(complaint),请求调查、认定并责令停止违法行为。对此规定,第773/2004号委员会条例和《关于欧盟委员会依欧共体条约第81条和第82条处理申诉的委员会通知》①作了更加详细的规定。委员会在收到申诉后必须仔细考察申诉中提及的事实和法律要素,以决定展开调查是否符合共同体的利益。② 如果委员会认为展开调查的理由不足,应通知申诉人,并规定一个时限供申诉人表明观点和补充信息;如果之后委员会仍认为理由不足,则应拒绝申诉。③ 如果委员会拒绝申诉,申诉人有权要求一个拒绝申诉的决定,④并且决定中必须说明拒绝的原因。⑤ 拒绝申诉的决定可以向共同体的法院上诉。⑥ 如果申诉人就一个事项已提交申诉,并且委员会就此事项向涉嫌违法企业发出反对书,则委员会应同时向申诉人发送一份非保密的反对书,并规定一个时限供申诉人表明观点;必要时,还可给予其在口头审理中发表意见的机会。⑦

但是,请求行政救济也存在着一定的缺陷。第一,公共执法机关的资源和精力有限,不可能对私人请求的所有案件作出回应。第二,除个别法域外,公共执法机关并不能责令违法者给予受害人金钱补偿。第三,法院在审理第81条项下的协议时,除了可以审查反垄断法问题,还可以审查依相关协议提出的支付请求或合同义务请求等,而公共执法机关只能审查反垄断法问题。第四,法院在审理第1条项下的协议时可以(有时在审理其他垄断行为时也可以)判决合同(行为)无效,并对无效的范围和后果作出处理。但公共执法机关却无此权力。第五,法院通常都有权给予临时救济,但公共执法机关则通常需要请求法院作出相关决定。另外,申诉人是否有权请求公共执法机关采取临时措施也可

---

① Commission Notice on the handling of complaints by the Commission under Articles 81 and 82 of the EC Treaty(2004/C 101/05).

② Ibid. ,at paras. 42 &53.

③ 第773/2004号条例第7条。

④ Commission Notice on the handling of complaints by the Commission under Articles 81 and 82 of the EC Treaty(2004/C 101/05),para. 28.

⑤ Ibid. ,at paras. 74 &75.

⑥ Ibid. ,at para. 77.

⑦ Ibid. ,at paras. 60,64 &65.

能存在问题。例如,前述加拿大法和日本法均未就此明确作出规定,欧盟第1/2003号条例第8条第1款仅规定“委员会可主动”决定采取临时措施,并未规定可“依申诉”采取临时措施的授权。欧盟委员会据此认为申诉人无权请求委员会采取临时措施。①

**(二)损害赔偿之诉**

损害赔偿是各个国家给予私人受害者的主要救济手段,有利于因垄断违法行为受有损害者获得赔偿,实现矫正正义。另外,通过具体的制度设计,如惩罚性损害赔偿,损害赔偿可以提供私人执法的金钱激励,有利于反垄断法立法目的的实现。但是,损害赔偿是一种事后救济方式,只有在损害实际发生后才能适用,因此不利于损害的预防和制止。

**(三)禁令之诉**

相比这下,禁令救济具有预防和制止损害的事前救济功能。正因为其具有的这种事前救济功能,在构成要件(适用条件)上应该不同于损害赔偿,较后者更加容易适用,如不以主观故意或过失为要件,也不以实际损害的发生为要件,只要有发生损害的可能即可。我国反垄断法将损害赔偿和禁令统一纳入“民事责任”之中,但规定承担民事责任的条件之一是给他人造成“损失”。这显然是不恰当的,削弱了禁令救济的预防功能。

在存在诉前禁令和临时禁令的国家,民事救济方式的体系化程度大大加强,受害者可以通过提起诉前禁令请求法院责令停止违法行为,然后请求公共执法机关发起调查,并在公共执法机关作出违法认定后请求损害赔偿。在美国,法院在禁令之诉中还可以给予结构性救济,通过拆分、强制许可或强制消除进入壁垒等给予更根本性的救济。

**(四)协议无效之诉**

垄断者在经营活动中从事的行为或签订的协议,根据传统民商法的意思自治原则或缔约自由原则都是有效的,尤其是滥用市场支配地位的行为,往往在反垄断法上的性质也比较模糊。但是,垄断违法行为是一种严重的违法行为,按照现代民商法的规定往往可以解释为行为或合同无效,以此削弱经营者从事垄断违法行为的积极性。为了强化和明确这种态度,有的反垄断法直接规定垄断协议无效,有的还进一步规定违反反垄断法的单方行为也无效。合同行为无

① Commission Notice on the handling of complaints by the Commission under Articles 81 and 82 of the EC Treaty(2004/C 101/05),at para. 80.

效既可以作为受害者的诉因加以积极主张,也可以在受到垄断者起诉时作为抗辩理由主张。

## 四、具体救济制度的设计应该具有选择性和区别性

垄断违法行为具有多样性。有的危害性较大,如核心卡特尔行为;有的危害性稍小,如歧视行为。有的是恶意的,有的是一般故意的,有的则是过失的。有的违法行为的调查和制裁要更多依靠公共执法力量,如核心卡特尔;有的则更多需要私人的力量,如公共执法机关无暇顾及的案件。有的起诉者力量较强大,如与垄断者地位相当的竞争者;有的则力量相对过于弱小,如消费者和中小企业。有的诉讼难度较大,如无法借助公共执法力量的案件;有的则可以以公共执法机关的认定为表面证据或确定证据。另外,就违法行为的侵害后果而言,"某些类型的反竞争行为更多地涉及对消费者的损害,而其他类型则更多地损害竞争者。例如,导致反竞争行为的竞争者之间的共谋,更多地直接损害消费者,如果没有公共机构的介入,他们难以发现损害的存在。相反,具有市场支配地位的企业拒绝提供一种关键投入品,可能会被现有市场上的企业立即发现"。①

这种差异性和多样性决定了,在进行制度设计时必须针对不同类型的违法行为和案件区别对待。因为用以支持一类案件的制度设计的法理,对于另一类也许完全不适用,如果对第二类案件仍然适用第一类案件的制度设计,就会带来问题。例如,就阻吓违法的效果而言,对于卡特尔,特别是核心卡特尔,规定惩罚性损害赔偿的一个重要理由是,该类违法行为比较隐蔽,发现和制裁的概率较低。但是在其他类型的案件中,发现违法行为的概率要高得多,"市场参与者能发现这类行为,因为其对他们具有明显的经济影响"。② 因此,从难以发现违法行为的角度看,这两类案件具有很大的区别。但是,容易发现并不代表容易胜诉并给予制裁,因为这类案件主要适用"合理原则",要证明违法往往会更加困难,因此,对于后一类案件可能更需考虑如何减轻其面临的诉讼成本风险。再比如,出于就违法行为的危害性而言,出于惩罚故意违法的考虑,在采用严格责任的前提下,可以规定如果受害者能够证明违法者存在恶意或故意,有权获

---

① Making Antitrust Damages Actions More Effective in the EU: Welfare impact and potential scenarios, Final Report, 35(30 March 2008).

② Ibid., p. 125.

得惩罚性损害赔偿,而不能证明时只能求偿实际损害。

就违法行为的侵害后果而言,“某些类型的反竞争行为更多地涉及对消费者的损害,而其他类型则更多地损害竞争者。例如,导致反竞争行为的竞争者之间的共谋,更多地直接损害消费者”,①而拒绝交易等排斥竞争行为则会更多地损害到上下游的企业,对于消费者的影响是非常间接的。因此在制度设计上应有所区别。例如,侵害个别企业的违法行为,适用经适当改造的传统的一对一的诉讼模式即可解决;而侵害广大消费者利益的违法行为,则可能更需要借助群体性纠纷处理模式。

就是否有公共执法机关处理在先而言,如果公共执法机关已认定违法行为,由于私人起诉的执法功能定位已经很小,主要功能在于赔偿受害人,因此只允许受害人求偿实际损失是恰当的。而在独立提起的案件中,私人起诉同时扮演着执法和赔偿的双重功能,甚至主要是执法功能,判决惩罚性的损害赔偿或者给予更多其他激励则更为可取。

因此,在各种各样的具体制度设计中,围绕着激励私人起诉又不会导致过度滥诉的总目标,应该区别情况作不同的制度安排。如对于恶意或故意的违法行为规定惩罚性损害赔偿,而对过失违法则只能求偿实际损害。

我们前文分析了私人执行反垄断法所具有的多种价值。同时,我们也应该看到,要想有效地利用私人诉讼这种手段达到补偿和阻吓的双重目的,是有一定困难的。这主要是因为反垄断法案件具有不同寻常的特点,这些特点导致了私人不愿起诉。

因此,要想实现这些好处,就必须给予私人提起诉讼提供足够的激励,使私人愿意走进法院提起反垄断法诉讼,因为私人是理性的“经济人”,以利益衡量作为是否起诉的判决标准。给予私人损害赔偿诉讼一定的激励就是非常必要的。

考虑到反垄断案件的特点、反垄断法所具有的独特立法目的,以及民事救济在反垄断法上所具有的独特的双重功能的特点,我们认为,理想的私人诉讼制度应该遵循以下几个指导思想:重视私人诉讼的执法功能与防止滥诉文化相平衡;对实体和程序制度作综合规定并加以完善;重视救济方式的体系化;具体救济制度的设计应该具有选择性和区别性。

---

① Making Antitrust Damages Actions More Effective in the EU: Welfare impact and potential scenarios, Final Report, 35(30 March 2008).

# 第四章　反垄断私人诉讼民事救济形式

在反垄断私人诉讼中,原告可以请求的民事救济方式有以下形式:(1)合同无效;(2)损害赔偿;(3)禁制令;(4)分拆;(5)强制许可;(6)吐出获利;(7)返还。由于损害赔偿、合同无效、禁制令是反垄断私人诉讼民事救济形式中的常态,故笔者拟在本书中重点对上述3种救济形式进行论证,并结合这些救济方式的有效实现,对相关的程序制度加以考察。

按照救济形式的不同,本章分为三节。第一节"损害赔偿",主要是美国反垄断法对于3倍损害赔偿之救济方式进行论述;第二节"合同无效",主要分析大陆法国家德国、日本等的立法和司法情况;第三节"禁令救济",则主要是将美国与德国、日本的情况进行比较的研究。

## 第一节　损 害 赔 偿

损害赔偿责任无论对于一般侵权责任还是作为反垄断法上的救济方式,都是最重要的救济手段,也是本书的主要内容。笔者从反垄断私人损害赔偿诉讼的损害认定、损害额的计算、惩罚性损害赔偿等具体制度入手,对其进行剖析。

## 一、损害的认定

我国学者王利明认为损害作为一种事实状态，是指因一定的行为或事件使某人受侵权法保护的权利和利益遭受不利益的影响，简言之，是指权益的不利益。[①] 各国反垄断立法对损害的规定通常比较原则。例如，德国《反限制竞争法》第 33 条、日本《禁止私人垄断及确保公正交易法》第 25 条只是原则规定行为人必须赔偿损害，并没有具体规定什么是限制竞争行为的损害、损害的范围、损害如何确定和计算，等等。但是，出于激励私人诉讼的考虑，各国反垄断立法的新趋势是，对损害赔偿制度作出具体和专门的规定。

### （一）反托拉斯法损害

在美国，根据《克莱顿法》第 4 条以及《谢尔曼法》第 7 条的规定，原告如果要对违反反托拉斯法的行为提起诉讼要求赔偿，就必须证明受到了财产或营业的损害。这里所说的“营业”通常指实际的计划中的商务事业，“财产”的含义则广泛得多。因此，如果一种产品的价格因为违反反托拉斯法的行为而虚高，出资购买该产品的人的“财产”就受到了“损害”，但该种损害必须是反托拉斯法意义上的损害。

1. 含义

“反托拉斯法意义的损害”也称“反托拉斯法损害”（antitrust injury），意思是“反托拉斯法旨在防止的类型的损害，且该损害使被告的行为构成违法”。[②] 损害应当反映反竞争的影响：或者存在违法事实，或者该违法事实可能带来反竞争行为。美国联邦最高法院 1977 年在 Brunswick Corp. v. Pueblo Bowl-O-Mat 案中确立了“反托拉斯法损害”原则。因此，原告仅证明实际受到了损害是不够的，还必须证明该等损害与反托拉斯法的目的相联系，即必须证明同时遭受了“事实上的损害”（injury-in-fact）和“反托拉斯法损害”（antitrust injury）。

反垄断法是规制竞争秩序的法律，是公共利益的法律，如果仅是原告因为被告的行为受到了损害，但是公共利益（竞争）并没有受到损害；或者虽然竞争因被告的违法行为受到了损害，但是原告受到的损害并不是由于同样给公共利益（竞争）造成损害的反托拉斯违法行为造成的，则原告就没有因被告的反托拉斯违法行为受到损害，即没有受到反托拉斯法损害。因此，不能依反托拉斯法

---

① 参见王利明主编：《民法·侵权行为法》，中国人民大学出版社 2003 年版，第 137 页。

② Brunswick Corp. v. Pueblo Bowl-O-Mat, Inc, 429 U. S. 477(1977).

请求3倍损害赔偿,而只能依一般侵权法求偿。Brunswick案涉及的是一个《克莱顿法》第7条调整的并购案件,在该案中,原告援引《克莱顿法》第7条的规定,对美国两家最大的保龄球设备生产商收购几家濒临破产的保龄球中心的行为提出反对。原告主张如果被告没有收购某些保龄球球道,这些企业本来应会倒闭,而经营同种业务的原告本来也将会获得更多的利润。也就是说,原告所主张的损失是在允许被收购的中心关闭的条件下,其可能实现的利润的损失。法院认为,原告所主张的损失不是应当赔偿的"反托拉斯法意义的损害",因为他们要求的损害赔偿金是利润,而该利润只有在竞争减少的情况下才能实现。他们主张的赔偿金不是反托拉斯法旨在防止的类型的损害,因此不能获得赔偿。也就是说,原告要获得3倍损害赔偿,就"必须证明……反托拉斯法损害赔偿,也就是说,反托拉斯法意图阻止的那类损害,并且该损害源自导致被告的行为之所以为非法的事情。该损害应该反映了要么是该违法行为的反竞争效果,要么是该违法行为使之成为可能的反竞争行为的反竞争效果。简言之,其应该属于'所指控的违法行为……可能导致的那类损失'"。这一原则的目的在于对违反反垄断法的行为导致的损害做出了限定。①

Brunswick案中,原告没有受到反托拉斯法损害,因为根据原告的理论,其受到的损害并不是源自被告的行为"限制或排除竞争",而是源自被告的行为"维护竞争"。尽管被告的收购行为有可能会造成市场的过度集中,并在取得垄断力量之后通过滥用市场支配地位损害竞争,但是原告受到的损害并没有反映

① 参见Brunswick Corp. v. Pueblo Bowl-O-Mat案。在该案中,最大的保龄球设备制造商之一开始收购不景气的保龄球馆(称为保龄球中心),试图降低保龄球行业普遍衰落带来的影响。竞业的保龄球馆根据《克莱顿法》第7条反对这些收购,诉称Brunswick这个众"侏儒"中的"巨人"的进入导致其利润下降。它们声称,如果Brunswick没有收购这些不景气的球馆,它们(指被收购者)已经关门大吉了。这样,余下的竞争者的利润就提高了。陪审团在对实质问题进行全面审理后,根据该理由裁决原告有权获得损害赔偿金。在上诉中,最高法院首先提出,这些收购违法是因为一个"深衣袋"的母公司进入了"侏儒"的市场可能带来反竞争的后果。但是,原告所说的损害——在被告没有收购这些球馆情况下本可能增加的这部分利润的损失——并不反映进入者的规模。而且,如果另一个"小个子"收购了这些球馆,也会发生同样的损失。法院进一步认为,原告是在控诉Brunswick通过这些不景气的球馆维持了竞争。法院因此得出结论,如果对只有在竞争减少前提下才能增加的这部分利润的损失予以赔偿,将违背反托拉斯法的实质目的。因此推翻原判,发回重审,要求原审法院不考虑陪审团的裁决,重新判决:"本院……认为,如果原告以存在违反第7条的行为为由要求获得赔偿,它们必须证明存在……反托拉斯法上的损害,也就是反托拉斯法旨在防止的、使被告的行为构成违法的那一类损害。损害应当反映该违法行为或者反竞争行为可能带来的反竞争影响。"

"该违法行为"(并购行为)的反竞争效果。同时,原告受到的损害也没有反映"该违法行为使之成为可能的反竞争行为"(滥用市场支配地位这种反竞争行为,其因为并购行为成为可能)的反竞争效果。

按照最高法院在 Brunswick 案中所作的解释,反托拉斯法损害标准是模棱两可的。无法弄清该案的控制因素究竟是竞争增加、竞争没有减少还是不具备第7条旨在防止的损害。加之,审理该案的法院还对损害赔偿判决进行了审查。这样一来,无法说清反托拉斯法损害是只与损害赔偿金的确定有关,还是原告诉讼资格中也有这个要求。最后,这个标准是否在违法合并这类"可防范性犯罪"以外的其他案件中适用,答案也不确定。

尽管有这些不明之处,大多数美国法院都积极采用 Brunswick 案的反托拉斯法上的损害规则,把不具备反托拉斯法损害的情形彻底挡在了第4条的诉讼之外。另外,它们还把它作为任何反托拉斯诉讼的诉权要素,将 Brunswick 案的规则的适用范围扩展到最初的可防范性犯罪以外。在 McCready 案中,①最高法院将反托拉斯损害的要求扩展适用到所有反托拉斯案件,无论属于何种违法行为。但是,反托拉斯法上的损害规则的含义仍然不明,对 Brunswick 案规则的合理解释的裁量权掌握在法院手中,实践中,有些法院采用限制性的解释,有些采用扩张性的解释。

2. 对反托拉斯法损害的限制性解释

在限制性分析方法中,反托拉斯法损害标准着眼于所主张的损害是否是被违反的特定法律旨在避免的损害。

例如,在 Outboard Marine Corp. v. Pezetel 案中,②一个电动高尔夫球车制造商指控一个波兰高尔夫球车制造商通过独家经营权和不竞争协议的方式在其美国的经营者之间分割地理市场。但是法院认为,法律反对分割地理市场,旨在保障在特定地理市场内相同品牌的竞争者拥有最充分的竞争机会。因此,虽然不合理的地理市场分割可能因为提高了品牌内部的竞争者的实力而损害了品牌之间的竞争者的利益,但是"根据 Brunswick 案……只有品牌内部的竞争者才有对纵向的地理市场限制行为的合理性提出质疑的权利"。

法院还采用对反托拉斯法损害进行限制性解释的方法,拒绝将诉权赋予那些以诉讼为工具以图赔偿的原告(plaintiffs-as-means)——那些在违反反托拉斯

---

① See Blue Shield of Virginia v. McCready, 457 U. S. 465(1982).

② See 461 F. Supp. 384(D. Del. 1978).

法的行为的实施过程中遭受损害，并因此寻求赔偿原告。例如，在 Inre Industrial Gas Antitrust Litigation 这一案件中，①法院的结论是，拒绝配合雇主执行限定价格计划的煤气公司的主管所遭受的损害不构成“反托拉斯法损害”。法院的理由是 Brunswick 案“认为第 4 条只保护在明确市场或者独立的经济领域中具有消费者或者竞争者身份的受害者”。原告受到的损害，既不是因为支付了超竞争价格造成的，也不是因为无力在工业用煤气市场上竞争而损失了利润，因此他受到的损害不足以称为“反托拉斯法损害”。

3. 对反托拉斯法损害的扩大性解释

有些美国法院在适用这一原则时，其视野超出了该法旨在防止的损害范畴，把目光放在了反托拉斯法促进竞争的普遍政策上。据此，它们只要求诉称的损害反映竞争的减少即可构成反托拉斯法损害。

例如，在 L&H Investments Ltd. v. Belvey Corp. 案中，②一个购物广场的零售商和租户诉称，作为阻碍该广场内部零售商的竞争的合谋行为的一部分，出租者不允许其转租摊位。使用限制性方法分析，消费者与潜在进入者遭受的损失更为直接。但是，法院认为原告受到的损害满足反托拉斯法损害的要求，因为可能出现“没有人退出，就没有新人进入”的局面。因此，原告受到的损害——清算时遭受的损失——反映出成功的合谋导致了竞争的减少，构成了反托拉斯法损害。虽然这个“竞争减少”的标准在多数案件中的反映不错，但当法院遇到以诉讼为工具以图赔偿的原告的时候，问题就出现了。这样的原告受到的损害很少反映竞争的减少，他遭受损失是因为他被企图在一个市场上制造竞争性损害的被告利用了。竞争性损害与被告给原告造成哪种类型的损害无关。一个要求这种原告主张损害反映竞争减少的规则有效地阻止了他们提出索赔。

为了解决这个棘手的问题，美国第九巡回法院在 Ostrofe v. H. S. Crocker Co. 案中免除了那些以诉讼为工具以图赔偿的原告证明其损失起因于竞争减少这一义务。③ 和 In re Industrial Gas Antitrust Litigation 案的原告一样，Ostrofe 也是位雇员，因为拒绝参与限定价格和分割市场的计划被迫辞职。但是，与第七巡回法院不同的是，第九巡回法院授予了 Ostrofe 提出索赔的诉权。在审查了反托拉斯法损害问题后，该院得出的结论是，可以把 Brunswick 案理解为拒绝授

---

① See 681 F. 2d 514(7th Cir. 1982), cert. denied, 103 S. Ct. 1261(1983).

② See 444 F. Supp. 1321(W. D. N. C. 1978).

③ See 670 F. 2d 1378(9th Cir. 1982), vacated and remanded, 103 S. Ct. 1244(1983).

予以诉讼为工具以图赔偿的原告诉权。但是这种解释没有正当理由，因Brunswick案关注的仅是违反反托拉斯法的行为对竞争的影响，没有处理在推动违反反托拉斯法的过程中造成的损害问题。因此，该院提出授予揭发违法行为的雇员诉权的可取性，即"使行为人的行为之所以违法的情况与原告受到的损害之间的密切关系"，以及Ostrofe的损失没有反映竞争的增加这一与Brunswick案的原告情形不同的事实，并且认为Ostrofe主张的损害构成反托拉斯法损害。

**（二）损害的证明**

损害的证明问题是反垄断法中损害赔偿领域的基本问题之一，损害的证明重要性在于一旦损害被证明，原告对求偿数额的证明就会适用较为宽松的标准。而基本损害本身确实存在的问题必须以"合理程度的确定性"被证明，司法实践中，损害的事实可以由推定或间接证据证明。在Continental Ore Co. v. Union Carbide & Carbon Corp.案中，①原告声称其业务经营失利是由于被告借由实施一项合谋而控制了重要原料的供应所造成。最高法院查明："对陪审团来讲，有足够的证据足以推断出在原告的损害与被告的反垄断违法行为间存在必然的因果关系。"法院因此认为：在缺乏更准确证据的情况下，陪审团可以从已经被证明的被告的违法行为存在的事实和此违法行为对原告业务造成损害的可能性上，从价格、利润和价值的不能归因于其他原因的下降的事实上，进行公平且合理的推定，得出被告的违法行为与原告的损害间存在因果关系的结论。

为反驳原告提出的反垄断损害诉求，被告通常可以通过举证证明原告利润的下降或其业务经营的失利并非由自己实施的反垄断违法行为所引起，以此来反驳原告的索赔要求。比如，经营情况的变化、失误的经营或者是由于政府的管制。在Addamax Corp. v. Open Software Foundation, Inc.案中，②第一巡回法院支持了地区法院的判定，即当原告的损失应当归因于商业风险、其自身产品的特点以及竞争的加剧，而非是由于反竞争性的行为时，原告不能获得损害赔偿。当这样的证据被呈堂时，问题的解决通常取决于陪审员的意见。

而原告为获得赔偿并不需要去证明被告实施的反垄断违法行为是造成自身损害的唯一原因，最高法院认为："证明非法行为是损害产生的实质性原因就

---

① See 370. U. S. 690(1962).

② See153F. 3d48(1st Cir. 1998).

已经足够了;原告不需要为了获得依照第4条享有的损害赔偿权而穷尽所有损害产生的可能原因才算完成其举证责任。”①

在J. Truett Payne Co. ,v. Chrysler Motors Corp. 案中,②最高法院认为,不可以仅通过证明被告通过实质性的价格歧视政策给予原告的竞争者以优惠就推断出《罗宾逊—帕特曼法》所设定的损失的存在。最高法院强调,《克莱顿法》第2条第(a)款作为一个预防性规则,仅证明“歧视的后果可能是实质性地减损竞争就可构成对该条款的违反”。并且,证明违反了该法条也只是表明损失“可能”产生。其他法院拒绝将J. Truett Payne案的结果延用至对违反《谢尔曼法》行为的审查,这种审查要求必须存在一个削弱竞争的故意,这些法院认为一旦掠夺性行为被证明,则不再要求对原告所受损害进行更多的证明。

**(三)反竞争行为与反垄断损害的因果关系**

因果关系,是指侵权人实施的违法行为和损害后果之间存在因果上的联系。此种因果关系是行为人对损害实施承担民事责任的必备条件之一。因果关系具有时间性和客观性。时间性,是指因果关系具有严格的时间顺序,作为原因的违法行为在前,作为后果的损害事实在后;客观性,是指因果关系不以人的意志为转移,但通过人们的思维可以认知。③ 在侵权法上,作为原因的行为与作为结果的损害之间应当具备何种联系才能成为具有因果关系有着不同的理论学说,如相当因果关系说、直接结果说、充分原因说、必然因果关系说。④ 尽管理论上众说纷纭,各国的司法实践也有不同的做法,但行为与损害之间的因果关系在损害赔偿责任的确定方面所发挥的重要作用确实得到公认的。一方面,因果关系是损害赔偿的构成要件,行为与损害之间具有因果关系,损害赔偿方可成立;另一方面,因果关系决定损害赔偿的范围,与行为具有因果关系的损害才属于赔偿范围的损害。⑤

如前所述,美国反托拉斯损害赔偿诉讼往往将行为与损害的因果关系与当事人的诉讼资格联系在一起。1982年在Blue Shield v. McCready案中,美国最

---

① Zenith,395U,S,p. 114 n. 9;Perma Life Mufflers,Inc. v. International Parts Corp,392,U. S. 134. 142(1968).

② See 451 U. S. 557(1981).

③ 参见王利明主编:《民法》,中国人民大学出版社2002年版,第548页。

④ 参见王家福主编:《中国民法学·民法债权》,法律出版社1991年版,第443~450页。

⑤ 参见游钰:《卡特尔规制制度研究》,法律出版社2006年版,第229页。转引自曾世雄:《损害赔偿原理》,中国政法大学出版社2001年版,第96页。

高法院认为，在审查决定起诉资格时，应当考察"被指控的违法行为与原告的损害之间的物质上和经济上的关系"。[①] 在 Associated General Contractors, Inc. v. California State Council of Carpenters 案中，美国最高法院采取了多重因素综合分析的方法。该院借鉴普通法的损害赔偿原则和从前的裁决，确认了 9 个相关因素。在这些因素中，首先考察的就是违法行为与诉称的损害之间是否有因果关系。笔者认为，因果关系属于损害的范围问题，更应该由案件的实体审理程序加以解决。在传统侵权法上，按照大陆法上的"法规目的说"之因果关系学说，"因侵权行为所生之赔偿责任，应就侵权行为法规之意义与目的探究之，尤其探讨其意旨究在保护何种利益"。[②] 原告适格问题是在法院受理之后、实体审理之前，即在诉答阶段解决的问题。此时尚未完成调查取证或者证据开示的工作，当事人尚未建立其完整的案情，如果此时便对案件的实体问题加以考察，并作为驳回起诉的理由，未免对原告的要求过于苛刻，也不利于当事人的权利保护。因此，将因果关系放在当事人诉讼资格层面上考虑欠妥。

**（四）反托拉斯法损害在其他国家的实践**

在英国迄今为止唯一判决了损害赔偿的反垄断法案件 Bernard Crehan v. Inntrepreneur Pub Company CPC 中，上诉法院对这一问题作了考察。这是一起依据《欧盟条约》第 81 条提起的损害赔偿诉讼。按照确定的规则，违反第 81 条或第 82 条规定在英国法上被视为是对于法定义务的违反，因该违反行为遭受损失或损害的私人可以提起诉讼。在该案中，被告（被上诉人）的律师据此主张，在依据第 81 条提起的损害赔偿诉讼中，原告的求偿范围应该满足损害类型要求，并引用美国联邦最高法院 Brunswick 案中有关反托拉斯法损害的判决作为法律依据。具体到该案，被告律师主张，原告只能就第 81 条第 1 款保护其免受的损失类型请求损害赔偿，也就是说分销层面上的竞争扭曲导致的损失，而原告主张被告的违法行为（将啤酒作为租赁酒馆的搭售品）扭曲了其与不受搭售约束的其他酒馆之间的竞争。被告律师认为，原告必须证明该损失属于第 81 条第 1 款意图阻止的类型。上诉法院虽然承认"作为英国法问题，我们认为被告律师有关法定义务的辩论意见是正确的"，但是第 81 条的适用是一个欧盟法问题，应该遵循欧洲联盟法院的解释。由于上诉法院在之前向欧洲联盟法院提

---

① ［美］E. 基尔霍恩、W. E. 科瓦西克：《反垄断法律与经济》（英文第 4 版），中国人民大学出版社 2001 年版，第 466 页。

② 曾世雄：《损害赔偿法原理》，中国政法大学出版社 2001 年版，第 112～113 页。

交的解释请示中,并没有直接咨询这一问题,欧洲联盟法院没有就这一问题作出明确的裁决;上诉法院从欧洲联盟法院就第二个请示问题的答复以及当时的环境中推测,欧盟法不要求损害类型要求。第二个请示为:"如果请求救济的一方声称因其遵守第81条禁止的协议之条款而遭受损害,其是否有权获得该等损害赔偿?"欧洲联盟法院对这一问题答复到:"条约第81条排除这样的国内法规则:该条意义上限制或扭曲竞争的合同之一方当事人,仅因其为该合同的当事人,而被禁止就履行该合同所导致的损失请求损害赔偿。"上诉法院认为,欧洲联盟法院在作出该裁决时,非常清楚只有分销层面的扭曲才构成对第81条的违反,并且原告没有主张且不可能主张在该层面上受到了损失,因此推断欧洲联盟法院判决共同体法赋予原告就其主张的类型的损害求偿的权利。① 2006年上议院就该案作出的上诉判决中没有考察这一问题,因此,上诉法院的判决是当前英国在这一问题上的权威法律依据。

简言之,按照上诉法院的判决,在英国法院受理的损害赔偿案件中,以违反《欧盟条约》第81条或第82条为依据者,损害赔偿的范围应该遵循欧盟法;按照上诉法院的理解,没有损害类型要求,个人可以就限制或扭曲竞争的合同或行为导致的损害请求损害赔偿,无须满足特殊的要求。而以违反《1998年竞争法》第1章或第2章为依据者,按照英国的国内法,损害赔偿的范围受到损害类型要求的要求。

## 二、损害赔偿额的计算

在反垄断法上,在证明损害程度时往往存在非常大的困难,各种计算方法也往往难以准确计算出原告所受损害。因此,许多国家对于原告证明损害程度(损害赔偿额)要件都使用较证明损害之存在时更为宽松的证明标准。例如,在美国反托拉斯法损害赔偿诉讼中,最高法院早在1931年就判决证明损害赔偿金额的证明标准低于证明损害事实的标准。② 德国《反对限制竞争法》第7次修订通过援引德国《民事诉讼法》第287条减轻原告的证明负担,法院可以根据《民事诉讼法》第287条决定损害的程度。该第287条是一条减轻证明负担的

① See Bernard Crehan v. Inntrepreneur Pub Company CPC, [2004] EWCA Civ 637, pp. 156 - 167.

② See Story Parchment Co. v. Paterson Parchment Paper Co. ,282 U. S. 555 ,562(1931).

一般性规定，授权法官根据某些事实估算损害赔偿的水平。①

鉴于损害的存在、因果关系以及损害额的举证困难，在对违法行为主张损害赔偿请求时，由于该种损害是不存在违法行为时所预期的价格、利益与存在违法行为期间内的现实价格、利益之间的金钱差额，因此，并非逐一认定损害、因果关系以及损害金额，而是将其三者同时认定。也就是说，最终如果不能认定存在损害金额，那么也就不能认定损害及因果关系。从这个意义上讲，损害金额的认定是最为重要的。

鉴于此，笔者从损害赔偿额的计算标准以及计算方法入手，结合相关理论进行介绍与分析，对如何构建全面、科学的损害赔偿计算方法进行探讨。

**（一）损害赔偿额的计算标准**

前面已经提及，反垄断法的执法目标是通过威慑预防违法以及通过矫正正义对被害人进行补偿。就威慑潜在违法者而言，在损害赔偿计算方面，如果赔偿数额低于违法者的获得利益就会出现“威慑不足”（under-deterrence），如果赔偿数额过高，迫使潜在违法者投入过多的成本以避免损害的发生和责任的承担，势必出现“过度威慑”（over-deterrence）的现象。无论是“威慑不足”还是“过度威慑”，从社会整体成本角度来看，都是一种无效率的浪费。

传统意义上的威慑目的在于剥夺违法者的违法所得，以达到完全威慑（complete deterrence）的目的。② 现实中反垄断法案件往往十分复杂，原告要证明自己因违法行为受到的实际损失（不但要证明损失，还要证明损失与违法行为之间的因果关系）往往非常困难。为了减轻原告的举证负担，一些国家法律规定以被告违法所得为计算损害赔偿的基础，因而无须原告证明自己受到的实际损害。例如，我国《反不正当竞争法》规定被侵害者的损失难以计算时，以被告在侵权期间因侵权获得的利润作为赔偿额。③ 以侵害所得作为计算损害赔偿的基础可以起到减轻原告举证负担的作用。

波斯纳认为，以被告违法所得为基础也可以对被告施以直接的威慑。一方面，原告证明实际损害存在困难；另一方面，被告的违法所得有时会大于原告的

---

① See Alexander Rinne and Kathrin Lübbe-Späth, “Private Antitrust Litigation in Germany”, *The European Antitrust Review* 2006, p. 133.

② See Cesare Beccaria, *on Crimesand Punishments* 43 (1963 ED.); Jeremy Bentham, *An Introductiontothe Principleof Moralsand Legislation*166 (J. H. Burns ed. Clarendon Press 1996) (1781).

③ 参见我国《反不正当竞争法》第 20 条、我国台湾地区“公平交易法”第 32 条第 2 款的规定；Commission Staff Working Paper, para. 144.

损害。尤其在排他行为的案件中,排他行为给被损害的竞争者带来的成本跟它导致的社会成本没有必然的联系。因此,如果仅以受害者证明的其受到的实际损害为基础对判决被告承担损害赔偿,可能会使被告仍然有利可图;相反,如果以被告的违法所得为计算基础,剥夺其利润,使违反行为没有任何价值。①

不过,即便是以违法所得作为计算损害赔偿的基础也不足以完全弥补被告所造成的损失,因为它仅考虑了造成的福利转移,即原告支付的过高的价格,而没有考虑到由于原告减少购买量所受到的效用上的损失,即社会净损失。因此,即便是以违法所得作为计算损害赔偿的基础,也应该以其他制度作为配套措施,对被告施以其他惩罚,方能综合实现激励起诉和威慑违法的目的。

如果以被告违法所得为计算损害赔偿的目的,如何计算原告在全部违法所得中所占的份额也是一个需要考虑的问题。因为在计算被告违法所得时,加以证明的是被告的全部违法所得值,而受到侵害者往往不止一个。这时就需要一定的程序设计,主要可以考虑程序的合并程序,②即首先由原告请求被告的全部违法所得,然后再在所有受到损害的各方之间进行分配。

另外,在原告受到的实际损失和被告的违法所得两种计算基础之间,何时选择前者,何时选择后者,也是一个需要加以考虑的问题。对于这一问题的选择权,应该留给原告,由其决定最适合具体案件的程序,最大程度上给予原告起诉的便利和激励。

**(二)损害赔偿额的计算方法**

损害赔偿金的适当额度取决于违法行为的性质,不同的违法行为所适用的计算方法不一,实践中,主要有6种方法。

1. 事前—事后法(before-and-after approach)

事前—事后法又称前后理论,是在如提价协定的场合,将违法行为实施前的价格同违法行为实施期间的价格进行比较,在其差额的基础上计算损害金额的方法。而在违法行为经过相当长时期及存在在违法行为之前也发生过同样行为之嫌疑的场合,也可以将违法行为实施期间的价格同违法行为实施后的价

① 参见[美]理查德·波斯纳:《反托拉斯法》(第2版),孙秋宁译,中国政法大学出版社2003年版,第317页。

② See Commission Staff Working Paper, para. 149. 建议的一种方式是仅计算原告与被告的商业交易产生的高价,似乎与以原告的实际损害为计算基础没有区别。

格进行比较。[①] 美国于1906年确立了此项计算原则。在Chattanooga Foundry and Pipe Works v. City of Atlanta一案中,[②]亚特兰大市主张被告联合订定铁质水管的价格,使市政府在采购该产品以进行排水系统工程时,支付了额外的价格。[③] 亚特兰大市政府对此超额支付的部分依法向法院请求3倍的损害赔偿。在判决中,美国联邦最高法院确立了以原告实际所支付的价格与当联合行为不存在时市场的价格二者之间的差额,作为决定损害赔偿额度的依据。[④]

就适用角度来看,这种计算方式相当明确简单。按照这种计算方式,在对"超额支付"违法行为处理方面,法院将观察反竞争行为出现前和出现后的价格变化,以估算假设该不法行为不存在时,可能的合理市场价格是多少。例如,假设某一联合行为协议自1993年开始实施,在1995年结束。按照这种计算方式,法院首先须收集在某一特定期间内,如1990~2000年该特定市场的价格资讯。再就其中没有勾结期间(non-collusive period;即1990~1992年以及1996~2000年)的市场价格与勾结期间的市场价格进行比较,通过统计学上回归分析方法估算出1993~1995年该市场内的正常合理价格是多少。[⑤] 按照这种计算方法得出的结果没有必要绝对的准确,只要原告能证明该数据可以作为估算损害赔偿额的"合理基础"(reasonable basis)就足够了。[⑥]

当"超高定价"所涉产品是复数产品时,与单一产品相比,要更为复杂。那么,究竟是以"超高定价"所涉及的多数交易产品的总价作为比较对象,还是以其中某一产品的价格作为比较对象呢?以搭售(tying)为例,究竟是以被搭售产品(tied product)的市场合理价格作为计算的基础还是以搭售组合产品的整体价格作为比较的依据呢?司法实践中并无统一的意见。在美国,部分法院认为应当以原告实际就搭售组合产品所支付的价格,减去被搭售产品本身的市场价格作为损害赔偿的依据。例如,在Northern v. McGraw-Edison一案,[⑦]被告是一

---

① 参见[日]根岸哲、舟田正之:《日本禁止垄断法概论》,王为农、陈杰译,中国法制出版社2007年版,第359页。

② See 203 U. S. 390(1906).

③ Ibid., p. 395.

④ Ibid., p. 396.

⑤ See Hovenkamp, pp. 607 - 11.

⑥ See Eastman Kodak v. Southern Photo Co., 273 U. S. 359, 378 - 79(1927).

⑦ See 542 F. 2d 1336(8. Cir. 1976); cert. Denied, 429 U. S. 1097(1977), rehearing denied, 430 U. S. 960(1977).

家干洗店,要求加盟的经营者必须向被告购买服务设备及材料,作为加盟其干洗店的条件。原告以此为由,向法院提起不法搭售诉讼,并要求损害赔偿。联邦第八巡回区上诉法院判决原告胜诉,并采用原告所建议的损害赔偿计算方法,即以原告就搭售组合产品实际支付的价格减去原告购买被搭售产品(服务设备和材料)当时的市场价格作为决定损害赔偿金额的依据。

与之相反的是,部分美国下级法院认为较为合理的计算方法应该是以搭售组合产品的整体市价作为比较对象,而不能仅以单一被搭售产品为对象。[①] 在 Kypta v. McDonald Corp. 一案中,[②]被告麦当劳公司将承租其所预先选定的店面作为原告加盟的必要条件之一,联邦第十一巡回区上诉法院以原告未能证明其受有损害为由判决原告败诉。法院要求原告需就"实际支付搭售与被搭售产品二者的价格总合超出两项产品的合理市场价格"这一点提出证明。法院认为,单以被搭售产品的价格作为比较的标准无法正确反映此种搭售对原告可能造成的损害,因为过高的被搭售产品价格很可能被授权者(franchisor)所刻意压低的搭售产品价格所抵销。[③]

在损害额的计算上,日本法院曾经按照差额说来确定反垄断损害。也就是说,损害行为发生期间的利益与损害行为发生前的利益的差额。根据差额说,损害是"被害人因该特定损害事故所损害的利益",该项利益是"被害人之总财产状况,于有损害事故之发生于无损害事故下所生之差额"。[④] 在日本的松下电器案中,法院认为,经营者采用不公平交易的方式致使消费者购买了零售价上涨的商品,消费者所受的损害即为目前所购买的价格与处于正常状态下(公平竞争状态下)所形成的价格间的两者差额。[⑤]

2. 指标法(yardstick approach)

指标法是以未实施提价协议之地域的价格为基础,推定实施了提价协议之地域的预期价格(没有协定场合下的价格),并以该价格同协议实施期间的价格之间的差额计算损害金额的方法。在拒绝交易的场合,以未遭受拒绝交易者的利益为基础,推定受到了拒绝交易者在未受拒绝交易时的利益,并与实际利益

---

① See Sigel v. Chicken Delight, Inc., 448 F. 2d 43, 52 (9. Cir.), cert denied, 405 U. S. 955 (1972).

② See 671 F. 2d 1282(11 Cir.), cert denied, 459 U. S. 857(1982).

③ Ibid., p. 1285.

④ 参见曾世雄:《损害赔偿原理》,中国政法大学出版社 2001 年版,第 119 页。

⑤ 参见赖源河编审:《公平交易法新论》,中国政法大学出版社 2002 年版,第 448 页。

比较从而计算损害金额。①在此一方法下,与发生反竞争行为市场在构成上类似但无反竞争行为的市场作为参考指标,与发生反竞争行为的市场上价格水平相比较。② 在 Greenhaw v. Lubbock County Beverage Assoc. 一案中,③该案原告提起“超高定价”诉讼,要求 Lubbock 的酒品零售商协会,就其会员在该地区的联合定价行为,就原告因此多支出之差额承担损害赔偿责任。在估算损失上美国联邦第五巡回区上诉法院采纳了原告的意见,将联合定价期间行为地 Lubbock 的价格与该期间内没有出现非法联合行为地达拉斯(Dallas)市的价格作比较,进一步得出了两地可能的市场价格比例 7.74% 。将此比率乘以达拉斯当时的价格,得出在没有联合定价行为情况下,Lubbock 在该期间内“理应”(should have been)出现的价格水平。④

当指标法运用在“排除竞争”诉讼时,法院以原告在排除期间的实际利润和相关市场内未受不当排除安排影响的企业利润进行比较,以作为计算损害赔偿的依据。⑤ 在 Metrix Warehouse 一案中,⑥该案被告 MBNA 是德国 Benz 汽车在美国的独家代理商,在其与美国国内经销商的加盟协议中,MBNA 要求经销商就加盟后所需要的维修零件必须向 MBNA 购买,作为加盟条件之一。原告 Metrix 是专门出售 Benz 汽车零件给一般的独立修车厂给 Benz 加盟者的厂商。原告主张前述的“排除竞争”行为违反了《谢尔曼法》使其营业利润大幅下滑。

在计算原告的损失时,法院以零件经销商在排除竞争期间出售给一般独立修车厂所得的利润,作为比较计算的对象。法院认为,只要原告能证明被比较的市场与其所处的市场二者之间具有“合理的可比较性”(reasonable comparability),“指标法”不失为一个合适的计算法则。⑦ 而法院认为本案之所以用一般独立修车厂的利润作为比较对象,在于其同时也是唯一可作为比较的市场。然而,法院在判决中也提及,运用“指标法”的前提是,必须假设 Metrix 所失去的利润可完全归因于 MBNA 的搭售协议,而相关证据显示,Metrix 的利

---

① 参见[日]根岸哲、舟田正之:《日本禁止垄断法概论》,王为农、陈杰译,中国法制出版社 2007 年版,第 359 页。

② See Hovenkamp, p. 606; Blair& Kaserman, p. 79.

③ See721 F. 2d 1019(5 th. Cir. 1983).

④ Ibid. , p. 1026.

⑤ See Hovenkamp, p. § 17. 6b2.

⑥ See Matrix Warehouse v. Daimler-Benz Aktiengesellschaft, 828 F. 2d 1033(4th Cir. 1987).

⑦ Ibid. , p. 1044 n. 21.

润损失有部份是起因于 MBNA 合理的低价经销竞争，与搭售无关，该部分须在计算赔偿额时加以扣除。①

在“排他交易”的损害赔偿额度的计算方面，按照这种计算方式，法院按照一个合理的折现率，估算出在被告实施排他行为期间之前以及之后，原告的平均净利润是多少，以作为计算原告在排他期间应获得的平均净利润的基础。例如，假设被告排他行为在 1993 年开始实行，至 1996 年结束，这期间每年原告的平均净利润假设分别 8000 元、6000 元、4000 元和 2000 元。如经法院调查，原告自 1990～1992 年，以及 1997～2000 年的平均净利润是 10,000 元。原告因此所能请求的损害赔偿额（依 3 倍赔偿规定计算前）分别为 1993 年 2000 元、1994 年 4000 元、1995 年 6000 元、1996 年 8000 元，总计为 20,000 元。②

3. 市场占有率法（market-share approach）

所谓市场占有率法，是在拒绝交易妨害了新开业进入市场的场合，以被害人（原告）在没有受到违法行为侵害的其他类似的市场内的市场占有率为基础，推定被害人在违法行为妨碍了新开业进入的市场内若没有违法行为其将会获得的市场占有率，并通过将此换算成销售额推定为没有违法行为场合的利益来计算损害金额的方法。③

该方法的理论基础是将原告因被告的排除竞争行为所导致的市场占有率的变动情况以利润减少程度的方式来体现。④ 美国联邦最高法院在 Zenith 一案首度允许原告采用此方法计算损害赔偿额。⑤ 原告 Zenith 在 1963 年起诉主张被告 Hazeltine Research Inc.（“HRI”）是外国专利卡特尔组织（patentpool）的一员，该组织以拒绝专利授权的方式，阻止外国电视和收音机产品进入其本国市场。Zenith 认为，与没有专利授权卡特尔组织的美国市场相比较，如果该组织不存在，则 Zenith 在加拿大的市场占有率将可达 16%；但实际上其在加拿大的

① See Matrix Warehouse v. Daimler-Benz Aktiengesellschaft, 828 F. 2d 1033 (4th Cir. 1987), p. 1044.

② See Hovenkamp, p. § 16. 1b. 另参阅 Biglow v. Rko Radio Pictures Inc. 327 U. S. 251, 253－54, 257, 266 (1946).（在该案中，美国联邦最高法院以事前—事后的计算方式，计算出原告因被告实施差别取价与最低转售价格维持所失去的利润。）

③ 参见［日］根岸哲、舟田正之：《日本禁止垄断法概论》，王为农、陈杰译，中国法制出版社 2007 年版，第 359 页。

④ See Blair & Kaserman, p. 81 (1982).

⑤ See Zenith Radio Corp. v. Hazeltine Research, Inc. 401 U. S. 321, rehearing denied, 401 U. S. 1015 (1971).

市场占有率仅仅占3%，Zenith 于是要求法院以其在排除竞争期间两项市场占有率的差距作为其所受营业上的损害的依据。除所受的营业损失外，原告还要求对于其如继续留在市场上所预期得到的利益。但原告负有证明其未来可得利益是多少的义务。①

4. 成本推算法（cost-based method）

这种方法主要用于构建“原本”价格。实质是假设以竞争性价格（数值上等于单位成本）为计算“原本”价格的基准。② 其方法是利用被告的会计和经营信息得出其平均单位生产成本，加上一个被视为竞争条件下适当的利润幅度，以此估算出一个“原本”价格。这一价格与其收取的实际价格之差额即为价格上涨幅度，后者乘以原告向被告购买相关产品的数量，即得出多付价款额。③

在这种方法中，利润幅度的取值多少为适当，至关重要。“理想状态下，所用的利润幅度应该反映原告公司的资本成本，该成本体现出投资者投资于该公司的活动而非其他地方时所要求的回报率，因此应该考虑到该投资通常包含的风险水平。”④在赖氨酸卡特尔案⑤中，被告 AMD 公司的生产记录显示，在卡特尔期间其平均单位总成本在每磅0.73～0.78美元，“加上一个相当慷慨的回报率——销售额的6%”，求得卡特尔期间的“原本”价格。⑥ “这一数字是慷慨的，因为它是 ADM 自己在1990～1995 财务年度的回报率，而在该期间其利润因为几个大宗商品卡特尔的存在而高企。而且它还大幅度高于类似产业中公开上市公司挣取的平均回报率。”⑦

使用资本成本作为适当回报率的基准时，应该考虑到由于多种原因，即使

---

① 至于未来的期间有多长，美国法院有依营业场所承租期间，也有依原告年龄来判断其可能的营业期间有多长。See Webster Motor Car Co. v. Packard Motor Car Co.，135 F. Supp. 4，10（D. D. C. 1955），rev'd on other grounds，243 F. 2d 418（D. C. Cir.），cert denied，355 U. S. 822（1957）；GraphicthProds. Distribs. v. Itek Corp.，717F. 2d 1560，1582 n. 42（11th. Cir. 1983）.

② Theon van Dijk and Frank Verboven，“Quantification of damages”，Draft Version，p. 12.

③ See Emily Clark，Mat Hughes and David Wirth，“Analysis of Economic Models for The Calculation Of Damages”，31 August 2004，para. 3. 11.

④ Emily Clark，Mat Hughes and David Wirth，“Analysis of Economic Models for The Calculation Of Damages”，31 August 2004，para. 3. 14，

⑤ Amino Acid Lysine Antitrust Litigation，MDL No. 1083（Northern District of Illinois 1996）

⑥ John Johnson，“Economic Approaches to Antitrust Damage Estimation”，January 2005，p. 25.

⑦ John Connor，in Kwoka，John E. and White，Lawrence J.（eds.），*The Antitrust Revolution：Economics，Competition and Policy*，Fourth Edition，Oxford University Press，2004，p. 270，footnote 29.

在竞争性产业中,单个企业的利润也可能高于资本成本,如更高效率带来的“理查德”利润、创新带来的“熊彼特”利润、由于经济周期或成长产业中生产能力限制带来的更高回报;另外,竞争是一个趋于长期均衡的动态过程,但在达至均衡的过程中受各种因素的影响,非均衡的利润会暂时高于或低于均衡状态下的“合理”利润。①

5. 价格预测法(price prediction)

该方法是使用“计量经济学模型和其他数据,借助市场上过去决定价格的因素或者相关市场与可比标杆市场之间过去决定价格的因素,力图预测假设不存在违法行为时的价格。该法可视为前后比较法或标杆法的更高深的版本”。②这种方法借助于回归分析的手段,“回归分析作为一种统计学工具,其优势之一即是可用以将卡特尔对价格的影响从其他变量(如未受卡特尔影响的替代品的价格变动,新技术,原材料价格变动导致的成本变动等)导致的价格变动中单独分离出来”。③

在反垄断诉讼中,计算损害赔偿的价格预测法主要有两种:

(1)虚设变量模型

构建一个函数,因变量为价格(p),自变量为依据经济学理论和对相关产业的分析确定的影响价格的各因素(如 x、y),另加一个虚设变量 z(其目的在于反映垄断行为的影响,假设值为:存在垄断行为时为 1,不存在时为 0),并为各自变量规定一个系数,从而该函数为 $p = a + bx + cy + dz$。

将收集到的垄断行为期间和无垄断行为期间价格和各自变量的数据代入上函数式,求出的 z 的系数 d,即为垄断行为对价格的影响。

(2)余值模型

构建一个函数,但不包含虚设变量,即 $p = a + bx + cy$。把无垄断行为期间的实际数据代入函数式求出 a、b、c,然后把有垄断行为期间的 x、y 数据代入已经求出 a、b、c 值的函数式,所得 p 值即为假若不存在违法行为时“原本”的价格,其与该期间实际价格之差即为垄断行为对价格的影响。

---

① Theon van Dijk and Frank Verboven, “Quantification of damages”, Draft Version, p. 12; Emily Clark, Mat Hughes and David Wirth, “Analysis of Economic Models for The Calculation Of Damages”, 31 August 2004, para. 3. 15.

② Emily Clark, Mat Hughes and David Wirth, “Analysis of Economic Models for The Calculation Of Damages”, 31 August 2004, para. 3. 17.

③ Ibid., para. 2. 4(6).

6. 模拟法(simulation)

该方法不是使用历史数据构建函数,而是使用寡头理论的模型(主要是Bertrand和Cournot竞争模型)来预测合并和其他垄断行为对相关市场上价格和产量的影响。它使用合并前的或不存在垄断行为时的有关需求弹性和其他变量(如边际成本、价格、数量)的数据,代入基于寡头竞争理论构建的经济模型,以此预测合并后的"原本"价格或者不受垄断行为影响的"原本"价格。在计算损害赔偿时,这一价格与实际价格之差额即为垄断行为对价格的影响。

上述6种计算方法,在实际运用时,仍会出现一些技术上的问题,这些计算方法,尽管不论利用哪一个都存在界限,但却是在美国反托拉斯法的有关损害赔偿请求诉讼中作为具有合理性的计算方法而得到承认的。

**(三)计算损害赔偿额理论的新发展**

在完全阻吓下,前述的计算损害赔偿额的方法基本上是遵循了传统的"补偿原则"。现代意义上的"威慑"是由诺贝尔经济学奖得主Gary Becker为代表提出的"最佳威慑"(optimal deterrence)观点。这种观点认为,法律制裁的目的不在于是否达到完全威慑的效果,而是在于通过"威慑"所达到的效果和由于阻吓而对社会产生的边际成本相等。① 就法律适用而言,不论法院采取"合理原则"还是"本身违法原则",对于个案都要追求反垄断法下的最佳损害赔偿数额。一方面,法院可以运用合理原则来判断具体案件的合法性,再以传统的矫正正义补偿原则来计算损害赔偿数额。在"合理原则"下,法院或反垄断法主管机关需要就行为对市场竞争的正面和负面效果作整体的评估,再就负面效果大于正面效果的行为给于适当的处罚,这种处罚或赔偿金额不太会出现因处罚行为本身的利益大于该行为限制竞争的不利益的情况,也就是"过度威慑",也不太会出现未能该限制竞争行为的利益大于处罚行为本身的利益的现象,也就是"威慑不足"。另一方面,法院或反垄断主管机关在"本身违法"的原则下,要求被告就其行为承担严格责任(strict liability),通过最佳损害赔偿数额计算公式,来达到"最佳威慑"的效果。按照Becker的观点,本身违法原则加上"最佳损害赔偿额"计算公式的运用,可以降低法院调查证据和起诉被告所需要负担的成本,尤其是调查被告在合理原则下所提出的各项抗辩理由是否属实,与合理原则附之以补偿原则相比,在审理上,本身违法原则和最佳损害赔偿额计算公式的运用

① See Gary Becker,"Crime and Punishment: An Economic Approach",J. *Pol. Econ.* 169,1968,p.76.

应更具有效率。

在最佳威慑下，损害赔偿计算侧重于赔偿额防止对社会“净损害”（net harm）的违法行为的出现，另外不至于抑制对社会具有“净利益”（net benefit）的行为。如果单纯以补偿原则实现矫正正义而言，违法者在因违法所得利益大于其负担的损害赔偿数额时，他仍会从事违法行为，此外，补偿原则并不能反映违法行为对社会整体造成的损害，如联合或独占定价行为所造成的“无谓损失”（deadweight loss）。换言之，当违法行为受到合理的阻吓后，当事人请求补偿的机会也将随之降低，虽然被害人按照补偿原则获得充分的损害赔偿，但因反垄断违法行为对社会造成的无效率仍会继续存在。① 再如，当两种违法手段可以达到相同目的时，被告仅要做的是对被害人所受的实际损失负责，不会去考虑哪种违法手段对社会产生的危害最小。②这样一来，单纯采取补偿原则难免会出现“威慑不足”（under-deterrent）的现象。当然，也不能矫枉过正，为实现有效的阻吓，社会不计成本的去投入制裁违法行为，假设将损害赔偿的计算法则调整为 10 倍，重罚之下必然有强大的威慑效果，但必将迫使经营者投入极大的成本以避免遭受处罚，无疑将导致“过度威慑”。从经济学角度来看，这都是对社会资源的无效率使用。

根据 Gary Becker 的理论，最佳的违法行为处罚程度应是将违法行为对社会造成的伤害加上执法成本（发现、起诉与制裁违法行为所需成本）等外部效果加以内部化。也就是说，任何执法资源的投入，应建立在其对社会产生的边际成本是否与边际效益相等的基础之上。

## 三、惩罚性损害赔偿

在反垄断法案件中，判决一定的惩罚性损害赔偿也有利于激发原告的起诉积极性和阻吓被告违法。惩罚性损害赔偿（punitive/exemplary damages）是指在被告行事具有鲁莽、恶意、欺诈等情形时，法院判付给原告的赔偿数额超出实际损害数额的赔偿。③ 惩罚性损害赔偿在实践中有 3 种表现形式：一是不加任何限制，由法院裁量决定的惩罚性损害赔偿；二是固定倍数的惩罚性损害赔偿，如

---

① See Landes & Posner, "Should Indirect Purchasers Have Standing to Sue Under the Antitrust Laws: AnEconomic Analysis of the Rule of the Illinois Brick", 46 *U. Chi. L. Rev.*, 1979, pp. 602, 605.

② See Stigler, "Optimum Enforcement of Law", 78 *J. Pol. Econ.*, 1970, pp. 526, 531.

③ See Commission Staff Working Paper, para. 116.

2 倍或 3 倍于实际损害的惩罚性损害赔偿；三是在最高限额以内，由法院裁量决定具体数额的惩罚性损害赔偿，如不超过实际损害之 2 倍或 3 倍的惩罚性损害赔偿。如果立法者对于具体案件的否定评价态度是明确的，倾向于规定固定倍数的惩罚性损害赔偿；相反，如果虽然持否定的态度，但是具体案件中的否定程度还需具体问题具体分析，对于判断具体数额时需要考虑的因素不宜由立法者作硬性规定时，则倾向于留给法院更大的自由裁量权，由其酌定；但是，如果法院认为有必要对该等自由裁量权加以一定的限制，则往往会规定一定的上限或者指明其他需要考虑的因素。

**（一）惩罚性损害赔偿的历史考察**

对于惩罚性损害赔偿的起源问题，学者存在不同的看法。有人认为，该制度最早起源于古巴比伦的法律，也有学者认为多倍的赔偿早在 2000 多年前古希腊、罗马和埃及已采用。① 在罗马法中甚至已产生了关于惩罚性赔偿的观点。② 大多数学者都认为，英美法中的惩罚性赔偿最初起源于 1763 年英国法官 Lord Camden 在 Huckle v. Money 一案中的判决。③ 美国在 1784 年的 Genay v. Norris 一案中最早确认了这一制度。④ 17 世纪至 18 世纪，惩罚性损害赔偿主要适用于诽谤、诱奸、恶意攻击、私通、诬告、不法侵占住宅、占有私人文件、非法拘禁等使受害人遭受名誉损失及精神痛苦的案件。至 19 世纪中叶，惩罚性赔偿已被法院普遍采纳。⑤

自 19 世纪以来，惩罚性损害赔偿转向制裁和威慑不法行为，多适用于侵权案件。20 世纪以来，大公司和大企业蓬勃兴起，在反托拉斯法领域，卡特尔以及滥用市场支配地位行为对市场造成极大破坏，单纯采取补偿原则难免会出现“威慑不足”（under-deterrent）的现象，惩罚性损害赔偿则能起到有效威慑限制竞争行为的作用。

---

① 参见王利明：《惩罚性损害赔偿研究》，载《中国社会科学》2000 年第 4 期。

② See Ausness, Retribution and Deterrence: “The Role of Punitive Damages in Products Liability Litation”, 74 *K. L. J.* 1. 2, 1985.

③ See Wils. K. B. 205, 95 Eng. Rep. 768 (C. P. 1763).

④ See Genay v. Norris, 1 S. C. L. 3, 1 Bay 6, 1784.

⑤ 参见王利明：《惩罚性损害赔偿研究》，载《中国社会科学》2000 年第 4 期。

### (二)惩罚性损害赔偿的功能分析

传统民法认为,损害赔偿的功能在于弥补受害人的损害,“损害—补救”过程是一个受损害的权利的恢复过程。“损害赔偿之最高指导原则在于赔偿被害人所受之损害,俾于赔偿之结果,有如损害事故未曾发生者然”。[①] 实际上,惩罚性赔偿制度的产生和发展并没有否认传统的补偿性赔偿制度的合理性,只是在一般损害赔偿制度之外发展了一种例外的赔偿制度。一般认为惩罚性损害赔偿在具有一般损害赔偿所具有的补偿、威慑和激励诉讼这 3 个方面的功能之外,[②]特别突出了惩罚的功能,同时加大了威慑和激励功能。[③]

惩罚性损害赔偿可以从两个方面对“威慑”功能发挥影响:一方面,增加赔偿金额即是提高制裁强度;另一方面,赔偿金额的增加能够激励更多的人执法,从而提高制裁的概率。之所以这样规定,是因为在反垄断法上,考虑一种行为是否应适用惩罚性损害赔偿时,应该区别不同的行为类型根据惩罚性损害赔偿的不同功能,分别加以考虑。例如,核心卡特尔行为,由于其本身具有非常严重的反竞争效果,因此根据威慑理论,应该给予严厉制裁;如欧盟绿皮书备选方案 16 考虑对横向卡特尔规定双倍损害赔偿,其理由就在于这类案件是“最严重的反托拉斯违法行为”。[④] 而其他行为,虽然本身不具有严重的反竞争效果,但是如果被告恶意实施,也应处以惩罚性损害赔偿。例如,我国台湾地区“公平交易法”第 32 条规定的 3 倍损害赔偿即以被告有“故意”的主观状态为要件。在这样的案件中,如果给予胜诉原告惩罚性损害赔偿,将能够大大激励私人调查、发现违法行为,起诉请求赔偿,以此对被告课以“私人罚金”。在这种情况下,私人像检察官一样,代表公共利益提起诉讼,推动法律的执行,因此在美国有“私人检察官”(private attorney general)的美誉。私人检察官无须公共支出,通过私人求偿惩罚性损害赔偿,对违法行为进行惩罚,并阻吓违法者和其他人从事相同或类似的违法行为,从而促进立法目的的实现。在美国,基于 3 倍损害赔偿的

---

① 曾世雄:《损害赔偿法原理》,中国政法大学出版社 2001 年版,第 17 页。

② 参见陈聪富:《美国法上之惩罚性赔偿金制度》,载陈聪富:《侵权归责原则与损害赔偿》,北京大学出版社 2005 年版,第 203 页以下;李国海:《反垄断法实施机制研究》,中国方正出版社 2006 年版,第 243 ~ 244 页;Spencer Weber Waller,“The Incoherence Of Punishment In Antitrust”,78 *Chi.-Kent L. Rev.* 207, pp. 211 – 212。

③ 参见本书第一章相关内容。

④ 在有些国家,核心卡特尔行为本身被赋予非常负面的道德评价,认为其与偷盗无异,因此根据报复理论,也应该受到严厉的制裁。

私人执法是反托拉斯法得以有效执行的非常重要的保证。

一般认为惩罚性损害赔偿具有四个方面的功能：填补、阻吓、惩罚和鼓励私人执法。①

1. 填补无法请求之损害

除了某些法域用其补偿精神上的损害等无法以金钱计算的损害之外，惩罚性损害赔偿还用于补偿原告因诉讼所生的费用、耗费的精力等。例如，在垄断违法行为发生后，受害企业往往需要动员大量的人力、物力进行调查取证，高级管理层还需要过问此事，从而耽误大量的时间和精力。这些往往无法用金钱计算，通常也不包含在法院判决的律师费之内。另外，由于反垄断案件的复杂性，即便原告受到了损害，其也未必能够证明所受的全部损害，有些是难以证明的，如交易机会、丧失的未来利润。判决惩罚性损害赔偿，可以在一定程度上填补原告受到的这类损失。

2. 阻吓违法

阻吓理论是从法经济学的角度对制裁手段所作的考察。惩罚性损害赔偿，顾名思义，其理论基础理应是其惩罚性质，但是阻吓理论现如今却成为了惩罚性损害赔偿，尤其是固定倍数的惩罚性损害赔偿的最主要的理论解释工具。根据有效阻吓理论，充分有效的阻吓取决于给予违法行为以制裁的可信性。换句话说，取决于能够确保行为人相信其有被抓住的合理几率并且被抓住之后会受到严厉的制裁。② 而这种制裁的可信性取决于两个因素：发现和制裁违法行为的概率（简称"制裁概率"），以及制裁违法行为的强度（简称"制裁强度"）。用法经济学理论来表示，只要行为人的行为给社会带来的总利益大于总成本，该行为即被允许的，是不受阻吓的，只有总利益小于总成本的行为才应受阻吓。而要有效阻吓违法行为，预期成本必须大于（至少也要等于）预期收益，③只有这样才能使得违法者的违法成本内部化，理性的经济人只有在内化成本后仍然

---

① 参见陈聪富：《美国法上之惩罚性赔偿金制度》，载陈聪富：《侵权归责原则与损害赔偿》，北京大学出版社 2005 年版，第 203 页以下；李国海：《反垄断法实施机制研究》，中国方正出版社 2006 年版，第 243 ~ 244 页；Spencer Weber Waller, "The Incoherence Of Punishment In Antitrust", 78 *Chi.-Kent L. Rev.*, 2001, pp. 207, 211 - 212。

② Donald I. Baker, "The Use Of Criminal Law Remedies to Deter And Punish Cartels And Bid-Rigging", 69 *Geo. Wash. L. Rev.*, 2001, p. 693.

③ See A. William Kist, *Antitrust Enforcement: Detterence and Leniency in an enlarged European Union*, Tokyo, 4 November 2003.

有收益时才会从事一定的行为。

在反垄断法上,原告受到的实际损害仅构成违法行为导致的福利转移部分,而不包括社会整体受到的净损失。[①] 因此,在原告实际损害基础上增加一定的惩罚性损害赔偿,以使被告对其造成的全部损害负责,确保其违法成本充分内部化。

另外,根据法经济学的理论,违法者的预期成本等于制裁强度与制裁概率的乘积。假定制裁强度等于赔偿实际损害的金额,由于制裁概率通常会小于1,预期成本也会随之小于实际损害赔偿。为此,必须提高判赔金额以提高预期成本,提高后的判赔金额应等于实际损害赔偿乘以制裁概率的倒数。

惩罚性损害赔偿可以从两个方面对阻吓功能发挥影响:一方面,增加赔偿金额即是提高制裁强度;另一方面,赔偿金额的增加能够激励更多的私人执法,从而提高制裁的概率。

3. 惩罚违法行为

阻吓功能是从纯粹经济学的角度进行的成本—效益衡量,不包含对被告行为道德上的可归责性的考量。比如,垄断者的行为如果导致社会整体福利大于整体损失,其就可以从事该行为,而不管该等利益由垄断者获得还是由消费者获得,也不论其是否是通过压榨消费者而取得。这在道德上是不能接受的。因此,如果将阻吓作为惩罚性损害赔偿的唯一目的将导致不公正。比如,依阻吓理论促进竞争的效果总体上大于反竞争效果的卡特尔协议,即便导致消费者受到损害,也被准许,或者免于惩罚性的损害赔偿。因此,阻吓只能作为确定惩罚性赔偿的一个考虑因素,惩罚性损害赔偿的设定还需要考虑其他功能,其中非常重要的一个就是惩罚。

惩罚之功能是惩罚性损害赔偿的传统理论基础,源于法理学上的报应论,主张对违法者进行报复。惩罚的目的是要恢复因被告的不法行为而丧失的或无法实现的价值,因此惩罚程度必须反映加害人与被害人之间因不法行为造成的不平等,即处罚与犯罪轻重必须符合比例原则。惩罚所重点关注的不是社会的整体效益,而是不法行为的恶性和非难程度,不法性和道德上的应受谴责性。

---

① See Robert H. Lande, "Are Antitrust "Treble" Damages Really Single Damages?", 54 *Ohio St. L. J.*, 1993, pp. 115, 152; Commission Staff Working Paper annex to the Green Paper on damages actions for breach of the EC antitrust rules, SEC(2005)1732, para. 149.

因此，从此功能的角度观察，“过错”是惩罚的重要根据。[①]

惩罚和阻吓不同，惩罚是“向后观察”的，考察加害人不法行为的恶性程度而予以制裁，无视不法行为对于社会整体利益的影响程度，如恶意的侵权即便是损害结果不大也应受到惩罚；而阻吓是“向前观察”的，其服务于一定的目的，即如何处罚才能够实现特别阻吓和一般阻吓，但在达到这一目的的过程中可能会牺牲一定的利益，包括公平。例如，严格按照阻吓理论，富人将能够通过支付足够高的“成本”来为所欲为（只要不触犯刑法）。所以，在考虑是否处以惩罚性损害赔偿时，除了要“向前观察”还要“向后观察”，对两者加以平衡。有的案件即便是在阻吓功能看来对社会利益的实际影响不大甚至有所增加，但是却存在较大的主观恶意和道德受谴责性，对其也应该处以惩罚性损害赔偿。例如，恶意诽谤、恶意起诉、恶意侵入私人土地，以及“政府公务人员实施的压制性的、专断的或者违宪的行为”。[②] 相反，即便是在惩罚功能看来主观恶意不深的案件，但是其社会危害性非常严重，对社会造成重大的损失，也应该处以惩罚性损害赔偿，以达到以儆效尤的效果，如固定价格行为。[③] 我国 1993 年《消费者权益保护法》第 49 条[④]以欺诈行为作为两倍损害赔偿的适用对象，《侵权责任法》第 47 条[⑤]也以明知的行为作为产品责任法惩罚性损害赔偿的适用对象，它们在性质上也是给予惩罚的考虑，但客观上能够达到阻吓的目的。

在反垄断法上，考虑一种行为是否应适用惩罚性损害赔偿时，应该区别不同的行为类型，根据惩罚性损害赔偿的不同功能，分别加以考虑。例如，核心卡特尔行为，由于其本身具有非常严重的反竞争效果，因此根据阻吓理论，应该给予严厉制裁。如欧盟绿皮书（委员会人员工作文件）（以下简称绿皮书（工作文件））备选方案 16，考虑对横向卡特尔规定双倍损害赔偿，其理由就在于这类案

---

① 参见王利明：《美国惩罚性赔偿制度研究》，载米健主编：《比较法学文萃》（第 2 辑），中国政法大学出版社 2006 年版，第 404 页。

② Rookes v. Barnard[1964]AC 1129，HL；Cassell & Co. Ltd. v. Broome[1972]AC 1027，HL.

③ 在有些法域，核心卡特尔行为本身被赋予非常负面的道德评价，认为其与偷盗无异，因此根据报复理论，也应该受到严厉的制裁。

④ “经营者提供商品或者服务有欺诈行为的，应当按照消费者的要求增加赔偿其受到的损失，增加赔偿的金额为消费者购买商品的价款或者接受服务的费用的一倍。”

⑤ “明知产品存在缺陷仍然生产、销售，造成他人死亡或者健康严重损害的，被侵权人有权请求相应的惩罚性赔偿。”

件是“最严重的反托拉斯违法行为”。[①] 而其他行为，虽然本身不具有严重的反竞争效果，但是，如果被告恶意实施，根据惩罚理论，也应处以惩罚性损害赔偿。例如，我国台湾地区“公平交易法”第32条规定的3倍损害赔偿即以被告有“故意”的主观状态为要件。

4. 鼓励私人执法

公共执法机关由于受到执法资源等的限制，不可能全面监管违法行为，刑法和行政法也不可能对所有损害公共利益的行为进行有效的管制。因此，许多较严重的侵权行为往往处于无人问津的状况。尤其在虽然违法者获得的违法利益巨大，但违法行为给任何一个单个人造成的损害微小的情况下，公共执法机关可能没有动力追究违法者的行政责任或刑事责任，而受害者个人也会因为诉讼标的金额较小，起诉得不偿失。结果将导致肆意侵害公共利益的行为得不到有效的遏制。

在这样的案件中，如果给予胜诉原告惩罚性损害赔偿，将能够大大激励私人调查、发现违法行为，起诉请求赔偿，以此对被告课以“私人罚金”。这种情况下，私人起诉者像检察官一样，代表公共利益提起诉讼，推动法律的执行，因此在美国有“私人检察官”(private attorney general)的美誉。私人检察官无须公共支出，通过私人求偿惩罚性损害赔偿，对违法行为进行惩罚，并阻吓违法者和其他人从事相同或类似的违法行为，从而促进立法目的的实现。在美国，基于3倍损害赔偿的私人执法是反托拉斯法得以有效执行的非常重要的保证。

**(三)惩罚性损害赔偿的类型**

在反垄断法领域，各国或地区在惩罚性损害赔偿方面提供了丰富的实践经验。除了最早的美国3倍损害赔偿以外，新近的不少立法也规定了形式各样的惩罚性损害赔偿。例如，制定于1991年(2002年修订)的我国台湾地区“公平交易法”第32条针对故意违“法”行为规定了酌定的3倍损害赔偿；1994年土耳其制定的《竞争法》第58条规定，“在因当事人之间的协议或决议，或因当事人的严重过失而导致损失的情况下，法官可以根据受害人的请求，决定赔偿实际损失额的3倍，或者违法行为人所获得或可能获得的利润的3倍”；2001年乌克兰制定的《竞争法》第55条规定，垄断行为的受害人可以要求双倍赔偿。前面曾提到欧盟委员会在其绿皮书中针对最严重的反托拉斯违法行为(横向卡特

---

① Commission Staff Working Paper annex to the Green Paper on damages actions for breach of the EC antitrust rules, SEC(2005)1732, para. 150.

尔)适用两倍损害赔偿(备选方案16)。

对惩罚性损害赔偿可以分为两类:一类是无选择地对所有反垄断法案件一律适用惩罚性损害赔偿,无论是2倍还是3倍,是强制性的还是酌定的;另一类则是有选择地针对某些类型的反垄断行为适用惩罚性损害赔偿。除此之外,其他国家均实行实际损害赔偿。以下对这3类的政策选择进行比较考察。

1. 全面的惩罚性损害赔偿

美国反垄断法规定私人提起损害赔偿诉讼可以获得强制性的3倍损害赔偿,乌克兰竞争法规定垄断行为的受害人可以要求双倍赔偿。在这种模式下,立法者根据对于反垄断违法行为的总体评价,作出判赔惩罚性损害赔偿的规定,对于各类反垄断违法行为之间的差异性未给予足够的注意。由于这种惩罚性损害赔偿赔偿具有刚性和无差别性,美国许多学者均指出其具有种种弊端,并提出了改革的建议。[①] 例如,从"威慑"功能的角度来看,强制性3倍损害赔偿不区分各种违法行为被发现的概率,导致较为隐蔽的违法行为受到的制裁不足,而较易发现的违法行为受到过度制裁;从惩罚功能的角度来看,由于不区分各种违法行为本身的危害程度(如横向卡特尔在美国被视为本身违法,而适用合理规则的行为违法性并不明显,要根据各种因素综合判断是否违法),导致违法性不明显的案件受到过度制裁,并进而导致公司不敢从事有效率的行为,而违法性较明显的案件受到的制裁不足。由于3倍损害赔偿的惩罚过于严厉,法院对于新型的边缘案件及适用合理规则的案件往往不愿给予惩罚,并极力缩小原告的范围,施加严格的起诉资格、证明负担和证明标准,这些规则反过来对适用于违法性明显的案件,造成整体的起诉困难。

2. 选择性的惩罚性损害赔偿

鉴于普遍适用的惩罚性损害赔偿制度本身具有的弊端,有些国家的立法作了选择性的惩罚性损害赔偿规定,仅对特定类型或者满足特定条件的案件适用。根据惩罚性损害赔偿所具有的惩罚功能和阻吓功能,相关国家基本上有选择地将惩罚性损害赔偿适用于两类案件:被视为本身违法的严重反垄断法案件;具有故意恶性的普通反垄断法案件。

在本身恶性深重的案件中,给予较重的惩罚一般不存在争议,即便是直接

---

① See Donald I. Baker, "Revisiting History—What Have We Learned About Private Antitrust Enforcement That We Would Recommend To Others?", *Loyola Consumer Law Review*, Vol. 16:4, pp. 382 - 386.

规定强制性的一定倍数的损害赔偿。这是从惩罚性损害赔偿的“威慑”功能角度作出的决定,因为这类案件具有严重的反竞争后果,几乎没有任何相反的促进竞争的效果,各国通常对其适用本身违法的原则。对它们判处高额的损害赔偿可以威慑违法者或潜在违法者,矫正经营者的竞争行为。如欧盟绿皮书即考虑对这类案件有选择性地规定惩罚性损害赔偿:“为了给原告提起反托拉斯法损害赔偿案件创造清晰的激励,在最为严重的反托拉斯案件中,如横向卡特尔,可以考虑判决双倍的损害赔偿。”①土耳其《竞争法》第 58 条规定,“在因当事人之间的协议或决议……而导致损失的情况下,可以决定判赔 3 倍损害赔偿”。

但是普通的反垄断违法行为,通常同时具有促进竞争的效果和反竞争的效果,实践中适用合理原则进行判断。因此,不宜贸然以高额的损害赔偿进行制裁和阻吓,否则很可能导致社会整体福利的减损。但是,即便是整体上反竞争效果不是很严重,如果被告在行为时具有主观恶性,故意通过违法恶意侵害他人利益或消费者整体利益,贬损他人的价值。从报复/惩罚的角度来看,对这类行为处以惩罚性损害赔偿也是适当的和可取的。根据各国或地区的立法实践,这类案件中,通常都要求原告证明被告的主观恶意。如我国台湾地区“公平交易法”第 32 条第 1 款规定,“法院因前条被害人之请求,如为事业之故意行为,得依侵害情节,酌定损害额以上之赔偿。但不得超过已证明损害额之 3 倍”。土耳其《竞争法》第 58 条规定,“在……因当事人的严重过失而导致损失的情况下,可以决定判赔三倍损害赔偿”。

3. 拒绝惩罚性损害赔偿

除了以上国家和地区明确采用或打算采用惩罚性损害赔偿以外,其他国家基本上均持判赔偿实际损害的态度,有的在反垄断法中加以规定,有的则不做任何规定,采用民法的一般制度。惩罚性损害赔偿在有的国家尚未引起重视,而有的国家虽然已经出现了导入惩罚性损害赔偿制度的声音,但是受到了很大的阻力,德国和日本即这种情况。这些国家之所有没有采用惩罚性损害赔偿,主要有以下理由。

首先出于公私法划分的考虑。大陆法系严格区分公法与私法,坚持认为损害赔偿的传统功能是填补损害。惩罚性损害赔偿与这一原则相背离。因为惩罚性损害赔偿的阻吓和惩罚目的,属于“刑事责任”之性质,应受刑法或行政法

---

① See Commission Staff Working Paper, para. 150.

所规范,基于"公共秩序",在私法领域不应承认。进而推论,由于反垄断法上的损害赔偿属于私法性质,惩罚反垄断违法行为不应是"私人检察官"的事情,而是竞争执法机关的领地。① 例如,德国联邦最高法院判决超过原告所受损害的惩罚性判决与国家对于惩罚的垄断以及惩罚的相应程序保障不相符,且与损害赔偿法下禁止不当得利原则不相符,因此惩罚性损害赔偿违反了民事诉讼法典723(2)和328(1)No. 4规定的实质公共秩序。②

公私法之间的划分是大陆法上的特有制度,英美法系从来没有这样的严格划分。私人通过请求对违法者惩罚来执行法律,在英美法系国家是司空见惯的事情,例如,证券法、反垄断法等经济法都很大程度上依赖私人的执行,惩罚性损害赔偿是侵权法上重要的制度,合同法上也承认一定限度内的罚金约定,英国直到最近还依靠私人起诉来执行刑法。事实上,即便大陆法系也不是天生就反对私人惩罚的。在古罗马时期,民法与刑法并未明显区分,《十二铜表法》对于盗窃、抢夺或伤人等应由国家制裁的刑事犯罪,认为仅属私人之间的侵权行为。为鼓励私人行使侵权行为损害赔偿请求权,而非诉诸报复或械斗,在偷窃抢夺等案件中,被害人得请求被偷窃或抢夺物价的2~4倍作为损害赔偿。③ 只是在中央集权国家形成的过程中,为了彰显权力和获得罚金收入的利益,国家才逐渐垄断了惩罚权。从这一点来说,只有国家才可以行使惩罚权并非是天经地义的。

就程序保障来看,刑法之所以规定了较高的证明标准和严格的程序,"无论是罪行法定主义还是刑事程序中的人权保障,均因为刑罚剥夺个人生命、自由的极其强力的制裁手段才被确定的……但是,刑法的这一核心部分所不同的即核心周边的部分,难道就不能存在刑事、民事、行政等相互间程序的接近或交叉现象吗"?④ 反垄断法的某些责任措施,虽然本质相同,但有的作为民事手段,有的作为行政手段,如英美法的惩罚性损害赔偿和大陆法的行政罚款在功能上就是非常接近的,但是在法院程序中需要满足的程序条件可能比行政程序中远远

---

① See Ulf Boge and Konrad Ost, "Up And Running, Or Is It? Private Enforcement-The Situation in Germany AndPolicy Perspectives", *E. C. L. R.* 2006, 27(4), pp. 197, 198.

② 参见1992年6月4日的判决,载NJW 1992, 3096, 3103, et seq.

③ 参见陈聪富:《美国法上之惩罚性赔偿金制度》,载陈聪富:《侵权归责原则与损害赔偿》,北京大学出版社2005年版,第200页。

④ [日]田中英夫、竹内昭夫:《私人在法实现中的作用》,李薇译,法律出版社2006年版,第152页。

要高,难道说行政机关的行政处罚比法院的民事处罚更能满足保障要求吗?如果是这样,为何行政处罚的程序要努力做到司法化,以接近法院的程序呢?另外,英美法院的蔑视法庭罪往往以简易程序处罚,而非严格的刑事诉讼程序,难道说这样的刑事制裁比民事责任受到了更高的程序保障吗?

况且,国家行使惩罚权的范围有限,并不是在所有应该受到惩罚的地方,其都能够恪尽职守地完成其职责。由于受到执法资源的限制,国家通常只对危害性较大的违法行为才会动用惩罚机制,而大量违法性不是非常明显的行为,国家权力无暇顾及。国家执法机关通常关注那些有严重的受害人的案件,而无具体受害人或者每个受害人的受害程度不大的案件,往往不会引起国家权力执法的兴趣。另外,传统的民事损害赔偿,由于其功能仅限于填补受害人的损害,无法调动受害者起诉的积极性。"由于侵权行为法与刑法的分离,从而产生了一个中间地带,对于那些虽然不够成犯罪,但是又具有一定程度的社会危害性的行为",①需要在刑事处罚与民事责任之间存在一定的过渡机制。我国《刑法》规定某些"告诉才处理"的罪行,如侮辱罪、诽谤罪、暴力干涉婚姻自由罪和虐待罪,均需要经受害人告发,公诉机关才会追诉,否则公诉机关不会主动追诉这类偏中间地带的刑事案件。受害人"告发"就成为一种过渡机构(虽然该等案件其仍属于刑法的调整范围,而不属于中间地带案件)。在经济法领域这样的例子更是不胜枚举。随着社会化的发展,这样的案件越来越多,尽管国家不断通过社会性立法、创设各种各样的行政机构来处理这些问题,仍然难以应付,只能扮演灭火队的角色。惩罚性损害赔偿能够在国家制裁与私人损害赔偿填补之间架设一座过渡的桥梁,确保大量传统上不受规制的违法行为受到约束。

另外,反垄断法在性质上也不属于私法,因违反反垄断法应承担的损害赔偿责任,也不同于传统私法上的损害赔偿。反垄断法是保护公共利益的法律,在承认私人诉讼之私人执法功能定位的法域,损害赔偿请求权是作为执行法律的手段而导入的,并不是传统的矫正正义的手段。因此,私人损害赔偿的功能定位在反垄断法上已经突破了传统民法。事实上,鉴于这种新的功能定位,德国和日本这两个反对惩罚性损害赔偿的国家都在其他方面突破了传统民法上的损害赔偿。例如,日本采用的无过错责任,德国采用的禁止转嫁抗辩、特殊的损害计算方式。德国《反限制竞争法》明确规定:"根据《民事诉讼法典》第287

① 王利明:《美国惩罚性赔偿制度研究》,载米健主编:《比较法学文萃》(第2辑),中国政法大学出版社2006年版,第413页。

条估算损害大小时,可以特别考虑该企业从违法行为中获得的利润比例”。也就是说,原告可以依据被告的违法所得获得赔偿,而违法所得经常可能超过原告受到的实际损害。这一超过部分按道理也属于不当得利,那么为什么以这种方式可以得到不当得利,而以惩罚性损害赔偿的方式就不能呢?更有甚者,国家基于私人利益或者公共利益受到的损害,通过罚款或罚金获得的收入,难道就不是不当得利吗?①

事实上无论在德国还是在日本,拒绝惩罚性损害赔偿的做法都在受到质疑和挑战。例如,首先是出于平衡行政机构低执行率的考虑,德国垄断委员会曾于2004年在特别报告《反限制竞争法第7次修订中的一般竞争权》中建议导入两倍损害赔偿。② 在日本,关于惩罚性赔偿也有争论。田中英夫、竹内昭夫两教授主张,“必须摆脱单纯把损害赔偿视为填补损害、公平分配损害负担的狭隘思考,在制度设计上下工夫”,③“日本回避两倍、三倍赔偿制度的做法导致在许多领域法的实现只能依靠行政的或刑事的手段,也阻碍了私人在法之实现中发挥作用”。④ 三岛宗教授也指出,刑事罚无法充分发挥对社会性非法行为的抑制、预防的功能,而过多地适用刑事罚会产生对基本人权的侵害等问题,因此,提倡在非财产损害的赔偿中加入制裁性功能,以有效地抑制灾害再发生。⑤

其次是考虑到滥诉风险。反对惩罚性损害赔偿的另一个理由是,它可能会带来滥诉的风险,导致被告承担过重的压力。⑥ 因为在过高赔偿金的诱惑之下,原告可能会更积极地提起诉讼;相反,被告可能因此要承担较大的压力,一方面是应诉负担增加,另一方面高额赔偿使庭外和解的天平倾向于原告一侧。由于反垄断规则往往并不是非常清晰,被告无法确信胜诉的前景,更加大了原告迫使被告和解的砝码。

但是我们并不认为,惩罚性损害赔偿必然会导致被告被迫和解。通过有一

① 参见[日]田中英夫、竹内昭夫:《私人在法实现中的作用》,李薇译,法律出版社2006年版,第157页。

② *Das allgemeine Wettbewerbsrecht in der 7. GWB-Novelle*, Special Report of the Monopolies Commission provided in accordance with s. 44(1) sentence 4 ARC, March 2004, marginal No. 83.

③ [日]田中英夫、竹内昭夫:《私人在法实现中的作用》,李薇译,法律出版社2006年版,第162页。

④ 同上书,第147页。

⑤ See U. S. Dept. of Justice, *CivilJury Cases and Verdicts in Large Counties*(1995).

⑥ See Ulf Boge and Konrad Ost, “Up And Running, Or Is It? Private Enforcement—The Situation in Germany AndPolicy Perspectives”, *E. C. L. R.* 2006, 27(4), 197, 202.

定的制度设计,我们可以缓解原告以毫无根据的主张迫使被告和解的诱因。例如,由败诉方承担自己的诉讼费用,并且如果被告证明原告的起诉是属于恶意的、毫无根据的、压榨人的起诉,法院还可以判决原告承担被告的律师费。而如果不属于这类案件,即原告的案件主张有一定的价值,即使被告被迫和解,也是它自己的选择;法院的功能就在于判别案情模糊的案件,如果被告认为其行为合法,就应该相信法院,既然被告选择了和解,就不应该抱怨受到了压力。

再次是影响行政执法。反对惩罚性损害赔偿的另外一个重要理由是,它会影响行政处罚的或者刑罚上的"宽恕政策"的有效实施。因为违法者因申请宽恕而暴露自己的身份后,虽然公共机构会减免其行政或刑事责任,但是也将引来民事诉讼并将面临高额的惩罚性损害赔偿。因此,违法者的告密积极性会降低,从而影响公共执法的效率。[①] 对于这样的理由我们也不敢苟同。第一,需要明确的是,这一问题仅发生在很小一部分反垄断法案件中,也就是适用"宽恕政策"的限制性协议案件,主要是核心卡特尔案件。对于滥用市场支配地位案件以及执法机关不感兴趣的限制性协议案件,宽恕政策不适用,也就不存在影响该政策效率的问题。相反,这类案件中更需要私人的执法力量,否则将导致执法的空白。第二,通过"去惩罚性"的制度设计,这一问题是可以避免的。如法律规定,对于宽恕申请人,法院只能判处实际的损害赔偿。实践中,美国《2004年反托拉斯刑事责任制裁强化和改革法》出于这样的考虑,对此问题作了"去3倍化"的规定,但是它没有自动免除宽恕申请人的3倍责任,而是规定申请人满足一定的条件时,其赔偿责任方能限于实际损失。

最后是出于其他政策考虑。德国理论界对于以反垄断法案件中存在信息不对称和证明困难为由主张惩罚性损害赔偿的观点提出批评。其认为这并不是反垄断法特有的现象,医疗事故和产品责任案件中也存在类似的情况,但是并没有导入惩罚性损害赔偿。[②] 对于这种批评我们不以为然。医疗事故案件涉及到非常复杂的和不同于反垄断法案件的政策考虑,因为如果对医生课以严厉的责任,我们可能没有足够的医生为我们医治,并且导致医生的保守治疗等一系列问题,不但将增加整个社会的成本,而且会威胁到每一个人的健康。在医疗事故案件中,医生之所以发生事故,往往并不像反垄断法案件那样是出于经

---

① See Ulf Boge and Konrad Ost,"Up And Running, Or Is It? Private Enforcement—The Situation in Germany AndPolicy Perspectives", *E. C. L. R.* 2006, 27(4), 197, 202.

② Ibid.

济上的考虑，而是由于其个人的原因导致了疏忽等情况的发生。因此，高额的损害赔偿在矫正医生行为方面并不是很明显，因为其在行为时并不是作为一个经济人，而更多地作为一个道德人、职业人行事的。导致损害后，受害人往往因为自身受到损害而有充足的动力提起诉讼，无须以高额的损害赔偿进行激励。因此，医疗事故中的损害赔偿制度，主要应该出于公平的考虑进行设计，使受害人获得损害的填补。正是出于这种考虑，鉴于存在信息不对称和证明的困难，不少国家都规定医疗事故案件中采用证明责任倒置，以此减轻原告的证明责任，而又不过分加重被告的负担。产品责任案件则是一类与反垄断法案件相似的损害赔偿案件，在制度设计中损害赔偿制度不但用于惩罚违法行为，而且追求阻吓的效果。事实上，在英美法系国家，产品责任案件正是惩罚性损害赔偿适用较多的案件，尤其是其中的石棉案件。[①] 德国没有在产品责任案件中采用惩罚性损害赔偿，并不能以此作为这类案件中不适合或不应该采用此种制度的理论根据。

## 四、利息

### （一）判决前利息的支付（prejudgment interest）

在一些特定条件下，反垄断诉讼原告可以获得自提起诉讼之日起至获得裁判之日止的利息。《克莱顿法》第 4 条第（a）款规定法院在"特定情况下""可以"准予原告获得此期间的单利。做出此项裁决，法院可以考虑以下 3 个因素：（1）一方当事人或其代理人是否提出请求或明确的主张或被告的抗辩理由明显缺乏事实依据表明该当事人"有意拖延或存在某种不诚信"；（2）是否存在一方当事人或其代理人因其拖延行为而依法应当被处罚的行为；（3）一方当事人或其代理人是否"参与实施了一些行为，这些行为或者旨在以拖延诉讼为目的，或者因此而产生了更多的成本费用"。尽管支付判决前利息的条款早于 20 世纪 80 年代就列入了法条，但至今未见任何依照《克莱顿法》第 4 条第（a）款在反垄断案件中判定原告享有此权利的判例的报道。

近来两个地区法院的判决认为法律对于判决前利息支付的条件要求虽然

---

① 参见陈聪富：《美国惩罚性赔偿金的发展趋势——改革运动与实证研究的对峙》，载陈聪富：《侵权归责原则与损害赔偿》，北京大学出版社 2005 年版，第 270 页；王利明：《美国惩罚性赔偿制度研究》，载米健主编：《比较法学文萃》（第 2 辑），中国政法大学出版社 2006 年版，第 400 ~ 401 页（惩罚性损害赔偿在美国产品责任领域的适用情况）。

严格，但并不妨碍因通货膨胀原因而对损害赔偿金额作出相应的调整。在 Law v. NCAA 案中，[①]地区法院认为随着 CPI 指数（消费价格指数）的变化对损害赔偿额作出相应的调整不应当与判决支付利息混为一谈，因此，依照《克莱顿法》第 4 条第（a）款，法院可以在"没有证据证明拖延或其他法律列举之原因"的情形之下，依照 CPI 指数的变动对于赔偿额做出相应的调整。法院认定"拒绝对原告应获的赔偿额按 CPI 指数进行调整将是对违法者的纵容和对受害者的补偿不足"。与此类似，在 Concord Boat Corp. v. Brunswick Corp. 案中，[②]地区法院允许原告将其应获之赔偿额调整至当前水平，按照地区法院的说法，这是因为他们不可以"进行关于利息的计算"。

**（二）判决后的利息支付**

如同所有民事案件一样，在反垄断案件中，判决后的利息支付是必需的。此种利息将自判决生效之日起开始计算。第十一巡回区上诉法院认为，由上诉法院的判决所确认的利息支付，应当自初审法院判决生效之日起开始计算，而不是案件被发回之日。尽管是由成文法直接规定的，但法院同时认为依照宪法第七修正案可能会得出同样的结论。

即使上诉法院对初审判决做出了改判，判决后的利息支付也可能是从初审判决做出之日起开始计算的，但法院对此享有自由裁量权。在 Affiliated Capital Corp. v. City of Houston 案中，第五巡回区上诉法院拒绝"采用严格的规则，这一严格规则是指在每一个由上诉法院推翻原审判决并作出对被告相反裁决的案件中不以二审发回之日起作为计算利息的起始日"。法院进一步解释到，第 37 条规则既未要求也未禁止当地区法院的判决被推翻或改判时利息的支付依然必须自地区法院做出判决之日起计算。第 37 条规则仅要求上诉法院就"有关利息的金额一事"向地区法院表明自己的态度。

## 第二节　合同无效

合同无效本质属合同的效力问题，并非严格意义上的救济方式的范畴。但是，在反垄断法上，由于该法的禁止权力滥用的特殊性质，赋予因该等滥用行为受到不利影响的当事人主张合同无效，从而不必受到滥用行为的约束，也不失

① See 185F. R. D. 324（D. Kan. 1999）.

② See 21 F. Supp. 2d 923（E. D. Ark. 1998）.

为向受害者提供的一种救济。因此,本节将合同无效作为一种反垄断法救济手段加以考察,并结合民法上关于合同无效的理论,探讨反垄断法上合同无效救济制度。

## 一、无效的法律依据

### (一)法律直接规定的无效

在大陆法系的观念中,私法自治是整个民法的核心,而法律行为是私法自治的工具,当事人进行私法自治是通过法律行为来自我决定法律关系的内容。[①]而契约自由则在整个私法领域具有重要的核心作用。英美法,同样承认合同的重要作用。

但是在当代,私法自治和契约自由都越来越受到限制。为了实现实质的公正,不但民法和合同法本身对私法自治和契约自由原则进行限制,而且各种专门法律也作出特别的限制规定。[②] 这种限制主要是指规定特定的法律行为(合同)无效或可撤销。根据现代通行的理论,法律行为违反社会利益时,也就是欠缺的要件已经关系到对公益的损害或对私法自治合理性的根本违背时,方绝对否定其效力,即无效;而仅涉及不当侵害私人利益,不涉及社会利益时,由受害当事人依其意思去选择法律行为生效与否,即设定为可撤销行为。[③]

世界各主要国家都有类似的制度。例如,我国《合同法》第 52 条规定了 5 种合同无效的法定情形,其中前 4 种是由《合同法》明确规定的无效情形,即"(一)一方以欺诈、胁迫的手段订立合同,损害国家利益;(二)恶意串通,损害国家、集体或者第三人利益;(三)以合法形式掩盖非法目的;(四)损害社会公共利益"。另外,我国《公司法》第 146 条第 2 款规定:"公司违反前款规定选举、委派董事、监事或者聘任高级管理人员的,该选举、委派或者聘任无效。"前者即为合同法本身对契约自由的限制,后者为其他法律对契约自由的限制。

本书主要涉及的是专门法律对私法自治(契约自由)的限制。限制的方式主要是规定合同(法律行为)无效。在反垄断法上,无效规定可以适用于 3 种类

---

① 简言之,即旨在达到一定目的的适法行为,包括合同、决议和共同行为,也就是《欧盟条约》第 81 条规定的 3 种行为。

② 参见孟雁北:《论反垄断法对契约自由的限制》,载游劝荣主编:《反垄断法比较研究》,人民法院出版社 2006 年版,第 298 页。

③ 参见龙卫球:《民法总论》(第 2 版),中国法制出版社 2002 年版,第 517 ~ 521 页。

型的反垄断法案件,即限制性协议、滥用市场支配地位和合并规制。

一是在限制性协议方面,例如,《欧盟条约》第 81 条限制性协议之禁止条款第 2 款规定"根据本条规定被禁止的任何协议或决议自动无效",[①]该款对违反禁止性规定的合同行为和决议行为作效力上的判断,即规定无效。英国《1998 年竞争法》第 2 条第 4 款规定:"第 1 款禁止的任何协议和决议无效。"[②]

二是在滥用市场支配地位方面,具有市场支配地位的企业通过滥用该种地位实施的行为无效,如断绝现有合同关系、停止供货、迫使接受债务负担或其他条件等。例如,法国竞争法《关于价格和竞争自由的法律》第 9 条规定:"与第 7 条[非法联合行为的禁止]及第 8 条[控制地位滥用的禁止]禁止行为有关的任何债务负担、合意或契约条款无效。"不过,大多数国家并没有像对待限制性协议那样,明确规定滥用市场支配地位的行为无效。但是在解释上和司法实践中也同样作此种解释。

三是在合并规制方面,例如,德国《反对限制竞争法》规定:"第 40 条第 1 款第 1 句[收到完整申报后 1 个月的初步审查期]和第 2 款第 2 句[收到完整申报后超过 4 个月没有收到主审查决定的,视为准许集中]规定的期间届满前,企业不得实施未经联邦卡特尔局准许的集中,也不得参与实施此类集中。违反这一禁止规定的法律行为无效。"[③]日本《禁止垄断法》明确规定:"公司违反第 15 条第 2 款[国内公司的合并申报制度]的规定(含准用同条第 3 款[外国公司的合并申报制度]的情形)和第 4 款[合并申报后 30 天的禁止实施合并期间]实施合并的,公正交易委员会可以提起公司合并无效之诉。"以及"前款规定准用于公司违反第 15 - 2 条第 2 款[共同新设分割的申报制度]、第 3 款[吸收分割的申报制度](包括该两款准用于第 15 - 2 条第 5 款的情形[外国公司的共同新设分割和吸收分割的申报制度])以及准用于该条第 6 款的第 15 条第 4 款[合并申报后 30 天的禁止实施合并期间]的规定实施共同新设分割或吸收分割的情形。在此情况下,前款中'合并无效之诉'并被视为'共同新设分割或吸收分割无效

---

① See Art. 81(2) of EC Treaty. 关于英国案例参见 Hendry v. The World Professional Billiards and SnookerAssociation Ltd(WPBSA)[2002]E. C. C. 8.(该案中裁定,未经事先书面同意台球球手不得参加其他人组织的联赛的规则,违反《欧盟条约》第 81 条和第 82 条、《1998 年竞争法》第一章和第二章以及限制贸易法则,因此无效并受到禁止。)

② See § 2(4) of Competition Act 1998 of UK. See Hendry v. The World Professional Billiards and SnookerAssociation Ltd. (WPBSA)[2002]E. C. C. 8.

③ See Art. 41(1) of Act against Restraint of Competition of Germany.

之诉’”。[1]换句话说，如果达到申报标准的公司的合并、共同分设分割或吸收分割违反申报规定，或者在申报等待期间实施合并、共同分设分割或吸收分割，公正会可以提起“合并无效之诉”“共同新设分割无效之诉”或“吸收分割无效之诉”，请求法院宣告该等合并或分割无效。

**（二）解释的无效**

在当代社会节奏越来越快，需要立法调整的事项繁多，立法者在许多领域制定了政府对社会生活加以垂直管制的公法。但是，在这些管制法律的立法过程中，立法者很少能够像前述《公司法》第146条第2款那样，对违反该等规定的可能的法律行为，一一作法益的权衡和私法上效果上的评价。[2] 与此同时，如果国家一方面通过公法期待人民为一定的作为或不作为，另一方面又赋予与该等期待相反的法律行为完全的效力，以公权力强制执行该等法律行为，则会出现法律价值和政策的矛盾。比如，法律一方面禁止杀人，另一方面又强制执行买凶杀人的合同。正因如此，各国或地区民法均规定了转介条款，将公法上的禁止和强制规范引入私法体系。例如，我国《民法通则》第58条第1款第5项规定，“违反法律或者社会公共利益的”民事行为无效；《合同法》第52条第5项规定，“违反法律、行政法规的强制性规定”的合同无效。我国台湾地区“民法”第71条规定，“法律”行为，违反强制或禁止之规定者，无效。德国民法也规定违反强行规定且法律无相反规定的法律行为无效。[3]

转介条款的作用在于，在公法没有对相关的法律行为的私法效力作出具体规定时，对法院的一种概括授权，“让法官就公法管制的政策与私法自治的保障，从管制涉及的法益，政策目的的强度，与私法行为的关联性，辅助或抵消效果的大小，可预见性与防免、资讯等交易成本，以及补强执法成本的分析，作综合、客观的权衡，而决定是否应完全或部分排除法律行为的效力。”[4]因此，违反公法规定的行为并不当然无效，而是需要法官考虑多种因素加以综合认定。实务上认为，如果争议的私法行为在公法规定上受到直接禁止或强制，则该公法规定大概都会认定为效力规定。[5]

---

① Article 18.2 of Act on Prohibition of Private Monopolization and Maintenance of Fair Trade of Japan.

② 参见苏永钦：《民事立法与公私法的接轨》，北京大学出版社2005年版，第85页。

③ 参见龙卫球：《民法总论》（第2版），中国法制出版社2002年版，第518页。

④ 苏永钦：《民事立法与公私法的接轨》，北京大学出版社2005年版，第94页。

⑤ 同上书，第94～95页。

具体到反垄断法,各国反垄断法一般都明确禁止限制性协议、决议行为以及滥用市场支配的行为,因此将这种禁止性规定认定为效力规定应该没有问题,从而可以适用转介条款认定该等行为无效。例如,德国《反对限制竞争法》第1条和第19条分别对限制性协议和滥用市场支配地位作了禁止性规定。而德国民法典也规定违反禁止性规定的法律行为无效。自然应该将涉及的协议、决议或其他法律行为解释为无效。

即便是没有民法的转介条款规定,根据法律的实施效果等综合判断,同样可以作出相同的解释,认定违反反垄断法禁止规定的法律行为无效。例如,《欧盟条约》第82条规定:"一个或者多个在共同市场内或者其中的相当一部分地域内占有支配地位的企业滥用这种地位的任何行为,可能影响成员国之间的贸易的,因与共同市场不相容而被禁止。"①这是一个滥用市场支配地位的禁止性条款,并没有明确规定相关法律行为的效力。但是,如果行政机构或法院一方面对违反该条者进行处罚;另一方面又允许并强制执行滥用市场支配者的滥用行为,如搭售合同、垄断高价,那么必将不利于法律的执行。因此,可以指望第82条应该使受其禁止规定影响的合同或其中可分割的条款归于无效,或者至少不可强制执行。

## 二、无效的效力

### (一)无效的含义

依照民法理论,法律行为无效时,其效果是当然、自始、确定不发生效力。

首先,所谓当然无效,是指无效的法律行为无须任何人主张,当然、自动不发生效力,任何人都可以主张其为无效,也可以对任何人主张。当事人之间对于法律效力有争议时,可以提起确认无效之诉,但判决仅具有宣示的性质。② 法院一旦发现有无效情形的,也应当依职权宣告无效。这对法院来说,这是一种义务。因此,无论在主诉中还是在反诉中,无论是作为原告的请求还是作为被告的抗辩,无论当事人是否主张,只要法官发现有无效的情势,就应该宣告法律行为无效。欧盟认为,任何人可以依赖并运用自动无效的原则,且一旦第81条第1款的适用条件得到满足,并且只要相关协议没有理由获准该条约第81条

---

① See Art. 82(1) of EC Treaty, as construed by courts.

② 参见王泽鉴:《民法总则》(增订版),中国政法大学出版社2001年版,第479页。

第3款的豁免,[①]成员国法院就受到这一原则的约束。由于第81条第2款所指的无效是绝对的,因该规定无效的协议在合同当事人之间没有效力,且不得对抗第三人。[②] 另外,它对于相关协议或决议的所有效力,无论是过去的还是未来的,均具有影响。[③] "任何个人均可以在成员国法院依赖条约第81条第1款,即便他是可能在该款意义上限制或扭曲竞争的合同的一方当事人。"[④]因此,根据欧洲联盟法院的判决,一旦成员国法院认定有违反第81条规定的行为存在,则必须适用无效制裁。

但是,当然无效并不等于任何人都具有提起确认之诉,原告必须具有当事人适格,必须证明其有诉的利益。[⑤] 根据当事人适格的理论,只有对作为诉讼标的的法律关系有确认利益的人才具有当事人适格,即"原告的权利或法律地位现实地处于不安状态,而且,作为消除这种不安的方法'在原被告之间对作为该诉讼标的之权利或法律关系存在与否作出判决'对于纠纷的解决而言是有效而且合适"。[⑥] 因此,除非法律有特别规定,任何对于确认无效具有诉的利益的人原则上均具有提起无效之诉的当事人适格。

比如,由于《欧盟条约》第81条规定的限制性协议被解释为既包括竞争者之间的横向协议,也包括处于不同水平上的企业之间的纵向协议;第81条适用于企业之间的任何协议,只要该等协议可能扭曲共同市场上的竞争。[⑦] 因此,如果协议的一方认为该协议违反第81条第1款的规定,其有资格提起诉讼或在受诉的诉讼中主张协议无效。

不过,这并不等于说法律不能对无效诉讼的当事人适格作出限制性规定,包括仅规定特定主体有起诉资格。例如,前引日本《禁止垄断法》仅规定了公正会提起合并或分割无效之诉的当事人适格。这一点与日本公正会中心主义的反垄断法执行体制不无关系。不过判例上也承认,被收购公司可以以违反禁止

---

① 关于后一点,请参见 Case 10/69 Portelange[1969]ECR 309,第10段。

② See Case 22/71 Béguelin[1971]ECR 949 案的判断。

③ See Case 48/72 Brasserie de Haecht II[1973]ECR 77 案的判决。

④ See Case C－453/99, Courage Ltd. v. Crehan[2001]ECR I－6297,[2001]5 CMLR 28, pp. 22－24.

⑤ 参见龙卫球:《民法总论》(第2版),中国法制出版社2002年版,第519页。

⑥ 冀宗儒:《民事救济要论》,人民法院出版社2005年版,第236页。

⑦ See Cases 56 and 58/64, Etablissements Consten SA & Grundig-Verkaufs-GmbH v. Commission [1966]ECR 299,399－40,[1966]CMLR 418,469－71; Alison Jones & Brenda Suffrin, *EC Competition Law: Text, Cases, and Materials(second edition)*, Oxford University Press, 2004, p. 128.

垄断法的股份取得在私法上为无效,要求停止行使表决权。①

其次,自始无效,是指自法律行为成立时,就自始不发生当事人所欲发生的法律效力。

最后,确定无效,是指不仅成立时不发生效力以后也再无发生效力的可能,且不能经当事人的承认而发生效力。

**(二)无效的缓和**

民法的核心在于私法自治,在法律没有禁止的范围内,允许当事人自由处理事务。因此,为了确保交易的安全,公法的限制效力,通常被限制在必要的范围内。

1. 部分无效

各国或地区法律均承认,无效应该限于无效的部分,而不应该扩及不必要的部分。例如,德国《民法典》第139条规定:“法律行为的一部分无效者,其全部皆无效;但如可除去无效部分,法律行为仍可以成立的,不在此限。”按照德国学说,部分无效的处理原则如下:于除去无效部分,法律行为不具有相同本质的存在时,部分无效使其他部分均无效;反之,当一部分无效,不影响性质时,则不生全部无效的结果。② 我国台湾地区“民法”第111条有相似的规定:“法律”行为之一部分无效者,全部皆为无效。但除去该部分亦可成立者,则其他部分,仍为有效。我国《民法通则》第60条规定:“民事行为部分无效,不影响其他部分的效力的,其他部分仍然有效”;《合同法》第56条也规定:“无效的合同或者被撤销的合同自始没有法律约束力。合同部分无效,不影响其他部分效力的,其他部分仍然有效。”

在欧盟竞争法上,针对违反第81条第1款的协议或决议,欧洲联盟法院(European Court of Justice,ECJ)判决,无效仅影响该款禁止的协议中的条款。③只有在被禁止的条款不能与协议的其余条款分割时,该协议方才作为一个整体无效。但是,ECJ并没有就一个无效条款能否同协议的其余部分分割的问题给出统一的判断标准,而是将这一问题留给各个成员国的国内法加以规定。在英国,关于合同可分性的一般标准是“蓝笔规则”。具体到《欧盟条约》第81条的

---

① 参见东京高等法院1953年12月1日对白屋案的判决。

② 参见龙卫球:《民法总论》(第2版),中国法制出版社2002年版,第530页。

③ See Case 56/65 Société La Technique Minière v. Maschinebau Ulm GmbH[1966]ECR 234, 250,[1966]CMRL 357.

协议,上诉法院法官 Buckley LJ 在 Chemidus Wavin Ltd. v. TERI 案中确定了如下原则:“在将第 81 条适用于一个英国合同时,必须要考虑的是,从合同中进行了条约该条要求的分割之后,是否可以说该合同因为缺乏对价或任何其他理由而落空,或者该合同是否会发生重大的性质改变,成为当事人根本不打算订立的那类合同。”①例如,在 Inntrepreneur Estates v. Mason 案中,②经过审理后法院在最终判决中认定合同条款无效,并适用可分割性法则予以缓和。在德国,可分性有客观上的可分性和主观上的可分性。客观上可分性包括量的可分性,如给付标的可拆分为数个单位;时间上的可分性,如长期的分段采购合同。主观上可分性,如保证人中任何一个保证人的表示内容,在无损于其总体本质下,可分成许多部分。③

2. 时间上的限制

无效应该为自始、确定和当然无效,从一开始到未来任何时间均为无效。但是,英国上诉法院判决第 81 条第 2 款规定的无效是暂时的,取决于是否符合第 81 条第 1 款。“第 81 条第 2 款必须与第 81 条第 1 款结合起来进行解释。特别是,第 81 条第 2 款的解释必须考虑到这样一个判断,即第 81 条第 1 款规定之禁止不是绝对的禁止;相反,这一禁止只有在为第 81 条第 1 款规定的目标——促进共同市场竞争自由而需要时方才产生,并且在该等所需的期间内(且仅在该等所需的期间内)持续存在。该等禁止是临时性的(暂时性的),而非绝对的;也就是说,它的存在期间有有限的——在需要它的期间内——而非永久的。”④

3. 无效的转换

大陆法系民法上承认无效法律行为的转换(Conversion)制度。即原法律行为无效时,如果能够以该无效的法律行为的要件,重新构建一个新的、有效的法律行为,且更符合当事人的意思,则成立新的法律行为。此时发生法律行为的转换。例如,不具备法定方式的票据无效时,可转换为普通债券。⑤ 例如,德国《民法典》第 140 条规定:“凡是无效的法律行为具备其他法律行为的有效条件,如可以认为当事人若知其无效,即有替代意思的,则其他法律行为即发生效

① See(1978)3 CMLR 514,520.

② See(1993)2 C. M. L. R. 293,QBD.

③ 参见龙卫球:《民法总论》(第 2 版),中国法制出版社 2002 年版,第 531 页。

④ See Passmore v. Morland plc[1999]3 ALL ER 1005,1015.

⑤ 参见龙卫球:《民法总论》(第 2 版),中国法制出版社 2002 年版,第 531 页;曾世雄著:《民法总则之现在与未来》,中国政法大学出版社 2001 年版,第 253 页。

力。”我国台湾地区“民法”第112条也规定:无效之“法律”行为,若具备他“法律”行为之要件,并因其情形,可认定当事人若知其无效,即欲为他“法律”行为者,其他“法律”行为仍为有效。荷兰《民法典》第42条规定:“无效法律行为的必要内容与另一被视为有效的法律行为的必要内容如此相符,以至于如果前一行为因为无效而被放弃,则后一行为将被做出的,前一法律行为被赋予后一法律行为的效力,但对行为当事人以外的利害关系人不合理的除外。”①

4. 法定的限制

德国《反对限制竞争法》规定:“这一(法律行为无效的)规定不适用于通过在土地登记册(cadastral register)登记而合法生效的不动产协议,以及通过在适当的登记册登记而合法生效的有关企业改组、加入或设立的协议以及《股份公司法》第291条和第292条意义上的企业协议。”②

**(三)无效的后果**

法律行为无效,并不代表不会产生任何法律效果。法律行为无效,仅指当事人所为的意思表示不为法律所承认,不能产生当事人预期的法律效果。法律行为无效后,产生以下法律后果。③

首先是不当得利请求权。法律行为被确认为无效之后,如果已经有所履行,已经履行的部分成为没有法律依据的受益。我国《民法通则》第92条规定的不当得利是指没有合法根据,取得不当利益,造成他人损失的,应当将取得的不当利益返还给受损失的人,我国台湾地区“民法”第179条也规定,如果没有“法律”上的原因而获受利益,致使他人受到损害,应负返还之义务。因此,在法律行为被确认无效前,如果已经有所履行,则履行方有权以不当得利为由要求返还。我国《民法通则》第61条第1款第1句规定:“民事法律行为被确认为无效或被撤销后,当事人因该行为取得的财产,应该返还给受损失的一方”;《合同法》第58条第1句:“合同无效或者被撤销后,因该合同取得的财产,应当予以返还;不能返还或者没有必要返还的,应当折价补偿。”

其次是赔偿损失请求权。法律行为无效,即法律行为没有成立和生效,因

---

① 徐颖:《荷兰民法典中无效法律行为的转换制度》,载法大民商经济法网荷兰民法典翻译与研究:http://www.ccelaws.com/hlmf_show.asp? id=14。

② See Art. 41(1) of Act against Restraint of Competition of Germany.

③ 另外,还有学者主张应该承担缔约过失损害赔偿请求权任,所有物返还请求权等,这里不做介绍。参见王泽鉴:《民法总则》(增订版),中国政法大学出版社2001年版,第480~481页;马俊驹、余延满:《民法原论》(第2版),法律出版社2005年版,第213~214页。

此该行为可能不是合法行为,反而构成违法行为,从而构成侵权。受损害者从而获得侵权责任请求权,可以请求侵害人承担损害赔偿、停止侵害等责任。例如,双方约定联合固定价格,该合同由于受法律禁止而无效,但同时该等约定行为又损害了市场竞争秩序,并致他人损失,从而构成侵权行为。

具体到法律行为中的合同行为,合同无效时还可能产生缔约过失责任。所谓缔约过失责任,是指"缔约人故意或过失违反先合同义务而给对方造成信赖利益或固有利益的损失时应依法承担的民事责任。所谓先合同义务是指缔约人双方为签订合同而相互磋商时依诚实信用原则逐渐产生的注意义务,而非合同有效成立后所产生的给付义务,包括相互协助、相互照顾、相互保护、相互通知、相互忠诚等义务"。[①] 我国《合同法》第42条规定:"当事人在订立合同过程中有下列情形之一,给对方造成损失的,应当承担损害赔偿责任:(一)假借订立合同,恶意进行磋商;(二)故意隐瞒与订立合同有关的重要事实或者提供虚假情况;(三)有其他违背诚实信用原则的行为。"因此,由于缔约行为被确认无效的原因发生在合同成立之前,其被确认无效的缔约行为可以说是违反诚实信用原则而产生的先合同义务的结果,因此,缔约行为被确认无效后所产生的赔偿损失责任,在性质上属于缔约过失责任。[②]

我国《民法通则》和《合同法》还就双方行为作了明确的规定。《民法通则》第61条第1款第2句规定:"有过错的一方应该赔偿对方因此所受的损失,双方都有过错的,应当各自承担相应的责任";《合同法》第58条第2句有同样的规定。这里并没有明确是缔约过失责任,还是侵权责任,理论上存在争议。

## 三、有关国家的司法实践

以上有关合同(法律行为)无效的理论,为我们确定垄断违法行为的效力提供了法理依据和判断指南。在司法实践中,合同无效之诉在反垄断法的执行中扮演了相当重要的角色,司法机关在尽力保障交易安全的同时,积极通过这种手段追求反垄断法立法目的的实现。

### (一)日本

日本《禁止垄断法》仅规定合并控制相关的行为无效,并没有明确规定违反该法的契约无效、契约的解除无效。但在司法实践中,契约当事人可以主张违

---

① 马俊驹、余延满:《民法原论》(第2版),法律出版社2005年版,第549页。

② 同上书,第214页。

反《禁止垄断法》的契约、契约的解除在私法上为无效,并且可以提出确认、抗辩不存在债务、基于债务的不履行而要求实际履行及损害赔偿、返还不当得利、确认契约上地位、让渡所订货物等请求,被取得公司还可以以违反《禁止垄断法》的股份取得在私法上为无效,要求停止行使表决权。①

关于违反《禁止垄断法》的契约、契约的解除在私法上的效力问题,《禁止垄断法》制定初期,无效说占主流观点,即认为若不无效就不能实现《禁止垄断法》目的;其后,随着实践的发展,重视确保交易安全的有效说又颇具市场,这种观点认为《禁止垄断法》的目的,是通过公正交易委员会对违法行为的排除措施命令来充分实现的。近年来,相对无效说或个别解决说成为具有影响力的学说,这种学说折中了上述两家学说,认为契约履行前无效,同时在履行后对禁止性规定的宗旨、当事人之间的不公平、交易安全等诸因素进行相关判断、决定是有效还是无效;注重结合与每个违法行为及成为问题的契约、解除契约的类型相对应的各个具体情况,在力图调和交易的相对安全与实现法的目的之间关系的同时,来决定有效还是无效。

关于这一点,日本最高法院在其所下达的判决中指出:在被认为属于不公正的交易方法之一种类型的滥用交易上的优势地位的行为的约束存款契约案件中,除违反《民法》第90条中所谓公序良俗这种情况之外,是不应当就直接地认定违反《禁止垄断法》的契约为无效的。②

而在此后的下级审法院的判决中,虽然遵从了即使是违反《禁止垄断法》的契约条款,只要不构成违反公序良俗就不认定为无效——这一前述的最高法院的判决,但多数却引入了在认定违反《禁止垄断法》的时候也认定违反公序良俗进而判定相应的契约条款为无效的做法。③

**(二)德国**

按照德国《反对限制竞争法》的规定,私人诉讼分为3种形式:一是提起损

① 参见东京高等法院1953年12月1日对白屋案的判决。

② 参见1977年6月20日日本最高法院对岐阜商工信用合作社案的判决。

③ 认定将附加排他条件的交易及维持转售价格等的约束期间定为20年的契约条款属于滥用优势地位、为无效的朝日书籍销售案(东京地方法院1984年9月30日的判决);将在融资之际缔结承担债务的契约而不得不支付超过利息限制法所限制的实质利息,作为滥用优势地位的理由而否定了承担债务的契约的效力的品川信用合作社案(1984年10月25日东京地方法院的判决);认定既存的公交路线巴士事业者与新进入市场的同业者之间缔结的由该新同业者申请执照并据此限定巴士的营业为内容的协议属于私人垄断而为无效的奥道后温泉观光巴士案(1986年4月8日高松高等法院的判决)等。

害赔偿诉讼;二是提起禁制令诉讼;三是提出反竞争协议无效诉讼。德国联邦卡特尔局研究了2004年以来的私人诉讼案件。研究表明,2004年以来,德国总共发生了240个私人诉讼案件。其中,172个涉及反竞争协议无效诉讼,38个涉及损害赔偿诉讼,30个涉及禁令诉讼。① 由此可见,德国私人诉讼的主要形式是以防御性执行(defensive enforcement)为主的反竞争协议无效诉讼。

## 第三节　禁令救济

限制竞争行为如果已经造成损害,受害人可以通过损害赔偿之诉获得补偿,在受害者与垄断违法者存在交易关系时,可以通过主张私法上行为效力缺失获得救济。但是,如果(潜在)受害者与垄断违法者不存在交易关系,并且尚未受到实际的损害或难以证明其损害,受害者难道只能等待受到可证明的实际损害后再获得事后的救济?预防损害发生或扩大的事前救济方式因此非常重要,在反垄断法这种损害涉及面广泛的案件中,事前救济更显可贵。

在民法上,无论大陆法系还是英美法系,都发展出了这种事前救济制度。在英美法国家,这种救济功能是由禁令制度承担的;在大陆法系国家则由停止或预防侵害之诉来体现。本书中统一以禁令指称两大法系的这种制度,禁令制度在反垄断法执行中扮演着重要的角色。

### 一、禁令制度概述

"事实上损害的预防总是优先于损害的赔偿。"②因此,无论是在英美法系制度中还是在大陆法系制度中,侵权行为法上都有一些预防性的救济方式。

英美法上的禁令是一个历史悠久且普遍适用的预防性救济制度,伴随衡平法的出现而出现,并一直延续至今。禁令作为一种衡平法救济方式,"所寻求的是预防损害,而不是补偿原告已经遭受的损害"。③ 英美法的禁令是一个完整统一的救济手段,有着悠久的历史和完善的适用标准。根据不同的标准,禁令可

---

① See Uif Boge and Konrad Ost,"Up and Running,or is it? Private enforcement-the Situation in Germany and Policy Perspectives",*E. C. L. R.*,2006,27(4),p.197.

② [德]克雷斯蒂安·冯·巴尔:《欧洲比较侵权行为法》(下卷),焦美华译,法律出版社2004年版,第156页。

③ 冀宗儒:《民事救济要论》,人民法院出版社2005年版,第167~168页。

以划分为不同的类型：禁止性禁令和强制性禁令；最终禁令和临时禁令；预防性禁令、修复性禁令和结构性禁令。[①]

相比之下，大陆法上预防救济的适用领域比较有限，历史也相对较短。在大陆法上，民法的预防性法律保护措施主要表现为预防和停止侵害请求权。例如，德国《民法典》第1004条第1款规定："所有权被以侵夺或者扣留占有以外的方式侵害的，所有人可以向妨害人请求除去侵害。有继续受侵害之虞的，所有人可以提起停止侵害之诉。"葡萄牙《民法典》第70条对于人格权的保护，也有类似预防和停止侵害请求权的规定："法律保护每个公民免受任何施加于其物质或精神性人格上的侵权行为或即将发生的侵权行为之侵害。无论加害人可能承担的民事责任是什么，受加害行为威胁的人或受害者都可以要求与情况相符的预防措施，以制止危险的实现或减轻已经产生的损害。"[②]

### 二、反垄断法上的禁令救济

停止或者预防侵害行为，甚至修复该等行为造成的损害，不一定要通过法院实施，也可以通过行政程序实现。因此，就程序模式而言，禁令救济可以通过两种方式实施（以下统称禁令）：一类是通过法院程序，由当事人（私人或政府部门）向法院提起诉讼，即禁令之诉（或者停止侵害和预防之诉）；另一类是通过行政程序，作为行政处罚的方式加以实施。在反垄断上，有些法域采用行政程序的模式，有些法域采用司法程序模式，还有一些法域则是两种方式并用，针对部分行为采用行政程序模式，针对另一部分行为采用司法程序模式。

禁令实质是请求被告"为"一定行为或"不为"一定行为，即"履行一定的义务"。因此，禁令属于给付之诉的范畴。依民事诉讼法原理，主张自己为有给付请求权的人就具有原告的当事人资格，给付之诉的当事人适格可以通过传统的管理处分权基础理论加以解决。[③] 因此，凡是依据实体法律关系对诉讼标的具有实体管理处分权的人，都具有要求法院判决禁令救济的起诉资格；同时，法律也可以规定一定的诉讼担当人具有起诉资格。

但是，这并不意味着任何满足一般当事人适格条件的人都可以提起禁令救

---

① 关于禁令分类的详细介绍，参见兰磊编著：《英文判例阅读详解》，中国商务出版社2006年版，§16.3.3。

② 同上，第159页脚注818。

③ 参见本书第九章。

济之诉。尤其在反垄断法上,由于反垄断法涉及公共利益,根据一国反垄断法所执行的政策的不同,可能将适格的当事人限定在一定的范围之内,或者排除某些人的起诉资格,或者干脆不给予任何人起诉的资格。另外,不同的违法行为,往往适用不同的当事人适格规则。

按照不同的标准,反垄断法上的禁令救济之诉可以作以下几种划分:

1. 就起诉主体而言,一类是私人,包括个人、公司、企业等;另一类是政府部门,可以是专门的反垄断执法机构,也可以是法律规定的其他部门。

2. 就适用对象而言,各个法域允许适用禁令救济的违法类型不同,有的对适用类型加以限制,有的不加限制。

3. 就内容而言,一类是行为性禁令(行为性救济);另一类是结构性禁令(结构性救济),主要是指分拆。大多数国家或地区只允许提起停止侵害和预防侵害的诉讼,基本上等同于行为性禁令;只有少数国家或地区允许提起分拆之诉,并且主要由政府机关提起,分拆措施在大多数国家或地区都是通过行政程序,而非通过法院程序实施的。

4. 就适用的时间而言,可以分为诉前禁令、审前禁令和最后禁令,也可以分为预防侵害、停止侵害和修复侵害的禁令。

为了完整展现各个法域的禁令制度,以下结合上述几种分类方式分别介绍各个法域反垄断法上的禁令制度。

**(一)美国**

私人和公共机构都可以提起禁令之诉,公共机构还可以通过行政程序给予一定的类似禁令的救济。

1. 司法部禁令之诉

《克莱顿法》第15条规定:

兹授权美国地区法院预防和限制违反本法之行为的管辖权,各地区的检察官有义务依司法部部长的指示在其各自地区内提起衡平诉讼,以预防和限制违反本法之行为。该等起诉可以采用诉状形式,其中载明案情并且请求禁限或以其他方式禁止该等违法行为。诉状经有效送达被起诉人,法院应尽快对该案予以审理和判决。在诉状审理期间和作出最终裁决之前,法院可随时作出根据案情视为公正的临时限制令或临时禁止令。受理任何该等诉讼的法院如果认为,为实现正义而需要其他当事人出庭,则无论该等当事人是否在审理法院所在地区居住,法院都可以传票传唤之,传票在任何地区由其执行官送达。

该条规定是从《谢尔曼法》第 4 条和第 5 条[①]照搬而来的,唯一的不同之处在于,《谢尔曼法》的规定适用于“违反《谢尔曼法》之行为”而《克莱顿法》的规定适用于“违反《克莱顿法》之行为”。

因此,根据《克莱顿法》第 15 条和《谢尔曼法》第 4 条的明确授权,司法部有权针对违反二法的任何行为向联邦地区法院提起禁令之诉,请求预防和限制违法行为。根据司法实践,该等预防和限制措施除了包括行为性禁令,还包括结构性禁令,历史上有名的分拆案件都是由司法部根据这两条提起的。根据联邦最高法院的判决,该等措施还包括“必要和适当的裁定或裁决”。[②] 因此,法院除了命令停止不法行为的继续之外,还可能迫使被告放弃不法行为产生的利润并恢复竞争状况。[③] 该等禁令措施可以是禁止性禁令,也可以是强制性禁令。[④] 根据阿瑞达和特纳的总结,法院在具体案件中曾以衡平判决命令被告:“(1)处置子公司;(2)创设一个新公司,它应该拥有与被告进行有效竞争所需的适当的资产和人员;(3)以合理的使用费甚至免费向竞争者提供专利、商标、商业秘密或专有技术;(4)向所有有意购买者提供产品或服务;(5)修改被告的购买或出售条款;(6)取消、缩短或修改与竞争者、供货商或客户之间尚未履行完毕的协议。”[⑤]

反垄断救济有行为性救济和结构性救济之分。具体到禁令这种救济方式,禁令可以划分为行为性禁令和结构性禁令。行为性禁令主要是针对被告的违法行为或其后果本身,旨在通过限制或禁止一定的行为,或者同时要求采取一定的行为来停止违法、消除违法后果。而结构性禁令则涉及企业或市场的结构本身,反垄断法上主要是指分拆。前述阿瑞达和特纳总结的救济措施中,第 1 项和第 2 项即属于分拆,而其他几项则属于行为性禁令。美国反托拉斯法上的行为性禁令,可以大致对应其他法域反垄断法上的停止侵害或预防之诉,或者

---

① 第 5 条规定的内容即《克莱顿法》第 15 条最后一句。

② *Northern Sec. Co. v. United States*, 193 U. S. 197, 344(1904).

③ 参见[美]菲利普·阿瑞达、路易斯·卡普洛:《反垄断法精析:难点与案例》(第 5 版)(影印本),中信出版社 2003 年版,第 60 页。

④ 强制性禁令的案件例如 Zenith Radio Corp. v. Hazeltine Research, Inc., 395 U. S. 100(1969)和 Silver v. New York Stock Exchange, 373 U. S. 341(1963).

⑤ [美]菲利普·阿瑞达、路易斯·卡普洛:《反垄断法精析:难点与案例》(第 5 版)(影印本),中信出版社 2003 年版,第 61 页。

妨害除去和妨害预防之诉。在美国以外的其他法域，分拆通常都是由公共机构通过行政程序直接实施的。虽然个别国家也通过法院程序实施分拆，但是这些国家都是以法律直接明确地规定这样的诉权，并作为一种单独的诉讼，而不是像美国那样通过对禁令条款（《克莱顿法》第15条）①的解释来获得结构性禁令的诉权。因此，为了同其他法域的制度进行有效对比，本书的讨论限于行为性禁令。

《克莱顿法》第15条还规定了“临时限制令或临时禁止令”，法院可随时签发该等禁令，只要是根据案情视为公正者即可。司法实践中，法院通常会考虑政府在案件实体问题上的胜诉概率，初步禁令将对被告造成的困难，以及最终救济能够消除其间任何反竞争效果的可能性。②

实践中，司法部发起的大多数民事诉讼都不是以法院作出最终判决结案的，而是以“和解令”的方式结案，③因此在效果上看，分拆救济也主要通过行政程序实施，但受到法院的监督。所谓“和解令”（consent decree）或者“和解判决”（consent judgment）即司法部与被告达成和解，提交给受理案件的法院并由后者作为一个司法裁定作出判决。被告无须承认责任，只须接受一定的处罚和限制条件，可以是金钱上的罚款，也可以是行为性禁令或结构性禁令。

虽然和解令形式上是由法院作出的判决，以此批准双方的和解，但是传统上法院的角色很不清楚，批准也仅是象征性的。④ 和解令的实质是司法部和违法者之间的妥协，往往并不能达到最佳的恢复竞争的效果，或者提供适当的救济，司法部有时甚至会接受完全无法改善被认定的违法状况的和解方案。⑤ 这种“过度秘密”的和解令程序剥夺了公众参与审查和评论的机会，并削弱了人们对于法律体制的信心。为了改变这种状况，1974年《塔尼法》（Tunney Act）对《克莱顿法》进行了修订，新增了第5条第（b）~（h）款的规定，制定了规范和解令的详细程序。

---

① 同样适用于《克莱顿法》第16条规定的私人禁令之诉，关于第16条参见下文。关于第16条，美国联邦最高法院在California v. American Stores Co.，495 U.S. 271（1990）案中判决，分拆属于第16条项下的禁令救济，并且州和私人均可以据此提起分拆诉讼。

② 参见［美］菲利普·阿瑞达、路易斯·卡普洛：《反垄断法精析：难点与案例》（第5版）（影印本），中信出版社2003年版，第62页。

③ 同上书，第63页。

④ 同上书，第66页。

⑤ Cascade Natural Gas Corp. v. El Paso Natural Gas Corp.，386 U.S. 129（1967）.

按照现行规定,无论在诉讼过程的任何阶段,被告和司法部均可以达成和解,虽然谈判过程是保密的,但是司法部应该将和解令草案提交受理案件的法院,并应在该判决生效日前至少60日在联邦登记报上予以公布。提交草案的同时,除非法院另有指示,司法部应向法院提交一份"竞争影响评估书"(competitive impact statement),并在联邦登记报上公布,此后还应提供给任何索取之人。司法部必须按照规定的程序对收到的书面公众评论加以考虑,并作出回应。法院只有在认定签发该判决是符合公共利益的之后才可签发司法部建议的和解判决。事实上,IBM案证明即便是按照《塔尼法》规定的程序,法院在监督行政机构的追诉裁量权方面也只能扮演有限的角色。①

2. 私人禁令之诉

《克莱顿法》第16条规定:

针对违反反托拉斯法(包括本法第2条、第3条、第7条和第8条)的违法行为造成的损失威胁或损害威胁,任何人、商号、公司或社团均有权向对当事人有管辖权的任何联邦法院起诉,并获得禁令性救济;如果针对可能造成损失或损害的行为威胁,根据调整此种程序的规则,衡平法院会提供禁令救济,则该人、商号、公司或社团有权根据相同的条件和原则获得禁令救济;并且,在对于可能错误准许的禁令提供适当的担保并证明存在造成不可弥补的损失或损害的迫近危险之后,法院可以作出初步禁令。但是,本条不适用于针对某些公共承运人的诉讼。②

这里的"反托拉斯法"与《克莱顿法》第4条规定的私人损害赔偿诉权规定中的"反托拉斯法"范围相同,因此,当事人基于违反《克莱顿法》《谢尔曼法》和《威尔逊关税法》的行为均可以提起诉讼。本条还特别指明私人禁令之诉适用于《克莱顿法》规定的4种违法行为,即价格歧视案件(《克莱顿法》第2条)、搭售和排他性交易(《克莱顿法》第3条)、公司合并(《克莱顿法》第7条)和董事兼任(《克莱顿法》第8条)。在这4类违法行为中,价格歧视案件通常被视为是不正当竞争的案件,而非反垄断的案件,而董事兼任的情况在实务中几乎没有

---

① 参见[美]菲利普·阿瑞达、路易斯·卡普洛:《反垄断法精析:难点与案例》(第5版)(影印本),中信出版社2003年版,第68页。

② Clayton Act §16,15 U.S.C. §26.

受到过反垄断法的禁止。由于《联邦贸易委员会法》及美国联邦贸易委员会(Federal Trade Commission,FTC)根据该法制定的规则或作出的决定不属于"反托拉斯法"的范畴,因此,针对违反《联邦贸易委员会法》和 FTC 规则和命令的行为,私人均没有提起禁令救济之诉的诉权。①

从表面上看,任何私人均可以提起禁令救济之诉,只需证明违法行为对自己造成了实际损害或者损害威胁,即只需满足《宪法》第 3 条起诉资格。② 不过在 Cargill, Inc. v. Monfort of Colorado, Inc. 案③中,美国联邦最高法院判决,Brunswick Corp. v. Pueblo Bowl-O-Mat 案④确立的适用于第 4 条私人损害赔偿诉讼的"反托拉斯法损害"原则,在第 16 条规定的私人禁令救济中也同样适用。即私人必须证明违法行为对自己造成了实际的反托拉斯法损害或其威胁。法院这样做主要是考虑到应该给予该两条平行的解释,其认为如果允许"私人原告对于一项损害威胁获得禁令,而如果该损害实际发生时其却无权获得补偿",将会是反常的;法院将禁令条款和损害赔偿条款视为是"互补的"。⑤ 最高法院将反托拉斯法损害要求扩展适用于禁令救济之诉中,将会大大限制正当当事人的范围,并且会削弱禁令救济预防损害的能力,对于《克莱顿法》第 7 条针对未来竞争损害的制度更加不利。即便是在损害赔偿诉讼中,要求已经实际受到损害的原告在起诉一开始就证明其所受损害与竞争所受损害之间的联系,也是相当困难的,更何况是在损害尚未实际发生的情况下。⑥

一旦私人通过了起诉资格审查,法院在给予禁令救济时仅作相对宽松的审查。如果被告行为的反竞争效果或潜在效果,在政府提起的诉讼中足以作出禁令救济,法院在私人诉讼中也可能会禁止被告的行为,而无须详细考察私人原告声称的损害。⑦ 联邦最高法院解释说:"授予私人提起 3 倍损害赔偿和禁令诉

---

① 参见[美]菲利普·阿瑞达、路易斯·卡普洛:《反垄断法精析:难点与案例》(第 5 版)(影印本),中信出版社 2003 年版,第 68 页。

② Lawrence A. Sullivan & Warren S. Grimes, *The Law of Antitrust: An Integrated Handbook* (Second Edition), Thomson/West, 962, 2006.

③ 479 U. S. 104(1986).

④ 429 U. S. 477(1977).

⑤ Cargill, Inc. v. Monfort of Colorado, Inc., 479 U. S. 104, 112 – 113(1986).

⑥ 关于起诉资格的更多论述,参见本书第九章。

⑦ 参见[美]菲利普·阿瑞达、路易斯·卡普洛:《反垄断法精析:难点与案例》(第 5 版)(影印本),中信出版社 2003 年版,第 62 页。

讼的权利,目的不仅在于向私人提供救济,还服务于执行反托拉斯法的最高目标……第 16 条的解释和适用均应该考虑这一目标,并应该认识到其提供的救济方式跟其他衡平法救济方式一样,是灵活的且能够'在公共利益和私人需要之间以及在相互冲突的私人诉求之间进行精致的调整和协调'……是否准许应该'以国会试图保护的公共利益的需要为条件'"①即便原告没有受到实际损害,如果能够证明损害的威胁,其也能够获得禁令救济。《克莱顿法》第 16 条规定的"(私人禁令)救济在性质上属于即便原告尚未受到实际损害也能援用,原告只需说明来自即发的反垄断法违法行为的重大损害威胁,或者来自有可能继续或重复的当前违法行为的重大损害威胁"。②

在美国以外的其他法域,可以确定的一点是,私人不能提起诉讼请求分拆企业,最多只能请求停止侵害和预防侵害,只能针对企业的行为本身请求获得救济。私人是否能够请求分拆企业的结构性禁令救济过去在美国也存在争议。例如,在 Cargill 案中,最高法院判决一个公司不能以竞争对手合并后自己将面临更严酷的竞争为由,质疑其两个竞争对手之间的合并。即便如此,仍然有一些原告成功取得了质疑竞争对手并购的起诉资格。例如,在 1987 年的 Tasty Baking Co. v. Ralston Purina, Inc. 案③中,一个糕点小吃制造商获得了一个禁令,禁止两个竞争对手合并,理由是该合并将导致原告产品从零售商有限的柜台空间上被撤掉。在 1989 年的 R. C. Bigelow, Inc. v. Unilever N. V. 案④中,一家草本凉茶生产商成功地取得了一项禁令,禁止两家主要竞争对手之间的合并。第二巡回区上诉法院判决,如果市场份额和其他证据表明,参与合并的公司将能够剥夺原告公司接触其客户的渠道,则该原告公司就有质疑其两家竞争对手合并的起诉资格。在 1989 年的另一起案件 Consolidated Gold Fields PLC v. Minorco, S. A. ⑤中,第二巡回区上诉法院判决,一家开采黄金的公司有权获得一项禁令,禁止另一家开采黄金的公司收购原告公司的最大股东,因为被告公

---

① Zenith Radio Corp. v. Hazeltine Research, Inc. 395 U. S. 100, 130 - 131(1969).

② Section 16 of the Clayton Act, 15 U. S. C. § 26; Zenith Radio Corp. v. Hazeltine Research Inc., 395 U. S. 100, 130(1969); Johnson v. Greater Southeast Community Hospital, 951 F. 2d 1268, 1273 - 74(D. C. Cir. 1991). ("然而,受到尚未实现的损害之'威胁'的一方,在《克莱顿法》项下有权获得禁令救济。")

③ 653 F. Supp. 1250(E. D. Pa. 1987).

④ 867 F. 2d 102(2d Cir. 1989), cert. denied, 110 S. Ct. 64(1989).

⑤ 871 F. 2d 252(2d Cir. 1989), cert. dismissed, 110 S. Ct. 29(1989).

司威胁使用其投票权限缩原告公司的竞争性业务。

尽管有以上成功的私人请求禁止合并的案例，但是这些禁令都只是寻求阻止拟议的合并。如果起诉的时机过晚，合并已经完成，私人原告还能够起诉要求分拆已经完成的合并吗？有关私人（包括州）寻求分拆救济的起诉资格，美国的法律规则存在分歧，第九巡回区认为没有这样的起诉资格，第一巡回区认为有。① 为了"解决巡回区之间有关分拆是否是一种形式的第16条意义上的禁令救济"，②1990年美国联邦最高法院受理了 California v. American Stores Co. 案，③并以一致意见判决认定，私人原告有权作为联邦反托拉斯法规定的一种救济寻求分拆。法院同时指出，私人根据第16条有权提起分拆之诉，当然并不意味着在司法部根据第15条有权获得分拆救济的每一种情况下，都会给予私人原告分拆救济。④ "在联邦政府提起的案件中，证明违法行为的过程本身可能就证明了应予救济的充分的公共损害。*Du Pont*, 366 U. S., at 319 - 321, 81 S. Ct., at 1246 - 1247; see also Virginian R. Co. v. Railway Employees, 300 U. S. 515, 552, 57 S. Ct. 592, 601, 81 L. Ed. 789 (1937)（'为了促进公共利益，无论在给予还是拒绝给予救济方面，衡平法院均可能并且也经常比仅涉及私人利益时通常所走的要远'）; United States v. San Francisco, 310 U. S. 16, 30 - 31, 60 S. Ct. 749, 756 - 757, 84 L. Ed. 1050 (1940)（未经权衡利益即应联邦政府的请求授权签发禁令）。然而私人起诉人必须拥有起诉资格：用第16条的用词，为获得救济他必须证明自己的利益受到了'损失威胁或损害威胁'。Cargill, Inc. v. Monfort of Colorado, Inc., 479 U. S. 104, 107 S. Ct. 484, 93 L. Ed. 2d 427 (1986)。另外，在对于联邦政府维护公共利益而言不算太晚之情况下，一些衡平法上的抗辩，例如，怠疏法则或者'不洁净的手'原则，则可能会保护已经完成的交易免受私人当事人迟来的攻击。Du Pont, 366 U. S., at 319 - 321, 81 S. Ct., at 1246 - 1247; see also Virginian R. Co. v. Railway Employees, 300 U. S. 515, 552, 57 S. Ct. 592, 601, 81 L. Ed. 789 (1937)"⑤

第16条也规定了"初步禁令"。不过与第15条相比，第16条仅规定了"初

---

① See Richard M. Steuer, "Private Divestiture Actions: California v. American Stores Co.", 59 *Fordham L. Rev.* 799, 802 - 803 (1991).

② 459 U. S. 271, 275 (1990).

③ 459 U. S. 271 (1990).

④ California v. American Stores Co., 459 U. S. 271, 295 (1990).

⑤ California v. American Stores Co., 459 U. S. 271, 295 (1990), at 297 - 298.

步禁令”而没有规定“临时限制令”。在私人诉讼中,初步禁令的签发需要满足更高的要求,即申请人“在对于可能错误准许的禁令提供适当的担保”并“证明存在造成不可弥补的损失或损害的迫近危险”之后,法院才可以作出。

3. 联邦贸易委员会禁令之诉

《联邦贸易委员会法》第13条第(b)款规定:

只要委员会有理由认为——

(1)任何个人、合伙或公司正在违反或打算违反联邦贸易委员会执行的法律规定,并且

(2)在委员会提起行政诉状期间并且直至该等行政诉状被委员会驳回或者直至司法审查中被法院撤销之时,或者直至委员会就此作出的命令成为终局命令之时,禁限该等违反或打算违反规定之行为符合公共利益——

则委员会可以通过其为此目的指定的任何律师在联邦地区法院提起诉讼,请求禁限任何该等行为或做法。经适当地表明通过权衡利益并考虑委员会最终胜诉可能性之后可以认定该等诉讼符合公共利益,并且在向被告作出通知之后,可以准许临时限制令或者初步禁令,而无须提供担保,但是,签发临时限制令或初步禁令之后,如果在法院规定的期间内(不超过20天)委员会没有提起行政诉状,法院应该解除该限制令或禁令,且此后它们不再有效;并且,在适当的案件中,委员会可以请求最终禁令,且经过适当的证明,法院可以签发最终禁令。

根据这一规定,FTC禁令之诉适用的违法行为范围非常宽泛,超过了反托拉斯法,因为FTC“执行的法律规定”范围很广。其有执行《联邦贸易委员会法》的专属职权,并有执行《克莱顿法》的平行职权(与司法部反托拉斯局)。另外,《联邦贸易委员会法》宽泛的措辞(“不公正竞争方法”)允许FTC规范任何受《谢尔曼法》禁止的行为,以及超出该法范围的行为。①

就救济内容而言,FTC可以针对“正在违反或打算违反”的行为提起禁令之诉,即停止侵害和预防之诉。此外,根据法院在FTC v. Mylan Labs, Inc. 案②中

---

① See Lawrence A. Sullivan & Warren S. Grimes, *The Law of Antitrust: An Integrated Handbook* (Second Edition), Thomson/West, 933 – 934(2006).

② 62 F. Supp. 2d 25(DDC 1999).

的解释，第13条第(b)款规定的禁令救济还包括金钱性的衡平救济，如返还(restitution)和收缴非法所得(disgorgement)。为此，FTC在2003年还专门发布了《有关竞争案件中金钱性衡平救济的政策声明》(Policy Statement on Monetary Equitable Remedies in Competition Cases)。[①] 就禁令救济而言，美国的这一做法也许是独一无二的。

按照该条的规定，FTC可以请求临时限制令、初步禁令和最终禁令。就前两者而言，其适用条件较司法部起诉时稍微严格，需要"适当地表明通过权衡利益并考虑委员会最终胜诉可能性之后可以认定该等诉讼符合公共利益"，并且需"向被告作出通知"之后，方可准许临时限制令或者初步禁令。根据法院判决，FTC无须证明其就案件实质有最终胜诉的很大可能性(strong likelihood)，只须提出"涉及案件实质的问题，且其严肃、重大、困难和存有疑问的程度使其足以构成要求彻底调查、研究、评议和决定的公平的理由"。[②] 当然相对私人禁令之诉而言，这一标准仍然比较宽松，无须"证明存在造成不可弥补的损失或损害的迫近危险"，也无须提供担保。

4. 联邦贸易委员会的停止令程序

《克莱顿法》第11条第(b)款和《联邦贸易委员会法》第5条第(b)款，分别规定了FTC通过准司法程序发布"停止令"(cease and desist order)程序。这种程序不是由FTC和被申请人(类似于民事程序中的被告的地位)之间通过法院进行的司法程序，因此不属于民事救济。其实质是FTC实施的准司法化的行政程序，但是是以一种司法化的方式，由FTC内部不同的部门分别担当起诉和审理的角色，对被申请人提起行政诉状，由FTC内部的行政法法官审理并作出裁决，提交FTC作出终局裁决的程序。为了论述的完整性，本书在这里一并介绍。

《联邦贸易委员会法》第5条第(b)款相关部分规定：

无论何时如果委员会有理由相信任何人、合伙或公司已经使用或者正在使用商业中的或者影响商业的任何不公正的竞争方法或者不公正的或欺诈性的行为或做法，并且委员会认为其就此发起程序符合公众的利益，则其应该向该等人、合伙或公司签发并送达起诉状，载明其在此方面的指控以及在起诉状规定的日期和地点举行听审的通知，该等日期应该在送达该起诉状后至少30日

---

① http://www.ftc.gov/os/2003/07/disgorgementfrn.htm.

② FTC v. National Tea Co., 603 F.2d 694, 698 (8th Cir. 1979).

之后……如果经过听审,委员会认为相关竞争方法或者行为或做法应受本法禁止,其应该提交一份书面报告,陈述其对于事实的认定,并且应该向该等人、合伙或公司签发并送达一份命令,要求其停止使用该等竞争方式或者行为或做法。

《克莱顿法》第 11 条第(b)款所作的规定与前述规定的用词几乎完全相同,就引用部分而言,所不同者在于,前述"已经使用或者正在使用商业中的或者影响商业的任何不公正的竞争方法或者不公正的或欺诈性的行为或做法"用词替换为"正在或者已经违犯本篇第 13 节、第 14 节、第 18 节和第 19 节任一规定",即《克莱顿法》规定的 4 种违法行为——价格歧视案件(第 13 节、《克莱顿法》第 2 条)、搭售和排他性交易(第 14 节、《克莱顿法》第 3 条)、公司合并(第 18 节、《克莱顿法》第 7 条)和董事兼任(第 19 节、《克莱顿法》第 8 条);"委员会认为相关竞争方法或者行为或做法应受本法禁止"替换为"委员会认为前述四节规定任何之一正在或者已经被违反";另外,"送达一份命令"之后的部分内容更加丰富,即命令的内容为"要求该等人停止该等违法行为,并且按照该命令规定的方式和期限,自我剥离违反本法第 7 条规定持有的股票或其他股本或资产,并罢免违反本法第 8 条规定选任的董事。"即《克莱顿法》第 11 条第(b)款规定如下:

无论何时如果委员会有理由相信任何人、合伙或公司正在或者已经违犯本篇第 13 节、第 14 节、第 18 节和第 19 节任一规定,并且委员会认为其就此发起程序符合公众的利益,则其应该向该等人、合伙或公司签发并送达起诉状,载明其在此方面的指控以及在起诉状规定的日期和地点举行听审的通知,该等日期应该在送达该起诉状后至少 30 日之后……如果经过听审,委员会认为前述四节规定任何之一正在或者已经被违反,其应该提交一份书面报告,陈述其对于事实的认定,并且应该向该等人、合伙或公司签发并送达一份命令,要求该等人停止该等违法行为,并且按照该命令规定的方式和期限,自我剥离违反本法第 7 条规定持有的股票或其他股本或资产,并罢免违反本法第 8 条规定选任的董事。

从《联邦贸易委员会法》第 5 条第(b)款字面上看,FTC 只有命令停止不正当竞争等行为的权力,即便是按照《克莱顿法》第 11 条第(b)款的规定,也只有命令停止反托拉斯违法行为，并且命令分拆和解除董事的权力。但事实上，FTC的停止令往往远远超出仅消极地禁止重复被质疑做法的范围。[①] 比如，FTC曾经命令被申请人按照合理的使用费许可专利，要求未来的收购行为须经FTC批准，以及要求处置非法收购的公司。按照《克莱顿法》第11条第(b)款，FTC有权以并购行为违反《克莱顿法》第7条为由命令分拆，并且它还曾依据《联邦贸易委员会法》第5条在认定垄断化的案件中命令分拆。例如，在L. G. Balfour Co. v. FTC案[②]中，FTC认定被告秘密收购并经营一家竞争者公司的行为构成第5条项下的垄断化，并命令分拆。[③]

FTC没有命令初步禁令或临时限制令的权力，要获得此等救济，其必须依据前述第13条第(b)款提起禁令之诉。

美国反托拉斯法上的禁令救济，就像其反托拉斯法上的损害赔偿救济一样，丰富多彩。首先，请求权人的主体多元化，不但有私人、州，还有两个联邦机构。其次，适用的违法行为范围也是非常的全面，涵盖了所有的反垄断行为。再次，禁令的种类及其包含的措施也是综合性的，消极禁止与积极强制相结合，消极预防与积极修复相结合，尤其是包括私人在内的原告均可以请求功能强大的结构性禁令——分拆。禁令在美国反托拉斯法上是一个非常灵活的概念，法院可以根据反垄断执法最高目标的需要，对其任意塑造，只要不违反基本的法理即可。例如，美国法院从《联邦贸易委员会法》第13条第(b)款中解释出的金钱性禁令救济；分拆这种结构性禁令救济，此类判决“对管理细节的介入程度远远不是英国可以想象的”。[④] 最后，美国的程序模式也多种多样、相得益彰，既有私人和政府部门的法院起诉模式，也有司法部的和解令模式，还有FTC的停止令模式。美国的反垄断执法模式，真正是“反垄断的”，由分散的主体多元启动和处理。

### (二)日本

与美国相比，日本传统上采用行政主导的公共执行模式，反垄断法也不例

---

① 参见[美]菲利普·阿瑞达、路易斯·卡普洛：《反垄断法精析：难点与案例》(第5版)(影印本)，中信出版社2003年版，第70页。

② 442 F. 2d 1,18,23(7th Cir. 1971).

③ 参见[美]菲利普·阿瑞达、路易斯·卡普洛：《反垄断法精析：难点与案例》(第5版)(影印本)，中信出版社2003年版，第10页。

④ [美]P. S. 阿蒂亚、R. S. 萨默斯：《英美法中的形式与实质——法律推理、法律理论和法律制度的比较研究》，金敏、陈林林、王笑红译，中国政法大学出版社2005年版，第126页。

外。但是,日本反垄断法近年来借鉴英美法的做法,在禁令救济方面进行了积极而有益的探索,尽管其步伐仍然是谨慎的。

1. 私人停止侵害之诉

在日本,一直以来均不承认私人针对违反《禁止垄断法》的行为有提起停止侵害(禁令)之诉的权利,因为该法本身未作这方面的规定。2000 年“从强化执行力的角度出发”,①《禁止垄断法》增加了私人提起停止侵害之诉的权利规定,其第 24 条规定:“如果任何人的利益因他人违反第 8 条第 1 款第 5 项或者第 19 条的行为而受到侵害或可能受到侵害,并且其因此正受到或可能受到极端损害,则该人有权向侵害或者可能侵害其利益的事业者、事业者团体提出停止侵害或预防侵害的请求。”

但是,该条规定仅适用于事业者(第 19 条)和事业者团体(第 8 条第 1 款第 5 项)实施的不公正的交易方法,而不适用于其他真正意义上的垄断违法行为。根据该法第 2 条第 9 款的规定,不公正的交易方法是指“可能对公平竞争带来妨害的、由公正交易委员会指定的行为”,这些行为包括:(1)不公正地歧视其他事业者。(2)用不公平的价格进行交易。(3)不正当地引诱或强制竞争者的顾客同自己进行交易。(4)以不正当地限制对方事业活动为条件进行交易。(5)以不正当地利用自己在交易上的地位与对方进行交易。(6)不正当地妨害在日本与自己相竞争的事业者或者自己在其中任股东或干部的公司与其交易对手之间的交易;如果事业者是公司,不正当地引诱、唆使或强制该公司的股东或干部作出对公司不利的行为。对不公正的交易方法的规制是日本《禁止垄断法》的 3 根支柱之一,但是与禁止私的垄断和不正当地限制交易这两根支柱相比,其不是为了维护“自由竞争”,而是在于规制可能对“公平竞争”带来妨害的行为,②一般不认为属于传统反垄断法的范畴。因此,在这一意义上说,日本《禁止垄断法》上的禁令救济的适用范围根本不涉及传统的反垄断法案件。

2. 公正会的排除措施令

按照《禁止垄断法》的规定,公正会有权以行政程序采取排除违法的措施,这些措施统一称为“停止令”(cease and desist order)或者“排除措施令”(order

---

① [日]根岸哲、舟田正之:《日本禁止垄断法概论》(第 3 版),王为农、陈杰译,中国法制出版社 2007 年版,第 16 页。

② 同上书,第 192 页。

to take elimination measures)。2005 年《禁止垄断法》修订以前,公正会在其行政程序中可能作出三种审决(决定,也译“裁决”)——劝告审决、同意审决和裁判审决。“2005 年禁止垄断法的修改,为了尽快回复竞争、力图使案件处理效率化”,①“废除了劝告制度和同意裁决制度”。② 同时,按照新修订的《禁止垄断法》的规定,废除了裁判审决程序,而改由公正会在给予行政相对人陈述意见、提交证据的机会之后,直接作出“停止令”即“排除措施令”。对停止令不服者,可以在停止令送达 60 日内请求公正会就该等停止令启动听证程序(第 49 条第 6 款),听证裁判程序成为对行政处罚的救济程序。这与美国 FTC 停止令程序不同,后者具有高度司法化的特征,经 FTC 内部行政法法官审理并经 FTC 批准后方能作出裁决。

依据第 49 条第 1 款的规定,这类排除措施(停止令)有:针对私人垄断和不正当交易限制,责令停止违法行为、责令转让部分营业或采取所需的措施;③针对事业团体的违法行为,责令停止违法行为、责令解散或采取所需的措施;④针对不公正的交易方法,责令停止违法行为、删除合同条款或采取所需的必要措施;⑤针对垄断状态,责令转让部分营业;⑥针对并购领域的违法行为,责令处分部分或全部股份或转让部分营业。⑦ 这些措施的范围非常广泛,与美国的禁令救济没有什么区别,除了包括具体的行为性禁令,还包括结构性的禁令,还包括“其他排除该行为必要的措施”,就连表述都是英美衡平法上的标准用语。

---

① [日]根岸哲、舟田正之:《日本禁止垄断法概论》(第 3 版),王为农、陈杰译,中国法制出版社 2007 年版,第 16 页。

② 同上书,第 305 页。

③ Article 7(1) of Act on Prohibition of Private Monopolization and Maintenance of Fair Trade.

④ Article 8 - 2(1) of Act on Prohibition of Private Monopolization and Maintenance of Fair Trade.

⑤ Article 20(1) of Act on Prohibition of Private Monopolization and Maintenance of Fair Trade.

⑥ Article 8 - 4(1) of Act on Prohibition of Private Monopolization and Maintenance of Fair Trade.

⑦ Article 17 - 2 of Act on Prohibition of Private Monopolization and Maintenance of Fair Trade.

3. 公正会请求法院发布紧急禁令的程序

虽然公正会有前述实施排除措施令的权力，就像美国 FTC 的停止令程序一样，但是跟 FTC 无权命令初步禁令或临时限制令一样，日本公正会也无权命令此类临时措施。日本《禁止垄断法》第 70－13 条规定，公正会要实施此等措施必须请求法院发布此类禁令，即所谓“紧急禁令”（urgent injunction）。与美国《联邦贸易委员会法》第 13 条第（b）款的程序不同的是，日本公正会不能提起永久禁令之诉，并且也没有一个像美国司法部那样的其他公共机构向法院提起禁令之诉。除紧急禁令外，日本的禁令是由公正会垄断的行政“停止令”程序。第 70－13 条规定的紧急禁令程序由东京高等法院专属管辖。①

第 70－13 条相关部分规定如下：

（1）经公正交易委员会申请，法院认为属紧急必要事项的，可以对涉嫌违反以下各条规定的人，责令暂时停止该行为、行使表决权、作为公司干部执行业务，或者取消、变更该命令：第 3 条［禁止私人垄断及不正当交易限制］，第 6 条［特定国际协议的禁止］，第 8 条第 1 款［事业者团体的禁止行为］，第 9 条第 1 款、第 2 款［禁止某些公司设立、股票收购或持有行为］，第 10 条第 1 款［特定持股行为的禁止］，第 11 条第 1 款［银行、保险公司持有投票权比例的限制］，第 13 条［特定董事兼任的禁止］，第 14 条［非公司主体特定持股行为的禁止］，第 15 条第 1 款［特定合并行为的禁止］，第 15－2 条第 1 款［特定分立行为的禁止］，第 16 条第 1 款［特定企业收购行为的禁止］，第 17 条［禁止规避本法］或第 19 条［不公正的交易方法］。

被申请人可以通过向法院提存保证金或者有价证券暂停该等紧急禁令判决的执行，但是如果公正会在随后的程序中作出了停止令并且该停止令成为确定和有约束力的停止令，法院可以根据公正会的申请没收该等提存的保证金或有价证券。②

4. 日本反垄断法禁令制度的实施情况

日本传统上属于大陆法国家，但是其《禁止垄断法》却是以美国反托拉斯法为模板制定的，因此兼具英美法和大陆法的特征。这一点在日本《禁止垄断法》

① Article 86 of Act on Prohibition of Private Monopolization and Maintenance of Fair Trade.

② Article 70－14 of Act on Prohibition of Private Monopolization and Maintenance of Fair Trade.

救济制度,尤其是禁令救济制度上,表现得淋漓尽致。大陆法传统上重视行政的力量,在公法领域更是如此。表现在日本反垄断法上即其公正会中心主义的反垄断法执行体制,在禁令救济领域则表现为几乎为公正会行政"停止令"程序所垄断的排除措施程序。但是排除措施的内容却非常广泛和灵活,几乎与美国的禁令救济如出一辙。"虽然排除措施命令的内容是以停止、废弃违法行为本身为核心的,但是,除此之外还包括了为防止将来违法行为出现反复的预防未来的排除措施[东京高等法院对东宝、新东宝案件的判决(1953年12月9日,《百案集》第29案)],而且,只要是在为排除违法行为所必需的范围内或者为确保排除违法行为所必需的范围内,那么,具体命令采取什么样的措施,则由公正交易委员会裁量决定。"①实务中,公正会在其裁量范围内,曾作出过以下的排除措施:(1)停止、废弃违法行为及其实施手段;(2)除去确保违法行为实效性的手段;(3)废弃违法行为,向交易客户、需求者进行今后不实施违法行为的彻底公告(如通过报纸广告);(4)作为预防将来的排除措施,禁止同种违法行为的反复、废止作为违法行为的反复基础的习惯,如禁止交换价格信息、禁止价格的共同谈判和解散、改组组织;(5)与交易客户的价格重新谈判、个别的价格决定以及基于交易客户的变更契约条件的申请的交易命令;(6)为确认确实除去了违法行为,而命令在一定期间内向公正交易委员会报告销售价格、销售数量等。② 日本公正会的排除措施包括了一定的结构性禁令,如剥离部分业务、全部或部分处分股份;但是相对于美国的结构性禁令还是受到一定的限制,如尽管可以命令私的垄断行为人转让部分营业,但是"解散构成相应违法行为的源泉乃至背景的垄断本身或垄断的企业结合"一般来说是不允许的。③ 而在美国,法院可以命令部分分拆,也可以命令解散公司,如历史上分拆标准石油公司和分拆IBM公司都属于此类。但是近几十年来,美国法院在垄断案件(滥用市场支配地位案件)中对于分拆的使用同样非常谨慎。

日本禁令救济中的司法因素也是非常浓厚的。比如,对于停止令不服者申请听审的内部裁决程序(行政复议),就程序的流程而言,非常接近美国FTC的行政法法官听审程序。法律没有赋予公正会直接作出紧急禁令的权力,而是要

① [日]根岸哲、舟田正之:《日本禁止垄断法概论》(第3版),王为农、陈杰译,中国法制出版社2007年版,第303页。

② 同上书,第303~304页。

③ 同上书,第304页。

求其向法院申请该等命令，这对于防止公正会行政权力过大非常重要。而提存保证金和有价证券换取暂停紧急禁令的制度，也为缓和可能的错误命令带来的后果，提供了一条途径。

**（三）德国**

作为大陆法系的代表性国家，德国一向也非常重视反垄断法的公共执行，不过德国近年来对于私人执行的重要性给予了越来越多的重视，在禁令救济方面也不例外。

1. 私人禁令救济

2005 年第 7 次修订以前，《反对限制竞争法》第 33 条规定："违反本法规定或卡特尔当局的决定者，以该规定或该决定旨在保护他人为限，对该他人负有停止违法行为的义务……请求停止的请求权，也可由具有权利能力的工商利益促进协会主张之。"依此规定，包括个人、公司、企业等在内的私人具有停止侵害请求权。但是私人的范围有一定的限制，必须满足"该规定或该决定旨在保护他人为限"的规定，即只有被违反的规定或决定目的在于保护他人，而该私人属于该等他人的一员时，方有提起停止侵害之诉的当事人适格。另外，满足一定条件的协会也可以提起该等诉讼，对此笔者将在第十五章介绍，在此不再赘述。

就提起诉讼的主体而言，德国旧法的规定有一定的限制，不及美国和日本宽松。不过，德国同时承认一定的协会具有提起团体诉讼的起诉资格。就适用的违法行为对象而言，德国在我们所考察的国家中却是最宽泛的，除了适用于所有类型的反垄断法违法行为以外，还适用于违反卡特尔当局处分的行为。

2005 年第 7 次修订《反对限制竞争法》时，本着落实欧盟理事会第 1/2003 号条例鼓励私人实施反垄断法的精神，德国《反对限制竞争法》加大了私人执法的力度。除了扩大损害赔偿救济的使用范围和给予激励以外，该法同时对停止侵害请求权作了较大幅度的修订。经修订的第 33 条第 1 款和第 2 款规定：

（1）任何人违反本法规定、《欧盟条约》第 81 条或第 82 条或者卡特尔当局作出的决定的，任何受影响方均有权请求该等人除去（Beseitigung）或给予防止性救济（Unterlassung）。在违法行为可预见之时，禁令请求权即已存在。受影响的人是指竞争者或者受违法行为侵害的市场参与者。

（2）第 1 款规定的请求权也可以由具有促进工商业或独立职业利益之法律能力的协会主张，但有以下前提条件：①它们有数量众多的在同一市场上出售相似或相关种类产品或服务的成员企业；②特别是考虑到其人力、物力和财力资源,有能力切实行使其促进工商业或独立职业利益之法定功能;③该违法行为影响了其成员的利益。

对于团体诉讼的起诉资格,笔者将在第十五章作介绍,这里不再赘述。关于私人的起诉资格,第1款明确作了规定,私人损害赔偿诉讼中私人的当事人适格也使用该款规定,对此将在第九章作详细介绍。因此,关于私人当事人的适格,这里也不再赘述。

就禁令救济的适用对象而言,本条的规定比旧法还要宽泛,增加了对于违反《欧盟条约》第81条和第82条的违法行为的适用。就禁令的内容而言,按照字面规定,应该限于妨害除去和妨害防止,即除去侵害和停止侵害救济,很难说包括结构性禁令(分拆)。就适用的时间而言,由于其明确规定"在违法行为可预见之时,禁令请求权即已存在"。因此,除了停止侵害和修复侵害之外,还包括预防侵害的禁令。

2. 卡特尔当局要求停止违法行为的行政措施

相比日本公正会,德国卡特尔当局拥有更大的责令停止侵害的权力。《反对限制竞争法》第32条原来相关部分规定:"卡特尔当局可以要求企业或企业联合组织停止违反本法规定或者违反《欧盟条约》第81条或第82条的违法行为。"第7次修订时还明确增加了如下规定:"(2)为此目的,其可以对企业或企业联合组织处以为有效停止违法行为所需的并且与认定的违法行为成比例的所有措施。"①这是根据欧共体第1/2003号条例所作的修改,在用语上接近于美国和日本有关禁令内容的表述,但是增加了一个限制条件,即"成比例性"。成比例原则是欧盟竞争法,乃至整个欧盟法上的一个非常重要的原则,对于限制行政权力的滥用非常有益,值得借鉴。

另外,我们也看到德国法上对于行政权力限制较少的一面。卡特尔当局在紧急情况下,可以直接作出临时禁令等救济,而无须法院的介入。第7次修订新增加的第32a条规定:"(1)如果存在严重且无法弥补的竞争损害风险,情况紧急时,卡特尔当局可以依职权命令临时措施。(2)第1款规定的命令必须有时间限制。该时限可以延长。但通常情况下总计不得超过1年。"

**(四)我国台湾地区**

我国台湾地区"公平交易法"第30条规定:(1)事业违反本"法"之规定,致

① GWB § 32(2).

侵害他人权益者,被害人得请求除去之;(2)有侵害之虞者,并得请求防止之。本条将"民法"上的妨害除去和妨害防止请求权在"反垄断法"中加以具体规定。其适用的违"法"行为也是非常广泛的,只要是违反"公平法"的行为,只要对他人权益造成侵害或有侵害之虞均可适用。

**(五)瑞典**

瑞典《竞争法》针对不同的违法类型,采用不同的救济程序:对限制性协议和滥用市场支配地位,采用私人起诉和公共执法相结合的模式;对并购规制涉及的行为,采用公共机构起诉模式。

1. 行政禁止和私人禁令之诉

在限制性协议和滥用市场支配地位方面,瑞典《竞争法》第23条至第25条作了规定。"瑞典竞争局可以要求企业停止违反第6条[禁止限制性协议]和第19条[禁止滥用市场支配地位]规定的禁止行为。如果瑞典竞争局就某一个案件决定不采取上述措施,经受违反禁止的行为影响的企业请求,市场法院可以决定采用上述措施。"[①]该条规定以行政处罚模式为主,由瑞典竞争局命令企业停止违法行为,只有在瑞典竞争局决定不采取该等措施时,受违法行为影响的私人(企业)才可以提起停止侵害之诉。该条规定,具有起诉资格的当事人为受违法行为影响的企业,从而排除了个人消费者;因为"本法所称的企业是指从事经济或商务活动的自然人或法人……企业也包括企业协会"。[②] 第23条规定的禁令救济,由市场法院专属管辖。

第23条规定的禁令,可以在审前和最终判决中作出,但是不得在诉前作出。第25条对此规定:"如果有特殊理由,可以在作出最终决定之前采取第23条规定的措施。市场法院只有在诉讼开始之后才可以采取上述措施。"

2. 公共禁令之诉

在企业并购规制领域,只有瑞典竞争局才可以提起禁令救济,其他任何私人或政府部门均没有起诉资格。瑞典竞争局在收到并购申报后,可以决定进行特别调查;调查结束后可以向斯德哥尔摩城市法院提起请求禁止合并或者请求其他替代措施的诉讼。[③] 该等诉讼由斯德哥尔摩城市法院专属管辖。

---

① 瑞典《竞争法》第23条。
② 瑞典《竞争法》第3条。
③ 瑞典《竞争法》第六章。

**(六)英国**

英国《1998 年竞争法》(经《2002 年企业法》修订)仅就竞争上诉法庭(Competition Appeal Tribunal,CAT)受理的损害赔偿诉讼和其他金钱性诉讼,作了特别规定。但是,该法并不排除普通法院受理竞争法案件,尤其是《1998 年竞争法》没有加以具体规定的禁令、宣告判决、[①]解除合同等诉讼;这类案件历史上都是由普通法院受理的,适用与其他侵权案件一样的制度,无论是起诉资格、禁令的种类、给予禁令的时机等。事实上,早在《1998 年竞争法》生效之前,法院就已经在一些案件中根据共同体法和普通法规则就竞争违法行为作出了禁令救济。不过,英国现有的竞争法禁令救济案例,基本上都是请求中间救济(临时救济)的案例。在英国,准许中间救济的标准,主要依据迪普洛克勋爵(Lord Diplock)在 American Cyanamid Co. v. Ethicon Ltd. [1975] AC 296 中确定的指南。概言之,法院在决定是否给予中间救济时分以下 4 个步骤考察。[②]

第一步,考察申请人是否提出了需要作实质审理的严肃问题(serious question/issue to be tried),即需要法院加以认真对待的争点。法院只需要确信申请人表明了其诉因具有实质内容,而无须达到表明一个有表面证据的案情的程度。如果在实质诉因上不存在需要审理的严肃问题,法院就必须拒绝禁令。

第二步,如果第一步得出的结论是有需要审理的严肃问题,则接着考察通过给予申请人损害赔偿是否能够向其提供充分的救济。由于中间禁令实质上是衡平法上的禁令救济,因此,适用于禁令救济的限制同样适用于此处。

第三步,如果第二步得出的结论是损害赔偿不能给予充分救济,则考察申请人提供损害赔偿担保是否能够向被申请人提供充分的保护。除了有限的例外情况以外(如王权、地方政府寻求禁令时),申请人要获得中间禁令的裁定必须提供损害赔偿担保,如果后来证明禁令是错误的,以此赔偿被告因此遭受的损失。

如果申请人有能力给予补偿,并且被申请人可能因禁令受到的损失也能够得到充分的补偿,就没有理由拒绝中间禁令。那么法院将考虑下一步,即平衡

---

① 参见 Holleran v. Daniel Thwaites Plc, [1989] 2 *C. M. L. R.* 917, Ch D. (原告成功地获得一个宣告判决,宣告新的租赁协议将违反共同体条约第 85 条(现在的第 81 条));以及 Leyland Daf Ltd v. Automotive Products Plc, [1994] E. C. C. 289, CA(原告寻求法院宣告关于汽车零部件存在违反第 86 条(现在的第 82 条)的违法行为,但是没有成功,法院准许了有利于被告的简易判决,因为原告没有提出合情理的市场支配地位的主张)。

② 参见兰磊编著:《英文判例阅读详解》,中国商务出版社 2006 年版,第 450 页。

双方的便利程度。但事实上,即便是在这一步得出的结论是申请人不能给予被申请人充分的补偿,法院往往也不直接拒绝禁令,而是继续进行下一步考察,因此实际上只是将此考察作为下一步便利平衡考察的一个方面。

第四步,对双方的便利程度进行平衡考察(balance of convenience)。大部分申请的命运都取决于这最后一步的考察。但是,迪普洛克勋爵并没有列举一个需要考察的因素的清单,他认为"即便是列举一个考察平衡点处于何处时应该加以考虑的所有各种事项的清单也是不明智的,更何况赋予它们各自一定分量的建议。各个案件之间都不尽相同",①因此应该根据个案情形进行平衡。

实践中,在 An Bord Bainne Co-operative Ltd.(The Irish Dairy Board)v. The Milk Marketing Board 案②中,原告依据共同体条约第 86 条(现在的第 82 条)提出损害赔偿和禁令之诉。被告请求勾销该起诉的申请被初审法院拒绝,上诉法院维持了原判。在 Holleran v. Daniel Thwaites Plc. 案③中,原告成功地得到一项宣告判决,宣告新的租赁协议将违反第 85 条(现在的第 82 条),并取得一项中间禁令,限制房东强制执行或落实搬离通知,以及限制其根据该等通知收回场地。在 Network Multimedia Television Ltd. v. Jobserve Ltd. 案④中,原告以违反《1998 年竞争法》第 18 条[禁止滥用市场支配地位]为由提起禁令救济。一审法院以损害赔偿不能提供充分的救济为由,判决原告有权获得临时禁令。在被告提起的上诉审中,法院维持了原判,判决损害赔偿对原告来说不是一项充分的救济,因为原告可能会被迫退出市场,这将损坏其声誉及其在欧洲的业务扩展;另外,由于同样的原因,便利的平衡倾向于维持现状,从而准许中间救济。这与古尔丁法官(Goulding J.)在 Garden Cottage Foods Ltd. v. Milk Marketing Board 案中的看法有非常大的区别,古尔丁法官在该案中判决道:"我们要考虑的是一个拟制人——一个公司——的商业活动,即便是由于拒绝临时救济,该公司因被告的行为永久性地丧失了其先前开展的业务,我并不认为有什么理由认为一笔金钱,如果足够大的话,为何不是适当的补偿。"⑤这表明英国法院在

---

① [1975]AC 296,408.

② [1984]2 C. M. L. R. 584,CA([1984]1 C. M. L. R. 519,QBD).

③ [1989]2 C. M. L. R. 917,Ch D.

④ [2001]EWCA Civ 2021.

⑤ Garden Cottage Foods Ltd. v. Milk Marketing Board[1982]Q. B. 1114;[1982]3 W. L. R. 514;[1982]3 All E. R. 292;[1982]2 C. M. L. R. 542.

《1998 年竞争法》项下,比以前涉及共同体竞争规则时,更愿意准许临时救济。[①]但是,单纯的利润丧失可能并不构成无法弥补的损失,因此会拒绝临时禁令。例如,在 Getmapping Plc. v. Ordnance Survey 案[②]中,法院拒绝了一个临时禁令,除了因为起诉状中没有一个关于可能存在滥用行为的可信的主张之外,法院还注意到,尽管原告声称的财务损害将会很大,其并不会受到无法弥补的损害。

**(七)新加坡**

新加坡《2004 年竞争法》第 86 条规定的私人诉权同样适用于禁令救济。因此,有资格提起损害赔偿诉讼的人,即"直接因违反第 34 条之禁止[限制性协议]、第 47 条之禁止[滥用市场支配地位]或第 54 条之禁止[兼并]的违法行为遭受损失或损害的任何人",原则上也有资格提起禁令之诉。其适用的违法行为对象也相当广泛,反垄断法规制的 3 大支柱领域均可适用。[③]

但是,新加坡的特殊之处在于,适用于损害赔偿诉讼的行政前置程序,对于包括禁令在内的所有其他救济之诉,同样适用。[④]

## 三、中国

我国《民法通则》虽没有明确采用禁令救济,但也规定了类似的制度。其他法律及最高人民法院的司法解释丰富了我国的禁令制度。这些对于我国反垄断法上禁令制度的构建具有重要价值。

**(一)《民法通则》和《侵权责任法》规定的禁令救济**

在大陆法上,停止侵害请求权不以侵害行为已经发生为前提。在英美法上同样如此,只要存在违法行为的威胁即可。另外,该等请求权"原则上也不以被告方的过错为前提","因为在民法规定中,只有对已经发生的损害给予赔偿时才考察加害人有无过错的问题"。[⑤] 因此,请求停止侵害者只需证明侵害行为的存在即可胜诉;在损害行为尚未发生时,则只需要证明侵害行为的威胁。具体

---

① Barry Rodger, "Competition Law Litigation in the UK Courts: A Study of All Cases to 2004: Part 3", *E. C. L. R.* 2006, 27(7), 347(2006).

② [2002] EWHC 1089(Ch); [2002] UKCLR 411.

③ 关于新加坡《2004 年竞争法》项下起诉资格的更多论述,参见本书第九章第三节之(一)。

④ 关于新加坡《2004 年竞争法》项下行政前置的更多论述,参见本书第十章第一节之(二)。

⑤ [德]克雷斯蒂安·冯·巴尔:《欧洲比较侵权行为法》(下卷),焦美华译,法律出版社 2004 年版,第 160 页。

到反垄断法上，就是证明违法行为或者违法行为的威胁存在即可。

中国《民法通则》规定了4种类似于禁令救济的责任承担方式，即停止侵害、排除妨害、消除危险和恢复原状。其中，恢复原状在中国法上的外延较小，主要是指通过修理等使有体物恢复到被侵害以前的状态。在反垄断法上几乎没有适用的余地。作为“最终禁令”时，停止侵害、排除妨害和消除危险3种责任承担方式的要件从法律规定上看并不像前述法域规定的那样明确。我国《民法通则》第106条第2款规定：“公民、法人由于过错侵害国家的、集体的财产，侵害他人财产、人身的，应当承担民事责任。”前半部分表述的是传统民法损害赔偿责任的要件，而后半部分表述的是多元的民事责任承担方式，而非单一的损害赔偿。两者不能发生良好的对接。

尽管立法用语和理论上存在该等混乱，司法实践中基本上遵循了同上述英美法和大陆法类似的做法，基本上不以过错和损害为要件。

1. 停止侵害

根据目前占主导地位的观点，停止侵害不仅适用于正在进行中的侵害，也适用于有侵害之虞的情况，而且主要适用于后一种情况，即预防侵害的发生。因此，停止侵害可适用于3种情况：(1)正在进行的侵害；(2)已经发生过侵害，但有继续侵害之虞；(3)未曾发生侵害，但有可能发生侵害。[①] 按照这种理解，停止侵害是一个宽泛的概念，因此可以涵盖“消除危险”和“排除妨碍”。按照狭义的理解，停止侵害应该适用于“持续的加害行为”，“各种正在进行的侵权行为”，即“加害人正在实施侵害时”可以请求停止侵害。[②]

2. 消除危险

“消除危险是指行为人的行为和其管领下的物件对他人的人身和财产安全造成威胁，或存在侵害他人人身或财产的可能，该他人有权要求行为人采取有效措施，将具有危险因素的行为或物件予以消除。”[③]因此，消除危险适用的对象是责任人的行为或其管领下的物，适用的情况是该行为或物对他人的人身和财产安全造成威胁，或存在侵害他人人身或财产的可能性，因而请求消除危险或

① 参见魏振瀛：《〈民法通则〉规定的民事责任——从物权法到民法典的规定》，载《现代法学》2006年第3期。

② 参见梁慧星主编：《中国民法典草案建议稿附理由：侵权行为编、继承编》，法律出版社2004年版，第129页。

③ 杨立新：《侵权行为法论》，高等教育出版社2005年版，第120页。

现实可能性。这里讲的"危险",是指现实存在的危险或侵害可能性,与"有继续妨害之虞"有区别。危险是指持续存在的一种状态,而继续妨害之虞是指间歇性的行为有可能再次出现。消除危险要求为一定的积极行为,所以是一种强制性禁令或者强制履行请求权。

3. 排除妨碍

排除妨碍是指"加害人实施某种行为而妨害他人正常行使权利或妨害他人合法利益的,受害人有权请求法院排除加害人的妨害行为。"①因此,排除妨碍所针对的是侵权人的现实的行为,适用的情况是该行为现实地构成了妨碍正常的权利行使和合法利益的障碍,加害人因而请求去除这些障碍。因此,排除妨碍"不包括非现实存在的,以后可能发生的侵害"。② 停止侵害和消除危险具有预防性质,但是排除妨碍则是在形成现实的障碍之后给予的事后救济,但是在效果上同样具有防止损害扩大的功能,因此也可以视为一种修复性禁令。

因此,在《民法通则》颁布以来20多年的司法实践中,中国民法已经形成了一套相对完善的预防性救济措施体系,有的还在司法解释中得到确认。《侵权责任法》基本上沿用了司法实践在《民法通则》基础上发展起来的做法。第21条规定:"侵权行为危及他人人身、财产安全的,被侵权人可以请求侵权人承担停止侵害、排除妨碍、消除危险等侵权责任。"这一规定没有要求停止侵害、排除妨害和消除危险3种责任承担方式需要满足过错或损害要件,只需满足"侵权行为"和"危及他人人身、财产安全"即可。

**(二)其他规范规定的临时禁令救济**

最高人民法院《关于贯彻执行〈中华人民共和国民法通则〉若干问题的意见(试行)》第162条对民事案件中预防性救济的适用规定:"在诉讼中遇有需要停止侵害、排除妨碍、消除危险的情况时,人民法院可以根据当事人的申请或者依职权先行作出裁定。"事实上,这3种救济方式的适用这里已经超出了民事责任的范畴,不是等到案件最终判决时作出"最终禁令",而是在诉讼中"先行"作出裁定,事实上属于"临时禁令"的范畴了。

此外,我国的一些特别侵权法和司法解释还专门建立了"临时禁令"制度。

---

① 梁慧星主编:《中国民法典草案建议稿附理由:侵权行为编、继承编》,法律出版社2004年版,第130页。

② 魏振瀛:《〈民法通则〉规定的民事责任——从物权法到民法典的规定》,载《现代法学》2006年第3期。

例如,中国《专利法》第65条、《商标法》第66条和《著作权法》第51条均规定了即发侵权的诉前救济制度。它们的规定用语基本相同,即权利人"有证据证明他人正在实施或者即将实施侵犯其(权利)的行为,如不及时制止,将会使其合法权益受到难以弥补的损失的,可以在起诉前向人民法院申请采取责令停止有关行为……的措施。"

最高人民法院《关于对诉前停止侵犯专利权行为适用法律问题的若干规定》[①]第17条规定:"专利权人或者利害关系人向人民法院提起专利侵权诉讼时,同时提出先行停止侵犯专利权行为请求的,人民法院可以先行作出裁定。"最高人民法院《关于诉前停止侵犯注册商标专用权行为和保全证据适用法律问题的解释》[②]第16条规定:"商标注册人或者利害关系人向人民法院提起商标侵权诉讼时或者诉讼中,提出先行停止侵犯注册商标专用权请求的,人民法院可以先行做出裁定。"因此,两个司法解释将"起诉前"停止侵害请求权扩大到"起诉时"或"诉讼中"停止侵害请求权。人民法院对于该等请求可以先行作出裁定。这与英美法的临时禁令或临时限制令,没有什么区别,无论是作出时间,还是适用条件。

在反垄断私人诉讼的救济方式方面,美国主要依靠损害赔偿和禁制令方式,其惩罚性3倍损害赔偿制度显示着强大的威慑力量。虽然在禁令方式的救济长期由政府发动,但近年来,以Monfort案为代表的反垄断私人停止侵害(禁制令救济)之诉也呈快速增长之势,逐渐与3倍损害赔偿诉讼一起扮演着反垄断私人诉讼的重要角色。

虽然欧盟近年来在推行反垄断私人诉讼制度的实施,但由于其长期以来所奉行的行政主导执法模式,对于限制竞争行为的救济多以执法机构为代表的公共执法为核心,对于民事救济也仅限于私人损害赔偿诉讼,[③]在其绿皮书开篇即指出"促进因违反反托拉斯法的损害赔偿诉讼,将不但使得因反垄断规则被违反而受到损害的消费者和公司能够更容易地向违法者追偿损失,也将强化反托拉斯法的执行"。而对禁令之诉目前仍视为公共执法的专属救济方式,将私人起诉拒之门外。

---

① 参见法释〔2001〕20号。

② 参见法释〔2002〕2号。

③ See Green Paper on damages actions breach of the EC antitrust rules, COM(2005)627 final, p. 3.

合同无效主要是以德国和日本为代表的大陆法系国家传统合同法的责任方式,严格来说并不属于反垄断私人诉讼救济方式的范畴。特别是对于那些反垄断私人诉讼设有行政前置程序的国家中,法院是否有权裁判合同因违反反垄断法而无效更是个存在争议的问题。

# 第五章　反垄断私人诉讼的起诉资格制度

就反垄断法的私人诉讼而言，反垄断案件涉及公益，存在多层次的受害人，如竞争者、中间商、零售商、消费者等，而且，还存在直接的受害人通过转售把损害完全转移给消费者的情况。[①] 适格当事人的范围大小直接决定反垄断法执行的后果。一方面，对适格原告如限制过于严格，那么很多受害者将无权提起诉讼，违法者将会肆无忌惮；另一方面，如果对适格主体进行宽泛的定义，应诉的经营者疲于应对各种各样的诉讼，将承担很大的诉讼压力，造成诉讼资源的不合理的浪费。无论这些诉讼是否具有实质意义，尤其是在原告受到很大激励的情况下，被告更将会受到诉讼压力的沉重负担。因此，需要在这两者之间维持适度的平衡。

具体来讲，本章分三节进行论述。第一节"私人诉讼中的诉权理论"，将对民事诉讼中的当事人适格理论进行概要的介绍。第二节"反垄断私人诉讼中的起诉资格制度"，将以美国反垄断私人诉讼原告起诉资格进行深入的考察，同时以比较法的视角研究德国、英国、日本以及我国台湾地区反垄断法对于当事人起诉资格的限制性规定。第三节"两种特殊类型的当事人的起诉

---

① 参见时健中：《私人诉讼与我国反垄断法目标的实现》，载《中国发展观察》2006 年第 6 期。

资格”，主要分析在反垄断法执行领域两类常见的特别的人可能提出诉讼请求的情况，即间接购买者和协议方是否有权提起民事诉讼的问题。

## 第一节　私人诉讼中的诉权理论

### 一、当事人适格理论的定义

关于当事人适格，学者有多种定义。[①] 比如，“当事人适格（Sachlegilimation），是指在具体的诉讼中，对于作为诉讼标的的民事权利或法律关系有实施诉讼的权能，也即能够以自己的名义起诉或应诉的资格，这种资格又称诉讼实施权（Prozessfuhrungsrecht）”。[②] 日本学者新堂幸司认为，所谓当事人适格，是指作为当事人对诉讼标的的特定权利或法律关系进行诉讼，并能够要求获得本案判决的资格。[③] 适格的当事人参与诉讼，才能使诉讼程序的最终目的得以通过判决或裁定的形式来实现，而判决或裁定才具有实质意义。

传统观点认为，适格当事人是直接利害关系人，与争议有直接利害关系的人是民事诉讼的当事人。此即“直接利害关系人”理论。我国《民事诉讼法》第119条规定，“原告是与本案有直接利害关系的公民、法人和其他组织”。随着实践的发展，传统的“直接利害关系人”理论囿于范围狭窄，不能包含诉讼担当的制度，例如，遗产管理人、遗嘱执行人和破产清算人都不是相关民事实体法律关系的主体，但是都有权作为正当的当事人起诉、应诉。因此，产生了新的“一般利害关系人”理论，对“直接利害关系人”进行修正，对其作扩大解释，即民事诉讼中无论是保护自己的权利还是保护他人的权利的人，只要以自己的名义进行诉讼，引起民事诉讼程序发生、变更或消灭，都是民事诉讼的当事人。这一认识承认了民事诉讼当事人可以不是直接利害关系人，而只是纯粹诉讼当事人。之后发展起来的是，“程序与实体上双重适格当事人”理论，强调适格当事人应当同解决纠纷最相关的程序法与实体法上具有双重适格含义，既具备诉讼权利能力，又在实体上有权以自己的名义支配讼争的民事权利义务。这一理论仍然存在较大的局限性。因此，有“程序当事人同实体适格当事人相区别”理论的出现，即区别程序当事人和适格当事人，也即民事诉讼法上区分当事人和正当当

---

① 参见于海生：《民事诉讼当事人适格问题研究》，载《北方论丛》2004年第4期（总第186期）。

② 李龙：《民事诉讼当事人适格刍论》，载《现代法学》2000年第4期。

③ 参见张卫平：《民事诉讼：关键词展开》，中国人民大学出版社2005年版，第92页。

事人,或者说程序当事人和正当当事人。

当事人或程序当事人,是指在民事诉讼中,一切以自己的名义起诉和应诉,要求人民法院保护其民事权利和法律关系的人及其相对方,无论他是否与所主张的利益有关,也无论他所主张的利益是否得到法律的承认。因此,具有诉讼权利能力和诉讼行为能力的人都可以作为当事人向法院提起诉讼,具备起诉条件的,法院应该受理,而不问他是否在本案中是否有资格提起诉讼。后者是正当当事人所关心的问题。程序当事人的概念可以保证当事人充分行使诉权,当事人提起诉讼只要符合形式上的起诉要件,法院不得不予受理。不过,由于程序当事人的概念降低了起诉的门槛,就存在无意义的诉讼进入法院的可能,因此,"需要建立当事人适格概念,通过肯定起诉、应诉的人是适格当事人,以避免无意义的诉讼程序,防止与本案实体法律关系无关者提起诉讼或被对方起诉"。①

当事人适格理论是一个不断发展完善的理论,其发展主要是围绕着当事人适格的基础而展开。而当事人适格的基础理论的发展则与新的诉讼类型和新的纠纷类型的出现息息相关。换句话说,当事人适格理论是伴随民事诉讼功能的变化不断发展的,正当当事人的范围有不断扩大的趋势。

依照传统的私权保护说的观点,民事诉讼的目的就是实现对私法规定的私权的保护,确保民事权利免受不法侵害,保护的方法就是确定作为诉讼标的的实体法上的法律关系是否存在,法院也正是通过对私法上是否具有权利或法律关系的裁判来实现这一目的的。② 因此,法院要确定是否存在私法上的权利或法律关系,就要首先确定当事人是否与该权利或法律关系之间存在联系,判断的标准通常就是考察当事人与实体法律关系是否存在联系。这种联系中最重要的就是原被告对诉讼标的的管理处分权,对作为诉讼标的的法律关系具有管理处分权的当事人就是适格当事人。③ 由此观之,传统当事人适格理论以管理权(或管理处分权)为当事人适格的基础,只有实体民事法律关系的主体以及保护他人利益的特定的人才是正当当事人。管理权可以解释给付之诉中当事人适格的基础,但是对于其是否是确认之诉和形成之诉的当事人适格的基础学说

① 齐树洁、苏婷婷:《公益诉讼与当事人适格之扩张》,载《现代法学》2005 年第 5 期。

② 参见李龙:《民事诉讼当事人适格刍论》,载《现代法学》2000 年第 4 期;张卫平:《民事诉讼:关键词展开》,中国人民大学出版社 2005 年版,第 98 页。

③ 参见张卫平:《民事诉讼:关键词展开》,中国人民大学出版社 2005 年版,第 98 页。

上却存在争议。另外，随着工业化的发展，纠纷的类型发生了重大的变化，由于人们之间的联系增多，纠纷越来越向大型化方向发展，群体性纠纷不断出现。为此，不少国家扩充私法的功能，建立了公益诉讼、集团诉讼、团体诉讼等解决群体性纠纷。由于这些新型诉讼中"所体现的利益往往超越了个人可以保护处分的财产利益的范围"，在这些新型诉讼类型和纠纷中，按照旧有的基于私权保护的以管理权作为当事人适格基础的理论，当事人的诉权往往被排除。

因此，诉的利益标准应运而生，成为新的当事人适格的基础。诉的利益是指当民事权益受到侵害或与他们发生民事争议时，需要运用民事诉讼予以救济的必要性和实效性。[①] 也就是当事人是否有必要通过民事诉讼解决争议，以及法院是否能够通过民事诉讼解决争议。根据诉的利益的当事人适格基础理论，即使当事人对请求法院承认和保护的权利没有管理权或处分权，但只要有诉的利益，仍然可被认为是适格当事人，可以进行实体权利生成的事实举证和抗辩。[②] 诉的利益是一个抽象的概念，在当事人适格理论中应针对不同诉讼类型加以类型化分析。

## 二、当事人适格的类型

### （一）给付之诉中的当事人适格

所谓"给付之诉"，是指原告请求法院裁判被告履行一定义务的诉讼。这种诉讼的性质决定了"基于诉讼标的之性质而必然地承认其诉的利益"，[③]因为给付请求权本身就当然地具有纠纷解决的必要性和实效性。所以主张自己是有给付请求权的人就具有原告的当事人资格，其主张的给付义务人就具有被告的当事人资格。"至于原告是否真正对被告有给付请求权，被告是否对原告真正存在给付义务，则是本案的请求是否正当的问题，与当事人适格与否无关。"[④]因此，给付之诉的当事人适格可以通过传统的管理处分权基础理论加以解决。

### （二）确认之诉中的当事人适格

所谓"确认之诉"，是指原告请求法院确认某一法律关系是否存在的诉讼。

---

① 参见江伟等：《〈中华人民共和国民事诉讼法〉修改建议稿（第三稿）及立法理由》，人民法院出版社 2005 年版，第 238 页。

② 参见肖建华：《民事诉讼当事人研究》，中国政法大学出版社 2002 年版，第 105 页。转引自齐树洁，苏婷婷：《公益诉讼与当事人适格之扩张》，载《现代法学》2005 年第 5 期。

③ 冀宗儒：《民事救济要论》，人民法院出版社 2005 年版，第 235 页。

④ 李龙：《民事诉讼当事人适格刍论》，载《现代法学》2000 年第 4 期。

因此,这种诉讼中的争议是,作为诉讼标的的法律关系是否存在,当事人提起确认之诉的利益就在于原告的权利或法律地位现实地处于不安状态,而且,作为消除这种不安的方法"在原被告之间对作为该诉讼标的之权利或法律关系存在与否作出判决"对于纠纷的解决而言是有效而且合适。[①] 法律关系主体以外的人,在满足这一标准的前提下,也具有当事人资格。因此,有当事人资格的原告,不限于该权利或法律关系的主体,也不限于就该权利或法律关系有管理权的人。换句话说,原告只需主张其就作为诉讼标的的法律关系有确认利益,就属于原告适格;被告只需就作为诉讼标的的法律关系有反对利益存在,就属于被告适格。

**(三)形成之诉中的当事人适格**

"形成之诉",也称"变更之诉",是指请求法院通过判决变更现存的法律关系的诉讼。形成之诉是实现民事实体法上形成权的一种方式。民法上的形成权是指"权利人依自己的行为,使自己或与他人共同的法律关系发生变动(包括发生、变更或消灭)的权利。形成权的行使通常情况下仅凭当事人的意思表示为之,于相对方了解或到达相对方之时即自动发生效力。这种形成权称为简单形成权或单纯形成权。在例外情况下,由于对他人的利益影响重大,或者为了创设明确的法律关系,法律规定不得自力行使,而应该向法院提起诉讼,由法院审查是否满足了形成权的要件,并在判决具有既判力后发生效力。这种形成权称为形成诉权或形成之诉权。[②]

由于形成之诉是基于实体法上的形成权,性质上属于因实体法认可其必要性而特别地予以个别化规定,因此,只要存在法律规定就必然地承认其诉的利益。只要法律规定了形成诉权,当事人要求变动的,即具有诉的利益。实际上,在一般情况下,规定形成诉权的实体法律关系都会对当事人适格作出明确的规定,因此应该以民事实体法的规定为准。[③]

美国斯坦福大学法学教授肯尼斯·斯科特(Kenneth E. Scott)进一步发展了起诉资格的理论,把民事诉讼可以区分为两种模式,每种模式下起诉资格的

---

① 参见冀宗儒:《民事救济要论》,人民法院出版社2005年版,第236页。

② 参见龙卫球:《民法总论》(第2版),中国法制出版社2002年版,第125~126页;王泽鉴:《民法总则》(增订版),中国政法大学出版社2001年版,第98页。

③ 参见李龙:《民事诉讼当事人适格刍论》,载《现代法学》2000年第4期;张卫平:《民事诉讼:关键词展开》,中国人民大学出版社2005年版,第123页。

关注点不同：第一种称为“争议解决模式”(Conflict Resolution Model)；第二种称为“行为修正模式”(Behavior Modification Model)。争议解决模式将民事程序视为主要是一种实现和平解决私人争议的方式，为了维持和平，社会通过法院提供的一种无偏袒地裁决私人不满的机制，以替代报复和暴力自助。① “这种模式强烈地倾向于‘不招惹睡狗’。它不欢迎任何人搬弄是非或者‘煽动诉讼’，并且对爱管闲事的人也报以不友好的态度。”②

传统的当事人适格理论可以看作在争议解决模式下适用的当事人适格理论。“在争议解决模式下，由于程序关注的核心是私人争议的解决，因此关注原告是否在其中真的拥有足够的利害关系，从而有资格援用司法程序，这一点就是很自然的了，特别是考虑到法院几乎是免费向原告提供服务。他拥有设立司法系统时意在解决的那种类型的个人不满，还是他仅对公共政策或管理的某些方面有一般性的不满意？……因此，这种模式下要努力区分个人的不满和一般的不满，直接的损害（无论是实际的还是潜在的）和抽象的损害，个人性质的不法行为和所有公民共同遭受的不法行为。”③

而行为修正模式将法院和民事程序视为，通过对行为人施加成本来修正其行为的一种方式。争议本身的解决并不是事情的核心，其对于其他人未来行为的影响才是关键。④ 在行为修正模式下，诉讼程序关注的主要是如何通过让被告承担成本来修正其行为，因此，当事人适格主要考虑的对象也有所不同；这种模式下更加关注的不是原告的利益而是被告的行为，因此，需要考虑如何才能将被告的行为提交到法院纠正，进而需要考虑给予原告充分的激励。

## 第二节　反垄断私人诉讼中的起诉资格制度

在本书的第一章，笔者已经详细论述了私人诉讼在反垄断法领域中的功能及作用。在处理反垄断法这类新型案件中，授予私人提起诉讼的权利，不但是正义的要求，更是实现反垄断法立法和执法目的的重要保证。

---

① 参见李龙：《民事诉讼当事人适格刍论》，载《现代法学》2000 年第 4 期；张卫平：《民事诉讼：关键词展开》，中国人民大学出版社 2005 年版，第 123 页。

② 同上。

③ 同上。

④ 同上。

反垄断法民事诉讼是基于传统民事诉讼之上的特殊民事诉讼，具体到起诉资格问题，鉴于反垄断法的特殊考虑，各国或地区反垄断法均在一定程度上对传统起诉资格理论有所突破和修正。

在反垄断私人诉讼中，由于反垄断法是公益本位法、管理型法，具体制度的设计除了必须有法理的支持，同时还以立法目的的实现为导向，起诉资格制度也不例外。因此，反垄断法起诉资格制度带有很强的政策性。本书先考察几个主要国家或地区的做法，然后归纳其政策性特征。

## 一、反垄断私人诉讼起诉资格的不同判定标准的比较

### （一）美国

在美国的诉讼体制下，宪法要求联邦法院只能受理“案件或争议”。① 因此，为了确保争议真实存在，并在真正对立的当事人之间进行争辩，向联邦法院提起诉讼的原告必须具有起诉资格或当事人适格（standing），即“原告必须受到了直接或实际的损害而非更加一般性的损害”。② 这是宪法所要求的起诉资格，称为“第三条起诉资格”（Article III standing）。在 American West Airlines v. Burnley③ 案中，华盛顿特区巡回区上诉法院裁决，要证明第 3 条起诉资格，原告必须证明：（1）个人伤害；（2）可以公平地追溯到被告；（3）有通过寻求的救济方式得到救济的可能性。这是宪法提出的最低要求。事实上，法院并不一定会给予任何满足最低要求的人救济的权利。法院可以通过司法解释，国会也可以通过立法，限制原告的范围。传统上，虽然起诉资格法则混乱且经常不一致，它观念上主要是考察原告在争议结果中的“个人利害关系”——该利害是否足以确保“能够以具有必要的具体程度的方式塑造该问题，将以必要的对抗性对争议点进行争辩，以及将以必要的精力追诉该诉讼，从而确保宪法上的调整将以传统上认为能以借助司法解决的方式得到满足”。原告必须遭受了“实际的损害”，他才具有足够利害关系，仅是“抽象的损害”不够。④

按照前述美国学者肯尼斯·斯科特对民事诉讼模式的划分，在行为修正模

---

① See U. S. Const. art. III, § 2, cl. 1.

② ［美］玛丽·肯·凯恩：《民事程序法》（第 4 版）（影印本），法律出版社 2001 年版，第 275 页。

③ See 838 F. 2d 1343, 1344 (D. C. Cir. 1988).

④ See Kenneth E. Scott, “Two Models of the Civil Process”, 27 *Stanford Law Review* 937, 948 (1975).

式下，争议本身的解决并不是事情的核心，关键在于其对于其他人未来行为的影响。程序关注的主要是如何通过让被告承担成本来修正其行为，因此当事人适格主要考虑的对象也有所不同，这种模式下更加关注的不是原告的利益而是被告的行为，因此需要考虑如何将被告的行为提交到法院纠正，进而需要考虑给予原告充分的激励。反垄断法下的违法行为通常有个人受害程度小但受害面广的特点，加之证明违法和损害的困难，如何通过私人的力量将违法行为提交到法院，并据此纠正被告的违法行为就是反垄断法执行的核心考虑。

美国的做法是，制定法给予"因反垄断法禁止的任何事情遭受经营或财产损害的任何人"提起 3 倍损害赔偿诉讼的权利。制定法赋予了广泛的起诉资格，不但竞争者和消费者具有起诉资格，其他任何人，只要其经营或财产因反垄断违法行为受到损害，均可提起 3 倍损害赔偿诉讼，以此调动私人的力量，共同阻止反垄断行为的发生。但是，法院对《克莱顿法》第 4 条诉权的起诉资格所作的解释实际上却远远窄于制定法的规定。实践中，美国法院出于促进复杂诉讼的尽早终结，认定只有原告在因为被告行为中本身具有反竞争性质的方面而受到损害时方能求偿，同时对沿着分销链条追究不法行为的损害后果进行限制。

但是在反托拉斯法上，起诉资格是一滩没有搞清的浑水，任何限制原告范围，甚至原告求偿范围的制度，都被归入了"反托拉斯法起诉资格"（antitrust standing）这一大标题之下。反托拉斯法起诉资格的真正目的在于考察所主张的不法行为与据称的损害之间的联系，以此将潜在原告限定为处于维护反托拉斯违法行为最佳地位的人，即原告是否是维护反托拉斯利益的正当当事人。①

《克莱顿法》第 4 条（以下简称第 4 条）赋予受害人请求 3 倍损害赔偿诉讼的权利。目的在于：（1）向受害者提供补偿，并剥夺违法者的违法所得；（2）提供私人执法的激励，从而威慑违法行为；（3）通过第 4 条带动的执行和威慑作用，最终促进反垄断法实质目的的实现。但是，第 4 条宽泛的起诉资格和三倍赔偿金的激励也势必将会带来一定的风险。由于反垄断法违法行为往往会导致广泛的损害，不但是处于同一层面的竞争者，还有沿着分销链条递进的下游企业和最终消费者。如果起诉资格过于宽松，各个层面上的受害者都可能提起

---

① See Maxwell M. Blecher & James Robert Noblin, "The Confluence of Muddied Waters: Antitrust Consequential Damages and the Interplay of Proximate Cause, Antitrust Injury, Standing and Disaggregation", 13 *St. John J. of Legal Comment*, 1998, pp. 145, 162.

三倍损害赔偿诉讼。一方面,被告将面临重复的求偿,最终不堪重负,造成执行过度;另一方面,法院也将因为大量的案件不堪重负,并将纠缠于各个层面所受损害的查明以及损害赔偿的分配。因此,美国法院倾向于对原告的范围加以限制,通常只将起诉资格给予能够最容易地证明其损害产生于被告之行为,并且无须复杂的诉讼即能查明损害的原告。

因此,第 4 条赋予私人的损害赔偿诉权涉及多个层面的考虑。① 一方面,是法律规定带来的积极影响,即补偿受害人,以及执行反垄断法并威慑未来的违法行为。另一方面,是该条过于慷慨的救济不可避免地会带来消极影响,而这些消极因素可能会削弱反垄断法私人执行体制的效率和公正性,这些风险包括:(1)难以证明损害和反托拉斯违法行为之间因果联系的案件;(2)复杂的损害赔偿诉讼;(3)重复求偿。因此,促进积极影响避免消极因素就成为基本的反托拉斯起诉资格目标。

在美国法院实践中,1982 年以前最高法院对反托拉斯起诉资格很少过问,基本上由巡回法院发展相关的法理。各巡回法院在分析当事人是否拥有第 4 条项下的请求 3 倍赔偿的权利的过程中,曾经发展出多种评判起诉资格的标准,具体如下:②

1. 直接损害标准(direct injury test)

顾名思义,直接损害标准只允许那些受到违反反托拉斯法行为直接和主要影响的人寻求第 4 条项下的赔偿。适用这条标准的法院通常只向那些与被告具有相互关系或竞争关系者授予诉权。

法院以存在过度杀伤、重复赔偿和投机性或复杂的损害赔偿诉讼的危险为由,证明直接损害要求是合理的。如果在影响原告的损害对其他人的影响更为直接的情形下对其授予诉权,这类被告就可能得到过多的赔偿,而被告就会被一事多罚。另外,限制直接受害人的诉权,使法院和被告可以避免那些与被告的行为关系很弱的索赔要求或者求取复杂损害赔偿的诉讼之累。

2. 目标领域因果关系分析(target area causation analysis)

目标范围因果关系分析要求原告证明其“处于受到特定产业中竞争条件崩

---

① See Clare Deffense, “A Farewell to Arms: The Implementation of a Policy-Based Standing Analysis in Antitrust Treble Damages Actions”, 72 *Cal. L. Rev.*, 1984, pp. 437, 440, 461.

② See Barry J. Rodger, “Private Enforcement and The Enterprise Act: An Exemplary System of Awarding Damages”, *ECLR*, 2003, 24(3), 105.

溃威胁的经济领域范围内”。但是,在适用该普遍原则过程中,各法院却在如何进行适当解释的问题上发生了分歧,主要有以下两种方式:

(1)限制性目标领域标准

第二、第五和第七巡回法院对目标领域原则进行了限制性解释,认为一个人想拥有诉权,必须是反竞争行为针对的对象,无论这是故意还是自然安排的结果。和与其关系最密切的直接损害原则一样,这种方法有两个正当理由:它降低了过度杀伤的危险;将享有诉权者限制在可以轻易证明其所受损害的原告和索赔请求不会带来太大的重复或者派生赔偿危险的原告范围内。

(2)自由的目标领域标准

第四和第九巡回法院采用了一种更为自由的目标领域标准。按照这种方法,目标领域的范围超出了行为所针对的市场参与者的范围,囊括了在可预见的范围内受到反竞争行为威胁的任何被告。

较之限制性目标领域规则,因果关系分析中可预见性提法的缺点在于,没有对其目的进行任何明确的正当说明或者解释。但是,思考过这个问题的评论者似乎是根据侵权法的原则证明其正当性的。

3. 利益区标准(zone-of-interests)

几年前,第六巡回法院拒绝了直接损害和目标领域标准。它采取行政法的规则,只要求原告证明“寻求保护的利益……处于该法所保护或规范的利益区范围内”。该院拒绝直接损害和目标领域标准,是因为二者要求进行事实证明,混淆了诉权问题和实质问题,在答辩阶段对原告的要求过多。该院分析道,第4条的公共利益因素使私人反托拉斯诉讼与行政诉讼情况类似。在这个背景下,它采用了普遍的利益区标准。

4. 平衡标准(balancing test)

近年来,在确定诉权问题的过程中产生了第四个标准。在 Cromar Co. v. Nuclear Materials & Equipment Corp 一案中,第三巡回法院认可了一种“事实方阵”标准,在确定原告是否有诉权的过程中称“没有任何方案能够单独捕捉到诸多的相关因素……”。正如此后一个案件中恰如其分的描述,该标准本身“在本质上是一个包含了许多不变和可变因素的平衡标准”。这些因素中包括直接损害和目标领域标准。

更近些时候,第九巡回法院的一个合议庭采用了一个集中针对第 4 条中暗含的诉权政策的平衡分析方法,排除了较为形式化的标准。这种方法有许多优点,尤其是与最高法院在 Associated General Contractors, Inc. v. California

State Council of Carpenters 案中提出的新的多重因素诉权分析方法结合使用的时候。

笔者认为,这些标准都存在一定的问题。比如,直接侵害标准仅授予因反托拉斯违法行为直接和第一位受到影响的原告起诉的资格,通常仅限于有合同相对关系或者竞争关系者。目标区域标准,分为限制性目标区域标准和自由的目标区域标准两个子类,前者仅将起诉资格授予给反竞争行为针对的人,后者除此之外还将起诉资格授予反竞争行为威胁到的可预见的任何人。按照利益区标准,原告只需证明"寻求保护的利益合情理地位于相关制定法保护或管制的利益区之内"。直接侵害标准和限制性的目标区域标准过于死板、生硬,完全牺牲了3倍损害赔偿制度的目的。自由的目标区域标准和利益区标准又过于宽泛,且完全没有顾及反托拉斯第4条的负面风险,不能有效限制原告的范围以促进私人执法体制的整体效率和公正性。

1982年后,美国最高法院在 Blue Shield v. McCready 案和 Associated General Contractors, Inc. v. California State Council of Carpenters 中倾向于采用个案分析方法来处理诉权的适用问题。①

---

① 在 Blue Shield v. McCready 案中,原告是一种医疗保健险的购买者,其补贴括精神病医生诊费的补偿金,但是不包括心理医生诊费。她诉称 Blue Shield 与精神病医生合谋将心理医生排挤出医疗保健市场。由于原告不是医疗保健市场上的竞争者,法院拒绝授予她诉权,认为她不在限制性目标领域内。但是 Blue Shield 拒绝补偿的行为正是被告试图取得垄断地位的手段。在上诉中,最高法院同时处理了法定因果关系和反托拉斯法上的损害原则的问题。对于前者,最高法院拒绝对巡回法院设计的各种标准作出笼统的评论,但它表示限制性的目标区域分析方法不能不加区别地适用于所有原告。因此该院认为,至少在不存在投机性或者重复索赔的情况下和诉称的损害既可预见又是反竞争图谋的实施手段这两种情况下,"从合理的角度说不能将救济对象限定为合谋者希望从该市场上排除的竞争者(心理医生)"。在 Associated General Contractors, Inc. v. California State Council of Carpenters 案中,原告是一个木工工会,被告是承包商联合会。原告诉称,该联合会为削弱未入会的承包企业与二次承包企业之间的集体议价关系,对入会成员和第三方施加影响,使其转移对这些企业的业务。因此被告的行为既限制了这些企业的业务,也限制了工会的活动。被告则主张原告没有诉权。为了解决这个问题,法院采取了多重因素综合分析的方法。该院借鉴普通法的损害赔偿原则和从前的裁决,确认了几个相关因素。这些因素包括:(1)违法行为与诉称的损害之间是否有因果关系;(2)被告对该损害是否怀有故意;(3)损害是否属于国会制定第4条时旨在救济的损害;(4)违法行为与损害之间关系是否有直接性;(5)是否存在有确定的身份某类人,受到了更为直接的损害并可以推定有执行反托拉斯法动机;(6)索赔理由的投机性或者抽象性程度;(7)是否有其他更为合适的救济方法;(8)重复赔偿的可能性;(9)需要进行复杂的损害赔偿诉讼的可能性。该院采用这种分析方法,认为该工会的请求体现不出有关于前两个因素的问题,尽管它涉及"其他很多可能有支配性的因素"。例如,该工会既没有指控"对整个市场的贸易限制",也没有像 Blue Shield

美国最高法院在1977年的Brunswick案①中确立了"反托拉斯法损害"(antitrust injury)原则。但是在Associated General Contractors of California, Inc. v. California State Council of Carpenters案②中,美国最高法院将该原则认定为反托拉斯起诉资格的一个要素。该案中,最高法院采用了一个多因素分析方式,判决认定反托拉斯起诉资格时应考虑多个相关的因素,包括反托拉斯法损害。这些因素包括:(1)违法行为与原告损害之间因果联系;(2)是否主张了被告有意造成该损害;(3)该损害是否是国会在制定第4条时希望救济的类型;(4)所称违法行为与该损害之间关系的直接程度;(5)存在可以确定身份的一群更加直接地受到损害的原告,假定其有动力执行反托拉斯法;(6)该诉讼请求投机或抽象的程度;(7)存在可用的替代性且更加合适的救济方式;(8)重复求偿的风险;(9)需要进行复杂的损害赔偿诉讼的概率。③但是,最高法院并没有指出以上各个因素在认定反托拉斯起诉资格过程中的优先考虑顺序以及各个因素的权重等。该案之后,大部分下级法院的判决似乎都要求,原告必须分别证明其不但遭受了反托拉斯法损害,而且其与被告违法行为之间的经济联系属于给予其起诉资格的范畴。④

---

案的原告那样,主张存在可能发生在受影响市场上的消费者或竞争者身上的那类损害。该工会受到的损害主要是劳务方面的,甚至它是否能从该市场上竞争的增加中获益也是个问题。因此,该院裁决该工会不具备反托拉斯法上的损害。根据传统上一直列在"因果关系"的标题之下的因素,该院提出诉称的损害是针对他人的胁迫带来的间接结果,所以可以找到更直接的受害者来执行反托拉斯法。另外,由于损害的间接性和损害可能由独立的因素造成这两方面的原因,这种索赔有极大的投机性。进一步讲,由于损害是间接性的,复杂的损害赔偿诉讼需要避免重复赔偿的情况。最后,该工会受到的损害可以根据联邦劳动法得到补偿。法院认定,这些因素"高度排斥对该工会的诉求予以执行",因此推翻了第九巡回法院作出的授予诉权的裁决。Associated General Contractors案对反托拉斯法诉权分析的结构产生了重大影响。例如,第六巡回法院已废除了利益区标准,承认它与最该法院的方法不符。同样,第二巡回法院已经放弃了限制性目标领域标准。自从Associated General Contractors案判决以来,其他多数法院在处理反托拉斯诉权问题时,虽然没有否定其从前的标准,也试图使其诉权分析方法与最高法院的方法趋于一致。

① See Brunswick Corp. v. Pueblo Bowl-O-Mat, 429 U. S. 477(1977).

② See 459U. S. 519(1983).

③ See Clare Deffense, A Farewell to Arms: "The Implementation of a Policy-Based Standing Analysis in Antitrust Treble Damages Actions", 72 *Cal. L. Rev.*, 1984, pp. 437, 466 n95.

④ See Lawrence A. Sullivan & Warren S. Grimes, *The Law of Antitrust: An Integrated Handbook* (SecondEdition), Thomson/West, 2006, p. 970.

由此可以看出,在美国,反托拉斯法损害成了一个起诉的门槛问题,在其他条件满足的前提下,满足这一要件时,原告可以就其遭受反托拉斯法损害获得赔偿;不满足这一条件时,原告的起诉将被驳回,不能获得任何损害赔偿。由于作为初步事项加以决定,当事人双方尚未经过充分的案件事实调查,因此只要原告在诉答阶段没有掌握足够的事实说明其受到了反托拉斯法损害,其就丧失了继续程序的资格。

笔者认为,将反托拉斯法损害作为反托拉斯起诉资格的做法欠妥。反托拉斯法损害原则的目的在于限定原告有权求偿的损害的范围,应该在案件实体审理中用于界定损害赔偿。正如前述,反托拉斯起诉资格是为了排除某些原告的正当当事人资格,即对于私人执行体制效率的威胁大于第 4 条所要促进的政策的那些原告;起诉资格是在诉答阶段处理的问题,尚未进入案件实质审理阶段。而反托拉斯法损害原则的目的是将求偿范围限定到国会在制定该法时最为关切的那类损害,它并不关注原告的起诉是否会威胁到私人执行体制的效率和公正性;相反,其根据司法机构对于原告拥有"受保护利益"程度的判断,限缩第 4 条的保护范围。因此,反托拉斯法损害涉及的是对案件的实质考察,与传统反托拉斯起诉资格概念更加关注"程序"的政策不相一致。

这一理论导致私人丧失了提起公益诉讼的资格,除非其在起诉之时就能证明自己受到了反托拉斯法损害。事实上,即便是被告违反了反托拉斯法的规定,给市场竞争造成了损害,并且也给原告造成了损害。但是,原告受到的损害与市场受到的损害之间是否存在联系,往往是不清楚的,至少是不经过一定的调查取证程序是不太容易认清的。原告在起诉时援用不同的法律根据和理论,往往也会导致认定反托拉斯法损害时出现不同的结论。以 Brunswick 案为例,被告收购保龄球球道的行为,确实可能损害市场竞争,构成对第 7 条的违反;并且原告也因为被告的收购行为受到了损害,但是,原告主张是因为被告收购了其他要倒闭的保龄球球道而使其丧失了本应获得的利润。假如原告主张,由于被告的并购行为损害了或者可能损害市场竞争,并且其因此而受到了损害,则就满足了反托拉斯法损害的要求。

将反托拉斯法损害与反托拉斯起诉资格等同起来的做法,实践当中争议很大,在司法界和学术界都遭到了批评。例如,第五巡回区法院在一个案件中指出,起诉资格分析传统上不涉及原告的诉讼请求是否能够最终胜诉,在决定起诉资格时使用反托拉斯法损害分析,"不但会'招致混淆',而且会导致'起诉资格'一词不再有任何意义"。[①] 有学者也指出最高法院在 Associated General Contractors of California 案中将反托拉斯法损害作为起诉资格分析的一个因素，导致了"反托拉斯起诉资格和反托拉斯法损害两个概念之间的混淆"，错误地将实体的反托拉斯保护的范畴与反托拉斯起诉资格的范畴等同起来。[②]

前文，笔者介绍当事人适格的理论时曾指出，当事人适格所要探求的是，在具体的争议中，所起诉的诉讼标的在何人之间予以解决是适当的且有意义的，并不关心当事人是否能够在最终的实体审理中胜诉。当事人适格问题是在法院受理之后、实体审理之前，即在诉答阶段解决的问题；此时尚未完成调查取证或者证据开示的工作，当事人尚未建立其完整的案情，如果此时便对案件的实体问题加以考察，并作为驳回起诉的理由，未免对原告的要求过于苛刻，也不利于当事人的权利保护。尤其是原告能够求偿的损害的范围问题，更应该由案件的实体审理程序加以解决。在传统侵权法上，这类问题应该由因果关系问题加以解决。例如，依大陆法上的"法规目的说"之因果关系学说，"因侵权行为所生之赔偿责任，应就侵权行为法规之意义与目的探究之，尤其探讨其意旨究在保护何种利益"。[③] 例如，星期日打猎伤害他人，不能专依禁止星期日打猎的法律追究伤人责任，而应该依一般侵权法求偿，因为该等法令其保护目的不在于避免伤人，而在于保护星期日安宁。同样，经营者的行为造成他人损害时，依据法规目的说，如果损害不是源自竞争秩序所受损害，则不能依反垄断法获得赔偿，原因是反垄断法旨在保护竞争而非竞争者，只有因竞争受到破坏而连带受到破坏者方能获得赔偿。它与美国的反托拉斯法损害理论如出一辙。因此，从比较法的观点来看，也可以得出结论，反托拉斯法损害作为起诉资格是不合适的，而更适合于作为因果关系限制原告的赔偿范围。事实上，反托拉斯法损害原则在美国反垄断法上已经超越了其初衷，担负起过滤案件的功能；如果将这一理论作为反托拉斯法上因果关系要素，同样可以起到类似的作用，只不过将这一评价过程交由原告（的律师），而非由法院在案件之初进行评估。如果律师认为原告的损害不构成反托拉斯损害，自然不会再提起诉讼；即便是原告执意起诉并

---

① See Lawrence A. Sullivan & Warren S. Grimes, *The Law of Antitrust: An Integrated Handbook* (SecondEdition), Thomson/West, 2006, p. 889 (quoting Handler, "Changing Trends in Antitrust Doctrines: An Unprecedented Supreme Court Term – 1977", 77 *Colum. L. Rev.*, 1977, pp. 979, 996.

② See Clare Deffense, "A Farewell to Arms: The Implementation of a Policy-Based Standing Analysis in Antitrust Treble Damages Actions", 72 *Cal. L. Rev.*, 1984, pp. 437, 467.

③ 曾世雄：《损害赔偿法原理》，中国政法大学出版社 2001 年版，第 112 ~ 113 页。

希望据此压迫被告和解,如果存在一定的恶意起诉制裁机制,被告也不会被迫接受和解。

在中国现行诉讼体制下,当事人适格是起诉条件之一,法官可以不经当事人的争议直接作出判断。如果将反托拉斯损害作为当事人适格(起诉资格)问题,必然大大增加法官的权力,可以不经当事人争辩直接对案件实体问题进行审查,并据此决定是否受理,从而造成更加严重的反垄断法"起诉难"问题。根据江伟教授主持的民诉法修改项目提出的专家修改稿,建议规定正当当事人制度,并将作为起诉条件之一的当事人适格规定"原告是与本案有直接利害关系的公民、法人和其他组织",修改为"原告有诉的利益"。但是,如前所述"诉的利益"实质上仍然是当事人适格问题,并且民诉法上并没有明确规定当事人在诉前就当事人资格问题进争辩的权利,因此,即便如此修改之后仍不能保证当事人就反托拉斯法损害进行争辩的权利,法官仍然掌握着案件能否进入法院程序的无可置疑的权力。这肯定是不合适的。

**(二)德国**

除美国之外,反垄断法损害赔偿的起诉资格要相对简单的多。主要是因为私人起诉在其他国家并不是很多,法院不像美国法院那样需要考虑私人执行体制所具有的"负面的"风险。这种缺少私人起诉的局面,有可能部分是因为起诉资格本身的限制性质,也可能是由于其他方面的起诉障碍。除个别国家的反垄断法规定了起诉资格外,多数国家适用普通侵权法的起诉资格制度。

在德国 2005 年第 7 次修订以前,《反对限制竞争法》第 33 条相关部分规定:"违反本法规定或卡特尔当局的处分者,以该规定或该处分旨在保护他人为限……行为人有故意或过失的,负有赔偿因该违反行为所造成的损害的义务。"该条只适用于违反德国反垄断法的行为,违反《欧盟条约》第 81 条和第 82 条的行为,只能适用德国《民法典》第 823 条第 2 款的规定。无论《反对限制竞争法》第 33 条还是《民法典》第 823 条的规定,都必须满足"保护目的要求",即只有"属于被违反的竞争法规则之保护范围内的原告"才有起诉资格。究竟什么人才有求偿损害赔偿的起诉资格,在德国并不明确。德国联邦最高法院曾经判决,至少"违法活动特别针对的当事人"必须被视为受到保护之人。这一限制性解释对于有权向卡特尔成员求偿损害赔偿的当事人范围带来了很大的不确定性。例如,有的学者认为在通常的配额或价格固定共谋中,直接购买者没有向卡特尔成员求偿损害赔偿的起诉资格,因为按照这一解释,参与共谋的供应商的卡特尔行为并没有特别针对购买者,而是旨在普遍地提高特定市场内的价格。① 2001 年 ECJ 在 Courage Ltd. v. Crehan 案中判决"任何个人均可以在成员国法院依赖条约(第 81 条第 1 款)",判决同时提到这一原则也适用于第 82 条。尽管 Courage Ltd. v. Crehan 案的规则,原则上仅适用于欧盟案件,成员国内部的案件理论上也不应该过度与之偏离。但是,这一案件判决之后,许多德国法院对于违反反垄断法的案件仍然强烈地辩称,按照过高价格(inflated price)购买了产品或服务的购买者无权向价格或配额卡特尔的成员请求损害赔偿。② 据此解释,向维生素卡特尔成员提起的多数损害赔偿诉讼均被驳回。例如,在柏林地区法院(Landgericht Berlin)2003 年 6 月 27 日作出的 Max Boegl v. Hanson German 案中,客户向曾经参与一个预拌混凝土(ready mixed concrete)卡特尔的公司提起损害赔偿诉讼。联邦卡特尔局之前曾就参与该市场划分卡特尔的公司进行过罚款,并认定该卡特尔导致价格上涨约 15%。原告请求补偿其实际支付价格与假定竞争价格之间的差额。但是法院驳回了诉讼请求,理由是只有该卡特尔具体针对的(individually targeted)人才可以提起该等诉讼。2004 年德国美因兹地区法院(Landgericht Mainz,NRWRR2004,478)在 3 个案件中拒绝判决损害赔偿。③该院援引 1975 年德国联邦最高法院的一个判决说,《反对限制竞争法》第 1 条[禁止限制性协议的规定]旨在保护受到卡特尔影响的产品购买者,但仅以该卡特尔特别针对其者为限。该法院认为,本案中的卡特尔是针对所有维生素用户的,而不是特别针对原告的。因此,旧法下有关起诉资格的"保护目的要求"带来的直接结果是,缩小了请求损害赔偿诉讼的原告范围,使违法者受到制裁的概率减小。

2002 年 12 月 16 日欧盟通过了欧盟理事会第 1/2003 号条例,该条例旨在下放欧盟竞争法的执行权力,授予成员国竞争执法机构和法院执行欧盟竞争法的权力,同时也是对它们课以的一种义务。尤其是涉及民事救济,ECJ 的 Courage Ltd. v. Crehan 案判决成员国法院有义务向任何因违反欧盟竞争法的行为受到损害者提供救济。根据这一判决,德国法院根据旧法就损害赔偿请求

---

① See Wolfgang Wurmnest,"A New Era for Private Antitrust Litigation in Germany? A Critical Appraisal of the Modernized Law against Restraints of Competition", *German Law Journal*, Vol. 06 No. 08, p. 1179.

② See Case C-453/99, Courage Ltd. v. Crehan[2001] ECR I-6297, [2001]5 CMLR 28, para. 29; Wolfgang Wurmnest, id, n38.

③ See "Private anti-trust remedies: An update", www. practicallaw. com/6-201-2550, p. 37.

权的起诉资格所作的限制性解释，在适用到违反欧盟竞争法的案件时，显然将违反德国承担的义务。因为虽然在欧盟法没有直接就民事救济问题作出规定时，应该由成员国的国内法调整，但是国内法规定的救济必须满足两个基本的欧盟法原则：(1)不得比调整国内诉讼的救济规定更差(同等原则)；(2)不得导致共同体法律授予的权利之行使，实际上不可能或者过度困难(有效性原则)。为了避免违反共同体义务，德国《反对限制竞争法》需要进行多处修订。在这种背景下，2003 年秋公布了经济劳工部起草的修改稿(建议稿 Referentenentwurf)；该修订稿经德国政府修改后提交德国议会审议(送审稿 Regierungsentwurf)。涉及起诉资格问题，送审稿建议采用一个经修订的保护目的要求原则，以此澄清第 81 条和第 82 条还进一步保护不属违法行为直接针对的市场参与者。但是，根据这一修正的原则，仍然不清楚横向卡特尔案件中间接购买者是否有起诉资格。另外，鉴于在反垄断法修正案审议期间德国法院在维生素案中对于保护目的要求所作的限制性解释和对于反垄断私人损害赔偿的敌视，这一问题，不能指望交给法院通过判例法发展。因此，议会决定对起诉资格问题作更加激进的修改。①

新的第 33 条放弃了保护目的要求，改采"受影响人"(affected parties)标准。该条规定，任何人违反德国《反对限制竞争法》的规定、《欧盟条约》第 81 条或第 82 条的规定或者德国反垄断执法机构作出的决定，且违反行为存在故意或过失，应该向"任何受影响人"对违反行为造成的损害负损害赔偿责任。②这里的受影响人实际上是指受到违法行为侵害的竞争者或其他市场参与者。根据德国政府的草案说明，受影响人包括最终消费者，并且原告参与违法这一事实本身也不排除其起诉资格。③ 另外，从立法史的角度所作的考察显示，德国立法机构在第 33 条采用"受影响人"标准时似乎受到了《反对限制竞争法》的启发。按照该法第 2 条第 1 款第 2 项规定④所作的定义，"市场参与者"包括了与

---

① See Wolfgang Wurmnest, "A New Era for Private Antitrust Litigation in Germany? A Critical Appraisal of the Modernized Law against Restraints of Competition", *German Law Journal*, Vol. 06 No. 08, pp. 1181 – 1182.

② See § 33 (1) sentence 1 & § 33 (3) sentence 1 of Act Against Restraint of Competition of Germany.

③ See Alexander Rinne and Kathrin Lübbe-Späth, "Private Antitrust Litigation in Germany", *The European Antitrust Review*, 2006, 133.

④ See § 2(1) No. 2 UWG.

侵害不正当竞争之人没有直接关系的消费者和企业。据此可以推断，在《反对限制竞争法》第33条，间接购买者也有权提起损害赔偿诉讼。在新的反垄断法生效前夕，2004年4月1日多特蒙德地区法院判决了一起有关维生素卡特尔的私人损害赔偿诉讼。[①] 虽然该案是根据旧法的判决，但是适用了新法的实体规定，并明确表示不赞同以前的法院做法。该案中，法院认为起诉资格应该授予给直接和客观地受到违法行为影响的人（immediately and objectively affected by the infringement）。

**（三）英国**

英国侵权法上并没有具体和单独的起诉资格要求，相似的制度是原告需要证明被告向具体的原告负有法定义务，并且必须证明原告属于法律规定意图赋予其好处的一类人之一。因此，原告是否能够获得赔偿主要取决于法院对该法律规定之目的作何种解释。[②] 英国《1998年竞争法》对原告的起诉资格没有作特别的限制，2002年新增加的第47A条仅规定"因违反相关禁止规定［该法第1章和第2章和《欧盟条约》第81条第1款规定和第82条］之行为受到损失或损害的人"可以向CAT提起损害赔偿诉讼或其他金钱性请求，也可以向普通法院提起该等诉讼。

另外，前述欧洲联盟法院在Crehan案中作出的成员国法院有义务向"任何因违反欧盟竞争法的行为受到损害者"提供救济的判决，对于英国法院受理的第81条、第82条案件同样适用。

**（四）日本**

日本《禁止私人垄断法》第25条［无过失损害赔偿责任］对起诉资格没有做具体的限制，仅规定违法者应向"受害人"负赔偿之责。日本反垄断法司法实践中也没有发展出与美国反托拉斯起诉资格相类似的制度。主要的争议围绕着消费者的起诉资格问题。

**（五）我国台湾地区**

我国台湾地区的"公平交易法"对于起诉资格也没有作具体的限制，第31条仅原则性规定，事业违反本"法"之规定，"致侵害他人权益者"，应负损害赔偿责任。该条从义务人的角度加以规定。学说上认为，"原则上，凡因违反"公

① See Dortmund Regional Court, Landgericht Dortmund, case No. 13 O 55/02.

② See Barry J. Rodger, "Private Enforcement and The Enterprise Act: An Exemplary System of Awarding Damages", *ECLR* 2003, 24(3), 10.

平法”之行为而受有损害之人均为请求权人，而因事业之违反行为而受损害之竞争事业人应属于请求权人。唯一般消费者是否为请求权人有待探讨”。[①]

## 二、反垄断私人诉讼中起诉资格的特征

综上，反垄断私人诉讼中起诉资格制度具有很强的政策性。这与具体国家反垄断诉讼的功能定位、私人诉讼的规模等息息相关。总体而言，由于大多数国家私人起诉的数量较小，目前采用鼓励反垄断私人起诉的政策，因此，反垄断立法通常对反垄断私人诉讼的起诉资格不做具体的限制，司法实践中也多遵循这样的思路。不过即便在这些国家不排除出于特定的政策考虑，对特定人的起诉资格作出限制或授权。而在美国，由于其私人起诉的规模很大，甚至有滥诉倾向，司法实践中采用限制性的态度，政策导向更多地体现为限制性。

就限制而言，可分为两种类型：一类是普遍的限制，即针对所有原告而言的限制，任何反垄断法损害赔偿诉讼的原告均需满足的限制性条件。如美国司法实践中发展出来反托拉斯起诉资格，尤其是反托拉斯法损害原则，无论是竞争者还是消费者，只有满足了这些条件才可以获得起诉资格。德国旧法下的“保护目的要求”和新法下的“受影响人”要求，也属于此类。不过各种限制标准的限制性程度不同，对于原告范围的限制程度也有大小之别。另一类是具体的限制，即针对特定类型的原告设置的限制性条件，实际上是一般性限制的类型化。主要的类型化限制有间接购买者的起诉资格，有些国家称为消费者的起诉资格以及合同方的起诉资格，即违法协议的当事人是否有起诉资格。

限制还可以分为反垄断法专有的限制和非专有的限制。例如，英国法上的“法定义务”标准，就不是竞争法专有的，在其他制定法上原告同样要满足这一标准才能求偿。德国《反对限制竞争法》旧法下的“保护目的要求”，同时也是《民法典》上针对823条第2款“违反以保护他人为目的的法律者”之赔偿责任的要求。这类限制主要是出于整个法律体系的整体考虑而需要满足的一般性要求，与反垄断法的特别政策关系很小。反垄断法专有的限制则是出于反垄断法的特别政策考虑而设定的，例如，美国的反托拉斯起诉资格（包括反托拉斯法损害）是出于制约反垄断法私人执行机制的负面风险的考虑而专门在反垄断法上设定的，对此我们已经在前文做过介绍。而相反的是德国新法出于鼓励反垄

---

① 赖源河：《公平交易法新论》，中国政法大学出版社2002年版，第434页。

断法私人执行机制的考虑,放松了民法上对于请求权人(适格当事人)的一般性限制。

授权即法律明确规定主体的起诉资格。授权同样可以分为一般性的授权和具体的授权。一般性的授权,即概括性地授予所有受侵害者起诉的资格,对于原告的身份不加区分,无论是竞争者、消费者、个人、企业还是政府机构。具体的授权,即法律明确授予特定主体以起诉资格。其中,主要是反垄断法上专门的集团诉讼、团体诉讼、公益诉讼程序。就具体授权而言,可以进一步分为两类:一类是排他性的起诉资格授权,即法律仅规定特定主体有起诉资格,并没有明示或默示地授予其他主体起诉资格。这类授权主要适用于停止侵害等类型的诉讼,例如,日本《禁止垄断法》第 70－13 条规定的公正会请求停止违法行为等起诉资格,除了私人可以提起相同诉讼的部分外,其余都是公正会的排他起诉资格。另一类是平行性的起诉资格授权,即其他人拥有起诉资格的同时,授予特定人相同的起诉资格。例如,美国联邦政府提起 3 倍损害赔偿诉讼、州政府代表私人的提起 3 倍损害赔偿“家长诉讼”(又称国父诉讼),德国《反对限制竞争法》规定的团体诉讼,英国竞争法规定的指定团体的消费者诉讼等均属于此类。

## 第三节 两种特殊类型的当事人的起诉资格

除了对一般反垄断私人诉讼请求加以种种标准进行衡量和限制外,在反垄断法执行领域还有两类特别的人可能提出诉讼请求,即间接购买者和协议方是否有权提起民事诉讼的问题,本节主要对此进行分析。

### 一、间接购买者的起诉资格

#### (一)间接购买者的概念

何谓间接购买者?实践中,如果违法者出于固定价格或者其他导致价格上涨的等反竞争行为,向直接购买者收取了过高的价格,直接购买者通常可以通过向其自己的下家收取较高的价格,以此将其损失至少部分转嫁给下手。这里的下家购买者,与违法者之间只具有间接的联系,反垄断法上称为“间接购买者”。违法者违法收取的高价还可能顺着整个供应链条往下进一步传递给第二级或第三级间接购买者,直至最终消费者。这类问题在美国通常作为“间接购买者”问题讨论，而在其他国家则更多作为“消费者”问题讨论。以下的讨论中两者作替代使用。

**（二）间接购买者的起诉资格模式**

间接购买者是否有提起反垄断法损害赔偿诉讼的起诉资格，在反垄断法上是一个争议较多的问题。对待间接购买者问题，实践中有两种模式。

1. 否定型

否定型，是指不允许间接购买者就同样的诉因对被告提起反垄断法损害赔偿诉讼，即给予直接购买者提起损害赔偿诉讼的垄断权。美国联邦反垄断法采用这种模式。联邦最高法院在 Illinois Brick Co. v. Illinois 案中明确禁止间接购买者的损害赔偿起诉资格。

支持这种选择的理由是：其一，由于间接购买者（主要是消费者）通常人数众多，每个购买者受到的损害较小，而反垄断法往往又非常复杂，因此间接购买者缺乏起诉的动力。相较而言，直接购买者处于更优越的起诉地位上，它们数量较少，比较有能力和动力提起诉讼，通常也更容易获得证明损害赔偿诉因所需的各种证据，因此，能够较好地实现阻吓违法的目的。其二，在各个层面的受害者之间分配损害赔偿非常困难。在单一层次的反垄断法损害赔偿的范围及计算本身就已经非常复杂了，再加入损害赔偿的不同层次的受害者之间的分配问题，无疑会使反垄断法的损害赔偿诉讼更加复杂化。① 其三，同时允许直接购买者和间接购买者起诉，并且不允许被告援用转嫁抗辩，可能造成被告承担多重责任风险。

Illinois Brick 案确立的原则被联邦法院大量运用于司法实践。消费者的索赔，健康活动的付款者向烟草公司就其多收费而进行的索赔，以及其他间接购买者的索赔要求均被依照 Illinois Brick 案确立的原则而被驳回。

新加坡《2004 年竞争法》也采用否定模式，不承认间接购买者的起诉资格。规定私人诉权的第 86 条第 1 款明确规定：“直接因违反第 34 条之禁止［限制性协议］、第 47 条之禁止［滥用市场支配地位］或第 54 条之禁止［兼并］的违法行为遭受损失或损害的任何人，依本条有权向法院提起民事程序，对正在参与或在实质时间内曾参与该等违法行为的任何企业请求救济。”救济包括损害赔偿。与英国第 47A 条规定的私人诉权相比，该条明确规定了“直接因”（directly as a

---

① See Illinois Brick Co. v. Illinois, 431 U. S. 720, 746, 97 S. Ct. 2061, 2075 (1977); Commission Staff Working Paper, para. 182.

result of),而非英国那样规定“因”(as a result of)。另外,新加坡法律也没有类似英国第47B条的规定,因此这里的“直接”可以解释为与违法行为发生“直接交易关系”的人才有起诉资格。另一种解释是用于限制“间接损失”,但是鉴于该条规定的是私人的诉权,并且请求的救济也不限于损害赔偿,还包括宣告救济、禁制令等,所以解释为对“损害赔偿范围”的限制似乎不妥。

但是,禁止间接购买者起诉存在多方面的弊端。首先,真正的受害者得不到救济。在存在实际转嫁情况下,违法者对于市场竞争的破坏最终体现为消费者福利的减少,最终由消费者(多数情况下即间接购买者)承担,不允许间接购买者起诉偏废了反垄断法执法的矫正正义目的。[①] 其次,在不允许转嫁抗辩的情况下,使得直接购买者以其他人的损害为基础获得不当得利。最后,直接购买者可能没有起诉的动力,尤其是在法律没有规定损害赔偿倍数的情况下,直接购买者通过转嫁实际遭受的损害可能很小(甚至还有获利),并且出于维持与供应商之间的业务关系,直接购买者也可能不愿起诉,从而部分偏废了反垄断法执法的威慑目的。因此,禁止间接购买者起诉不是一个可取的选择。

2. 肯定型

肯定型,是指在允许直接购买者提起反垄断法损害赔偿诉讼的同时,也允许间接购买者就同样的诉因对被告提起反垄断法损害赔偿诉讼。

在美国联邦法上禁止间接购买者提起反垄断法损害赔偿诉讼的同时,美国大约有20个州通过州立法的形式明确授予间接购买者根据州反垄断法提起3倍损害赔偿诉讼的权利。这些州法被称为“Illinois Brick 案规则废除法”(Illinois Brick Repealer)制定法。[②]

德国新修订的《反对限制竞争法》对于间接购买者的起诉资格问题没有作出明确规定。但是,如前所述,新采用的“受影响人”标准可以将原告的范围扩大到包括间接购买者。

在日本,间接购买者的问题通常围绕着消费者的起诉资格问题展开。《禁止垄断法》对于消费者的起诉资格并未作出明确规定。学界就这一问题存在多

① 参见赖源河:《公平交易法新论》,中国政法大学出版社2002年版,第438页。

② See Donald I. Baker, “Revisiting History—What Have We Learned About Private Antitrust Enforcement That We Would Recommend To Others?”, *Loyola Consumer Law Review*, Vol. 16:4, p. 392.

种观点,如从属说、结果说、间接目的说和经济的从属关系说。① 但是通说认为消费者有提起反垄断法损害赔偿诉讼的资格,法院判例也承认这种起诉资格。② 对反垄断法损害赔偿案件享有一审专有管辖权的东京高等法院在1977年"鹤冈灯油诉讼案"中判决,在不公正交易方法导致商品零售价格被不正当抬高的情况下,以此被抬高的价格购买了商品的消费者属于受害者,拥有提前损害赔偿诉讼的起诉资格。该案中法院推理说,"不能因为消费者受到的损害是因不公正的交易方法而形成的事实上的反射性损害,而否认其获得损害赔偿的权利"。③ 我国台湾地区学者在论述消费者的起诉资格时也有相似的见解。"事业为不公平交易方法时,不仅有竞争关系之事业受有损害,一般消费者可能受有间接或直接之损害,理论上其损害可能是间接反射的,但就各消费者而言却是具体的、各别产生的,如事业为价格同步上涨时,消费者虽受到间接之不当高价与自由竞争价格两者差额之损害,但此种损害不能认为因不公平竞争方法之事实上反射之损害而否认消费者得请求赔偿。"④

如果与美国反托拉斯法损害原则进行比较,前述日本和我国台湾地区的理论耐人寻味。后者认为"不能因为消费者的损害是反垄断行为的反射性损害"而禁止其起诉,而前者的理论是"除非私人的损害是因反垄断行为通过竞争受损害而受到的反射性损害,否则没有受到反托拉斯法损害",并被禁止起诉。日本和我国台湾地区的消费者起诉资格理论可能是主要着眼于损害的可预见性而言,旨在排除过于遥远的损害;而美国的反托拉斯法损害原则则着眼于个人损害与公益损害之间的联系性,因此遏制美国过多的私人起诉。

不过,在日本也有类似美国反托拉斯法损害原则的观点存在。例如,有学者认为,在私人垄断和不正当的交易限制案件中,消费者更容易受到反射性损害,他们通过竞争机制受到破坏的传导作用受到个人损害;相反,不公正交易方法未必会破坏竞争机制,而可能仅损害了发生交易关系的他人,这时普通消费者的起诉资格就应该受到否定。事实上这样立场背后的理论与美国的反托拉斯法损害原则如出一辙,即只有因竞争机制受到损害而间接受到个人损害的消费者方能提起诉讼。其不同之处在于,美国的反托拉斯法损害原则是法院的判

---

① 参见王玉辉:《日本反垄断法损害赔偿制度探讨》,载《现代财经》2005年第7期。

② 参见李国海:《反垄断法实施机制研究》,中国方正出版社2006年版,第217页。

③ 王玉辉:《日本反垄断法损害赔偿制度探讨》,载《现代财经》2005年第7期。

④ 赖源河:《公平交易法新论》,中国政法大学出版社2002年版,第438页。

例规则，适用于所有原告的起诉资格的认定；而日本这种观点，仅适用于消费者的起诉资格的认定，并且事先假定消费者有起诉资格。而关于竞争者的起诉资格，在日本是“较为明确的”。①

英国《1998年竞争法》在没有对原告资格做明确限制的同时，2002年新增加的第47B条[代表消费者提起的诉讼请求]就“消费者诉讼请求”(consumer claim)作了明确规定。第2款界定，消费者诉讼请求是指个人拥有的，涉及(直接或间接)影响第7款规定的货物或服务的违法行为的，并且根据第47A条可向CAT起诉的诉讼请求。第7款规定本条适用的货物或服务，个人在经营业务过程之外收到或寻求收到的，并且供应者在业务过程中向该个人提供或本将已提供的货物或服务，换句话说，消费者个人与经营者之间发生交易的货物或服务。从本条第7款的规定可以认定，英国竞争法明确承认个人身份的消费者的起诉资格；第2款中违法行为“(直接或间接)影响”到消费者接收的货物或服务的用词，清楚地透露出这一程序可以适用于间接购买者，但应该是作为消费者的个人身份的间接购买者。学者认为，2002年增加第47B条的目的，可能就是为了“支持《企业法》旨在加强竞争法和消费者之间联系的令人称道的目标”。② 允许间接购买者起诉能够避免前述一种选择的弊端，减小不公正。但却可能会导致过度执行，使违法者面临双重甚至多重诉讼的风险，如果反垄断法规定了损害赔偿倍数，被告承担的负担将更加沉重(这也正是Illinois Brick案的主要考虑之一)。该案判决反托拉斯法的违法者的间接购买者不得主张3倍赔偿，法院主要考虑到以下几点因素：反托拉斯诉讼过度复杂化，以致妨碍通过私人诉讼实施法律；流通链条上存在多重责任或多重受诉的风险；受偿金额的分配。

虽然反垄断法的主要目的在于威慑违法，多重损害赔偿也确实能够达到这种效果，③但如果反垄断法本身已经规定了倍数或者其他高额的损害赔偿，同时允许各个层次上的受害者先后提起诉讼，并一一给予高额判决，不但使反垄断法过度背离了“比例”原则，而且在后的起诉者由于受到被告资产总额的限制可

---

① 李国海：《反垄断法实施机制研究》，中国方正出版社2006年版，第217～218页。

② Barry J. Rodger, “Private Enforcement and The Enterprise Act: An Exemplary System of Awarding Damages”, *ECLR* 2003, 24(3), p. 108.

③ 但如果反垄断法损害赔偿采用实际损害原则，这种方式也是可以的，甚至是理想的阻吓方式。

能并不能实际得到判决金额。如果试图通过准确计算损害在各个层次的分配来避免多重责任,将给反垄断法诉讼增加困难。还将大大增加交易成本,增加法院的负担。

### (三)间接购买者制度的政策平衡

允许间接购买者起诉就会造成效率的削减,不允许间接购买者起诉就会造成不正义。因此,在效率和正义之间寻求某种平衡就是不可避免的,并且任何一方也都是不可完全偏废的。美国联邦最高法院的判例 Illinois Brick v. Illinois 案①就过分强调了效率而偏废了正义。这一做法遭到了广泛的批评,众多人士和机构建议放弃这一做法;②它尤其不受平民主义政客的欢迎,因为它们无法满足普通民众对于正义的朴素认识和追求。

事实上,在允许间接购买者起诉资格的前提下,实现正义和效率之间的某种可以被接受的平衡并不是不可能的,分配损害的困难也不是无法克服的。这主要借助适当的程序设计,综合运用案件合并、分割审理以及相争诉讼等程序制度,可以达到这一目的。当然,这样做无疑会在一定程度上损害反垄断法的执行效率,这是一个立法上的价值判断问题。

## 二、协议方的起诉资格

有时候,协议当事人也会主动提起诉讼,主张其参与的协议违反反垄断法,并请求损害赔偿等救济。这里需要解决的问题为:作为协议的当事人,能否作为诉讼请求或者抗辩主张协议违反反垄断法,并进而主张损害赔偿和其他救济?

各国法律通常都允许协议方作为抗辩援引反垄断法,主张协议违反反垄断法的禁止性规定无效。例如,英国法院判决,"在涉及英国法时,一般认为如果一个被告在一个协议项下被起诉,且该协议受到第 81 条禁止,他可以援引该禁止作为抗辩,且不是一个受禁止协议的当事人的人可以起诉该协议的当事人,请求救济他们实施该协议给其造成的损害"。③ 同样,在美国,受到起诉的协议

---

① See 431 U. S. 720(1977).

② See Donald I. Baker, "Revisiting History—What Have We Learned About Private Antitrust Enforcement That We Would Recommend To Others?", *Loyola Consumer Law Review*, Vol. 16:4, p. 393; ABA Section of Antitrust Law, Report on Remedies(August 2004), p. 3.

③ See Courage Ltd. v. Crehan[1999]2 EGLR 145,151,[1999]EuLR 834.

当事人也可以主张协议违反反垄断法,“法院通常将以法院不强制执行非法许诺为由,不强制(被告)遵守非法的协议规定”。[①] 在日本,协议当事人同样可以作为抗辩主张协议无效。

但是,是否允许受禁止协议的当事人作为原告,提出协议违反反垄断法的诉讼请求? 各国的法律不太一致,即便允许也设置一定的限制。允许反垄断法禁止的协议的当事人起诉其他参与方,具有一定的好处。例如,可以诱使披露、起诉和终止反垄断违法行为。但与此同时,如果原告曾经自愿地与被告缔结协议,之后允许其主张协议无效,可能存在通过法律程序逃避合同义务之嫌;尤其是允许其通过起诉获得损害赔偿,特别是多倍损害赔偿,在法理上可能会遇到较大的问题。例如,英美法上普遍存在的,“任何人不得因其违法行为获利的格言”,禁止参与违法行为者获得赔偿。

英美法上另外两个格言也阻止被告获得救济。一个是“违法行为不产生诉因”(ex turpi causa non oritur actio);另一个是“两方过失相等时,被告的地位占优胜”(in pari delicto potior est conditio defendentis)。第一个称为“违法原则”(the principle of illegality),第二个称为“过失相等原则”(the in pari delicto doctrine)。“违法”一词在英国法上发展出了宽阔的外延,足以阻止违反公共政策的所有合同,不道德的或者明示或默示受制定法禁止的合同都可以认定为违法原则意义上的违法。[②] 在美国,违法的合同如果同时违反公共政策,作为一般原则,也是无效的,并且是一个法院可以主动提出的问题。[③] 英国法院进一步否认协议方寻求其他救济的资格,不允许违法协议的一方就因订立该协议给其造成的损失,向另一方请求损害赔偿。无论是该请求损害赔偿还是返还,均是如此。受到这种起诉的被告,也可以主张“过失相等原则”作为抗辩,请求法院拒绝向参与违法行为的原告提供损害赔偿救济。事实上,由于过失相等原则的原因,美国法院也不愿意给予受禁止的协议的当事人提供3倍损害赔偿救济;当然这并不影响法院通过宣告无效来执行反垄断法政策,[④]也不应该影响原告请

---

① [美]菲利普·阿瑞达、路易斯·卡普洛:《反垄断法精析:难点与案例》(第5版)(影印本),中信出版社2003年版,第90页。

② See Alison Jones & Brenda Suffrin, *EC Competition Law: Text, Cases, and Materials (second edition)*, Oxford University Press, 2004, p. 1207.

③ 参见王军编著:《美国合同法》,对外经济贸易大学出版社2004年版,第128~130页。

④ 参见[美]菲利普·阿瑞达、路易斯·卡普洛:《反垄断法精析:难点与案例》(第5版)(影印本),中信出版社2003年版,第89页。

求停止侵害的禁制令，因为这样的救济方式并不会给原告带来意外的不义之财。

但是，过失相等抗辩的禁止作用并不是绝对的。在 Perma Life Mufflers Inc. v. International Parts Corp 案中，①美国联邦最高法院强调私人诉讼对于反托拉斯法执行和促进维护竞争的公共政策具有重要作用，并判决违法抗辩不能用于禁止反竞争协议的当事人提起的诉讼，只要该原告处于经济上的弱势地位并且不属于同等有错（过失相等）。因此，在反垄断法案件中，最高法院排除了过失相等抗辩禁止诉讼的作用，仅在原告在被告的违法行为中是“共同发动人”或者“同等”参与该行为的例外情况下，才能禁止原告的起诉。欧洲联盟法院在 Crehan 案中判决，“任何个人均可以在成员国法院依赖条约第 81 条第 1 款，即便他是可能在该款意义上限制或扭曲竞争的合同的一方当事人。因此，不存在任何绝对的规则禁止被认定违反竞争规则的合同的当事人提起（损害赔偿）诉讼。只要同等原则和有效性原则得到尊重，欧盟法并不阻止国内法拒绝给予被认定为对竞争扭曲负有重大责任的一方合同当事人向对方当事人求偿损害赔偿的权利”。② 因此，欧盟竞争法一方面原则上承认被禁止的协议的当事人就该协议给其造成的损害请求损害赔偿的起诉资格；与此同时，并不禁止成员国法律拒绝给予对竞争扭曲承担“重大责任”的当事人提起该等诉讼的起诉资格，但是前提条件是该等起诉资格的拒绝需要满足同等原则和有效性原则。因此，就英国法而言，其违法原则或者过失相等原则不能用于一概禁止违反第 81 条的协议之当事人之间的损害赔偿诉讼请求，只有原告负有“重大责任”时，才能如此适用。就此而言，其与前述美国 Perma 案的规则非常相似。欧洲联盟法院在 Crehan 案的判决中对“重大责任”的认定规定了指南。

32. 在重大责任的认定方面，有权国内法院需要考虑的事项包括双方当事人所处的经济和法律背景，以及……合同双方各自的谈判地位和行为。

33. 特别是，国内法院应该查明声称通过订立限制或扭曲竞争的合同而遭受损失的一方，当时是否较另一方处于明显的弱势地位。例如，严重威胁或排除了其谈判合同条款的自由，以及其避免损失或减轻损失程度的能力，特别是

---

① See 392 US 134(1968).

② See Case C - 453/99, Courage Ltd. v. Crehan [2001] ECR I - 6297, [2001] 5 CMLR 28, paras. 24 - 31.

通过及时援用其可以使用的所有法律救济方式。

34.……一个合同可能由于其是对于竞争具有累积效果的多个相似合同之网络的一部分这一唯一原因，而被证明为违反条约第81(1)条。在这种情况下，与控制该网络的人订约的另一方对于违反第81条的情况不可能负有重大责任，特别是在合同条款实际上是被控制网络的一方施加给他之时。

35.……对双方当事人的责任程度加以区分，与本院所作的具有下述效果的判例法并不冲突：就条约第81条的适用而言，协议的当事人是否在经济地位和功能方面处于平等地位无关紧要。①

从以上的指南中可以看出，促进合同和其中非法条款的当事人将被认定为对违法行为负有重大责任；相反，相对于另一方处于明显弱势地位的一方，将不可能对违法行为负有重大责任；特别是，控制一个多个相似合同组成的对竞争产生累积效果的网络一方，例如，反复使用标准条款合同（对竞争产生累积影响）的当事人，如果将合同条款施加给另一方，则另一方也将对违反行为不负重大责任。

第81条规制的限制性协议主要有两类：一类是横向竞争者之间签订的卡特尔协议；另一类是属于上下游关系的纵向协议。在这两类情况下，协议方的起诉资格有所不同。就卡特尔而言，各个成员通常都积极促进协议和其中的非法条款，都将被认定为对违法行为负有重大责任，因此卡特尔成员没有向其他成员方就其因该卡特尔受到的损害提起损害赔偿诉讼的起诉资格。否则将危及到反垄断法执行体制的有效性，因为如果卡特尔成功其将从损害竞争中获利，而如果失败也能从其他成员那里获得损害赔偿。而就纵向协议而言，起诉资格的认定就没有这么一目了然，需要作具体的分析。例如，虽然分销商急于成为一个生产商的分销商，但是可能并不愿意接受生产商的某些条件。但是为了获得合同，他们可能不得不接受对其利益有害的条款，这种情况下对于这些条款的"默认"可能对于取得合同是必要的，但与寻求并促使合同的违法条款是不同的。因此，如果这些非法条款对竞争造成损害，并且分销商因此受到损害，

① 例如，Joined Cases 56/64 and 58/64 Consten and Grundig v. Commission [1966] ECR 382)。这样的判例法涉及的是适用条约第81条的条件，而本案中需要本院解决问题涉及的是违反该条在民法上的特定后果。" Case C-453/99, Courage Ltd. v. Crehan [2001] ECR I-6297, [2001] 5 CMLR 28, pp. 32-35.

其应该有请求损害赔偿的起诉资格。另外,被迫接受标准条款或其他不容许谈判的条款的一方,也应该被认定为有起诉资格。

最后需要指出的是,新加坡《2004 年竞争法》明确禁止协议当事人的起诉资格。第 86 条第 9 款规定:“本条中的任何规定均不应被解释为赋予违反第 34 条之禁止[限制性协议]的协议之任何一方请求救济的权利。”这里的救济包括损害赔偿,还包括禁令、宣告判决和其他救济。对于这种条款的科学性,我们持不同意见。同时,应该指出该款规定并没有禁止协议方以协议违反竞争法为抗辩理由。

原告享有起诉资格是法院受理反垄断私人案件的依据,所以如何确定原告的资格对于反垄断私人诉讼具有十分重要的意义。反垄断案件涉及公共利益,存在多层次的受害人,如竞争者、中间商、零售商、消费者等,而且,还存在直接的受害人通过转售把损害完全转移给消费者的情况。所以,究竟谁有资格成为原告的问题也就显得异常复杂。原告范围过宽会引发过度诉讼,直接加大了法院的负担,但原告范围过窄则不利于私人提起反垄断诉讼,并可能导致真正的受害人得不到赔偿。

考察世界各主要市场经济国家或地区反垄断法对于原告起诉资格的限制性规定和司法实践,总体而言,各国或地区对于反垄断诉讼原告的范围规定比较宽泛,而且还正呈现着更加扩大化的趋势。美国《谢尔曼法》只是提及原告是“任何因反托拉斯法所禁止的事项而遭受财产或营业损害的人”,而没有给出具体的限制性的规定,美国法官只是通过判例发展若干判断标准以对原告的范围加以必要的限制:直接损害标准、目标区域标准、利益区域标准、事实发源地标准和多因素标准等,虽然美国各法院在认定原告资格时就采用何种标准还存在分歧,但是对涉案各因素进行综合考虑是普遍的做法。欧盟及其成员国也希望通过鼓励反垄断私人诉讼来推动反垄断法的执行,因此对于反垄断私人诉讼原告的起诉权问题也规定得比较宽泛,欧盟一些成员国,如英国甚至在此问题作出了比美国更加宽松的规定。

# 第六章　反垄断私人诉讼管辖制度

反垄断私人诉讼管辖制度是反垄断私人诉讼制度必不可少的程序。本章将从以下3节展开,第一节介绍了"行政前置"的设置目的以及在相关法域的实践情况。第二节"专业管辖",就反垄断私人诉讼而言,如前所述,反垄断案件专业性要求的特点要求反垄断案件集中受理和专业处理。在本节中,重点探讨了德国、日本、英国等法域的做法。第三节"中国在反垄断案件管辖制度上的应然选择",鉴于我国在反垄断法的制度设计过程中,还必须充分考虑中国经济和法治发展阶段的现状以及法官素质不高的现实。采取总体上逐步放松的方式,从管制到放松分为3个阶段展开。

## 第一节　行 政 前 置

在反垄断法救济领域,行政前置是指私人只能在公共执法机构就行为的反垄断违法性作出认定之后,方能提起私人损害赔偿诉讼或其他私人诉讼的做法。学理上将这种做法称为"行政前置主义"。私人据此提起的案件称为"后续案件"(follow-on actions/cases),与此相反,不受行政前置约束提起的案件称为"独立案件"(stand-alone actions/cases)。

### 一、行政前置的设置目的

这种做法的目的,其一是避免私人滥诉,需要控制私人起诉;其二是考虑到反垄断案件的复杂性,私人难以负担高昂的调查起诉费用,需要减轻私人的成本负担;其三是考虑到反垄断法法理的发育不成熟、法官素质不高,需要集中专业人才。我们认为,这三个理由均不能成为实行行政前置的绝对理由。

私人滥诉的问题可以通过其他制度设计来避免,我们不能因噎废食。目前,中国应该考虑的是如何调动私人起诉,而不是如何限制私人起诉,因为我们现在的私人起诉太少了而不是太多了。比如,虽然《反不正当竞争法》规定了6种反垄断行为,但是该法颁布10余年来据此提起的反垄断案件寥寥无几,这与该法不重视私人执法的力量不无关系。

关于诉讼费用,是否有能力支付诉讼费用应该由当事人自己决定,而不应该由立法者代为作出决定,更不应该由公共执法机构决定私人起诉的权利。事实上,提起反垄断私人诉讼的私人并非都是消费者,竞争者和其他企业同样会在因垄断行为受到损害时提起诉讼,美国的反垄断实践证明了此点。中国企业也已有到美国法院提起反垄断诉讼的先例,[①]既然其有能力到美国法院起诉,那肯定也有能力在中国法院起诉。另外,即便是消费者提起反垄断诉讼,只要有相关制度的配合,如集团诉讼、团体诉讼、公益诉讼,诉讼费用并不是根本性的问题。虽然我国暂时还不存在有效的集团诉讼、团体诉讼或公益诉讼制度,但是在民事诉讼法修改过程中,这方面的立法呼声是非常强烈的,而且这些制度是当今应对现实权利救济问题时必不可少的制度。我们预计这些制度在不久的将来将在中国成为现实。[②] 更进一步而言,在私人因为垄断行为遭受损害的情况下,为了实现正义,文明的制度应该考虑如何通过种种方式保证没有足够资源的人切实获得接近司法的机会,而不是因为其没有这种资源和能力便剥夺其诉权。公共执法机关不可能追诉所有涉嫌违法行为,就此而言,通过设置行政前置程序禁止独立诉讼,一方面不利于反垄断执法矫正正义目标的实现,另一方面不利于反垄断执法阻吓目标的实现。

关于集中专业知识,在一个法域竞争法制度的实施初期,这确实是一个不得不考虑的问题。因为反垄断法法理的培育和传播需要一个过程,在初期集中专业人才和集中处理案件,确实会对反垄断的统一解释和专业的法理发育非常有利。不少法域在初期都采用了行政前置的做法,但是随着反垄断法法理的成

---

① 资料来源:http://tech.tom.com/2006-04-28/04BK/86319478.html。

② 关于群体性诉讼在反垄断法中的应用,参见本书第十一章。

熟,应该及时取消这一制度,否则将会阻碍私人提起反垄断诉讼。

## 二、域外实践考察

### (一)日本

日本《禁止垄断法》第25条规定了无过失的损害赔偿责任制度。但是第26条第1款(2005年修改之前)紧接着规定:"前条规定的损害赔偿请求权,非于第48条第4款[劝告审决]、第53－3条[同意审决]或者第54条[审判审决]规定的审决确定后,或者在没有根据这些规定作出审决的情形下,非于第54－2条第1款[责令缴纳课征金的审决]规定的审决确定后,不能对此主张诉讼上的权利。"学说上称为"审决前置主义"。私人只有在公正交易委员会(以下简称公正会)作出正式审决后,方能提起第25条规定的无过失诉讼。公正会可以通过不作出正式审决来阻止私人起诉。而且旧法下作出该等审决的程序非常拖沓冗长,导致受害人难以及时提起无过失损害赔偿诉讼。正是考虑到这样的缺陷,日本判例确认,《禁止垄断法》第25条的规定并不排除日本《民法典》第709条(民法上关于侵权责任的一般规则)适用于反垄断案件,但是依据后者求偿时必须证明故意或过失的存在。如果不考虑行政前置的问题,反垄断法上的无过失诉讼对原告远较《民法典》第709条的侵权诉讼更为有利。但是,实际起诉情况却恰恰相反。据日本学者的统计,基于《禁止垄断法》第25条提起的无过失损害赔偿诉讼,自该法制定以来不足20件,而依据《民法典》第709条提起的反垄断损害赔偿诉讼却超过了60件,一般认为,审决前置主义是造成这种结果的原因之一。①

日本《禁止垄断法》自1947年制定以来已有60多年的历史,反垄断法法理已经发展相当成熟,反垄断法的作用也渐入人心。这种情况下仍维持行政前置实在不太合适。迫于形势,2005年修订《禁止垄断法》时对此进行了部分放松,但改革的步伐非常有限。该次修订废除了审决裁判程序,取而代之的是公正会在给予行政相对人陈述意见、提交证据的机会之后,直接作出"停止令"即"排除措施令"(第49条第1款),从而加快了行政决定的作出速度。修改后的第26条第1款规定如下:"前条规定的损害赔偿请求权,非于第49条第1款[停止令]规定的停止令[在没有作出该等停止令的情况下,第50条第1款规定的支

---

① 参见[日]根岸哲、舟田正之:《日本禁止垄断法概论》(第3版),王为农、陈杰译,中国法制出版社2007年版,第356～357页。

付令(针对如下事业者作出的除外,即其建立的一个事业者团体违反了第8条第1款第1项、第2项的规定)]或者第66条第4款规定的决定确定之后,不能对此主张诉讼上的权利。"这一改革措施预计能够在一定程度上缓解日本行政裁决程序的弊端,但与欧盟相比并不够彻底。

**(二)欧盟**

欧盟第1/2003号条例生效以前,欧盟对于《欧盟条约》第81条规定的限制性协议实行申报制度,即有可能违反第81条第1款禁止性规定的协议,必须向欧盟委员会作事先通报,只有在委员会依据第81条第3款豁免条款的规定决定不采取行动或者给予正式豁免的协议才是合法的。委员会对于第81条第3款豁免条款具有垄断执法权,其他任何法院或者机构(包括成员国的反垄断当局)都无权给予该款规定的豁免。因此,委员会的豁免认定实际上成了一种行政前置程序,因为虽然成员国法院或执法机构可以认定协议违反第81条第1款的规定,但是相关协议是否构成违法行为,还需考察其是否能够根据第81条第3款取得豁免,如果能取得豁免,即便是满足了第81条第1款仍不构成违法行为。因此,即便是私人提起了限制性协议诉讼,被告也可以通过向委员会提交申报来阻止程序的继续进行,成员国法院只能停止程序等待委员会的认定。由于委员会需要审查的协议数量巨大、执法资源不足,无法及时作出认定,结果大大影响了成员国法院的执法能力和执法积极性。本来允许私人反垄断诉讼的一个主要目的就是要使执法主体多元化,使私人和法院参与到反垄断法的执行过程中,缓解行政执法不足的困境。行政前置却重新束缚住了法院和私人的手脚,私人执法的初衷无以实现。第1/2003号条例对此困境适时地作出了反应,废除了协议申报制度,改采法定例外制度(system of legal exception)。根据这一制度,一个协议是否满足第81条第3款,"无须就此事先作出决定",①而由受理案件的公共执法机构或法院自主决定。这样可以鼓励成员国法院参与反垄断执法,鼓励私人起诉。

**(三)英国**

在英国,《2002年企业法》通过修改《1998年竞争法》设置了CAT审理的反垄断私人诉讼专门制度。② 但在此之前,英国普通法院一直受理竞争法案件,尤其是依据《欧盟条约》第81条和第82条(及其前身第85条和第86条)起诉的

---

① Council Regulation(EC) No 1/2003, Art. 1(2).

② 即第47A条的规定。

案件。因此,培育反垄断法法理的政策考虑,在英国并不是决定性的。但是该法新增的第47A条却规定,"因违反该法第1章[限制性协议]和第2章[滥用市场支配地位]和《欧盟条约》第81条第1款和第82条的违法行为遭受损失或损害的人,其任何损害赔偿请求权或者任何其他金钱请求权"……也"可以在竞争上诉法庭受理的程序中主张"。[①] 但是该条第5款又规定,直至公平交易局(Office of Fair Trading,OFT)、CAT(作为OFT决定的上诉审查机关)或欧盟委员会以决定认定相关的禁止性条款被违反,并且除非经CAT的许可,在该等决定成为终局决定之前,不得在该等程序中主张该等请求权。因此,该条确定了在CAT审理的损害赔偿或其他金钱请求诉讼中实行行政前置主义的原则。

第47A条第5款如此规定的目的是利用CAT在反垄断法方面的专门知识,[②]促进案件的专业化解决。但是,由于CAT在私人诉讼中无权独立就违法问题作出判决,而要以行政机构的违法认定为前提才能够就损害赔偿和金钱请求问题作出判决,因此"将该等案件引到一个专业的竞争法法庭可能只有很小的附加值"。[③]

第47A条第10款规定,在CAT程序中主张本条规定的请求权,并不影响就该请求权提起任何其他诉讼的权利。[④] 也就是说,该条规定并没有授予CAT对竞争案件一审案件的专属管辖权,不影响当事人就该等违法行为在普通法院提起普通民事程序的权利。不过,两种程序之间仍然存在差别。CAT只能依据第47A条受理经行政机构处理过的"后续案件",而普通法院则不受此限制。根据第47A条第9款和第58A条的规定,CAT和法院都要受行政机构作出的违法终局决定的约束,但普通法院并不受行政前置主义的约束。另外,CAT只能给予损害赔偿或其他金钱性救济,但普通法院则可给予任何适当的民事救济。因此,除了假定的专业能力外,CAT程序并没有比普通法院程序优越之处。从该规定生效以来的实施情况来看,其效果也并不容乐观。根据CAT的统计,在截至各年3月31日的2003/2004、2004/2005、2005/2006、2006/2007、2007/2008、2008/2009年度,其受理的根据第47A条提起的私人起诉分别为2件、0

① See §§47A(1)&(3) of Competition Act 1998.

② Barry J. Rodger, "Private Enforcement and The Enterprise Act: An Exemplary System of Awarding Damages", *ECLR* 2003, 24(3), p. 106.

③ Ibid., p. 107.

④ §47A(10) of Competition Act 1998.

件、0 件、2 件、2 件、4 件；依第 47B 条提起的团体诉讼只有 1 件(2006/2007 年度)。[①] 到 2009 年 CAT 共受理了 11 件私人起诉。而根据学者的统计，仅 2004 年普通法院就作出 7 个竞争案件的判决。[②] 另外两个重要的讨论损害赔偿和因果关系的竞争法案件——Bernard Crehan v. InntrepreneurPub Company CPC [2004] EWCA Civ 637 案和 Arkin v. Borchard Line & Ors [2003] EWHC 687 (Comm)案，也都是由普通法院作出的判决。因此，行政前置虽然理论上有节省调查费用的好处，但是鉴于行政机构资源的有限性和调查范围的局限性，其对于私人案件的帮助意义是有限的。如果将行政裁决作为所有私人案件的强制性前置程序，将造成大量的案件因为行政机构的拒绝调查或没有调查结果而无法提起民事诉讼。事实也证明私人并不愿意使用这一程序。

正如英国 OFT 指出的那样："由于竞争执法机关的资源有限，(行政前置)限制了消费者可以寻求救济的案件数量；期望竞争执法机关调查所有的损害消费者利益的案件，并为他们寻求救济，这是不现实的。如果竞争执法机关试图追诉每一个涉嫌违法行为，结果将弱化而不是强化竞争体制。执法资源将被迫摊分于众多案件之中。调查时间将会大幅拖长，并且阻止最严重的违法行为所需的时间也将增加。如果竞争执法机关还须为消费者寻求救济，这些困难将会进一步加大。一个强有力和有效的体制要求公共执法专注于那些因为对消费者福利或弱势群体构成最大威胁而被视为最重要案件的案件。因此，OFT 一直追求通过更加专注于有重大影响力的结果而非调查的数量来扩大公共执法的影响。"[③]

**(四)新加坡**

新加坡参照英国《1998 年竞争法》制定了《2004 年竞争法》。该法在很多方面与英国《1998 年竞争法》相似。关于执行机构，新加坡设立竞争委员会(Competition Commission of Singapore)作为竞争法的执行机构，设立竞争上诉委员会(Competition Appeal Board)作为上诉审机构(行政诉讼)。关于私人起诉，新加坡法作了类似英国的规定，即"直接因违反第 34 条之禁止[限制性协

---

① Competition Appeal Tribunal, *Annual Review and Accounts* 2005/06, p35; Competition Appeal Tribunal, *Annual Review and Accounts*2008/09, p. 47.

② Barry Rodger, "Competition Law Litigation in the UK Courts: A Study of All Cases to 2004: Part 1", *E. C. L. R.* 2006, 27(5), p. 244.

③ Office of Fair Trading, Private actions in competition law: effective redress for consumers and business(Recommendations), (November 2007) OFT 916 resp, paras. 5.7 – 5.8.

议]、第47条之禁止[滥用市场支配地位]或第54条之禁止[兼并]的违法行为遭受损失或损害的任何人,依本条有权向法院提起民事程序,对正在参与或在实质时间内曾参与该等违法行为的任何企业请求救济。”[①]同一条第2款、第3款和第4款规定,在竞争委员会、竞争上诉委员会(作为竞争委员会之决定的上诉审机关)、高等法院(作为对竞争上诉委员会之决定的进一步上诉审机关)或上诉法院(作为对高等法院之决定的进一步上诉审机关)认定违反第34条、第47条或第54条之禁止,且该等认定成为终局决定之前,不得提起第1款的诉讼,即一律实行行政前置。与英国的规定有所不同的是,新加坡法律没有赋予竞争上诉委员会对于私人起诉的管辖权,而是规定由法院受理私人诉讼。另外,与英国法律仅规定向CAT提起损害赔偿及其他金钱性救济的诉权不同,新加坡法律授予当事人寻求“救济”的诉权。第86条第8款规定,受理本条第1款规定的私人诉讼的法院,可以给予原告的救济包括:(1)禁令或宣告方式的救济;(2)损害赔偿;(3)法院认为适当的其他救济。[②] 从表面上来看,新加坡法院受理的私人诉讼范围更加广泛,除损害赔偿诉讼以外,还可以受理请求禁令判决、宣告判决或其他救济的诉讼。但是,由于法律规定了依《2004年竞争法》提起的私人诉讼一律实行行政前置主义,该条规定的实际效果有待观察。

不过,新加坡有其自己的国情,那就是国土面积狭小,整体经济规模有限。在这样的小型经济中,配合充足的行政执法资源,行政前置也许并不会给私人诉讼带来太大的阻碍。事实上,在这样的经济体中,私人起诉的执法功能并不是很重要,仅具有补偿受害人的功能,而在调查、发现违法行为以推动法律的执行方面几乎发挥不了什么作用。

但是,在大规模的经济体中,如果不能保证公共执法对于整个经济中所有领域的有效监管(这是不可能的),行政前置对于私人起诉将带来重大的阻碍作用。事实上,由于执法资源的短缺,经济利益的种类繁多和错综复杂,公共执法不可能对所有涉嫌违法行为进行调查并作出处理。此时,行政前置对于私人寻求救济将形成重大的障碍,也将阻碍私人参与发现、制裁违法行为的斗争。

---

① See §86(1) of The Competition Act 2004 (No. 46 of 2004).

② See §86(8) of The Competition Act 2004 (No. 46 of 2004).

## 第二节 专业管辖

既然我们承认私人起诉对于反垄断执法具有重要意义,就应该配备必要的专业队伍受理私人诉讼。因此,反垄断法案件的集中受理和专业处理就应该是不可避免的选择。事实上,除了在美国反垄断法案件由普通法院受理之外,其他法域基本上都在一定程度上实行了反垄断法案件的专业管辖。

就专业管辖而言,主要法域主要有两种模式:其一是专属管辖;其二是平行管辖。专属管辖,即将反垄断案件交由特定的法院专门管辖,其他法院无管辖权;平行管辖,即专门法院和普通法院同时拥有管辖权,由当事人自己选择,并且附以法院之间的案件移送权力。

### 一、德国

德国《反对限制竞争法》采用专属管辖的模式。第95条明确规定:"依本法有管辖权的法院系专属管辖。"在德国,反垄断法案件分为行政诉讼和民事诉讼两类。行政诉讼即对于卡特尔当局和联邦卡特尔局各种决定的上诉,通常由卡特尔当局或者联邦卡特尔局所在地的州高等法院管辖,[①]并可进而上诉到联邦最高法院。[②] 需要注意的是,尽管德国法学严格区分公法诉讼和私法诉讼,并分别设立处理行政诉讼和民事诉讼的平行法院体系,但是《反对限制竞争法》并没有将反垄断行政诉讼交由行政法院受理,而是由普通法院系统受理,也就是交由管辖反垄断民事案件的同一个法院系统。

在德国,普通法院共分4个级别,依次是初级法院(Amtsgericht)、地区法院(Landesgericht)、州高等法院(Oberlandesgericht)和联邦最高法院(Bundesgerichtshof)。一审反垄断民事案件由地区法院专属管辖,进而上诉到州高等法院,直至联邦最高法院。第87条相关部分规定:"(1)涉及本法、《欧盟条约》第81条或第82条或者《欧洲经济区公约》第53条或第54条之适用的民事诉讼,无论争议金额的大小,均由地区法院专属管辖。如果一个民事案件的裁决,部分或全部取决于需根据本法作出的一项决定,或者部分或全部取决于《欧盟条约》第81条或第82条或者《欧洲经济区公约》第53条或第54条的可

---

① GWB, § §57(2),63(4)&83.

② GWB, §84.

适用性,也适用第1句的规定。在第三方的权利受本法影响的限度内,第1句的规定不适用于由《社会法法典》第1编第69条中法律关系产生的民事诉讼。(2)该等诉讼应被视为《法院组织法》第93条至第114条规定的商业事项。”依《法院组织法》,应一方当事人请求,商业事项争议应交由商事庭受理。但由于商事庭的3名法官中的两名是非法律专业人士,当事人通常更愿意把案件交由民事庭审理。①

第89条进一步规定了地区法院管辖权的集中措施:“(1)特此授权州政府以条例的方式,将依第87条由地区法院专属管辖的民事案件移送到一个地区法院,由其负责几个地区法院之辖区,但是以该等集中有利于卡特尔事项的司法,特别是有利于确保法院做法的统一为限。州政府可以将该等权力授权给其司法行政部门行使。(2)州之间可以通过条约,确定由一个地区法院管辖几个州的几个地区或者全部区域。”因此,州政府可以指定将本州内几个地区法院辖区内所有的反垄断事项交由其中一个或几个地区法院专属管辖。现在除了一个州(图林根州)外,其他州都已经行使了这一授权(3个城市州——柏林、汉堡和不莱梅因为原本就只有一个地区法院,因此无须援用此条指定管辖法院)。②除此之外,被指定的地区法院大多还指定了一两个合议庭专门处理竞争事项。③

**德国反垄断法案件管辖法院分布表④**

| 州 | 首府 | 辖区 | 地区法院(LG) | 合议庭 | 州高等法院(OLG) |
|---|---|---|---|---|---|
| 巴登-符腾堡 | 斯图加特 | 卡尔斯鲁厄 OLG | 曼海姆 LG | 民7、商2 | 卡尔斯鲁厄 OLG |
| | | 斯图加特 OLG | 斯图加特 LG | 民17、商41 | 斯图加特 OLG |

① George Cumming, Brad Spitz, Ruth Janal, *Civil Procedure Used for Enforcement of EC Competition Law by the English, French and German Civil Courts*, 229 (April 2007).

② Ibid.

③ Alexander Rinne and Kathrin Lübbe-Späth, “Private Antitrust Litigation in Germany”, *The European Antitrust Review* 2006, p. 132.

④ See George Cumming, Brad Spitz, Ruth Janal, *Civil Procedure Used for Enforcement of EC Competition Law by the English, French and German Civil Courts*, 240 (April 2007).

续表

| 州 | 首府 | 辖区 | 地区法院（LG） | 合议庭 | 州高等法院（OLG） |
|---|---|---|---|---|---|
| 巴伐利亚 | 慕尼黑 | 慕尼黑 OLG | 慕尼黑 LG | 民 33、商 4 | 慕尼黑 OLG |
| | | 班贝格和纽伦堡 OLG | 纽伦堡－菲尔特 LG | | 慕尼黑 OLG |
| 柏林（城市州） | | 全州 | 柏林 LG | | Kammergericht |
| 不莱梅（城市州） | | 全州 | 不莱梅 LG | | 不莱梅 OLG |
| 布兰登堡 | 波茨坦 | 全州 | 波茨坦 LG | 民 2 | 波茨坦 OLG |
| 汉堡（城市州） | | 全州 | 汉堡 LG | | 汉堡 OLG |
| 黑森 | 威斯巴登 | 富尔达、卡塞尔和马尔堡 OLG | 卡塞尔 LG | 民 2 | 法兰克福 OLG |
| | | 达姆施塔特、法兰克福、吉森、哈瑙、林堡和威斯巴登 OLG | 法兰克福 LG | 民 3、商 8 | 法兰克福 OLG |
| 梅克伦堡－前波美拉尼亚 | 什未林 | 全州 | 罗斯托克 LG | | 罗斯托克 OLG |
| 下萨克森 | 汉诺威 | 全州 | 汉诺威 LG | 民 8、商 6 | 策勒 OLG |
| 北莱茵－威斯特法伦 | 杜塞道夫 | 杜塞道夫 OLG | 杜塞道夫 LG | | 杜塞道夫 OLG |
| | | 哈姆 OLG | 多特蒙德 LG | 民 13、商 2 | 杜塞道夫 OLG |
| | | 科隆 OLG | 科隆 LG | 民 28、商 1 和 4 | 杜塞道夫 OLG |

续表

| 州 | 首府 | 辖区 | 地区法院（LG） | 合议庭 | 州高等法院（OLG） |
|---|---|---|---|---|---|
| 萨兰 | 萨尔布吕肯 | 全州 | 萨尔布吕肯LG | | 萨尔布吕肯OLG |
| 莱茵兰－法尔茨 | 美因兹 | 全州 | 美因兹LG | 民10、商12 | 科布伦茨OLG |
| 萨克森－安哈特 | 马格德堡 | 全州 | 马格德堡LG | 民7 | 瑙姆堡OLG |
| 石勒苏益格－荷尔斯泰因 | 基尔 | 全州 | 基尔LG | 商1 | 石勒苏益格OLG |
| 图林根 | 埃尔富特 | | 任何地区法院 | | 耶拿OLG |

第91条(第2句)规定了州高等法院对于反垄断民事上诉和行政诉讼案件的管辖权:“州高等法院对于依第57条第2款第2句[关于卡特尔当局的调查取证],第63条第4款[对卡特尔当局决定的上诉],第83条、第85条和第86条[对于行政处罚的上诉]指定由其受理的法律事项,以及对于依第87条第1款在民事诉讼中作出的终局判决和其他裁决的上诉,进行裁判。”

第91条(第1句)和第92条对于州高等法院的反垄断案件管辖权也规定了集中措施。第91条规定:“州高等法院设卡特尔庭。”第92条规定:“(1)如果一个州设有多个州高等法院,州政府可以以条例的方式将依第57条第2款第2句[关于卡特尔当局的调查取证],第63条第4款[对卡特尔当局决定的上诉],第83条、第85条和第86条[对于行政处罚的上诉]州高等法院具有专属管辖权的法律事项,指定由一个或几个州高等法院或者巴伐利亚州最高法院[Oberstes Landesgericht]①审理,但是以该等集中有利于卡特尔事项的司法,特别是有利于确保法院做法的统一为限。州政府可以将该等权力授权给其司法行政部门行使。(2)州之间可以通过条约,确定由一个州高等法院或者巴伐利

① 仅巴伐利亚州设有州最高法院,柏林州的州高等法院德文名字是“Kammergericht”,其他州都称为“Oberlandesgericht”(OLG)。

亚州最高法院管辖几个州的几个地区或者全部区域。”该条仅就行政诉讼案件规定了州高等法院的管辖权集中，但是第93条规定，该制度准用于民事诉讼：“第92条第1款和第2款准用于对于依第87条第1款在民事诉讼中作出的终局判决和其他裁决的上诉。”

第94条规定，联邦最高法院管辖对于州高等法院在上诉审中作出的裁决的上诉或抗告。该条还规定：“联邦最高法院设卡特尔庭。”

因此，可以看出，德国对于反垄断案件的管辖权实行了高度集中的模式。首先，无论标的额大小，民事初审案件均由属于第二级别的地区法院受理；并且是由州政府指定的特定地区法院受理，受理法院内部还设有专门的竞争事务法庭。其次，受理民事上诉案件的州高等法院，同时也受理初审行政诉讼；并且行政诉讼案件通常是由卡特尔局所在地的州高等法院管辖，民事上诉案件是由州政府指定的特定的州高等法院专属管辖，它们很可能与受理行政诉讼案件的法院重合；州高等法院内设立专门的卡特尔庭受理反垄断案件。最后，联邦最高法院内部也设专门的卡特尔庭。德国的这种做法，保证了管辖反垄断案件的法院具有较强的集中性、专业性，也有利于反垄断法解释和适用上的统一。

## 二、日本

日本对于《禁止垄断法》规定的诉讼也采用专属管辖的模式。但是，由于日本并不禁止受害人根据《民法典》第709条就违反反垄断法的行为提起侵权诉讼，受害人还可以在其他法院提起这种普通侵权诉讼。《禁止垄断法》第25条规定的无过失损害赔偿诉讼一审程序，以及对于公正会决定的上诉（行政诉讼），均由东京高等法院专属管辖。① 与公正会程序中的提存有关的法院程序，以及第70－13条规定的公正会请求法院责令暂时停止行为、暂时停止行使表决权及公司干部执行业务，或者取消、变更命令的民事救济程序，均由东京高等法院专属管辖。② 东京高等法院设立专属审理前述案件的合议庭，合议庭的法官人数为5人。③ 日本反垄断案件的集中程度远远高于德国，由单一法院管辖。实践中这种高度集中的模式导致了当事人起诉的不便，一般认为东京高等法院

---

① See §85 of Act on Prohibition of Private Monopolization and Maintenance of Fair Trade.

② See §86 of Act on Prohibition of Private Monopolization and Maintenance of Fair Trade.

③ See §87 of Act on Prohibition of Private Monopolization and Maintenance of Fair Trade.

的垄断管辖是造成依反垄断法提起的损害赔偿案件匮乏的原因之一。[①] 尤其在反垄断法实施60多年后的今天，日本仍然维持这种做法，实在是没有充分的理论根据，应该作适当的放松处理。

2000年修订《禁止垄断法》时新增加了针对不公正交易方法的停止侵害或预防之诉（第24条）。该法对该类诉讼规定了较损害赔偿诉讼更为宽松的集中管辖制度，这类案件由东京地方法院与其他有平行管辖权的特定地方法院管辖，同时还规定了案件的移送制度。第84－2条规定，如果依据《民事诉讼法》第4条和第5条，各高等法院辖区内的一个地方法院（该高等法院所在地的地方法院除外）对第24条规定的停止侵害或预防之诉有管辖权，则除了可以向该法院起诉外，也可以向东京地方法院和该高等法院所在地的地方法院起诉。例如，如果大阪高等法院管辖区域内的一个地方法院（大阪地方法院除外）有管辖权，则除可向该地方法院起诉外，还可以向大阪地方法院或者东京地方法院起诉；对于东京高等法院辖区有特别规定，即如果东京高等法院管辖区域内的一个地方法院（东京地方法院除外）有管辖权，其他高等法院所在地的地方法院均有管辖权。第87－2条对于停止侵害或预防之诉还规定了案件的移送制度，"如果一个法院受理了第24条规定的停止侵害或预防之诉，且另一法院受理了就相同或相似行为提起的该条规定的诉讼，考虑到当事人的住所或所在地、需接受询问的证人的地址、争点或证据的共通性以及任何其他情况，如果该法院认为适当，则可以依请求或依职权，将该诉讼全部或部分移送该另一法院或者依第84－2条的规定对该诉讼有管辖权的其他法院"。日本的这一做法有值得借鉴之处。

### 三、英国

在英国，竞争法案件传统上通常都是由普通法院受理，法律上没有特别的管辖权规定。不过，这并不表示法院内部没有分工。按照管辖权的划分，竞争法案件通常都是由高等法院受理，并且通常转交大法官庭处理。依据《1956年限制性作法法》，英国设立了一个限制性作法法院（Restrictive Practices Court）受理竞争法案件，该院后来改由《1976年限制性作法法院法》（the Restrictive Practices Court Act 1976）调整。该法院是独立于高等法院的一个法院，但是大

---

① 参见［日］根岸哲、舟田正之：《日本禁止垄断法概论》（第3版），王为农、陈杰译，中国法制出版社2007年版，第356～357页。

法官庭对其负有管理职责。该法院的权限主要是决定货物或服务供应相关的限制协议与信息交换协议是否有效,或者是否因为违反公共利益而无效。其受理的案件通常是由"公平贸易局长"(the Director General of Fair Trading)提交,不受理私人诉讼。该法院由下列人士组成:3名高等法院法官(其中1人任院长)、1名苏格兰高等民事法院法官、1名北爱尔兰最高法院法官和女王指定的不超过10名的普通人士。对于任何程序的庭审,需要由1名法官主持,并有至少有2名其他成员,但只涉及法律问题的程序可以由1名法官独任审理。在个别情况下,对于法律问题的裁决可以通过"呈报案件"方式从该院直接向上诉法院提起上诉。

《1998年竞争法》(2000年3月生效)取消了这一法院,执行该法的主要机构是"公平贸易局"(Office of Fair Trading,OFT),对于公平贸易局长的决定不服者可上诉到"竞争委员会"(Competition Commission)的一个上诉裁判所,进而可以上诉到上诉法院。《2002年企业法》对英国竞争法的执法体制进行改革,将公平贸易局改革为一个委员会性质的竞争执法机构,并将上诉裁判所从竞争委员会中脱离出来,设立独立的竞争上诉法庭(Competition Appeal Tribunal,CAT)。参与某一协议或者从事某一行为之人,如果OFT就该协议或行为作出了法律规定的决定,该人可以针对或就该等决定向CAT提起上诉。[①] 不属于前述之人的其他人(法律上称为"第三人"),如果CAT认为其对于前述决定(不包括征收罚金的决定)具有充分的利益,或者代表具有该等利益的人,该第三人也可以针对或就该等决定向CAT提起上诉。[②] 即CAT对于竞争法行政诉讼(司法审查)案件具有专属管辖权。

同时,第47A条规定,受害人可以向CAT提起民事损害赔偿或其他金钱性救济诉讼,但并没有给予CAT对该等案件的专属管辖权。该条第4款明确规定,该等诉讼请求"可以在竞争上诉法庭受理的程序中主张"。第10款规定在CAT程序中主张本条规定的请求权,并不影响就该请求权提起任何其他诉讼的权利。第58A条还规定,法院要受行政机构作出的违法终局决定的约束。从这些规定可以清楚地看出,对于损害赔偿和其他金钱性的救济,CAT和普通法院拥有平行管辖权。更进一步,由于该法没有授权CAT受理请求除损害赔偿和其他金钱性救济以外的其他救济案件,所以请求如宣告救济、禁令救济等其他

① See §46 of Competition Act 1998.

② See §46 of Competition Act 1998 (as amended by §17 of Enterprise Act 2002).

救济的民事案件只能向普通法院起诉。但是，第47B条规定的消费者集团诉讼请求应该由CAT专属管辖。

英国竞争法规定CAT同时受理反垄断民事和行政案件的初衷，同样是要利用CAT在反垄断法方面的专门知识，促进案件的专业化解决。但是，由于CAT受理的民事案件需要以行政机构认定违法行为存在为前提，因此CAT在民事案件方面只能受理经行政机构处理过的“后续案件”，其在民事案件中并不能充分发挥专长，并且CAT可以给予的救济方式也受到限制。因此，相对于普通法院，其反而处于不利地位。

CAT在受理的民事案件和行政案件中作出的裁决，可以进一步向上诉法院（在英格兰和威尔士辖区）或大审法院（苏格兰辖区）提其上诉。①

## 四、其他法域

其他一些法域的反垄断法也对竞争法案件作了专门管辖规定。例如，瑞典《竞争法》第33条规定，该法规定的损害赔偿有关的案件，由斯德哥尔摩城市法院（Stockholm City Court）管辖。第23条规定，如果瑞典竞争局不作出责令停止违法的决定，受害企业可请求市场法院发布禁令。在企业并购规制中，瑞典竞争局提出的请求禁止合并或施加其他替代措施的诉讼，由斯德哥尔摩城市法院受理，②对其决定可以向市场法院提起上诉，③后者是瑞典竞争案件的终局上诉法院。瑞典竞争局的行政决定可以向市场法院起诉，④斯德哥尔摩城市法院应瑞典竞争局的要求作出的行政性质的决定也可以向市场法院上诉。⑤

波兰《反垄断法》第27条规定：“司法部长应当通过行政命令的形式在华沙法院另外设立一个组织机构（反垄断法院）负责审理反垄断案件。”该法没有对民事责任作明确规定。就行政诉讼而言，对反垄断局作出的有关限制性协议和

---

① See §49 of Competition Act 1998(as amended by §17 of Enterprise Act 2002). 关于英国的辖区划分，参见兰磊编著：《英文判例阅读祥解》，中国商务出版社2006年版，§1.0.1。

② See §§34a(1),36(1)&41(1) of Sweden Competititon Act.

③ See §42 of Sweden Competition Act. 瑞典有两套平行的法院系统，普通法院和行政法院。普通法院分为三个层级：60个地区法院（district courts）、6个上诉法院（courts of appeal）和1个最高法院（the Supreme Court）。另外，还设立了专门的法院和裁判所审理特别类型的案件。例如市场法院（The Market Court）主要处理《竞争法》和《营销做法法》项下的争议。资料来源：http://www.sweden.gov.se/content/1/c6/01/62/79/129266a7.pdf。

④ See §60 of Sweden Competition Act.

⑤ See §63 of Sweden Competition Act.

滥用市场支配地位的决定不服的,可以向反垄断法院起诉;[①]对于反垄断局作出的有关企业合并规制方面的决定不服的,也可以向反垄断法院起诉。[②] 反垄断法院的决定为终局决定。[③]

## 第三节 中国在反垄断案件管辖制度上的应然选择

从以上分析可以看出,众多国家的反垄断法都规定反垄断案件由专门法院或者专业司法机构管辖,不少国家还将反垄断行政案件和民事案件由相同的专门法院或专业司法机构管辖统一管辖。有的法域对于法院受理的民事案件规定了行政前置程序。

上述法域之所以设置这些特殊制度,是出于多方面政策综合考虑的结果,例如,利用反垄断公共执法机构的专业知识协助法院、控制案件数量、防止滥诉、反垄断法理的成熟程度较低,以及在行政机构的执法效率较高和经济规模不大的法域中不依赖私人执法等。但是,相反的考虑则要求放松限制,如激励私人执法、反垄断法理较高程度的成熟和普及、保障受害人的诉权。各个法域应该根据自己的情况作综合考虑,选用最合适的制度,并适时进行调整。如果承认私人起诉对于反垄断执法的积极推动作用,或者对于公共执法的补充作用,就应该赋予法院和私人发现和证明违法行为的权力;对私人起诉设置行政前置程序,尤其是在仅判决实际损害赔偿的制度下,将导致反垄断私人诉讼和法院沦丧为仅具有判决和分配损害赔偿功能的正义维护主体,而非执法主体。而在一定程度上集中处理反垄断案件,则有利于案件的专业化解决,提升法院实现矫正正义的能力和私人执法的有效性和效率。

虽然我们承认私人执法的重要作用,但是我国在反垄断法的制度设计过程中,还必须充分考虑中国经济和法治发展阶段的现状以及法官素质不高的现实。中国改革开放以前实行计划经济体制,市场的调节机制长期被排斥,因此,经济学尤其是产业组织经济学没有发展的空间。中国市场经济体制发展的时间很短,程度不高,经济学在中国的发育尚不成熟。由于市场机制和经济学发展不充分,没有为反垄断法理的形成和发展提供现实土壤,因此,反垄断法对于

---

① 参见波兰《反垄断法》第 10 条。

② 参见波兰《反垄断法》第 13 条。

③ 参见波兰《民事诉讼法》第 479 · 35 条,根据波兰《反垄断法》第 26 条修正。

大多数中国人来说还是比较陌生的领域，反垄断法专业知识的研究和传播范围相对有限。

笔者建议，中国反垄断案件的管辖制度设计应该采取总体上逐步放松的方式，并区分不同类型的案件采取不同的对策。在第一阶段，采用专业管辖加备用行政前置的做法。专业管辖旨在集中利用反垄断法专业知识和人才、集中处理反垄断案件，并且有利于反垄断法理的集中发育。

专业管辖在我国不但是法律上允许的，而且已经有了一定的实践基础。现行《民事诉讼法》第 18 条授权最高人民法院确定某些案件由中级人民法院管辖，即"中级人民法院管辖下列第一审民事案件：……（三）最高人民法院确定由中级人民法院管辖的案件"。《商标法》《专利法》和《著作权法》案件都实行了专业管辖制度。现在，我国已在北京、上海、广州设立了专门的知识产权法院。

由于我国《反垄断法》没有明确赋予私人起诉以执法功能，没有规定激励私人起诉的措施，私人起诉积极性可能不高，不应该在管辖制度方面作进一步的限制，特别是行政前置程序。不过，行政前置可以作为一个备用的选择，仅在于起到"安全阀"的作用。因为目前我国各界对于反垄断法的期待过高，而对于反垄断案件复杂性的认识又严重不足，《反垄断法》实施后，可能会出现大量非理性的反垄断案件。一旦出现这种情况，最高人民法院可以通过类似《关于受理证券市场因虚假陈述引发的民事侵权纠纷案件有关问题的通知》采取行政前置，暂时遏制起诉势头，使人民认识到反垄断案件的专业性，从而不再轻易提起诉讼。但这种行政前置时间也不宜过长，以使人们认识到反垄断案件的复杂性为限。

在第二阶段，即反垄断法法理培育了一定的基础，并且私人起诉的执法作用受到重视且在立法上获得了一定的激励，私人起诉的积极性提高，法院受理的案件增加之后，可以采用专业管辖加选择性行政执法优先模式。同时，管辖法院的范围应该较第一阶段进一步扩大。在这种"选择性行政执法优先"模式下，反垄断执法机构应该确定一定的优先执法领域，对于这类案件，应该给予反垄断执法机关优先执法权。私人起诉后，法院有义务通知反垄断执法机关，后者如果选择发起行政程序，则私人诉讼必须暂停，等待处理结果。选择性的行政前置，与第一阶段备用的行政前置目的不同，旨在给予公共执法机关对于特定案件公益执法的优先权，以免私人起诉破坏公共执法机构的执法计划，同时也有利于私人求偿的实现，避免法院与公共执法机关的冲突等。对于这类案件以外的其他案件,私人可以直接提起诉讼,不受行政前置的约束。

在第三个阶段,即中国的市场经济发展到较高程度,中国法治进程取得实质性进展,法官素质大大提高,独立审判得到落实,且反垄断法法理得到充分的发育和传播之后,可以改采由一般法院受理。这样可以大大方便当事人就近提起诉讼,大大增加反垄断法私人损害赔偿诉讼的威慑作用。

# 第七章　反垄断私人诉讼的证明问题

反垄断私人诉讼在性质上属于民事诉讼,必须遵循民事诉讼的证据规则。本章拟从以下四节展开:第一节“证明问题概述”,反垄断私人诉讼案件,原告承担着很大的举证负担,民事诉讼证据规则程序部分应对此提供相应的负担减轻。第二节“证据的收集”,重点探讨了美国《联邦民事程序规则》赋予了当事人较多的证据收集能力。第三节“证明负担及证据标准”,介绍了举证责任分配原则及适用。第四节“其他减轻举证负担的方式”,前文从多个方面论述了反垄断法诉讼中应减轻举证负担的理由,但具体如何减轻负担呢?减轻举证负担,除了可以借助举证负担的分配和证明标准的降低实现外,还可以从证明要件的减少、举证负担的倒置以及证明方式的改变等方面加以考虑。

## 第一节　证明问题概述

反垄断民事诉讼具有很高的复杂性和很强的“市场背景”,原告承担非常大的举证负担。原告在一项诉讼中究竟要承担什么样的负担,主要由实体法加以规定,实体法加以规定的方式就是规定一定的诉因:一定的构成要件加一定的法律效果。构成要件在具体案件中得以重现时,即适用相关的法律效果。以侵权责任的诉因为例,一个法域可能规定:如果满足了侵权行为、损害、损害与侵权行为之间的因果关系这3个要件,则应适用的法律效果是侵权人向受害人支付损害赔偿。该法域还可能同时规定:如果满足了侵权行为、损害或损害的威胁、二者之间的因果关系这3个要件,则应适用的法律效果是侵权人应停止侵权行为。此时,若实体法或诉讼法没有特别规定,原告要请求损害赔偿,就应该证明前述第一个诉因规定的3个构成要件在本案中得到了满足;要请求禁令,就应该证明前述第二个诉因规定的3个构成要件在本案中得到了满足。

具体到反垄断诉讼中的损害赔偿请求,在一般情况下,原告需要证明被告违反了反垄断法(侵权行为),原告受到了损害,二者有因果关系。另外,有的法域还要求原告证明被告存在过错;原告通常还需证明其受到的损害的程度(损害赔偿的金额),有时还需证明反垄断法上的因果关系。这时原告就承担了证明5~6个构成要件的证明负担。我们需要看到,这其中任何一项构成要件的证明都是一项极其沉重的负担。以第一个要件(被告违反反垄断法)为例。反垄断法是调整市场竞争秩序的法律,其所使用的众多概念都是经济学的概念,与市场结构、市场行为、市场效果等具有不可分割的联系。要认定垄断行为的存在,往往需要对整个市场进行广泛的调查、取证工作,以决定相关企业的市场力量,对市场竞争的影响等。在适用"合理原则"判断违法性的案件中,这种困难尤其突出。仅证明被告的行为本身往往就极其困难,例如,随着违法者反侦查意识的提高,违法行为越来越隐蔽,要直接证明垄断协议,在当今几乎是不可能的,必须借助于大量的间接证据和推导。再以第三个要件(违法行为与原告损害之间的因果关系)为例,由于商业世界具有极大的变动性,经营决策和结果往往受到不计其数因素的影响,要证明违法行为与损害之间的因果关系,就应该排除其他因素的影响,单单是要找到这些影响因素就是极其困难的事。同样,在证明原告应获得的损害赔偿额时,只有因被告行为造成的部分才应由被告赔偿,因此必须扣除其他因素对原告造成的损害。这些证明非借助复杂的数学和经济学手段几乎是无法完成的。

同时,成功证明反垄断案件所需的证据,分布也很不对称,①即原被告之间存在严重的信息不对称;被告较原告控制或者可以获得更多关于某一诉讼请求

---

① Commission Staff Working Paper annex to the Green Paper on damages actions for breach of the EC antitrust rules, SEC(2005)1732, para. 81.

的证据。[1] 反垄断案件中往往需要证明被告的市场地位（如市场份额）、交易做法等，而这些资料通常都处于被告的完全占有之下，或者处于其他市场参与者的占有之下，不借助竞争当局的调查和强有力的调查取证制度往往无法获得。

反垄断私人诉讼的上述特点要求，如果希望私人损害赔偿诉讼在反垄断执法中扮演重要角色，必须对反垄断法上的证据和证明问题给予足够的重视，以此为原告提供足够的激励和负担减轻。[2] "欧洲联盟法院呼吁在竞争法集体救济机制中适用起诉方必须就其诉讼请求举证的原则，但如果适用的国内法规定了减轻证明负担方法，或者更容易地接近被告持有的信息和证据的方法，则应该适用这些规定。"[3]除了对于民事诉讼法进行修改，提供更多的当事人收集信息的手段和能力之外，我们还需要对证据法的一些问题加以考察。

## 第二节　证据的收集

在民事程序中，当事人事实上承担了三重负担（burden），即诉答负担、举证负担和说服负担。[4] 举证负担和说服负担，在我国又分别称为举证责任和说服责任。诉答负担或称主张负担，是指当事人必须主张构成诉讼请求（诉因）或抗辩的各个要件在本案中得以成就，即提出需要加以证明的要件事实。当事人应在诉答阶段主张何种事实，在不同的民事制度下可能会有所不同。美国《联邦民事程序规则》（以下简称《规则》）规定："一份提出救济请求的诉答状……应该包括……对于法院管辖权的简短陈述……对于该请求的简短陈述以表明诉

---

① Commission Staff Working Paper annex to the Green Paper on damages actions for breach of the EC antitrust rules, SEC(2005)1732, para. 52.

② 例如，截至20世纪90年代中日本法院没有在一例反垄断法诉讼中判决原告获得损害赔偿，其原因之一被认为是原告承担了较重的证明负担：日本最高法院在两个案件中判决，固定价格案件中，原告不但要证明协议生效期间出现了价格上涨，而且要证明如果没有协议本将不会出现价格上涨；其他原因还有公正交易委员会裁决前置程序以及该等裁决具有何种证据效力存在疑问。See Harry First, "Antitrust Enforcement in Japan", *Antitrust Law Journal*, pp. 147 - 148 (Fall 1995).

③ European Parliament resolution of 26 March 2009 on the White Paper on damages actions for breach of the EC antitrust rules (2008/2154(INI)), P6_TA(2009)0187, para. 12.

④ 参见［美］迈克尔·H. 格莱姆：《联邦证据法》（第4版）（英文影印本），法律出版社1999年版，第45页。关于这方面的一般性介绍，参见兰磊编著：《英文判例阅读祥解》，中国商务出版社2006年版，§12.0.4。

答人有权获得救济,以及要求给予所寻求救济的判决请求。"[1]以《规则》为代表的诉答制度称为"通知诉答"(notice pleading),诉答的作用仅限于通知对方当事人案件涉及什么事项,争点的界定主要交由其后的开示程序来完成。

另一类诉答制度称为"事实诉答"(fact pleading),诉答状中不但要指出相关诉讼请求,还必须进一步指出相关的事实和法律,甚至支持它们的证据。例如,《跨国民事程序通则》(以下简称《通则》)规定:"在诉答阶段,当事人必须以合理细节提出相关事实、他们的法律论点及请求的救济,并充分具体地记载拟用以支持其主张的可以获得的证据。"[2]"充分具体"的要求通常以如下方式得到满足:指明构成诉讼请求或抗辩基础的主要文件;或者简明地概要相关证人预计会作出的相关证言。[3] 事实诉答的缺点在于,原告在起诉之前必须凭自己的能力收集足够多的证据,如果原告无法获得相关的证据就无法提起诉讼并进而依靠法院的力量调查事实。对于反垄断法这类证据主要不在原告手中的诉讼,这种诉答方式给原告带来的困难尤其沉重。

为了在一定程度上缓解原告诉前获得证据的困难,《通则》接着规定:"如果一方当事人无法提供相关事实的合理细节或做到证据的充分具体,但就此说明了良好理由,法院应充分考虑在随后程序过程中发展该等必要事实和证据的可能性。"[4]从而,即便原告无法详细和具体地提出相关事实和证据,只要法院认为程序进行中可能出现该等事实和证据,也应该准予起诉。我国《民事诉讼法》也作了事实诉答的规定:起诉状需记载"诉讼请求和根据的事实和理由;以及证据和证据来源,证人姓名和住所";[5]但相比之下并没有《通则》这样的缓和规定。

在证据收集方面,美国《规则》也赋予了当事人强大的证据收集能力。美国私人反托拉斯损害赔偿诉讼盛行的一个主要原因,即被认为是其强大的证据开示制度。[6] 而我国民事诉讼法上规定的取证制度很难满足反垄断法损害赔偿诉讼的需要。民事诉讼法的问题超出了本书的研究范围。在我国民事诉讼法规定的事实诉答方式下,更应该赋予私人强大的取证能力,否则原告无法提出足

---

① Fed. R. Civ. P. 8(a).

② ALI / UNIDROIT Principles of Transnational Civil Procedure, Principle 11.3, sentence 1.

③ ALI / UNIDROIT Principles of Transnational Civil Procedure, Comment P-11B.

④ ALI / UNIDROIT Principles of Transnational Civil Procedure, Principle 11.3, sentence 2.

⑤ 参见我国《民事诉讼法》第110条。

⑥ 关于美国和英国的证据开示制度,参见兰磊编著:《英文判例阅读详解》,中国商务出版社2006年版,§§11.1.4.4 & 11.3.2.7 & 11.3.2.8。

以支持起诉的事实和证据，根本无法起诉，更何谈以私人诉讼阻吓违法之目的的实现。

## 第三节　证明负担及证明标准

证明问题涉及当事人的举证负担和说服负担以及证明标准。举证负担和说服负担通称为证明负担。① 我们这里只需简单了解举证负担即可。举证负担是提出支持自己诉讼请求或抗辩（具体到某一要件）的证据的负担，以使程序能够继续进行。由谁承担证明案件中某一要件的负担，在证据法上称为"举证负担的分配"。举证负担分配的一般原则是"谁主张，谁举证"，即提出主张的一方负有提出足够支持该主张进入程序的证据的负担。因此，在通常情况下，原告要为其诉讼请求举证，被告要为其抗辩举证。② 例如，《通则》规定："通常，各方负有证明作为其案情基础的所有重大事实的负担。"③

具体到反垄断法上的损害赔偿诉讼，按照"谁主张，谁举证"的一般原则，原告需要证明本章前文提到的损害赔偿责任的各个要件，即违反法律、损害的存在、因果关系，以及法律可能要求的其他要件；而被告要证明相关的抗辩。例如，在违法性这一构成要件问题上，欧盟第 1/2003 号条例规定："在任何适用条约第 81 条和第 82 条的国内或欧盟程序中，证明违反第 81 条第 1 款或第 82 条的负担由主张该违反行为的当事人或机构承担。主张条约第 81 条第 3 款好处的事业或事业团体，应承担证明该款规定的条件得到满足的负担。"④如前所述，原告证明这些要件往往存在非常重大的困难。

不过，举证负担的分配也并非完全遵循"谁主张，谁举证"的原则，出于某种

---

① 参见［美］迈克尔·H. 格莱姆：《联邦证据法》（第 4 版）（英文影印本），法律出版社 1999 年版，第 45 ~ 46 页；［美］托马斯·A. 马沃特、沃伦·D. 沃尔夫森：《审判证据》（第 2 版）（英文影印本），中信出版社 2003 年版，第 359 页。

② Commission Staff Working Paper annex to the Green Paper on damages actions for breach of the EC antitrust rules, SEC(2005)1732, para. 78.

③ ALI / UNIDROIT Principles of Transnational Civil Procedure, Principle 21. 1.

④ Council Regulation(EC) No 1/2003, Art. 2. 不过，被告主张该抗辩时，只需证明第 81 条第 3 款能够合理地得以适用，然后由欧盟委员会进一步调查这些事实，如果调查的最终结果是出现事实真伪不明的情况，应该按照疑罪从无的原则作出有利于被告的认定。See Frank Montag & Andreas Rosenfeld, *A Solution to the Problem? Regulation 1/2003 and the modernization of competition procedure*, ZWeR 2/2003, 120 - 121(2003).

考虑,法律可能会规定某些要件的证明负担由非主张方承担。在分配由哪一方承担举证负担时,通常会考虑(但不限于)以下因素:①(1)谨慎和便利。举证负担往往落在寻求改变现状者身上。(2)政策。例如,为了鼓励一类诉讼可以将举证负担加于被告从而减轻原告的负担,而为减少一类诉讼可以将举证分担加于原告从而加重其负担。(3)公平。据此,举证负担通常加于控制证据的一方身上,例如,原告主张被告曾向其借钱且没有偿还,他只须证明借钱的事实,无须证明没有偿还,而由被告作为抗辩提出已经偿还并对此加以证明。

因此,为了鼓励反垄断法的私人执行,以及为了公平(因为反垄断法案件中证据分布的一个重要特点就是原被告之间存在证据不对称),适当情况下应该通过举证负担的分配适当减轻原告的举证负担。

"说服负担"是指承担说服事实审理者最终作出对其有利判决的负担,如果双方提出的证据刚好达到证明标准的分界点(如民事诉讼中刚好平衡),则负有说服负担的一方承担败诉后果。说服负担和证明标准紧密相连。证明标准设立了一个临界点,负有说服负担者提供的证据位于在该点上或者证据更少的一边时败诉,超过这一点则胜诉。民事诉讼中的一般证明标准是"证据占优"(preponderance of the evidence)或叫"盖然性平衡"(balance of probabilities),它要求证据显示负有说服负担者的主张为真的盖然性比为假的盖然性更大,现在这一标准常被表述为"为真比为假的盖然性更大"(more probably true than not true)。② 刑事诉讼中通常使用"排除合理怀疑"(beyond a reasonable doubt)标准,因此,如果如果存在任何合理的怀疑或其他合理的解释就不得定罪。民事诉讼中还有一个较为少见的证明标准,即"明显和令人信服"(clear and convincing)标准,它高于证据占优标准,但是低于刑法上的排除合理怀疑标准。较低的证据标准更加有利于原告胜诉。

在反垄断损害赔偿诉讼中,通常都适用一般民事诉讼的证明标准。但是,反垄断诉讼中证明损害程度往往存在非常大的困难,各种计算方法也往往难以

---

① 参见[美]迈克尔·H.格莱姆:《联邦证据法》(第4版)(英文影印本),法律出版社1999年版,第44页。

② ALI / UNIDROIT Principles of Transnational Civil Procedure, Principle 21.2("如果法院合理地相信一事实的真实性,该事实即视为得到证明"),相关的评论认为这一"合理地相信"标准与证据占优标准实质上相同。

准确计算出原告所受损害。[①] 因此,许多国家对于原告证明损害程度(损害赔偿额)要件,都仅要求较证明损害之存在时更为宽松的证明标准。[②] 例如,在美国反托拉斯法损害赔偿诉讼中,联邦最高法院早在1931年就判决,证明损害赔偿金额的证明标准低于证明损害事实的标准。[③] 经第7次修订的德国《反对限制竞争法》通过援引德国《民事诉讼法》第287条降低原告证明损害金额的证明标准,即法院可以"根据《民事诉讼法》第287条决定损害程度",[④]该第287条是一条减轻证明负担的一般性规定,授权法官根据某些事实估算损害赔偿的水平。[⑤] 另外,《反对限制竞争法》第33条第3款明确指出,在估算损害赔偿时,可考虑被告因违法获得的利润。因此,如果原告提出了计算的基础(basis)或估算的损害赔偿金额并且指明了可能的损害赔偿区间,通常通过指明最低金额,即足够了。[⑥] 日本1998年修订后的新《民事诉讼法典》第248条也允许法院根据审理时提交的辩论和证据决定合理的损害赔偿。瑞士《债法典》第42条规定:"损害赔偿请求权人应当证明其损害。不能计算确定的损害时,法官可以充分考量事件的过程及受害人所采取的措施而自由决定。"该条实际上是规定了较低的证明标准。荷兰《民法典》第6章第97条规定:"法官以与损害之性质最相适应的方式对损害进行估价。于不能精确确定损害范围之情形,对其进行估定。"尽管表面上该条是对损害赔偿范围的规定,但其也起到降低证明标准的作用。反垄断损害赔偿案件作为民事案件的一种,无疑也适用前述法域一般法有关损害赔偿金额证明标准的特别规定。

我国《民事诉讼法》没有就证明负担和证明标准问题作出专门规定。但最高人民法院《关于民事诉讼证据的若干规定》(以下简称《规定》)则采用了与大

---

① Jan Christian Eggers, *Removing Obstacles to EC Antitrust Litigations—Learning a Lesson From US Law?* 32(2004);关于损害赔偿的计算参见《关于因违反欧共体竞争规则提起损害赔偿诉讼的条件的研究——计算损害赔偿的经济模型分析》(Analysis of Economic Models for the Calculation of Damages)。

② 参见赖源河:《公平交易法新论》,中国政法大学出版社2002年版,第449~451页;Jan Christian Eggers, *Removing Obstacles to EC Antitrust Litigations—Learning a Lesson From US Law?* 31-32(2004).

③ Story Parchment Co. v. Paterson Parchment Paper Co., 282 U. S. 555, 562(1931).

④ GWB, § 33(3) sentence 3.

⑤ Alexander Rinne and Kathrin Lübbe-Späth, "Private Antitrust Litigation in Germany", *The European Antitrust Review* 2006, p. 133.

⑥ *European Antitrust Review* 2009, § 4 - Germany.

多数法域相同的制度。第2条第1款规定:"当事人对自己提出的诉讼请求所依据的事实或者反驳对方诉讼请求所依据的事实有责任提供证据加以证明。"第2条第2款规定:"没有证据或者证据不足以证明当事人的事实主张的,由负有举证责任的当事人承担不利后果。"第73条第1款规定:"双方当事人对同一事实分别举出相反的证据,但都没有足够的依据否定对方证据的,人民法院应当结合案件情况,判断一方提供证据的证明力是否明显大于另一方提供证据的证明力,并对证明力较大的证据予以确认。"由此可以看出,第2条第1款采用"谁主张,谁举证"的原则;但相关法律另有规定的例外,《规定》第4条第2款规定:"有关法律对侵权诉讼的举证责任有特殊规定的,从其规定。"《规定》第2条第2款和第73条第2款明确了证明负担中的说明负担问题。《规定》第73条第1款明确民事诉讼中采用"证据占优"的证明标准。这些规定对于我国民事诉讼中的证据制度建设具有积极的作用,但是仍然比较粗略,没有考虑到特殊案件的特殊性。以证明标准为例,前引多个法域都在一般性或专门法中针对难以计算损害赔偿金额的情况作了专门规定,降低证明标准。这是值得学习的地方。

## 第四节　其他减轻举证负担的方式

前文从多个方面论述了反垄断法诉讼中应减轻举证负担的理由,但具体如何减轻负担呢?减轻举证负担,除了可以借助举证负担的分配和证明标准的降低实现外,还可以从证明要件的减少、举证负担的倒置以及证明方式的改变等方面加以考虑。

### 一、减少证明要件

证明要件的减少,即从诉因中减除某一构成要件,从而免除原告证明某一要件的负担,同时也不允许被告通过反证该要件提出抗辩。法律可以规定诉因中不包含某一要件(如过错)。例如,日本《禁止垄断法》第25条即明确规定,反垄断损害赔偿诉讼不要求过错要件,被告也不能以其不存在过错为抗辩事由。我国台湾地区"公平交易法"第31条规定:事业违反本"法"之规定,致侵害他人权益者,应负损害赔偿责任。该条是一般性损害赔偿规定,从表面上来看并没有对"民法"侵权损害赔偿有所突破。但是出于"反垄断法"保护竞争的特殊目的，有学者认为，在“公平交易法”上该条应解释为无过失责任，即从“民法”侵权责任的7个要件中去除“过失”要件；有的学者虽然不赞同将其解释为无过失责任，但是也认为只要可以证明存在违法行为就可以推定有“过失”，甚至不少情形下可以推定有“故意”，要推翻这一规定几属不可能。① 爱尔兰最高法院(Irish Supreme Court)在其判决的Dermot Donovan v. Electricity Supply Board案②中确认，违反竞争法要承担损害赔偿责任，在损害赔偿的判赔方面与任何侵权或民事不法行为适用相同的方式。该院在本案中还判决只有在涉及惩罚性损害赔偿时，才会考虑被告的动机或意图，没有故意或过失并不构成不承担责任的理由。我国《反垄断法》第50条没有使用“由于过错”的字眼，这与《民法通则》第106条第2款和《侵权责任法》第6条第1款对一般侵权责任构成要件的规定明显不同。因此，从字面上来看，以及从反垄断法维护竞争的目的和鼓励私人执法的要求上来看，我国《反垄断法》对于损害赔偿请求权不要求“过错”要件。

法律还可以规定满足一定条件时即不可反驳地推定某一要件得到满足，不可反驳的推定效果上等同于去除了一个要件。例如，在法国反垄断法上，证明违法即不可反驳地推定过错的存在，即受害人通常只需证明被告的行为违反了反垄断法或者是不合理的行为即可认定过错。③ 实践中，只要某一做法受到欧盟委员会或法国反垄断法执法机构竞争理事会的制裁，即已证明了过错，虽然欧盟委员会或法国竞争理事会的决定对法院并无约束力。④ 欧洲议会也认同成员国的这些制度：“(欧洲议会)强调应受谴责行为必须总是损害赔偿诉讼的要件，违反欧盟竞争规则的行为必须至少是过失的，除非成员国法律规定在认定违反欧盟竞争规则后自动默认或者可反驳地推定过错的存在，以确保竞争执法的一致和连贯。”⑤

---

① 参见黄铭杰著：《公平交易法之理论与实践—不同意见书》，台北，台湾学术文化事业有限公司2002年版，第566页注21。

② [1998] EuLR 212.

③ 采用这一做法的国家还有比利时、匈牙利、卢森堡、马耳他、荷兰。See *Comparative Report*, 51.

④ France Report, 10, 可以在以下网站查到：http://ec. europa. eu/comm/competition/antitrust/others/actions_for_damages/executive_summaries/france_en. pdf.

⑤ European Parliament resolution of 26 March 2009 on the White Paper on damages actions for breach of the EC antitrust rules(2008/2154(INI)), P6_TA(2009)0187, para. 15.

## 二、举证负担倒置

举证负担倒置,是将原本应由原告证明的事项反过来由被告反证,原告只需提出主张和基本的证据即可。例如,在存在信息不对称的情况下,法律规定,一旦原告提出了被告违法的表面证据,被告即有义务解释或正当化与其控制的证据相关的事项。① 如德国《反对限制竞争法》规定,在中小企业依滥用市场支配地位理论提起的私人诉讼中,如果根据具体事实和一般经验判断,具有市场支配地位的企业有滥用该地位的迹象,并且如果原告对这些方面无法予以澄清,而被告能够容易地予以澄清,并且可以合理期待其予以澄清,则被告有义务澄清其业务范围的相关方面。② 按照一般侵权法的规定,原本应由原告证明被告存在故意或过失,但是为了减轻原告的负担可以规定"除非被告证明其不存在故意和过失",否则应承担责任,从而将反证不存在故意或过失的负担施于被告。

## 三、简化证明方式

证明方式,即如何证明的问题。在一般情况下,当事人可以使用直接证据直接证明待证事实,也可以通过间接证据间接地证明待证事实。不过,也并非所有的案件事实都要经过当事人的举证证明,其中经过正式自认的事实、推定的事实和司法认知的事实都无须举证证明。这些方式的使用也具有减轻原告举证负担的作用。推定(presumption)是指一项法律规则,据此,如果某些事实(称为基础事实)得以证明,另外一些事实(称为推定事实)则必须被视为得以证明,除非相对方提供了反驳证据(rebutting evidence)。③ 可反驳的推定具有转移举证负担的作用,其效果相当于原告在推定事实问题上提出了一个具有表面证据的案情;本来负有证明推定事实负担的当事人被解除了就此举证的负担,相对方则承担了反驳(rebut)推定事实成立的举证负担,他既可以反驳基础事实

---

① Commission Staff Working Paper annex to the Green Paper on damages actions for breach of the EC antitrust rules, SEC(2005)1732, para. 99.

② GWB, §22(5).

③ 参见[美]迈克尔·H. 格莱姆:《联邦证据法》(第4版)(英文影印本),法律出版社1999年版,第49页;[美]托马斯·A. 马沃特、沃伦·D. 沃尔夫森:《审判证据》(第2版)(英文影印本),中信出版社2003年版,第361页。关于推定,参见兰磊编著:《英文判例阅读详解》,中国商务出版社2006年版,§12.0.5。

的存在也可以反驳推定事实本身。例如,在某些国家的反垄断法制度下,一旦原告证明违反反垄断法即可推定被告存在过错,从而使被告承担了证明其不存在过错的举证负担。

综上,鉴于反垄断法案件的复杂性,私人起诉要承担很大的证明负担。为了激励私人起诉,借此实现反垄断法的执法目的,大多数法域都在证明方面通过各种途径减轻原告的负担。例如,减少反垄断损害赔偿的构成要件,或者实行举证责任倒置,或者采取推定,或者降低证明的标准。各法域在采用这些措施的同时也充分考虑到被告的利益,出于公平的考虑,主要是在对被告的利益没有实质性影响而对原告阻碍较大的事项上加以突破,如被告掌握有主要证据,易于反驳的事项。另外,民事诉讼法的规定也会对反垄断案件中原告的证明能力产生重大影响,如诉答负担的加重和取证能力的贫弱,因此民事诉讼法应作相应修改或者在反垄断法中加以调整。

# 第八章　反垄断私人诉讼的专家制度

反垄断诉讼中几乎每一个需要证明的事项都是一个专业问题，都需要借助经济学、会计学、管理学等方面的专业知识。在反垄断诉讼中，以下事项几乎都必须借助这些法律之外的专门知识方可证明和认定：相关市场、市场力量、掠夺性定价、共谋性或竞争性定价、定价结构、供给和需求弹性、边际成本、效率问题、进入壁垒、对竞争或当事人的影响、反托拉斯法损害、损害赔偿金额等。本章分3节展开，第一节"反垄断诉讼对于专业知识的需求"，第二节"专家证据"，第三节"与公共执法机关的协调"。

## 第一节　反垄断诉讼对于专业知识的需求

某一行为是否构成垄断违法行为，要以案件事实和反垄断法实体规定为评判的依据。各国反垄断法通常规定了3大类的垄断违法行为，即限制性协议、滥用市场支配地位和过度市场集中。其中，每一大类又包含很多种具体的违法行为。每一种违法行为都有其自己的构成要件，原告证明案件事实满足了这些要件规定时，即可认定被告行为违法。

例如，美国《谢尔曼法》第1条[禁止限制性协议]规定："任何合同，任何托拉斯形式或其他形式的联合，或者任何共谋，如果限制州际间或者与外国之间的贸易或商业，都是非法的。”这里的要件包括“任何合同，任何托拉斯形式或其他形式的联合，或者任何共谋”，以及“限制州际间或者与外国之间的贸易或商业”。根据字面，要认定被告违反该条规定，原告必须证明被告之间存在“合同”“托拉斯形式的联合或其他形式的联合”或者“共谋”，并且该等合同、联合或共谋“限制州际间或者与外国之间的贸易或商业”。

但是，要证明垄断违法行为并不像初看起来那么简单，因为反垄断法旨在保护市场竞争，法律规定的垄断违法行为的要件也着眼于对市场竞争的影响。例如，美国《谢尔曼法》“限制州际间或者与外国之间的贸易或商业”要件即如此，即被告行为须影响了州际间的或国际间的贸易或商业，对于州际或国际竞争秩序造成了损害。因此，具体行为是否构成违法要在具体的市场中去考察，对于垄断违法行为的证明①便因此具有了“市场背景”，需要以更广泛的视角观察相关事实，需要证明被告行为对于相关市场的影响。因而，垄断违法行为要件的证明往往非常困难。

在反垄断诉讼中，以下事项几乎都必须借助这些法律之外的专门知识方可证明和认定：相关市场、市场力量、掠夺性定价、共谋性或竞争性定价、定价结构、供给和需求弹性、边际成本、效率问题、进入壁垒、对竞争或当事人的影响、反托拉斯法损害、损害赔偿金额、集团认证和简易程序。②“当事人想要不借助某种类型的专家证据——最普遍的是经济学专家证据——来证明反托拉斯法案件的要件，已经变得越来越难了，即便说不是不可能的话。”③而法官和律师都只是法律方面的专家，这些专业领域并非其专长所在。因此，要胜任反垄断案件的裁判工作，法庭程序必须以适当的方式输入专业知识，协助律师和法官的工作。

各国民事诉讼法都规定了一定的输入专业知识的渠道。如英美法系国家主要依靠当事人聘请专家证人提交专家意见并出庭作证，另外，还使用法庭之友、诉讼参加等制度。而大陆法系国家更多地依靠鉴定机构出具的鉴定书获得

---

① 不少法域还要求损害的证明具有市场背景，即原告须证明其所受损害源自于市场机制受到的损害，无论是作为起诉资格（如美国的反托拉斯法损害原则）还是作为求偿的实体要件（如一些大陆法系国家在因果关系问题上采用的法规目的说）。

② Yee Wah Chin, “Use of Expert Witeness in Antitrust Litigation”, in Yee Wah Chin and M. Sean Royall, *Antitrust Litigation: Stratagies for Success*, Practising Law Insititute, 131(1998).

③ *ABA Section of Antitrust Law*, *Antitrust Evidence Handbook*($2^{nd}$ Edition), 167(2002).

专业上的协助。此外,鉴于反垄断案件的特点,一些法域的反垄断法还规定了专门的制度,如赋予法院征求公共执法机关意见的权力,或利用后者之调查权力或认定结论的权力。

本章以下部分不讨论专家鉴定制度,而着重介绍英美法的专家证人制度和相关法域反垄断法上的专门制度,以供我国立法和司法机关借鉴。

## 第二节 专家证据

### 一、美国专家证据制度

在美国反托拉斯法诉讼中,专家证人得到广泛的运用。根据《联邦证据规则》的规定,“基于知识、技能、经验、培训或教育有资格作为专家的证人”可以以“意见或其他形式”作证。① 专家证人可以根据其在庭审时或之前知道或获知的事实或数据作为其意见或推断的基础。并且如果特定领域就相关主题形成意见或推断时会合理依赖这些事实或数据,即便这些事实或数据本身不具有证据可采性,也不影响专家证人使用。② 另外,专家证人可以以意见或推断形式作证并提供理由,且除非法院另有要求,无须首先就基础事实或数据作证,但在交叉询问过程中对方律师可要求其披露。③

《联邦民事程序规则》要求当事人必须在审前相互披露可能在审理过程中作证的专家的身份,并且对于专门聘请出庭作证的专家证人或者经常以专家证人身份作证的雇员证人,应同时向对方提供一份详细的专家证词报告。④ 交换专家证人情况和报告后,双方可相互对对方的出庭专家证人作庭外录证,并且特殊情况下,还可以以质问书或庭外录证的方式对非出庭专家持有的意见或所知的事实进行证据开示。⑤

依《联邦证据规则》第104条,证据的可采性问题,是一个应由法院在审前首先决定的初步问题。《联邦证据规则》和联邦最高法院的判决要求审理法院对于专家证人提交的专家证言(包括有关经济学的证言)做最基本的审查,满足

---

① Fed. R. Evid. 702.

② Fed. R. Evid. 703.

③ Fed. R. Evid. 705.

④ Fed. R. Civ. P. 26(a).

⑤ Fed. R. Civ. P. 26(b). 关于证据开示,参见兰磊编著:《英文判例阅读详解》,中国商务出版社2006年版,§11.1.4.4。

一定条件的专家证言才可以作为证据材料提交审判过程。依最高法院的Daubert v. Merrell Dow Pharmaceuticals 案[①]判决，初审法院在采信专家证言之前“必须”对其进行审查，作为专家证据进入审理程序的“守门员”，确保专家证言不但有可靠的基础，而且与待证事实具有相关性。相关性审查旨在确保专家证据与待证事实之间存在有效的科学联系。可靠性审查是要确保专家证据基于科学之方法和程序，在进行这种审查时，法院可以考虑以下因素：(1)相关科学理论或方法能否加以检验；(2)是否已受同行评审及已发表；(3)一个具体科学方法，是否有已知或潜在的差错率，是否有控制该方法操作的标准；(4)该理论或方法是否在一个相关科学共同体范围内被普遍接受。经过上述审查，如果初审法院发现相关专家证言不具备可靠性和相关性，将不予采信，从而保证法院对科学理论和方法进行一定的筛选，防止伪科学进入审理程序。

1999 年美国联邦最高法院在 Kumho Tire Co. v. Carmichael 案[②]中明确宣布，Daubert 案宣布的初审法院的“守门员”义务，不但适用于以“科学”知识为基础的专家证据，也适用于以“技术的”和“其他专业性的”知识为基础的专家证据。[③] 因此，像经济学这样的“软科学”也是 Kumho 案意义上的“科学”。在反垄断案件中，初审法院有义务作为“守门员”对基于经济学等专业知识的科学证据进行审查，以保证专家证言所基于的科学是真正的科学，而非伪科学。2002 年 12 月美国《联邦证据规则》第 702 条据此进行了修订，修订后条文如下：“如果科学的、技术的或其他专门的知识有助于事实审理者理解证据，或者有利于其决定一项系争事实，则基于知识、技能、经验、培训或教育而有资格作为专家的证人，可以以意见或其他方式就该等证据或事实作证，但须以满足以下条件为前提：(1)该证言基于充分的事实或数据；(2)该证言源于可靠的原则和方式；且(3)该证人以可靠的方式将该等原则和方式适于案件事实。”反垄断案件中广泛运用经济学分析的方法，一类是基础的微观经济学、产业经济学理论，构成反垄断法的框架基础，如如何界定市场力量、如何分析垄断的危害等均依靠于此。这类经济学分析目前已在反垄断分析中相对固定下来，被广泛接受。因此，无论是按照 Daubert 案的标准还是按照美国《联邦证据规则》第 702 条的标准，通常都可以满足可采性要求，除非当事人要求法院采用新的经济学理论处

---

① 509 U. S. 579(1993).

② 119 S. Ct. 1167(1999).

③ Ibid. ,at 1171.

理这些问题，这些需要依第702条的标准进行审查。另一类是数理经济学方法在分析因果关系、计算损害赔偿金额等方面的应用。这是反垄断案件中出现的相对较新的经济分析方法，且新的方法不断出现。这类新方法在法院审理中的可采性，是审判过程中需要法官审查的一个问题。

## 二、中国现行专家证据制度及其完善

我国《民事诉讼法》采用鉴定制度，而非专家证人制度。民事诉讼法仅就鉴定程序制度作了原则性的规定。第76条第1款规定："人民法院对专门性问题认为需要鉴定的，应当交由法定鉴定部门鉴定；没有法定鉴定部门的，由人民法院指定的鉴定部门鉴定。"最高人民法院《关于民事诉讼证据的若干规定》（以下简称《规定》）第25～29条和第59～60条对此作了一定的细化规定。但是，在适用于反垄断法案件时可能会遇到很多问题。首先，由于反垄断案件高度复杂，许多问题分别涉及不同领域的专业知识，如果采用鉴定书的方式，必然要由众多机构分别做出鉴定，如何管理是一个问题。其次，就鉴定时间而言，依《规定》，当事人申请鉴定的时间是在"举证期限内"（第25条），交换证据之前（第38条）和确定争议之前（第39条）。因此，当事人必须在不了解对方证据也不知道哪些事项存在争议的情况下提出鉴定申请，这几乎是不可能的。最后，鉴定程序没有当事人的参与，也没有法院的参与和监督，完全是一个"暗箱操作"程序。即便是法官有责任审查鉴定书（第29条），但由于法官缺少专业知识，审查也只能流于形式。尽管当事人可以聘请"有专门知识的人"（专家）在庭审中质证鉴定人，但质证的后果只能是否定鉴定结论的可采性（第29条第1款），而非削弱其证明力，从而导致重新鉴定或补充鉴定。由于当事人无法参与鉴定过程，对鉴定结论的公正性非常怀疑，他必然会极力反对鉴定结论的可采性，并导致多次重复鉴定，最终会使诉讼程序久拖不决。

相比之下，在英美法的专家证人制度下，当事人可在庭审前任何时间聘请专家证人协助发展案情，并且专家可在审理中出庭作证。因此，当事人对于专家证人的使用必要性有较大程度的控制。同时，专家意见在庭审前交换并且专家在庭审过程中接受询问，法院（或陪审团）在听取询问后对于专家意见的可采性以及证明力做出判断，而非完全否定或完全采纳，因而不会导致重复鉴定的问题。由于专家作证是公开的程序，有当事人的积极参与，程序上的不公正性也降至最低。因此，相比之下我们更加认同英美法的专家证人制度。

《规定》在这些方面进行了一定的尝试,但还有待完善。其第 61 条规定:"当事人可以向人民法院申请由一至二名具有专门知识的人员出庭就案件的专门性问题进行说明。人民法院准许其申请的,有关费用由提出申请的当事人负担。审判人员和当事人可以对出庭的具有专门知识的人员进行询问。经人民法院准许,可以由当事人各自申请的具有专门知识的人员就有案件中的问题进行对质。具有专门知识的人员可以对鉴定人进行询问。"这是引进英美法专家证人制度的一种尝试。但是由于我国《民事诉讼法》本身并未加以规定,且《规定》本身的规定也比较模糊,对于专家证人的地位、证言的证明力等问题均未明确。而且,在我国现有民事诉讼框架下,在举证时限、交换证据、调查取证等配套环节不改革的情况下,引进这一制度,其效果也是很值得怀疑的。从这几年的司法实践看,法院先后在北京锐邦诉上海强生纵向固定价格垄断案、奇虎公司诉腾讯公司滥用市场支配地位案采用了专家证人制度,取得了一些经验,但对于如何审查专家意见的效力,各个法院执行情况不一。

关于法院对于鉴定意见的审查,《规定》第 29 条要求审判人员对鉴定书进行审查,但这种审查只是形式上的审查,只确保鉴定书中包含"鉴定的依据及使用的科学技术手段","对鉴定过程的说明"。而对于当事人聘请的专家,《规定》第 61 条未对审判人员规定任何审查义务。这种规定对于反垄断案件这种大量使用经济分析方法的案件而言,显得过于简单,需要法院制定相应的规则,或在反垄断法中作出具体规定。

## 第三节　与公共执法机关的协调

### 一、赋予公共执法认定以证据效力

除了当事人或法院聘请专家证人以外,法院还可以利用其他方面的专业知识,其中最主要的是公共执法机关,以及其他专业人士或机构。在私人诉讼案件中,反垄断执法机构提供一定的支持,对于私人胜诉具有重大的意义,在私人取证能力不强、反垄断法理发育不成熟的情况下更是如此。给予公共执法机构的违法认定一定的效力,可以减轻私人原告和法院的负担。而公共执法机构就救济方案和法律的解释和适用向法院提供意见,一方面有利于反垄断法法理的培育;另一方面可以让法院有机会了解政府在反垄断执法方面的政策,更有利于公共利益的维护和滥诉的防止。

在设计赋予公共执法机构的认定以一定的效力时,首先需要回答的一个问题是,既然私人执法存在如此巨大的困难,如果反垄断执法的目的在于阻吓违法,在公共执法机构处理过的案件中,为什么不直接由公共执法机构征收高额的罚金替代私人执法呢?原因在于这样做无法实现矫正正义。

为了实现其矫正正义的目的,是否可以考虑以下两种方案:第一,在公共执法机构执法的案件中,由公共执法机构征收高额罚款,然后设立一个基金用以补偿私人的实际损失。第二,如果公共执法机构通过向法院起诉执法(如美国的情况),采用案件合并的方式处理私人的损害,即要求所有受到损害的私人限期在公共执法机构的案件中起诉,并证明其损害。第一种方案并不是不可行,不过公共执法机构在征收罚款时往往并不会严格考虑违法行为给其他市场参与者带来的损害,因此如果采用这种程序,罚款的征收和分配就需要更加谨慎,考虑是否足以支付所有受害的私人。同时,公共执法机构的一部分资源可能被浪费在管理罚款的分配过程。另外,在我国现行的财政体制下,将基金设置在行政机构内,会不会被私吞挪用也是很值得怀疑的。第二种方案可能是一种较好的选择,但是在我国现行行政执法体制下没有适用的余地,除非法律规定公共执法机构通过向法院起诉征收罚款或获得损害赔偿,否则就无法将行政程序和民事程序合并处理。

尽管有可以替代的方式,我们这里还是比较倾向于承认私人提起"后续"案件的权利。应对私人证明违法行为的困难,我们考虑给予公共执法机构做出的违法认定在民事诉讼程序中具有一定的证明力。由于拥有更多的资源(包括资金、人员和执法经验)和更加强大的调查取证能力,公共执法机构在证明垄断违法行为方面具有私人不可比拟的优越性。特别是在我国私人没有美国式的证据开示能力的情况下,如果公共执法机构已经作出了违法认定,就没有必要再要求私人证明同样的问题,因为这只会带来资源的浪费和效率的降低;给予该等认定一定的证明力,也是减轻私人原告证明负担的一种方式。另外,这种做法还有其他的好处,如避免作出不一致的认定。例如,在欧盟法上,要求成员国法院承认欧盟委员会的决定,主要是出于避免成员国作出与欧盟相冲突的决定的考虑。

在承认私人损害赔偿"后续"案件的法域,反垄断法基本上都给予公共执法机构的违法认定一定的证据力。关于该等认定的证据力,各法域的立法例一般考虑 3 个问题:给予何种机构的认定以效力,给予该等机构的何种认定以效力,给予何种效力。

**（一）给予何种机构的认定以效力?**

在大多数采用这一制度的法域,具有证据效力的认定通常仅限于本国反垄断执法机构作出的认定,或者在本国反垄断执法机构发起的法院程序中作出的认定。例如,美国《克莱顿法》规定:“在美国政府根据反托拉斯法提起的或者其代表提起的任何民事或刑事程序中,若作出或将要作出认定被告违反该等法律的终局判决,涉及该等判决在其当事人之间构成禁反言相关的所有事项时,该终局判决在任何其他方根据该等法律针对该被告提起的任何诉讼或程序中,应构成针对该被告的表面证据。”①新加坡《2004 年竞争法》第 86 条第 7 款也规定:竞争委员会、竞争上诉委员会(作为竞争委员会决定的上诉审查机关)、高等法院(作为对竞争上诉委员会之决定的进一步上诉审查机关)或上诉法院(作为高等法院决定的进一步上诉审查机关)的任何决定,如果认定相关的禁止性规定被违反,则在法院受理的私人反垄断诉讼中,该院应该接受该等决定是终局的和结论性的。

有的法域则将机构主体的范围加以扩大,给予本国反垄断执法机构以外的机构作出的认定以证据效力。欧盟第 1/2003 号条例规定:“如果成员国法院根据《欧盟条约》第 81 条和第 82 条对已成为委员会决定对象的协议、决定或作法作出裁决,它们不得作出与委员会采取的决定相抵触的决定。它们还必须避免作出与委员会在其已经发起的程序中拟作出的决定可能冲突的决定。为此,成员国法院可以评估是否有必要中止其程序。”②因此,如果欧盟委员会对某一行为作出了违法认定,在国内法院提起的后续私人诉讼中,原告可以依据委员会的违法认定作为证明违法行为要件的证据;③即便是委员会尚未作出违法认定,法院也可以暂停私人损害赔偿诉讼程序的进行,等待委员会作出违法认定后再恢复程序,并以委员会的违法认定作为证据。根据英国《2002 年企业法》对《1998 年竞争法》所作的修改,在竞争上诉法庭受理的④或者英国法院受理的⑤请求获得与违反《1998 年竞争法》第 1 章或第 2 章或者《欧盟条约》第 81 条第 1 款或第 82 条相关的损害赔偿或任何其他金钱性救济的程序中,法庭和法院受

① Section 5(a) of Clayton Act, 15 U.S.C. § 16.

② Art. 16(1) of Council Regulation (EC) No. 1/2003.

③ Commission Staff Working Paper annex to the Green Paper on damages actions for breach of the EC antitrust rules, SEC(2005)1732, para. 85.

④ Competition Act 1998, § 47A(9) (as inserted by Enterprise Act 2002, § 20(1)).

⑤ Competition Act 1998, § 58A (as inserted by Enterprise Act 2002, § 20(1)).

以下机构作出的认定违法行为成立的终局决定的约束:公平贸易局、竞争上诉法庭(限于在受理对公平贸易局的前述决定的上诉程序中作出的决定),以及(仅在竞争上诉法庭程序中)欧盟委员会。德国《反对限制竞争法》第7次修订更是将决定的主体范围扩大到其他成员国主管机关。在因违反德国《反对限制竞争法》的规定或者《欧盟条约》第81条第1款或第82条的规定而提起的损害赔偿诉讼中,法院受到以下机构作出的违法认定的约束:欧盟委员会、德国卡特尔当局、欧盟其他成员国反垄断执法当局,以及其他成员国法院(但仅限于该法院以公共执法者的身份,或者在对于前述行政决定的上诉或司法审查程序中作出的决定)。[①] 欧洲议会赞成和鼓励这种做法:"(欧洲议会)相信一个成员国法院不应受另一成员国竞争执法机关决定的约束,但这不影响规定有如下内容的规则之效力:一个欧洲竞争网络成员适用条约第81条或第82条的就同一标的作出的决定有约束力;(欧洲议会)观察,培训和交流项目可促进决定间的趋同,从而使接受其他成员国竞争执法机关的决定成为常态。"[②]

**(二)给予该等机构的何种认定以效力?**

在大多数采用这一制度的法域,通常仅限于反垄断执法当局(或其发起的程序中)作出的肯定违法行为成立的认定。因此,如果作出的是不违法认定,该认定在私人诉讼程序中不应该具有相关的证据效力,应该允许私人起诉者通过重新提交证据证明被告的行为。因为,在公共执法机构的程序中,有些证据可能没有被发现和提出,而私人起诉者由于与被告之间的交易关系等原因,可能提出新的证明违法的证据。

但是,对于欧盟第1/2003号条例的前引第16条第1款规定的解读,可能会得出消极认定也具有相关证据效力的结论,因为委员会的认定既可以是违法认定,也可以是不违法的认定。事实上该条例第10条明确授权委员会可以作出"不适用认定",即如果欧盟的公共利益需要,委员会可以主动以决定形式认定第81条或第82条的规定不适用于某一行为,这一决定也应对法院具有约束力。[③] 这可能是因为欧盟在设计这一制度时的主要考虑在于避免成员国法院与

---

① GWB § 33(4).

② European Parliament resolution of 26 March 2009 on the White Paper on damages actions for breach of the EC antitrust rules(2008/2154(INI)),P6_TA(2009)0187,para. 14.

③ Frank Montag & Andreas Rosenfeld, *A Solution to the Problem? Regulation 1/2003 and the modernization of competition procedure*, ZWeR 2/2003, at 131.

欧委会做出不一致的认定，而并非考虑私人的诉讼权利。

因此，在私人诉讼的背景下，应对此作限制性理解。例如，英国上议院在Crehan案中判决，委员会的“安慰函”不构成该等意义上的“决定”，因为该等安慰函通常都是在未经满足第17/62号条例第19条规定的程序要求而作出的。[①] 欧盟法务官Van Gerven还将第17/62号条例第2条规定的给予“反向批准”(negative clearance)的决定视为与安慰函属于一类，[②]因此在英国“不适用认定”可能不被视为该等意义上的决定。对此，上议院认为，“正确的解释方法应该是，如果不存在我前文所说的决定之间的冲突问题，委员会的决定仅仅是可以在英国法院正当采信的证据，鉴于委员会的专业知识，法院应该视其具有高度的说服力。然而作为一个法律问题，它只不过是法院所要考虑的证据的一部分。如果经过衡量所有证据，法官得出的结论是委员会的观点是错误的，我看不出他怎么能够在不违背自己的司法誓言的同时说，出于尊重，他打算采用委员会的观点。只有那些具有要求法官这样做的争点效(issue estoppel)之性质的法律规则，才能产生这样的效果，而上诉法院承认本案中不存在这样的规则”。[③] “[第1/2003号条例第16条]清楚地规定，只有在成员国法院予以裁决的‘协议、决议或做法’曾经是或者将是一个委员会决定的标的时，才会出现一个相关的冲突。其不适用于同一市场中的其他协议、决议或做法。”[④]

**(三)给予何种效力？**

公共执法机构的认定在私人诉讼程序中可以具有程度不等的证据效力：可以只具有表面证据效力，即具有转移举证负担的效力；也可以对法院具有约束力。[⑤] 在第一种情况下，被告在民事诉讼程序中可以对该认定予以反驳，反证其行为不违法，如前引美国的规定；日本判例也认为公正会的决定仅具有事实上的推定作用。[⑥] 在第二种情况下，被告在民事诉讼程序中不得加以反证，法院也必须采用该认定结论，不得作出相反的认定，如前引英国和德国的规定。

---

① Inntrepreneur Pub Company v. Crehan [2006] UKHL 38, para. 58.

② Ibid., at para. 59.

③ Ibid., at para. 69.

④ Ibid., at para. 64.

⑤ Commission Staff Working Paper annex to the Green Paper on damages actions for breach of the EC antitrust rules, SEC(2005)1732, para. 98.

⑥ 参见[日]根岸哲、舟田正之:《日本禁止垄断法概论》(第3版)，王为农、陈杰译，中国法制出版社2007年版，第355页。

在 Hanover Shoe, Inc. v. United Shoe Machine Corp. 案①中,原告汉诺威制鞋公司(以下简称汉诺威)是一家制鞋企业,被告联合制鞋机公司(以下简称联合公司)是一家制鞋机器制造商。联合公司实行一种"只租不售"(rent only)政策,即重要制鞋机只向制鞋企业出租,而不向其出售。1953 年马萨诸塞州地区法院在美国政府起诉联合制鞋机公司的民事案件中作出有利于政府的判决,该政策被认定为违反《谢尔曼法》第 2 条。1955 年本案原告对被告提起 3 倍损害赔偿之诉。1965 年地区法院作出原告胜诉的判决。上诉法院确认了地区法院的违法性认定,但就损害赔偿判决相关的几个问题不同意地区法院的判决。双方均向联邦最高法院申请调卷令。最高法院准许调卷审查。美国联邦最高法院在该案中判决如下:"汉诺威在对联合公司的起诉中主张联合公司违反《谢尔曼法》第 2 条垄断制鞋机产业;联合公司'只租不售'其更重要、复杂制鞋机的行为是实现非法垄断的工具。《克莱顿法》第 5 条第(a)款[38 Stat. 731, 15 U. S. C. s 16(a)]规定,在美国政府根据反托拉斯法提起的任何民事或刑事程序中,法院作出的终局判决,'若该等判决就任何事项在其当事人之间构成禁反言,则……该等判决就该等事项应构成……表面证据'。汉诺威援引该条规定,提交了 Wyzanski 法官在政府诉讼中所作的事实认定、意见和判决,作为证据证明联合公司实施了垄断行为,并且拒绝销售机器的行为是实现垄断的工具。联合公司对于给予政府诉讼中的判决以表面证据效力,未提出异议,不过却争辩说,Wyzanski 法官的决定并没有决定只租不售的行为是实现垄断的工具。这一主张在案号为 No. 463 的案件中是一个门槛性的问题,被下级法院驳回。如果 1953 年的判决对于造成汉诺威所称损害的行为而言,不构成违法性的表明证据,汉诺威将无权获得赔偿,因为它未提交任何其他令人信服的证据证明违法性。地区法院和上诉法院均认为只租不售政策在政府诉讼中被判违法。本院发现这一认定并不存在错误。诚然,联合公司所依赖的判决书第 4 条②只是谴责了标准租约中的某些条款,判决书并没有明确地把联合公司租赁制度的任何方面描述为或界定为非法垄断。判决书第 5 条虽要求联合公司今后不得'出租任何机型,除非其同时出售之',但这可能合理地解释为仅为确保救济有效而写

---

① 392 U. S. 481(1968).(本案是对案号 No. 335 和 No. 463 两个案件的共同审理。)

② 原脚注 2."4. 被告制作的包含有十年租期条款、满产能生产条款或者收费延迟付款的所有租约,以及规定自爱租约有效期内被告提供维修和其他服务不单独收费的所有租约,兹均被宣布为被告垄断制鞋机市场的手段。"110 F. Supp., at 352.

入判决书的,以消除联合公司垄断带来的累计的后果。然而,在决定政府诉讼判决的禁反言效果之范围时,我们的考察并不局限于判决书本身。如果通过参考事实认定、意见和判决书可以确定,某一事项在政府提起的反托拉斯诉讼中实际得到了裁判,私人原告可以把政府案件的结果视为是有关该事项的表面证据。参见 Emich Motors Corp. v. General Motors Corp. ,340 U. S. 558,566 – 569,71 S. Ct. 408,412 – 414,95 L. Ed. 534(1951)。即便判决书第 5 条禁止的行为并不是垄断市场的工具,其所规定的救济手段仍然存在正当性。但是本院认为初审法院的事实认定和意见可靠地证成了如下观点:政府诉讼涉及对只租不售制度本身的谴责。在其有关违法行为的意见中和有关救济的意见中,初审法院均不单单针对标准租约中应反对的条款,而且针对只出租机器做法的后果以及该做法与联合公司垄断势力的维持之间的相关性。初审法院意见中的这些部分得到其事实认定的坚定支持,它们禁止联合公司针对政府反言,因此在本案中构成表面证据。我们把相关的认定作为附件附于本判决之后。它们本身就足以表明只租不售制度在联合公司垄断制鞋机市场过程中扮演了重要作用。这些认定并不局限于联合公司租约中的具体条款,它们还针对联合公司的只租不售其重要机器的政策及其对联合公司带来的好处,并针对其对于潜在和事实竞争的影响。把判断《谢尔曼法》第 2 条项下垄断行为的标准适用于本案事实,我们只能判定,地区法院和上诉法院判决联合公司只租不售重要机器的做法在政府诉讼中已被判定为非法垄断,它们如此判决并不存在错误。”

## 二、就救济方案征求公共执法机构的意见

原告要成功获得损害赔偿,除了要证明被告实施了违反反垄断法的违法行为外,还需要证明自己受到了损害、损害与违法行为之间存在因果关系,以及损害赔偿的金额。在反垄断诉讼中,这些都是非常难以证明的要件。除此之外,有时(尤其是政府作为原告起诉时)原告还请求法院作出禁令救济或者能够确保恢复市场竞争的其他救济方式,这些救济有时涉及对违法者的行为加以限制或者要求其采取某些补救措施,有时还涉及对违法企业进行分拆。反垄断法的救济非常复杂,救济方案的设计需要非常专业的知识。如何确保作出适当的、有效的救济决定,往往不是私人甚至法院的能力所能及。因此,如何借助专业机构的知识,帮助法院作出最佳的损害赔偿判决或者其他救济方案,就成为各国反垄断法制度设计中通常给予考虑的一个问题。

例如,日本《禁止垄断法》第84条规定:"(1)受理第25条规定的有关损害赔偿之诉后,法院应从速向公正交易委员会就因该条规定的违法行为发生的损害额征求意见。(2)前款规定准用于为抵消债权而主张依据第25条的规定请求损害赔偿的情形。"

美国《联邦贸易委员会法》第7条对于联邦政府提起的停止侵害、分拆等衡平法救济案件,也规定了征求意见的规定:①"在由司法部长提起的或按其指示提起的任何衡平法诉讼中,提交证言结束时,如果法院认为原告有权获得救济,可以将该诉讼转交(联邦贸易)委员会,由其作为衡平法主事官②查明并提交一份适当形式的裁决。委员会应该向当事人送达法院规定的通知并在之后按照法院规定的程序规则行事。收到该等通知后,(当事人)可以像在其他衡平法案件中那样,在收到主事官报告后提出异议并就此展开程序,但是法院可以部分或全部采用或拒绝该报告,并作出案件性质在其判决中所要求的裁决。"这一制度为法院利用公共执法机构的专业知识协助设计最为合适的救济方案提供了一种非常可取的渠道。但是事实上,这一程序在美国历史上很少被援用,据统计自其规定以来仅在一起案件中法院援引了该程序。这可能与美国法官反垄断法方面的专业技能较高有关。

### 三、公共执法机构在法律适用方面给予的协助

在私人诉讼中,公共执法机构还可以在其他方面向法院提供协助。这类协助主要是法院可以就法律的适用征求专业机关的意见,当然法院作为法律问题的最终裁判者,对法律作何种解释最终由其自己决定,但听取专业机构的意见有助于法院作出英明的判决。在这方面,主要的做法有赋予公共执法机构"参加诉讼"的权利,以及允许公共执法机构向法院提交"法庭之友"意见,或授权法院征求公共执法机构的意见。

"参加诉讼"在英文中称为"intervention",也译"介入诉讼"。在这一程序中,原有诉讼关系之外的第三人主动要求参加诉讼。美国《联邦民事程序规则》对行政机构或官员参加诉讼的问题专门作出规定:如果诉讼当事人提出诉讼请求或抗辩的法律依据,是由某联邦或州政府官员或机构负责执行的制定法或行政命令,或者是根据该制定法或行政命令发布或作出的规章、命令、要求或协

---

① §7 of Federal Trade Commission Act, 15 U.S.C. §47.

② 衡平法主事官(Chancery Master),历史上为衡平法院法官的助手。

议,经该官员或机构及时申请,法院可以许可其参加诉讼。[①] 诉讼参加程序允许参加人作为当事人参与诉讼程序,比起提交法庭之友意见能够更广泛、深入地参与程序,如能够掌控支持自己立场的证据的提交,可以交叉询问其他当事人的证人,并且可以上诉对其不利的初步裁决。

即便是不拥有足以参加诉讼的利益的人,也可以提交"法庭之友"意见。该等意见主要用于非当事人向法庭提供有助于案件处理的背景信息和法律分析。[②] 提交"法庭之友"意见通常应得到法院的同意,法院也可以邀请"法庭之友"(征求意见),法律还可以授权特定的人或机构提交"法庭之友"意见的权利。"法庭之友"意见通常以书面形式提交,但是经法院准许"法庭之友"也可以发表口头意见。例如在欧盟,在适用第 81 条和第 82 条的程序中,成员国法院可以邀请欧盟委员会就欧盟竞争规则的适用相关的问题发表意见;[③]成员国竞争当局可以主动就第 81 条和第 82 条的适用相关的问题向其本国法院提交书面意见,经法院许可,还可以发表口头意见。第 81 条和第 82 条的统一适用要求如此时,欧盟委员会可以主动向成员国法院提交书面意见,经法院许可,还可以发表口头意见。[④]

日本《禁止垄断法》第 83 – 3 条规定:"(1)在提起第 24 条规定的停止侵害或预防之诉的案件中,法院应将该情况通知公正交易委员会。(2)在前款之诉提起后,法院可以就有关该事件的法律适用以及其他必要的事项征求公正交易委员会的意见。(3)在(第 1 款规定的诉讼)提起后,公正交易委员会经法院同意,可以向法院就有关的法律适用以及其他必要的事项陈述意见。"这里的其他事项,当然也可以包括救济方式。

诉讼参加和法庭之友并不是什么新鲜的制度,许多程序制度中都有类似的规定,反垄断司法过程中不妨加以利用。例如,《ALI / UNIDROIT 跨国民事程序通则》规定:"拥有与程序标的具有实质联系的利益之人,可以申请参加诉讼。法院可以主动或经一方当事人动议要求向拥有该等利益之人发出通知,邀请参加诉讼。除非将导致程序不合理的延误或混淆或者将导致以其他方式不合理

---

① F. R. Civ. P. 24(b).

② ALI / UNIDROIT Principles of Transnational Civil Procedure, Principle 13, & comment P – 13A.

③ ALI / UNIDROIT Principles of Transnational Civil Procedure, Principle 13; Council Regulation (EC) 1/2003, Art. 15. 1.

④ Council Regulation (EC) 1/2003, Art. 15. 3.

地影响一方的利益,诉讼参加均可以被准许。法院地法可以在第二审程序中准许诉讼参加。"①我国《民事诉讼法》规定的第三人制度有类似之处,例如,有独立请求权的第三人有权参加原来的诉讼(第56条第1款),无独立请求权的第三人,在与案件处理结果有法律上的利害关系时,可以申请参加诉讼或者由法院通知其参加诉讼(第56条第2款)。②

① ALI / UNIDROIT Principles of Transnational Civil Procedure, Principle 12.2.

② 但是我国第三人制度理论和实践中存在众多的问题和悖论,存在加以重构的必要;相比之下,美国的诉讼参加制度理论和实践中都比较完善,因此此处使用美国法意义上的制度。参见张卫平:《民事诉讼:关键词展开》,中国人民大学出版社2005年版,第137~166页。

# 第九章　反垄断私人诉讼的诉讼费用

在任何一个社会体制下，诉讼都不是免费的，反垄断私人诉讼的诉讼费用对权利人的起诉动力会带来重要影响。本章从4个部分展开讨论：第一节“诉讼费用对反垄断诉讼的重要意义”，反垄断案件大都是金额巨大、耗时、耗力的复杂案件，诉讼费用很可能非常巨大，对于原告的起诉动力会产生巨大的影响。第二节“各种诉讼费用承担方式的比较分析”，介绍了英国规则、美国规则及单向转移规则。第三节“反垄断法上理想的诉讼费用承担方式”，就反垄断诉讼而言，诉讼的主要特点是诉讼费用金额巨大，案件结果不确定性大。因此，诉讼费用应着力解决两个问题：原告在经济地位上的弱势，以及结果的不确定性。第四节“减轻诉讼费用来源造成的障碍”，当事人特别是原告如何获得资金，则是第一位的事情，因为即便是原告胜诉时可以求偿诉讼费用、败诉时无须承担被告的诉讼费用，其仍然需要一定的资金才能起诉。

## 第一节　诉讼费用对反垄断诉讼的重大意义

在任何一个社会体制下，诉讼都不是免费的。有些费用是司法体系作为一个社会机制本身运作所固有的，由整个社会共同分担。例如，法院建筑、法官的薪水、法院职员以及法警的工资。当事人也需要支付一定的费用。这些费用总称为“费用”(costs)。这里虽然英文使用“costs”一词,但是却不宜翻译为“成本”,而应翻译为“费用”或“诉讼费用”;尽管该词作为“收费或费用”的含义在其他领域都已经过时了,但在法律领域他仍然在这种意义上使用。①

用以指代“诉讼费用”时,英国更多使用“costs”,而美国更加频繁使用“litigation costs”或“cost of suit”;②它是指“诉讼、公诉或者其他法律活动的费用,尤其是法院判决一方向另一方支付的费用”。③

诉讼费用的存在对制度的设计和运作会带来非常大的影响,因为诉讼费用对权利人的起诉动力会带来重大影响,而权利人起诉的动力会修正制度设计的运作基础,从而使制度的实际运作偏离其设计初衷。原告在决定是否起诉时,首先要对起诉的成本和收益进行衡量,只有在收益大于成本时才有动力起诉。其中收益主要是判决金额(D)或者和解金额(S);而成本主要是律师费(LC)和法院费用(AC),另外还有机会成本(OC),如高管人员投入到诉讼过程而非生产性活动中的时间和精力。AC 为法院费,LC 为律师费,合起来即为诉讼费用。其中律师费(LC),根据案件是否进入审理程序可分为进入审理的律师费($LC_t$)与和解程序的律师费($LC_s$);机会成本(OC),也根据案件是否进入审理程序可分为进入审理的机会成本($OC_t$)与和解程序的机会成本($OC_s$)。$p$ 为进入审理程序的概率,$(1-p)$是进入审理程序前实现和解的概率,$w$ 为进入审理程序后胜诉的概率。用公式表示,即在满足如下条件时,原告方有起诉动力:④

$$p[wD-(OC_t+LC_t+AC)]+(1-p)[S-(OC_s+LC_s)]>0$$

其中,$OC_s<OC_t$,$LC_s<LC_t$,$S<D$。

按照学者的估算,“总体上,在进入陪审团审理阶段的案件中,律师费在判决金额中所占的比例在 10% ~20%。在和解案件中,律师费在名义判决金额中的比例为 20.3%”。⑤“法律成本影响着诉讼过程的所有方面,从起诉决定到和

① See Bryan A. Garner, *A Dictionary of Modern Legal Usage* (*second edition*), Oxford University Press, 1995, p. 228.

② Ibid., p. 228.

③ *Black's Law Dictionary* (*7th edition*), p. 350.

④ See Making Antitrust Damages Actions More Effective in the EU: Welfare impact and potential scenarios, Final Report, p. 175 (30 March 2008).

⑤ Ibid., p. 87.

解与审理间的选择,到最初的时候是否要预先防范争议……"①"在激励——或者抑制——起诉方面,诉讼费用扮演着重要的角色。虽然明确的一点是,在决定是否起诉时需要考虑的最重要的事项是胜诉的可能性,但有关诉讼费用追偿的规则既可能提供起诉的特殊激励,也可能带来限制性的影响。"②

反垄断案件大都是金额巨大、耗时、耗力的复杂案件,诉讼费用很可能非常巨大,对于原告的起诉动力会产生巨大的影响。由于反垄断损害赔偿诉讼的成本昂贵,并且较其他种类的民事诉讼更加复杂和耗时,反垄断损害赔偿诉讼的相关诉讼费用的缴纳规则以及诉讼费用分配规则,将会对提起反垄断损害赔偿诉讼形成决定性的抑制。因此,关于诉讼费用的制度设计应从两方面着手:一是诉讼费用的承担方式,其中主要是律师费的承担方式;二是诉讼费用的来源,特别是如何保证经济弱势者接近司法的权利。

## 第二节　各种诉讼费用承担方式的比较分析

诉讼费用如何承担,对于案件的起诉可能是一个重要的激励因素,也可能是一个重要的障碍。实践中,英国规则和美国规则是两种典型的费用分担方式,除此之外还有其他的方式,如一边倒的费用转移和判决要约规则。③

简言之,按照美国规则,各当事人应承担各自的诉讼费用,这里的诉讼费用是指律师费。因此这一费用承担方式也称为"诉讼费用自担规则"(以下简称各付规则)。④ 按照英国规则,败诉方应支付胜诉方的诉讼费用,即"败诉方付费规则"(以下简称败付规则),不但要承担法院费用,还要承担自己的律师费以及

---

① Making Antitrust Damages Actions More Effective in the EU: Welfare impact and potential scenarios, Final Report, 177 (30 March 2008), citing Avery Wiener Katz, *Indemnity of Legal Fees*, in 5 Encyclopedia of Law and Economics 64 - 65 (Boudewijn Bouckaert & Gerrit de Geest eds., 2000).

② Commission Staff Working Paper annex to the Green Paper on damages actions for breach of the EC antitrust rules, SEC(2005)1732, para. 214.

③ 关于这些规则的详细介绍,参见兰磊编著:《英文判例阅读详解》,中国商务出版社2006年版,第472~473页、第479~481页。

④ 同上书,第472~473页。

对方的律师费。[①] 单向费用转移规则,又称“一边倒转移”(one-way shifting),即如果原告胜诉,他至少能够向被告追偿部分律师费,但如果被告胜诉则不能向原告追偿获律师费,除非原告恶意诉讼。

诉讼费用承担方式在反垄断法案件中扮演着尤其重要的角色,因为反垄断法案件一般耗时较长,也更加复杂,必然伴随着更大的成本。有关诉讼费用的争议主要围绕着两个问题的平衡展开:一个是如何向原告提供起诉的激励;另一个是如何防止这种激励被滥用。

因此,评价诉讼费用承担方式是否适切的原则应该是,是否能够“在便利垄断违法行为受害者提起私人损害赔偿诉讼的需要,与避免无价值诉讼的需要之间达到平衡”。[②] 详言之,在对具体的诉讼费用承担方式加以评价时,应考察以下几个方面:(1)对受害人起诉积极性的影响,及其间接地对矫正正义的影响和对阻吓违法的影响;(2)案件选择功能,即是否会导致无价值诉讼被筛选掉或者过多地提起;(3)对于诉讼支出的影响,是否会导致当事人过度投资于诉讼过程。以下我们根据这3个方面的标准,逐一考察各法域反垄断实践中采用的3种诉讼费用承担规则。

## 一、英国规则

大多数法域采用的基本规则是“败诉方付费”规则,即诉讼费用由败诉方承担。

败诉方付费规则在反垄断法案件中对于原告起诉积极性形成重大的障碍。[③] 首先,原告必须预先向法院支付法院费用。如果预付费用金额很高,受到自身财力的限制,原告起诉可能面临困难,即便是胜诉时能够收回这些成本,筹集资金的要求也可能会阻挫起诉。尤其是在个体受到的损害比较小时,原告起

① Commission Staff Working Paper annex to the Green Paper on damages actions for breach of the EC antitrust rules, SEC(2005)1732, para. 212(欧盟成员国的情况都是如此);Donald I. Baker, “Revisiting History—What Have We Learned About Private Antitrust Enforcement That We Would Recommend To Others?”,16 *Loyola Consumer Law Review* 379,386(2004);关于英国的诉讼费用规则,参见兰磊编著:《英文判例阅读详解》,中国商务出版社2006年版,§19.2.1。

② Making Antitrust Damages Actions More Effective in the EU: Welfare impact and potential scenarios, Final Report, 174(30 March 2008).

③ Commission Staff Working Paper annex to the Green Paper on damages actions for breach of the EC antitrust rules, SEC(2005)1732, para. 203.

诉的积极性可能更加不大。其次,许多反垄断法案件的违法性比较模糊,案件结果取决于众多复杂的事实证明以及法律规定,在这些案件中,原告并不能在起诉前比较有把握地预测胜诉的前景,虽然胜诉时能够收回法院费用及自己的律师费,但是一旦败诉则需要承担法院费用、自己的律师费以及对方的律师费。① 败诉的可能性使原告在起诉时面临着巨大的诉讼费用风险。反垄断法诉讼的巨额诉讼费用无疑会阻挫原告提起诉讼的积极性。

在败付规则下,由于双方诉讼费用均由败诉方承担,增大了败诉的成本。而继续增加诉讼开支所带来的边际成本,相对于一旦败诉所要承担的沉没成本而言则很小,从而会刺激双方当事人不断增加诉讼成本。因此,败付规则往往会导致诉讼成本过大,使原告面临的诉讼费用风险加大。② "当事人持续地对诉讼进行投资,不仅为了保证他乐意看到的判决结果的出现,而且也是为了取回他曾经在纠纷过程中花费的金钱,而这部分金钱可能远远高于争议标的的实际价值。"③实践中,《1998年民事诉讼规则》生效之前,英国存在严重的诉讼费用过高和不成比例问题,败付规则被视为一个重要原因。

正因如此,在这一规则下,原告通常在对胜诉具有较大把握时才愿意起诉,因此,会"特别鼓励案值小,胜诉概率大的诉讼——即原告认为胜诉概率较大、损害赔偿请求金额不高的案件"。④ 相反,被告会积极主张胜诉概率大的抗辩,尤其是在诉讼成本较大的案件中,因此,会对原告提起胜诉概率较小的诉讼形成强有力的震慑。实践中,败付规则制度下提起的案件,原告获得胜诉判决的概率也较大,这说明原告的诉请是更具有价值的诉请,因此,该规则具有较好的案件筛选功能。败付规则对于无价值诉讼的提起具有强烈的抑制作用。事实上,败付规则的效果之一就是鼓励潜在原告进行案件选择。潜在原告通常更不愿追诉无价值的诉请。

但是,这一规则同时也会减少原告起诉的动力,甚至会"鼓励具有有价值诉

---

① See Commission Staff Working Paper annex to the Green Paper on damages actions for breach of the EC antitrust rules, SEC(2005)1732, paras 203 & 217.

② Making Antitrust Damages Actions More Effective in the EU: Welfare impact and potential scenarios, Final Report, 178(30 March 2008).

③ 王美琼、王建源:《英国民事诉讼费用制度改革及其绩效》,载厦门大学法学院编:《厦门大学法律评论》(第7辑),厦门大学出版社2004年版,第381~382页。

④ Making Antitrust Damages Actions More Effective in the EU: Welfare impact and potential scenarios, Final Report, 178(30 March 2008).

讼请求的个人放弃起诉或过早地和解——这种结果还会导致法律先例数量的不足”。[①] 更有甚者，如果受害人是风险规避型的，并且不愿承担败诉时支付被告（可能很高的）费用的哪怕是很小的风险，败付规则也可能在某些情况下阻碍受害人提起有价值诉讼的起诉动力。另外，如果案件的特点决定了很难事先评估诉讼的结果，使原告难以对胜诉概率作出判断，败付规则也将对原告的起诉动力形成抑制，“这一困境在竞争法案件中可能会特别突出，因为案件结果往往取决于复杂的事实评估（及可能还有法律评估），处于两可之间”。[②] 这种抑制效果会对实现矫正正义和阻吓的目的不利。

## 二、美国规则

按照美国规则，法院费用通常由败诉方承担，但是占诉讼费用重大比例的律师费用（在美国，证人费用也包括在律师费用之中）一般由各方各自承担。在这种规则下，即便原告败诉，最多也只是承担法院费用和自己一方的律师费，无须承担对方的律师费；更何况，如果原告与其律师之间约定了或然费的支付方式，[③]原告败诉时连自己一方的律师费都无须支付。这给予了原告足够大的起诉激励。[④] 但是，这一规则也具有阻挫原告起诉积极性的一面，因为原告胜诉时同样也无法向被告追偿自己的律师费。

在“各付规则”下，各方均只须支付本方的律师费，因此不会像在“败付规则”下那样具有增加诉讼投入的动力。同时，由于诉讼成本风险的降低，原告可能会提起胜诉概率不是很大的诉讼，特别是案件的金额较大时，更有可能提起投机性的诉讼。“各付规则”鼓励高案值、低胜诉概率的诉讼——原告认为胜诉概率较小、损害赔偿请求金额较高的诉讼。同样，被告对于案值较大、诉讼成本较低的诉讼也会积极进行防御。因此，相对于“败付规则”，“各付规则”的案件筛选功能较弱，案值较大的案件更可能被提起，无论是有价值的还是无价值的；但是有价值的案件，如果案值金额相对于要承担的诉讼费用而言比较小，则原

---

① Making Antitrust Damages Actions More Effective in the EU: Welfare impact and potential scenarios, Final Report, 178, at 179.

② Commission Staff Working Paper annex to the Green Paper on damages actions for breach of the EC antitrust rules, SEC(2005)1732, para. 217.

③ 关于或然费，参见兰磊编著：《英文判例阅读详解》，中国商务出版社2006年版，§19.1.2。

④ 但不应该过分夸大或然费的激励作用，因为律师在考虑是否代理案件时必然会对案件进行筛选。

告可能没有起诉的动力。因此,理论上,“各付规则”对原告的起诉障碍较小,但是由于胜诉时诉讼费用无法转移,原告将没有动力提起案值金额较小的案件,因为判决金额至少要大于诉讼费用时,起诉才是理性的。总之,“各付规则”对实现矫正正义无益,也不利于阻吓违法行为,尤其是财大气粗的垄断企业,同时,还会引起提起案值较大案件的滥诉。

### 三、单向转移规则

为了“确保具有有价值诉讼请求的原告能够聘用到律师,以纠正反托拉斯违法行为”,以及“向私人提供通过起诉追诉反竞争行为的额外激励”,①美国反垄断法规定了“单向诉讼费用转移”规则:如果原告胜诉,其可以向被告追偿律师费,但是如果被告胜诉,仍然按照一般规则各自承担自己一方的律师费,原告无须承担被告的律师费。② 单向转移规则最大限度地降低了原告的诉讼费用风险,因此会对原告形成巨大的起诉激励,无论案值大小、胜诉概率大小,也无论预计的诉讼费用大小。③ 因此,该规则能够最大限度地实现矫正正义和阻吓违法的目的。但是,由于该规则缺乏案件筛选功能,又对原告有巨大的激励,因此会导致大量琐碎诉讼,从而导致过度阻吓。原告可能会为了策略目的提起诉讼,压制或打击竞争对手,或者迫使被告和解。

在美国,这一规则事实上受到了质疑,被认为放大了强制性 3 倍损害赔偿的弊端,导致被告宁愿以高价和解也不愿意冒着败诉的风险应诉,因为一旦败诉将承担比和解更大的支出。④

## 第三节 反垄断法上理想的诉讼费用承担方式

通过前述分析得知,“败付规则”具有预防滥诉功能,但对私人的起诉激励不足;“各付规则”所具有的预防滥诉功能和激励起诉功能都是不明确、非系统

---

① Antitrust Modernization Commission, *Report and Recommendations*, 250(April 2007).

② See §4(a) of Clayton Act.

③ Making Antitrust Damages Actions More Effective in the EU: Welfare impact and potential scenarios, Final Report, 182(30 March 2008).

④ See Donald I. Baker, "Revisiting History—What Have We Learned About Private Antitrust Enforcement That We Would Recommend To Others?", 16 *Loyola Consumer Law Review*, 2004, pp. 379, 386.

的,对于案值大的案件具有足够的激励,甚至是过度阻吓和滥诉,但对于案值较小的案件则起诉激励不足,甚至会阻碍有价值的诉讼。相比较而言,"单转规则"具有强大的激励私人起诉的功能,这一点与反垄断法私人执法方案的初衷和目的都是最为契合的;但同时也会造成激励过度的问题,导致滥诉。不过,相对于前两个规则,"单转规则"的缺陷更容易被克服,同时还能保留其优点。因此,我们首先考虑以"单转规则"为基础进行修正,然后再考虑以"败付规则"为基础进行修正,以寻求最为合适的诉讼费用承担规则。

### 一、以"单转规则"为基础的模式

对于单向诉讼费用转移规则加以适当的修正,可以避免对于原告的过度激励和由此带来的滥诉风险。

第一种改造方案是,如果存在事先过滤无价值诉讼的机制,如美国法意义上的简易判决,①可以把诉讼程序分为两个阶段,分别适用不同的诉讼费用规则:在直至作出简易判决的阶段可以适用各付规则,减少明显无价值的诉讼;一旦通过了简易判决的过滤,基本就是具有一定价值的案件,至少法院已经承认了具有一定的争诉价值,应该适用"单转规则"。鉴于我国民事诉讼法上没有类似美国简易判决的制度,在我国反垄断上采用这一做法存在程序制度上的困难。但是,同时也要看到,我国现行民事诉讼法采用较高的起诉条件标准,法院在收到起诉书后,经过审查认为原告"与本案有直接利害关系"②方予以立案,这同样类似于一种筛选机制,准予立案的案件均不应该视为无意义的诉讼。

第二种改造方式可能更容易被接受,即采用"单转规则",但是为了防止原告提起无意义的诉讼以敲诈被告,可以规定在过分情况下惩罚原告的预防措施。如果被告证明原告的起诉是完全无意义的、恶意的或者明显不合理的,则由原告承担被告的律师费。③ 美国普通法上就存在这样的做法,即法院可以通过征收律师费惩罚"故意不遵守法院命令的行为……作为向被告征收的罚金的一部分",④在败诉方"以恶意、恣意、扰人的方式或者出于压迫的原因行事"时,

① 关于简易判决,参见兰磊编著:《英文判例阅读详解》,中国商务出版社2006年版,§11.1.4.5(美国)和§11.2.2.3(英国)。

② 参见我国《民事诉讼法》第108条。

③ Commission Staff Working Paper annex to the Green Paper on damages actions for breach of the EC antitrust rules,SEC(2005)1732,para.220.

④ Alyeska Pipeline Svc. Co. v. Wilderness Soc'y,421 U.S.240,258(1975).

也可以征收律师费。[①] 在后一种情况下,诉讼费用发生双向转移,无论是原告还是被告如此行事时均可被追偿承担对方的律师费。这种情况称为"恶意法则"(bad faith doctrine)。为了避免阻吓拥有有价值诉讼请求的人向法院起诉,有必要对这一例外作严格的解释,只有存在某种"主导性的公正原因时",费用转移才是合适的,当事人不应因为采用"富有攻击性的诉讼姿态"而受到制裁。按照主导的观点,在只表明一个诉讼请求的提起不存在实质的法律或事实基础时,不应适用这一法则:要援用该法则,还必须表明原告在提起该诉讼请求时存在主观上的恶意,如为了骚扰或拖延的目的。恶意法则既可以作为对一般性法则,即"各自付费"的美国法则的例外,也可以作为对制定法上单向费用转移法则的例外。因此,在反垄断法这种规定只有胜诉原告才有权追偿律师费的法律制度中,如果原告存在判例承认的恶意等原因,法院可以判决胜诉被告获判律师费。[②] 另外,《1984 年国家合作研究法》[③]还专门针对以联合研发企业的行为违法为由提起的反垄断法诉讼,作了以诉讼费用为制裁手段的规定:在这种案件中,法院应向实质胜诉的原告判决诉讼费用,同时,"如果任何该等诉讼请求本身,或者原告在追诉该诉讼请求过程中的行为,是琐碎的、不合理的、无基础的或恶意的,则法院应该向在抗辩该诉讼请求方面实质上胜诉的一方,判决由该诉讼请求引起的诉讼费用,包括合理的律师费"。[④] 该规定的立法史表明,其旨在保护被告不受"没有法律或事实基础的负担沉重的"诉讼的损害,以鼓励该法规定的联合研发行为,因此,即便被告没有表明原告的诉讼是出于主观恶意,只要已表明其没有实质的法律或事实基础,胜诉被告即可获判诉讼费用。

在欧盟,尽管成员国均实行"败付规则",[⑤]欧委会却建议采用单转规则与诉讼费用罚款机制的结合模式,并认为"这样的规则能够起到保护原告的作用,并且同时也是一个防止无价值诉讼的机制"。[⑥] 另外,欧委会还观察到,某些成

---

① Alyeska Pipeline Svc. Co. v. Wilderness Soc'y, 421 U. S. 240, 258(1975), at 258 - 259.

② Banff, Ltd. v. Federated Dep't Stores, Inc., 850 F. 2d 1373, 1382 - 1383(10th Cir. 1988).

③ 15 U. S. C. § § 4301 - 4305(1988).

④ 15 U. S. C. 4304(a)(2).

⑤ Study on the Conditions of Claims for damages in case of infringement of EC competition rules: comparative report, P92 & Commission Staff Working Paper annex to the Green Paper on damages actions for breach of the EC antitrust rules, SEC(2005)1732, para. 212.

⑥ Commission Staff Working Paper annex to the Green Paper on damages actions for breach of the EC antitrust rules, SEC(2005)1732, para. 220.

员国已经采用了类似的制度;“例如,在一些成员国,某些程序适用的诉讼费用规则规定,只有在原告的起诉不合理时,法院才会命令败诉原告支付诉讼费用。在诉讼结果难以评估的案件中,这一规则的价值尤为重要。”①

这样的规则要有效发挥作用,并在防止无价值诉讼的同时不过度削弱单转规则旨在创造的激励机制,必须对判决原告承担被告律师费的条件作出严格和明确的规定。欧盟前述建议中的用词是“明显不合理”,未予明确;美国普通法的“恶意法则”作严格解释,除了要求诉讼请求缺乏法律或事实根据,还要求原告存在主观恶意;而《1984 年国家合作研究法》则只要求诉讼请求缺乏法律或事实根据,而不要求原告存在主观恶意。相比较而言,我们倾向于采纳美国普通法“恶意法则”的做法,它不但可以防止被告受到恶意的滥诉,也可给予原告充分的保护。《1984 年国家合作研究法》只是针对一种特殊类型的反垄断法案件作出的特殊规定,该法旨在豁免联合研发企业受到反垄断法一般规则的调整,在诉讼费用的承担方面,也给予被告更加慷慨的保护,而对原告课以了较高的要求,有意限制原告的起诉活动,其与反垄断法一般规则在立法目的上存在差异,因此不应将这种例外的规则移用为一般规则。

## 二、以“败付规则”为基础的模式

如前所述,欧盟成员国都使用“败付规则”,但是为了克服该规则的弊端,一些成员国赋予法院一定的自由裁量权,允许其根据一定的条件在具体案件中对该规则的适用加以调校。主要的改造方式就是允许法院通过“诉讼费用保护令”来限制原告可能面临的诉讼费用风险。“限制”的方式包括规定一个金额上限,限制可追偿的诉讼费用类型,甚至是规定免予承担诉讼费用。② 例如,在芬兰,如果法律规定非常模糊,败诉原告据此起诉是正当的,法院可以命相关各方部分或全部支付各自的诉讼费用。在意大利,有以下 3 种情况之一,法院可以判决诉讼各方各自承担自己的诉讼费用:法律问题复杂和不同寻常;关于法律问题存在相互冲突的法院判例;法官认为存在其他要求各自承担诉讼费用的

---

① Commission Staff Working Paper annex to the Green Paper on damages actions for breach of the EC antitrust rules, SEC(2005)1732, at para. 213.

② Commission Staff Working Paper annex to the White Paper on Damages actions for breach of the EC antitrust rules, SEC(2008)404 final, para. 260; Office of Fair Trading, Private actions in competition law: effective redress for consumers and business(Recommendations), OFT 916resp, para. 8.17(November 2007).

"正当理由"。① 在英国,法院在这方面的自由裁量权更大。根据《1998 年民事程序规则》(Civil Procedure Rules, CPR),关于诉讼费用采用了两项基本原则:(1)对于如何裁定诉讼费用,法院具有自由裁量权;(2)败诉方应支付胜诉方的诉讼费用。因此,依 CPR,如果法院决定作出费用裁定:(1)一般规则是,应该裁定败诉方支付胜诉方的诉讼费用;(2)但是法院可以作出其他裁定。② 按照判例,如果法院作出不同于一般规则的其他裁定,它有义务说明背离一般规则的理由。③

法院享有偏离"败付规则"这一一般原则的广泛权力,可以依具体案件的情况作出公平、合理的诉讼费用命令。特别是,依 CPR 规则 3.1(2)(m),法院有权作出诉讼费用上限命令。"诉讼费用上限可以减少推高诉讼费用的动力,因此鼓励当事人高效地开展诉讼活动。另外,诉讼费用上限向原告提供了确定性,让其预知败诉时将会面临的潜在风险。如果没有这种确定性,由于担心可能向对方承担巨大诉讼费用的风险,原告可能会放弃提起有价值的诉讼。"④法国法院在偏离适用"败诉规则"方面,也享有广泛的自由裁量权。⑤《欧洲联盟法院程序规则》第 69.3 条和《欧洲初审法院程序规则》第 87.3 条规定,存在"例外情况"时,法院可以命令不适用"败付规则",而由各方当事人各自承担自己的诉讼费用。

以上这些都是民事案件中普遍适用的一般性诉讼费用规则,具体到反垄断案件,应该结合此类案件的特点,对此类规则的应用作更加结构化的考察,使其更系统,更有针对性。就反垄断诉讼而言,诉讼的主要特点是诉讼费用金额巨大,案件结果不确定性大。因此,法院保护命令应着力解决两个问题:原告在经济地位上的弱势,以及结果的不确定性。这二者应该成为法院判断是否给予诉讼费用保护的标准。例如,欧委会建议:"在诉讼之初无法清楚评估结果的案件中,败付规则会形成对起诉的抑制。为了防止这种抑制效果,可以规定诉讼费用追偿必须以法

---

① Commission Staff Working Paper annex to the White Paper on Damages actions for breach of the EC antitrust rules, SEC(2008)404 final, para. 256.

② CPR, r. 44.3(2).

③ Brent London Borough Council v. Aniedobe (No. 2) (23 November 1999, CA, unreported).

④ Office of Fair Trading, "Private actions in competition law: effective redress for consumers and business (Recommendations)", OFT 916 resp, para. 8.15 (November 2007).

⑤ Commission Staff Working Paper annex to the White Paper on Damages actions for breach of the EC antitrust rules, SEC(2008)404 final, para. 257.

院命令为前提,并且赋予法院作出如下命令保护原告的权力,即即使原告在案件实体问题上败诉,也无须受到诉讼费用追偿。该等诉讼费用保护命令可以在诉讼之初作出。据此,通过法院在诉讼之初颁发一个确保不存在诉讼费用风险的命令,可以限制此类案件中原告面临的来自被告的诉讼费用追偿风险。该等命令还可用以保护处于经济弱势的当事人免予诉讼费用的风险,以此增强其通过向法院起诉请求损害赔偿的权利。"①英国 OFT 也建议:"原告的财务状况,以及如果不作出该等命令原告将放弃诉讼的可能性,在法院决定是否作出诉讼费用保护命令时以及在规定被告胜诉时能够追偿的总金额时,是法院可能会考虑的情节。"②此外,OFT 还特别指出,"法院在诉讼费用方面的自由裁量权适用于竞争法案件,因为此类案件的结果往往取决于高度复杂的事实和/或经济证据……灵活地适用败付规则有助于减小抑制提起有良好基础的诉讼请求的因素"。③

在将原告的经济地位作为适用诉讼费用保护的条件方面,德国《反对限制竞争法》提供了一个例子。该法第 89a 条规定了调整争议金额的制度。尽管表面上原被告均可援用该制度,但是在反垄断法案件中,被告处于经济弱势地位的可能性很小,因此该条基本上是为原告利益而规定的。根据此条规定,如果原告以表面证据证明,若依计算诉讼费用的一般规则——根据争议金额——将对其经济处境造成严重损害,则经原告请求,法院可以在对案件实体进行审理前命令,根据原告的经济处境对争议金额进行调整,并依经调整的争议金额(其一部分)计算诉讼费用(包括法院费用、律师费和其他费用);若原告败诉,只须向被告偿付如此计算的金额,而若被告败诉,原告可以追偿依全部争议金额计算的诉讼费用。

关于诉讼费用保护命令的具体适用,须要考虑几个问题。第一,在作出时间方面,最理想的做法是在程序之初尽早作出。例如,英国目前的做法是,在当事人提交轨道分配问卷之后,由当事人提出诉讼费用上限命令的申请。尽早作出诉讼费用保护命令可以向原告提供事先的确定性。"在适用败付规则的情况下,程序之初确定性的增加可以减小原告因起诉而面临的财务风险。如果诉讼费用如何分配在程序之初就得以确定,还可以使没有获得该等诉讼费用命令的

---

① Commission Staff Working Paper annex to the Green Paper on damages actions for breach of the EC antitrust rules, SEC(2005)1732, para. 220.

② Office of Fair Trading, Private actions in competition law: effective redress for consumers and business(Discussion Paper), OFT 916, para. 5. 15(April 2007).

③ Ibid., at para. 5. 11.

原告,在认为诉讼风险过高时,有撤诉的选择。"①第二,在获得诉讼费用保护命令后,原告可能会滥用该保护,过度投资于诉讼过程,迫使被告和解或作出其他让步。为防止这种情况的发生,法院可作出有条件的保护命令,如以当事人在整个诉讼过程中的行为良好为适用条件。②

## 三、中国的选择

在考虑中国反垄断法上应采用何种规则时,我们首先应以中国现行的规则为基础,然后考虑以前述分析作相应调整,以最大限度地发挥诉讼费用规则在鼓励起诉和防止滥诉方面的作用。

中国目前实际上实行的是各自负担律师费③和败诉方支付法院费的规则,即类似美国的规则;在法律有特别规定时,可依法律的规定判决被告支付胜诉原告的合理的当事人费用,即单转规则。例如,《著作权法》第48条、《商标法》第56条和《反不正当竞争法》第20条均规定侵权人的赔偿数额包括权利人为制止侵权行为(反不正当竞争行为)所支付的合理开支;最高人民法院《关于适用〈中华人民共和国合同法〉若干问题的解释(一)》也规定,债权人行使撤销权所支付的律师费、差旅费等由债务人承担。例如,《反不正当竞争法》第20条相关部分明确规定"经营者违反本法规定……并应当承担被侵害的经营者因调查该经营者侵害其合法权益的不正当竞争行为所支付的合理费用"。其中的"所支付的合理费用"应该解释为律师费。这就是一条单转规则。在反垄断法上,我们也应该坚持这种单转规则,并结合前文论述加以改造,规定特殊情况下可允许胜诉被告求偿,以制裁原告的滥诉行为。

在请求非金钱性救济的案件中,优待原告的诉讼费用规则所具有的风险进一步降低。例如,按照《克莱顿法》第16条的规定,在私人寻求该条规定的私人禁令救济的诉讼中,如果原告"实质上胜诉"(substantially prevails),"法院应该判付给原告诉讼费用,包括合理的律师费"。④ 由于原告在禁令之诉中没有金钱上的的激励(如3倍损害赔偿),因此被滥用的可能性大大减小。

---

① Commission Staff Working Paper annex to the White Paper on Damages actions for breach of the EC antitrust rules, SEC(2008)404 final, para. 260.

② Ibid.

③ 参见屈广清、周后春:《诉讼费(仲裁费)与律师费承担的比较研究》,载《河南省政法管理干部学院学报》2003年第4期。

④ See §16 of Clayton Act, 15 U.S.C. §26.

## 第四节 减轻诉讼费用来源造成的障碍

前文介绍了诉讼费用由何方当事人承担对于私人起诉动力的影响,并介绍了解决方案的制度设计。但是,当事人特别是原告如何获得资金,则是第一位的事情,因为即便是原告胜诉时可以求偿诉讼费用、败诉时无须承担被告的诉讼费用,其仍然需要一定的资金才能起诉。在解决这一问题方面,各法域从多个方面着手,为我们提供了丰富的实践经验。

首先,在绝大多数法律制度下,原告起诉前都要先向法院预交费用,结案时才在双方当事人之间进行分配;其次,在诉讼过程中,原告通常需要支付一定的律师费。因此,如何保障当事人获得资金来源,从而可以向法院起诉并继续诉讼,是一个非常重要的问题,甚至被视为是影响接近司法的宪法性权利的问题。"向无力承担法律程序全部费用的人提供财务援助,对于保障受害人行使其权利而言,是至关重要的。"[①]

为应对这一问题,各国都设立了不同的制度机制。第一,最重要的是各种法律援助制度,向经济状况不佳的受害者提供免费代理、诉讼费用等援助,使其能够起诉。第二,法院对特定的人实行法院费用减免。如美国《联邦上诉程序规则》第24条和《联邦最高法院规则》第39条都对"贫民之诉"作了专门规定。例如,在西班牙,个人以及营业收入低于600万欧元的公司免交法院费用;在罗马尼亚,法律规定消费者协会针对违法企业或侵害消费者合法利益的企业提起的代表诉讼,免交法院费用。[②] 以色列《限制性贸易行为法》第46G条也规定,个人或消费者协会对违反该法的企业提起的集团诉讼,免交法院费用。第三,这方面还有法律保险、诉讼请求转让等制度。[③] 第四,群体性诉讼制度是解决单个受害人受害金额较小、起诉资源不足问题的非常重要的途径。对于因为需要预付法院费用而阻碍原告起诉的问题,尤其是在单个原告受到的损害较小的情况下,可以考虑利用群体性诉讼的方式增大和提升原告方的诉讼能力和地位。但是,群体性诉讼只有与有利的律师收费方式,如或然费相结合才能产生最大

---

① Commission Staff Working Paper annex to the White Paper on Damages actions for breach of the EC antitrust rules, SEC(2008)404 final, para. 264.

② Ibid., at, para. 262.

③ 兰磊编著:《英文判例阅读详解》,中国商务出版社2006年版,第477~479页。

的效果。对于群体性诉讼,笔者将在本书第十五章作专门讨论。第五,但不是最不重要的一种机制,是律师的收费方式。下文仅对最后一种机制进行探讨。

## 一、律师收费方式

律师与当事人(委托人)之间采用何种收费方式,对于当事人起诉的激励作用存在着很大的差别。例如,如果采用聘用金的方式,原告就需要在委托律师时支付一定的金额,结案后再支付其余部分,费用的计算可以采用计时收费方式,也可以采用计件收费方式。这种方式对于原告的起诉积极性无疑构成一种障碍,尤其是单个人受害金额较小的情况下更是如此。

在美国,除用聘用金制外,律师还可以与当事人约定采用"或然费"的支付方式,这种方式能够大大激励原告的起诉积极性。"或然费"(contingentfee,也写作 contingency fee),也译"胜诉取酬",即律师提供法律服务,只有在案件胜诉或者以有利于当事人的方式庭外和解时,当事人才须支付费用;费用金额通常是当事人获赔金额的一定比例。① 该比例根据程序进展程度的不同而不同,越是深入比例越高。例如,根据标准的或然费安排,如果起诉前和解,比例为20%;如果已经起诉,但是程序没有继续,比例为25%;如果程序进入审理,比例为33%;如果上诉,这一比例可能高达50%。② 美国联邦最高法院对于或然费曾作如下论述:

> 因在诉讼中提供法律服务而收取的服务费,可以是"确定的"也可以是"或然的"(也可能是二者的某种混合)。如果支付义务与取得何种诉讼结果无关,该服务费就是确定的;如果支付义务取决于取得某种特定结果,该服务费就是或然的。根据最为常见的诉讼或然费合同,如果当事人败诉,律师的服务得不到任何支付。在这种安排之下,律师承担了不能获得支付的或然性风险,这种风险与案件的胜诉前景此消彼长:如果当事人胜诉的概率是80%,律师承担的或然性风险就是20%。③

---

① *Black's Law Dictionary*(7th edition), p. 315.

② 参见[美]斯蒂芬·C. 伊泽尔:《民事诉讼程序》(第5版)(影印本),中信出版社2003年版,第344页。

③ City of Burlington v. Dague, 505 U. S. 557, 560-561(1992).

在英国,现在律师也可以与当事人约定一种类似于美国或然费协议的“有条件律师费协议”(conditional fee agreements)。《1990 年法院与司法服务法》(Courts and Legal Services Act 1990)第 58 条对于这种协议作了具体规定(经《1999 年接近司法法》第 27 条修改)。该条规定:①

(a)有条件律师费协议是与提供咨询或诉讼服务的人订立的协议,规定只需在规定情况下支付服务费和费用或其任何部分;

(b)如果有条件律师费协议规定,其规定的任何服务费之金额在规定情况下将较若非仅在规定情况下才需支付而本应支付的金额有所增加,则该协议规定了胜诉费。

对于该条的解读是:(1)与律师订立的、约定规定情况下(如胜诉)方才支付律师费的协议,即为有条件律师费协议;(2)该等协议中如果规定了正常律师费以及规定情况下(如胜诉)律师费增加额,则该等增加额即为胜诉费。该条还规定了有条件律师费协议须满足的条件:②(1)必须采用书面形式;(2)不得用于刑事程序(根据《1990 年环境保护法》第 82 条的程序除外)或者家事程序;(3)司法大臣规定的其他条件。如果协议还约定了“胜诉费”,则还需满足如下条件:③(1)必须在司法大臣以命令形式规定的程序中使用;(2)必须载明胜诉时将在正常律师费(如果不是一个有条件律师费协议则本应该支付的金额,用法律的语言说即“若非仅在规定情况下才需支付而本应支付的金额”)的基础上以何种比率增加;(3)该比率不得高于司法大臣在前述命令中为此类程序规定的比例。

满足这些条件的有条件律师费协议,不得仅因为其是有条件律师费协议而不予强制执行。④ 因此,除家事程序以外的所有民事程序中,有条件律师费协议都属于可强制执行协议,并且可以约定胜诉费。⑤ 实践中,有条件律师费协议通常都规定胜诉费,即如果败诉,律师不收取任何费用(包括不收取正常律师费);

---

① Courts and Legal Services Act 1990, section 58(2).

② Ibid., sections58(3) & 58A(1).

③ Ibid., section 58(4).

④ Ibid., section 58(1).

⑤ Terence Ingman, *The English Legal Process*(8th edition), Blackstone Press Company, 2000, p. 79.

如果胜诉,则除了收取正常律师费,还收取胜诉费(按照正常费用和约定比率计算的增加部分)。[①] 根据《2000 年有条件律师费协议命令》,[②]胜诉费的最高比率是正常律师费的 100%。[③] 经律师或当事人的申请,法院可以对"比率增加"(a percentage increase)加以评估,并且评估时应考虑在该协议签订或者修改时,初级律师或高级律师合理预见到的所有相关因素。[④]

需要注意的是,英国的有条件律师费协议与美国的或然费协议虽然相似,事实上却不尽相同。虽然在败诉时律师都不收取任何费用(但在有条件律师费下可以约定败诉时也收取部分费用),但是胜诉时却不同。胜诉时,或然费协议下,律师分享法院判赔的损害赔偿,即以损害赔偿的一部分作为律师费;在有条件律师费协议下,律师不是分享损害赔偿,而是收取正常的律师费,并加上约定的胜诉费。换句话说,有条件律师费仅与胜诉挂钩,但不与判决金额挂钩,如规定败诉时收费 1000 美元,胜诉时收费 2000 美元的协议即是;而或然费则是将律师的收费与案件结果——胜诉及判决金额两个方面挂钩。有条件律师费实质上是一种经修正的或然费,即规定了上限的或然费协议。这种协议对于或然费的功能有很大的影响,笔者将在下文分析。但无论如何,这对于减轻原告的起诉负担,同样是非常有益的,有利于在一定程度上激励私人提起诉讼。

对于因为需要预付法院费用而阻碍原告起诉的问题,尤其是在单个原告受到的损害较小的情况下,可以考虑利用群体性诉讼的方式增大和提升原告方的诉讼能力和地位。但是,集团诉讼只有与有利的律师收费方式,如或然费相结合才能产生最大的效果。

## 二、律师收费方式对于起诉激励的影响

按照一般的做法,原告需要在聘用律师时支付一定的费用,并在诉讼过程中支付律师费,此外还要支付法院费用等。"原告有义务预付某些费用,如果这些费用金额过高,将会使起诉本身变得困难。虽然这些费用通常可以向败诉方追偿,但是原告要筹集必要的款项并期望在(可能漫长的)审理结束时将其收

---

① Terence Ingman, *The English Legal Process* (8th edition), Blackstone Press Company, 2000, p. 79.

② Conditional Fee Agreements Order 2000.

③ Terence Ingman, *The English Legal Process* (8th edition), Blackstone Press Company, 2000, p. 79.

④ CPR, r. 48. 8(3).

回,可能存在困难。”[①]按照或然费协议,原告在起诉时则无须支付这些初始费用,而由律师垫付,从而克服了为诉讼融资的障碍。“一个或然费律师实际上是一个侵权案件的风险投资者……没有或然费协议,良好的案件将会沉寂消亡。”[②]或然费协议尽管总体上具有激励原告起诉的功能,但是在不同的费用承担方式下,其具有的激励作用的大小则有所不同。在“各付规则”下,由于采用或然费,原告若胜诉,只须依或然费协议从判决金额中扣除(包含在胜诉金中)自己方的律师费;而若败诉,无须支付自己方的律师费,因此可以保障资源不足的原告进入法院。

在“败付规则”下,由于采用或然费,原告胜诉时,其律师费依或然费协议的约定从判决金额中扣除,同时被告依法院判决偿还原告发生的合理律师费,从而原告方的律师费至少能部分由被告分担。因为按照美国的做法,在反托拉斯法下,法院判决被告向原告支付的律师费,与原告依律师费协议应向自己的律师支付的律师费是两个不同的问题。前一种律师费属于原告而非其律师所有,旨在鼓励私人诉讼,避免减少原告的损害赔偿金额,以及惩罚被告。而原告与其律师约定的律师费是为了支付律师提供服务的报酬。[③] 如果原告与其律师约定或然费,则原告应依协议支付律师费。如果向被告追偿的金额超过约定的或然费,超过部分属原告所有。[④] 同样,约定的或然费也可能超过向被告追偿的金额,超过部分由原告从损害赔偿判赔中支付,但法院可以确保约定金额不是过高的。[⑤] 在“败付规则”和或然费的组合方式下,即使原告败诉,其也只须支付被告的合理律师费,而无须支付自己一方的律师费,这样就“完全改变了原告在诉讼过程中的激励因素,其结果类似于固定收费制下单转规则之下的结果”,[⑥]即胜诉时获得(至少部分)补偿,败诉时只支付一方的费用。“换句话说,败付规则下的主要问题——原告的风险厌恶可能被夸大,从而导致起诉动力缺乏——

---

① Commission Staff Working Paper annex to the Green Paper on damages actions for breach of the EC antitrust rules, SEC(2005)1732, para. 203.

② Alexander Tabarrok and Eric Helland, *Two Cheers for Contingent Fees*, The AEI Press, 2005, p. 7.

③ C. Douglas Folyd and E. Thomas Sullivan, Private Antitrust Actions: *the structure and process of civil antitrust litigation*, Little, Brown and Company, 1996, p. 1104.

④ Venegas v. Mitchell, 495 U. S. 82(1990).

⑤ Farmington Dowel Products Co. v. Forster Mfg Co. 421 F. 2d 61, 87(1970).

⑥ Making Antitrust Damages Actions More Effective in the EU: Welfare impact and potential scenarios, Final Report, 205(30 March 2008).

可能因使用或然费制度而消除。”①

在“单转规则”下，由于采用或然费，原告胜诉时，其律师费依或然费协议的约定从判决金额中扣除，同时被告偿还原告发生的合理律师费，从而原告方的律师费至少能部分由被告分担；而原告败诉时，其既不用支付被告的律师费，又无须支付自己律师的律师费。

因此，或然费的激励作用首先在单转规则下最大，其次是败付规则下，最后是各付规则下。这样无疑会进一步带来前文在分析各个诉讼费用承担规则时提到的过度激励和无价值诉讼的问题。前文讲到的应对措施，在这里仍然适用。另外，或然费制度本身就具有案件筛选的功能，律师如果认为胜诉概率过低，就会拒绝以或然费方式承担案件，从而扮演司法体系的“守门员”角色。②学者研究还发现，对或然费设置上限——其相当于有条件律师费协议，处于或然费与固定收费制之间——会导致或然费筛选功能的削弱，增加低价值诉讼的比例。③ 事实上，英国正在考虑结合竞争法案件的特点，放松100%胜诉费的上限。竞争法案件的复杂性导致律师要承担更多的风险，只有允许其在胜诉时获得更高的报酬，才能调动其承接竞争法案件的动力。“OFT 认为律师不可能愿意承接预期会败诉的案件。因此，提高胜诉费比例将导致无价值诉讼的风险，可能被夸大了。”④另外，或然费协议另一个经常被指责的地方是，它导致了律师而非受害人成为诉讼主要的受益人。但是，假如没有或然费协议，受害人根本就没有能力起诉，从而完全不能获得救济，并且还将完全放任违法行为。或然费的实行至少让受害人部分获得了救济，并且更为重要的是对违法者进行了制裁，无论是对于实现矫正正义还是阻吓违法的目的都是有益的。在反垄断法制度下，更应该认识到或然费在这方面的意义。

---

① Making Antitrust Damages Actions More Effective in the EU: Welfare impact and potential scenarios, Final Report, 205 (30 March 2008).

② Ibid., pp. 204 & 208.

③ Alexander Tabarrok and Eric Helland, *Two Cheers for Contingent Fees*, The AEI Press, 2005, p. 15.

④ Office of Fair Trading, Private actions in competition law: effective redress for consumers and business (Recommendations), OFT 916 resp, para. 8.4 (November 2007).

# 第十章　反垄断私人诉讼的诉讼时效

诉讼时效制度是各国民商事法律制度中一个非常重要的制度,它是对于私权绝对理念的一种限制,但是这种限制是基于对公益的考虑而设置的。诉讼时效是多种利益和政策考虑的平衡的产物。本章分三节展开:第一节"诉讼时效的法律价值"。反垄断法诉讼也具有自己独特的价值追求,既追求实现矫正正义的受害者补偿价值,也追求实现阻吓违法的执法价值。因此,在反垄断法诉讼中,诉讼时效的制度设计就要对这种特殊的价值追求给予特殊的重视,既要给予义务人一定的保护和给予效率、法律确定性等公益以保护,也要防止损害到通过激励私人诉讼所要追求的公益。第二节"诉讼时效的期间长度和起算点"。反垄断私人诉讼中的诉讼时效需要区分以下案件类型分别设立,即一般案件,隐秘的案件,持续性案件和后续案件,就不同类型案件设计了反垄断私人诉讼中的时效规则。第三节"时效期间的障碍",民法上有关时效障碍的规定同样也适用于反垄断诉讼,但是反垄断法诉讼具有特殊性,反垄断法诉讼中的时效障碍制度的设计,主要需要特别考虑私人反垄断诉讼与其他程序之间的关系协调问题,包括与ADR程序间的协调,与和解谈判之间的协调,与公共执法之间的协调,以及与集团诉讼之间的协调。

## 第一节　诉讼时效的法律价值

### 一、概述

诉讼时效制度是各国民商事法律制度中一个非常重要的制度，它是对于私权绝对理念的一种限制，但是这种限制是基于对公益的考虑而设置的。诉讼时效是多种利益和政策考虑的平衡的产物。

诉讼时效在不同的国家称谓不甚相同。大陆法国家通常称为“消灭时效”，英美法国家称为“出诉期间”或“诉讼限制法”。但无论称谓如何，基本的制度功能是相通的，即它规定了这样一种制度：“权利人怠于行使请求权，持续经过法定期间而导致权利受到限制或消灭的时效制度。”[①]诉讼时效的具体制度在不同的国家不尽相同。例如，就效力而言，在有的法域时效届满导致实体权利的消灭，如果原债务人继续履行且债权人接受履行，则该接受构成不当得利；在有的法域则导致通过起诉强制执行债权的权利或者获得胜诉判决的权利丧失，但是实体权利并不消灭，只是无法通过法院加以强制执行；在另一些法域则仅导致被告获得一种抗辩权，原告仍可以起诉，但是被告可以以时效届满为由请求法院驳回起诉。其中，最后一种方式为大多数法域所采用。[②] 我国法律对于诉讼时效的效力未作明确规定。最高人民法院《关于适用〈中华人民共和国民事诉讼法〉若干问题的意见》最初采用消灭起诉权的观点，第153条规定：“当事人超过诉讼时效期间起诉的，人民法院应予受理。受理后查明无中止、中断、延长事由的，判决驳回其诉讼请求。”2008年发布的最高人民法院《关于审理民事案件适用诉讼时效制度若干问题的规定》[③]改变了这种做法，采用产生抗辩权的观点。该规定第1条规定：“当事人可以对债权请求权提出诉讼时效抗辩，但对下列债权请求权提出诉讼时效抗辩的，人民法院不予支持：（一）支付存款本金及利息请求权；（二）兑付国债、金融债券以及向不特定对象发行的企业债券本息请求权；（三）基于投资关系产生的缴付出资请求权；（四）其他依法不适用诉讼时效规定的债权请求权。”第3条进一步明确规定：“当事人未提出诉讼时效抗辩，人民法院不应对诉讼时效问题进行释明及主动适用诉讼时效的规定进

---

① 苏号朋主编：《民法学》，对外经济贸易大学出版社2007年版，第242页。

② 参见冯恺：《诉讼时效制度研究》，山东人民出版社2007年版，第238页。

③ 参见法释〔2008〕11号。

行裁判。”

本书也采用最后一种观点,认为诉讼时效的效力是产生针对请求权的抗辩权。必须由被告加以主张,法官不得主动以时效届满为由驳回起诉。

诉讼时效是一个由多个具体制度构成的制度体系。它主要包括以下几个方面:期间的长度,起算时间,中断、中止等障碍,效力。这些具体制度相互之间以互动的方式相互协调配合,共同为具体法律制度下诉讼时效所追求的目标服务。

诉讼时效是民法上一项重要的制度,学说上认为诉讼时效制度具有以下法律价值:[①]督促权利的行使;避免被告举证困难,同时保障法院查清事实,提高诉讼效率;维护既成的法律秩序和确保法律确定性;使义务人获得平静,免于随时被起诉的困扰;促进经济效率。

在具体一个法域之中,上述各种价值追求并不是各自孤立地主导着诉讼时效制度的设计,而往往是几种价值同时发生着作用,共同塑造着一个法域的诉讼时效制度。

## 二、反垄断法上诉讼时效的法律价值和原则

反垄断法民事诉讼中的损害赔偿请求权是民法上请求权的一种,自然也应受到诉讼时效的限制,这种限制所体现的价值体现着前述诉讼时效的普遍的法律价值。但是,反垄断法诉讼也具有自己独特的价值追求,既追求实现矫正正义的受害者补偿价值,也追求实现阻吓违法的执法价值。因此,在反垄断法诉讼中,诉讼时效的制度设计就要对这种特殊的价值追求给予特殊的重视,既要给予义务人一定的保护和给予效率、法律确定性等公益以保护,同时也要防止损害到通过激励私人诉讼所要追求的公益。特别是要考虑到反垄断法案件本身具有的高度复杂性的特点,调查取证工作需要较长的时间,许多案件具有高度的隐秘性。

鉴于此,反垄断法诉讼中诉讼时效的制度设计要围绕着多个价值追求进行设计:一方面,督促权利行使、防止久拖不决和证据灭失、促进诉讼效率和经济效率,维护法律秩序和安全等,要求对权利人起诉的权利作时间上的限制;另一方面,给予权利人合理的时间寻求补偿,以及激励私人起诉以保障执法的价值

---

① 参见冯恺:《诉讼时效制度研究》,山东人民出版社2007年版,第44页。

追求，则要求不能对受害人的起诉权作过份的限制，以致影响了私人诉讼制度的整体有效性。

出于后一方面的考虑，各法域均倾向于放松诉讼时效的限制作用。例如，欧洲联盟法院(ECJ)在Manfredi案①中判决，由于不存在欧盟规则，各个成员国的国内法律体系，就第81条(和第82条)禁止的协议和行为导致的损害请求补偿的权利，应作出时效期间的规定，“前提条件是须遵守等效原则和有效性原则”。② 根据有效性原则，规定的国内时效制度不得导致就所受损害请求补偿的权利之行使实际上不可能或极度困难。因此，在欧盟，诉讼时效规则的制定应满足这样一个原则：“其应该有效地允许提起反托拉斯损害赔偿请求”。③ 同样，美国联邦最高法院在解释《克莱顿法》第5条第(i)款有关诉讼时效中止的条文④中“全部或部分基于政府程序中指控的任何事项”的措辞时，表达了以下宽松的态度：“必须结合国会‘认为私人反托拉斯诉讼是有效执行反托拉斯法的最有效武器之一’的观点，来解释该制定法本身的宽泛用词……毫无疑问，在解释时必须持谨慎的态度，以确保私人对于政府程序的依赖不仅是一个幌子，并确保政府诉讼中指控的事项与私人原告的救济请求之间存在真实的联系。但是法院不得以确保第5条第(i)款应被善意援用之合法关切为由，对本案系争的法条用语做吝啬的解释。”⑤

此外，在反垄断诉讼中，对受害人的起诉时间加以限制也是非常必要的。反垄断法案件是一种经济法案件，与市场和企业的活动密切相关，而企业和市场的活动瞬息万变，高度依赖于交易的安全性和稳定性。否则，过于宽松地对待原告的请求行为，将会对企业众多交易的合法性带来问题，破坏市场运行的基础。例如，一起合并，经过几年之后原有相互独立的企业在人员、资产等方面都融为一体，如果再提出质疑，将会对已经形成的秩序造成严重的破坏。同样，

---

① Joined Cases C－295/04 to C－298/04 Vincenzo Manfredi and others v. Lloyd Adriatico Assicurazioni SPA and Others, para. 6. 1.

② Ibid. , para. 81.

③ Commission Staff Working Paper annex to the White Paper on Damages actions for breach of the EC antitrust rules, SEC(2008)404 final, para. 232.

④ 相关部分规定“除本篇第15a条项下的诉讼之外，凡美国启动任何民事或刑事程序，阻止、限制或惩罚违反反托拉斯法规定的任何行为时，在该等程序系属期间以及之后1年期间，依据该等法律并且全部或部分基于该等程序中指控的任何事项产生的任何私人或州的诉权，其诉讼时效中止计算”。

⑤ Minnesota Mining v. N. J. Wood Co. , 381 U. S. 311, 318(1965).

如果一家企业从事了卡特尔固定价格行为并已停止多年,其间它已经与众多企业发生了合法的交易关系,如果突然对该企业进行诉讼,可能会对新的交易关系带来影响。另外,放任受害者在权利上睡眠也是不可容忍的,尤其是在反垄断法案件这种经济性案件之中,受害者不及时起诉,一方面对于被告在保存证据等方面的要求可能是不公平的,另一方面是导致对违法行为的纵容,甚至可能是原告的策略性行为,即先放纵违法行为,然后起诉获得赔偿,尤其是在允许多倍赔偿的制度下。

综上所述,反垄断诉讼中的诉讼时效具有独特的政策考虑,具体制度设计中应坚持如下原则:

1. 对原告的起诉时间加以限制是必要的,以确保交易的安全性,加速经济流转和促进经济效率。

2. 尽管有上述原则,在禁止受害者起诉前,应给予其提起诉讼的合理期间和机会。特别是考虑到反垄断法案件的复杂性特点,以及民事诉讼法对于起诉条件的规定,时效期间的长度应该允许受害者有时间进行起诉所需的证据调查工作。

3. 特别是反垄断法诉讼中诉讼时效的制度设计,应该有助于促进反垄断法诉讼所追求的价值目标的实现,即既要有利于补偿受害者,又要有利于阻吓违法。

4. 应该根据案件类型的不同,作不同的制度设计。首先,注意区分不同的起诉类型,分别采用不同的制度设计,以最大限度地节省诉讼资源,便利原告起诉。例如,对于已有政府执法程序的后续案件,应该中止诉讼时效,以方便私人原告利用政府程序的调查认定结果,而无须为防止时效期间届满而急于起诉。其次,应注意区分不同的违法类型,采用不同的制度设计。反垄断法违法行为形形色色,有的案件具有持续性,有的具有隐蔽性,对于这样的违法行为,诉讼时效规则应具有自己的特点,确保诉讼时效价值的实现。

以上原则是反垄断法诉讼中诉讼时效具体制度设计中应以一贯彻的。正是由于反垄断法诉讼中诉讼时效具有自己的特点,不少国家的反垄断法都对诉讼时效作了特殊的规定,以使其适应反垄断法案件的特点,并在一定程度上体现了上述原则。例如,匈牙利《竞争法》第 92 条,加拿大《竞争法》第 36 条第 4 款,德国《反对限制竞争法》第 33 条第 5 款,日本《禁止垄断法》第 26 条第 2 款,瑞典《竞争法》第 33 条第 2 款,美国《克莱顿法》第 46 条和第 5 条第 i 款,以及其他一些法域的反垄断法都作出了特殊规定。另外,美国判例法对于反垄断法诉讼中的诉讼时效也发展出了独特的规则。笔者将在下文的论述中详细讨论这些专门规则。

## 第二节　诉讼时效的期间长度和起算点

时效期间的长度直接决定着权利人是否有足够的时间准备起诉,但是过长的时间对于义务人和公益却是无益的。不过,期间的长度本身并不是决定性的因素,其需要与起算点结合起来才有意义。如果权利人一直不知道自己受到了损害,因此无机会行使权利,从侵害发生时起算的时效期间即使很长对其也意义不大,但是从知道受侵害时起算的时效期间即便是较短可能也足够了。从义务人的角度来看,起算点的不同更是有重大的意义,从侵害发生时起算的时效期间比较确定,而从权利人知道时起算却蕴含着较大的不确定性。因此,有的国家为平衡不同利益,同时采用这两种方式。期间长度的意义还受到时效是否可以中止、中断的影响。

### 一、民法上的立法例

关于起算点和时效期间,各法域民法主要有 3 种立法例:

#### (一)客观起算点与一个较长的时效期间

客观起算点可以是侵害行为发生之时(或叫诉因产生之时),也可以是权利可行使之时,权利人是否意识到其权利受到了侵害对于起算时间无关,因此该时点是客观的、确定的。

在通常情况下,侵害行为发生时权利人即已认识到侵害行为,但也存在一些不能及时发现的侵害行为。为了防止在后一种情况下权利人过早地丧失权利,此种起算方式通常与较长的时效期间配合。如德国旧民法典规定时效自请求权产生时起开始计算,普通时效期间为 30 年。英国《1980 年时效法》第 2 条规定,“诉因产生之日起 6 年期满后不得提起侵权诉讼”。瑞典规定自侵害之日起计算,时效期间为 5 年。

#### (二)主观起算点与一个较短的时效期间

主观起算点通常是权利人“知道或应当知道”受侵害之时,由于该时点取决于受害人的主观意识,因此具有较大的不确定性。诉讼时效首先是为了督促权利人及时行使权利的,因此“通常认为只有当权利人能够意识到其请求权存在却又怠于行使时,诉讼时效方能进行”。[①] 如果权利人在没有机会知道其权利受侵害之前即被剥夺了权利,在道德上是难以令一般人接受的,因此主观起算点得以采纳。

在权利人知道权利受侵害后应及时起诉,因此此种立法例下的时效期间相应也较短。如葡萄牙《民法典》规定,损害赔偿请求权从受害人知道自己的权利受侵害时起3年不行使而消灭。英国《1980年时效法》第11条规定,对于导致人身伤害的不法行为之诉,时效期间为3年,从诉因产生之日起算,如果知道之日迟于诉因产生之日,从受害人知道之日起算。

**(三)兼采方式**

第三种是将前两者重叠适用,即规定一个主观起算的较短时效期间,以照顾诉讼时效的道德性和权利人的利益;同时又规定一个客观起算的较长的时效期间,以照顾义务人的利益和法律稳定性和效率等公益。

如《国际商事合同通则2004》第10.2条规定:“(1)一般时效期间为3年,自债权人知道或应该知道导致其能够行使权利的事实之日的次日起算。(2)任何情况下,最长时效期间为10年,自能够行使权利的事实之日的次日起算。”日本《民法典》第724条规定:“对于因侵权行为而产生的损害赔偿请求权,自受害人或其法定代理人知悉损害加害人时起,三年不行使时,因时效而消灭;自侵权行为时起,经过二十年时,亦同。”

## 二、反垄断法上的立法例

就反垄断私人诉讼而言,总体上,各法域对于诉讼时效制度的设立并没有形成非常成熟的法理。尽管某些法域认识到反垄断诉讼中诉讼时效制度应有别于普通案件,并在立法中作了一定的特殊规定,但是基本没有形成系统化的框架和规则体系。根据前述原则,我们认为有必要区别不同类型的案件,对反垄断诉讼中的诉讼时效进行考察和设计。“诉讼时效的期间不能不结合具体的法律关系以衡量期间长短设定的可能及必要性。例如举证方面的考虑,举证的困难是否受时间影响,证据本身是否容易灭失以及其重要到何种程度等。”[②]“找到一个适用于所有的迥然不同的请求权而又不失公平的共同的时效期间是

① 冯恺:《诉讼时效制度研究》,山东人民出版社2007年版,第124页。

② 同上书,第106页。

非常困难的,因此,许多国家规定了长短不一的诸多诉讼时效期间。"①反垄断法损害赔偿请求权根据违法行为的性质的不同和程序特点的不同,也存在不同的类型,需要设定不同的期间长短和起算点,尤其是起算点。

大致而言,反垄断法诉讼中的诉讼时效需要区分以下案件类型,分别设立:一般案件,隐秘的案件,持续性案件和后续案件。其中,后续案件主要涉及时效中止的问题,本书将在下节介绍。前3种案件都是作为独立案件加以讨论的。

**(一)一般反垄断法案件**

一般反垄断法案件中的诉讼时效规则,即在不存在特殊情况(隐秘性违法行为、持续性违法行为和后续案件)时,反垄断法案件中使用的诉讼时效规则。它是反垄断法诉讼中诉讼时效制度的讨论起点,其他规则是它的例外或变种。大多数法域的反垄断法并没有就时效的期间和起算点作专门的规定,而是准用民法上的一般规定,但后者并没有考虑到反垄断法案件中诉讼时效的独特性,因此对这些法域民法上的相关规则本章不作具体讨论。这里仅对反垄断法上有特殊规定的几个法域的规则,结合学理加以考察,以期探究反垄断法案件中最合适的诉讼时效规则。我们这里以起算点为讨论的切入点。

1. 立法例

关于反垄断法案件中诉讼时效的起算点,实践中及理论上可以有以下几种选择:

第一,从违法行为发生时起算。例如,加拿大《竞争法》第36条第4款规定,对于违反该法第6章规定的行为,时效期间为2年,从实施该行为之日和任何相关的刑事程序最终结案之日,二者较晚者起算。

第二,从诉因产生之日起算。如美国《克莱顿法》第4B条规定,损害赔偿诉讼的时效期间为4年,从诉因产生之日起算。

所谓"诉因产生"通常是指构成诉因(或诉讼请求)的要件全部成立,或者说构成诉因的基础事实出现。因此,理论上应为原告请求损害赔偿的各要件,包括违法行为、原告损害、因果关系存在,均得到满足之时才算是诉因发生之时。例如,在英国诉讼时效法上,Pirelli General Cable Works Ltd v Oscar Faber & Partners 案判决,在侵权之诉中,直到原告受到实际损害时才产生诉因。② 但是美国联邦最高法院在 Zenith 案中却判决"一般地,被告实施侵害原告业务的行

---

① 冯恺:《诉讼时效制度研究》,山东人民出版社2007年版,第106页。

② Pirelli General Cable Works Ltd. v. Oscar Faber & Partners[1983]2 AC 1.

为之时,诉因产生且时效开始计算”。① 美国联邦最高法院在做出这一判决时似乎是假定违法行为与损害同时发生。

第三,从损害发生之日起算。例如,瑞典《竞争法》第33条第2款规定,请求损害赔偿的诉讼时效期间为10年,从损害发生之日起算。

第四,从知悉违法行为或损害之日起算。例如,《匈牙利竞争法》针对反垄断法上的公益诉讼作了专门的时效规定:该等诉讼的时效期间为1年,从认识到所受不利益之日起算。

另外,还有两个法域对于行政罚款和申诉作了专门的时效规定,尽管它们不是用于私人诉讼中的诉讼时效,但也可资借鉴。欧盟第1/2003号条例第25条规定,欧委会对违反竞争规则的协议处于罚款或处罚的权力,受5年时效期间的限制,从实施违法行为之日起算。南非《竞争法》针对申诉的权利规定,时效期间为3年,从违法行为停止之日起算。

2. 评价与选择

究竟以何种起算点比较科学?这要从时效期间的长度出发进行考察,即如何起算才能确保受害人有合理的时间起诉。我们首先来看从违法行为发生之日起算是否合适。我们知道垄断违法行为具有多样性,有的反垄断法行为具有隐秘性,不易被发现,如卡特尔;而有的反垄断法行为则比较容易被发现,如滥用行为。由于隐秘的违法行为不易被发现,如果时效期间从违法行为实施时起算,可能会导致大量的此类违法行为尚未被发现时效期间即已届满,这不但对受害者是不正义的,也不利于对违法行为的阻吓。补救的办法是为这类违法行为专门设定一个较长的时效期间,但是,“针对不同类型的反竞争行为设定不同的时效期间将会导致法律制度的过度复杂”;②况且我们并不能确定每类反竞争行为从实施到被发现通常经过多长时间,从而为其设定足以保证原告有合理起诉机会的时效期间。就此而言,无论是加拿大竞争法为私人诉讼设定2年时效期间,还是欧盟第1/2003号条例为公共执法设定5年时效期间,这种“一刀切”的做法都是不科学的:即便是2年的时效期间,对于某些违法行为也可能是绰绰有余的,如拒绝交易;而即便是5年的时效期间,对于另一些违法行为也可能不足以保证原告有起诉机会,如卡特尔。

---

① 401 U. S. 321,338(1971).

② Making Antitrust Damages Actions More Effective in the EU: Welfare impact and potential scenarios, Final Report, 536 – 537(30 March 2008).

根据学者的估计，在美国，反垄断法违法行为平均持续7～8年。[①] 在违法行为被发现之后，受害人起诉前平均还要经过2年，原因可能是因为原告在起诉前有一段犹豫期。[②] 因此，以违法行为实施之日为起算点，在反垄断法诉讼中至少对于隐秘性违法行为（而很多垄断违法行为正属此类）而言是不合适的。

在这方面，欧盟委员会委托的一项研究报告也提出，对于竞争诉讼中时效期间的起算点，“最理想的解决方案是将时效期间的起算日期设定在受害人知悉——或者应该知悉——违法行为和相应损害之日。因此，我们认为所谓的主观时效期间最适合于所有类型的反竞争行为，只要为所有类型的反托拉斯违法行为选择一个统一的时效期间”。[③] 欧洲联盟法院在Manfredi案中也明确判决以“实施协议或一致行为之日”起算的时效期间会导致受害人请求补偿权受阻。

匈牙利《竞争法》在规定反垄断法民事诉讼适用其他法律规定的同时，专门作了反垄断法上的公益诉讼规定，其中包括专门的诉讼时效规定。该法第92条第2款规定：“前述第1款规定的公益诉讼请求权，自认识到对消费者造成的不利益之时起1年后罹于时效。”该规定采用主观的时效计算标准，而按照民法典的规定，民法诉讼中的普通的时效起算则采用客观的起算点。[④]

欧盟《损害赔偿诉讼白皮书》及其工作文件建议以违法行为实施之日为一般原则，同时将持续性违法行为和隐秘性违法行为做例外规定，其中隐秘性违法行为中起算点推迟到可合理期望受害人知悉违法行为及损害之时。[⑤] 这种规定方式下，例外吞噬了原则，因为例外所适用的案件范围可能更广。欧盟《损害赔偿诉讼白皮书》指出：“在涉及最严重和最具损坏性的竞争违法行为时，受害人无法合理及时知悉违法行为的情况经常出现，如卡特尔，因为该等违法行为

---

① Lande, R. H. and J. P. Davis, *An Evaluation of Private Antitrust Enforcement*: 29 *Case Studies*, interim report, 131 (8 November 2006).

② Robert H. Lande, "Are Antitrust "Treble" Damages Really Single Damages?", 54 *Ohio St. L. J.*, 1993, pp. 115, 131.

③ Making Antitrust Damages Actions More Effective in the EU: Welfare impact and potential scenarios, Final Report, 537, (30 March 2008).

④ Study on the Conditions of Claims for damages in case of infringement of EC competition rules: comparative report, p. 88.

⑤ White Paper on Damages actions for breach of the EC antitrust rules, COM(2008) 165 final, p. 8. Commission Staff Working Paper annex to the White Paper on Damages actions for breach of the EC antitrust rules, SEC(2008) 404 final, paras. 233 – 235.

经常在整个存在期间及之后一直保持隐秘。”①因此，笔者坚持认为，以受害人知道或应该知道之日为起算点的规则适用性更强。联系中国的现实，我国《民法通则》就普通诉讼时效期间即采用主观标准的时效起算模式，②这已成为我国的法律传统，在反垄断法中应加以坚持，况且其也有前述的法理支持。

主观起算标准虽然照顾到了诉讼时效的道德性和促进反垄断法执法的功能，但与此同时也会导致对侵权人的不公正和对法律确定性、效率等的危害，特别是违法者从事非持续性违法行为时。因此，在设定一个主观起算的较短时效期间的同时，也应该设定一个客观起算的较长的最长时效期间。在主观起算方式下，时效期间长度的设定，应主要考虑原告知悉违法行为后准备诉讼通常需要多长时间，包括一定的犹豫期，而准备时间的长短很大部分取决于诉讼法起诉条件规定对于证据的要求。在美国，由于民事诉讼法采用“通知诉答”的方式，起诉时无须提交支持起诉的证据，因此，准备阶段需要的时间较短。正如前文所指出的，在美国发现违法行为的时间与起诉的时间之间平均间隔为 2 年，以便受害人有一个犹豫期并有时间准备起诉。因此，如果以知悉违法行为之时为起算点，时效期间至少应为 2 年，然而实际上美国规定反垄断法诉讼时效期间为 4 年（依法院解释，大部分案件中应从知悉违法行为时起算）。在中国，民事诉讼法要求原告起诉时应提交证据，在复杂的反垄断法案件中，这会大大增加准备阶段的时间。因此，如果现有的起诉条件制度不作修改，《民法通则》规定的 2 年时效期间肯定不足，具体需要多长，取决于法院对于起诉时证据要求的苛严程度，以及对于案件准备时间的实证考察。

**（二）隐秘性违法行为案件**

在以违法行为实施之日为起算点的时效期间起算制度下，隐秘性案件必须作为例外才能避免不公正。例如，美国针对这类案件发展出了欺诈性隐瞒例外，欧盟《损害赔偿诉讼白皮书》及其工作文件也对此类案件作例外规定，均采主观标准，即从受害人知道或应该知道之日起计算。但这类例外模式存在一个重大的缺陷，会给原告带来严重的起诉负担和障碍，即原告必须首先证明其符

---

① White Paper on Damages actions for breach of the EC antitrust rules, COM(2008) 165 final, p. 8.

② 我国《民法通则》第 137 条：“诉讼时效期间从知道或者应当知道权利被侵害时起计算。但是，从权利被侵害之日起超过二十年的，人民法院不予保护。有特殊情况的，人民法院可以延长诉讼时效期间。”

合援用这一例外规则的前提条件。例如，在美国，法院通常要求原告证明满足了3个要件，方才允许其援用欺诈性隐瞒的例外："（1）被告欺诈性地隐瞒了共谋；（2）原告没有发现构成请求权基础的事实；（3）原告曾付诸适当的勤勉试图发现这些事实。"①并且原告需以带有细节的方式主张欺诈性隐瞒相关的情况。原告证明这些要件时承担了很重的负担。这不但给原告带来诉累，削弱其起诉动力，而且给法院增加了巨大的工作压力，无谓地将大量的诉讼资源消耗在这种初步程序之中，因为大量的反垄断法案件都涉及隐秘性行为，而原告几乎不可能在违法行为实施后的法定时效期间内发现并起诉违法行为，要起诉就必须援用这一例外。如果采用主观起算规则就能够有效避免了这一问题。

但是，在主观起算方式下，何为"知道或应该知道"？知道的对象为何？这些却是不得不回答的问题。尽管这些问题是所有反垄断法案件中都需回答的问题，但在隐秘性案件中更为突出。因此，本书在此处加以讨论，但这里的讨论对于其他类型的案件也是适用的。

1.知道的对象

理论上，只有当原告知道其诉因（请求权）存在时，方才有起诉的可能。如果其只知道存在违法行为，而未感受到受损，或者既知存在违法行为也感受到了损害，却不知违法行为人是谁，均无法提起诉讼。因此，不少法律制度规定，原告知道或应该知道的内容，不但包括损害，也包括义务人。例如，《欧洲合同法原则》规定，损害赔偿请求权的时效期间从产生请求权的行为发生时起算，但是如果不知债务人是谁，或者不知损害赔偿请求权发生的情事（包括何种损害），除非用合理的方法可以得知，则时效期间不开始计算。瑞士《债法典》第60条第1款规定损害赔偿请求权从受害人知道损害和具体加害人之日计算时效期间。德国《民法典》第199条第1款第1项也规定时效期间起算条件之一是"债权人知道或在不具有重大过失的情况下应当知道产生请求权的事由及债务人"。我国台湾地区"民法"第197条第1款也规定："因侵权行为所生之损害赔偿请求权，自请求权人知有损害及赔偿义务人时起，二年间不行使而消灭。自有侵权行为时起，逾十年者亦同。"英国《1980年时效法》第11条、第12条对知道的内容作了更详细的规定。由此，知道的对象应该同时包括产生请求权的

① C. Douglas Folyd and E. Thomas Sullivan, *Private Antitrust Actions: the structure and process of civil antitrust litigation*, Little, Brown and Company, 1996, p. 603.

事实和义务人。[①]

我国《民法通则》第137条规定："诉讼时效期间从知道或者应当知道权利被侵害时起算。但是，从权利被侵害之日起超过二十年的，人民法院不予保护。有特殊情况的，人民法院可以延长诉讼时效期间。"对于"权利被侵害"的内容并未作明确规定，"我国许多学者主张，所谓权利人知道或应当知道权利被侵害，不仅包括权利人知道或应当知道侵害事实的发生，而且也包括权利人知道或应当知道侵权人是谁"。[②] 在大多数情况下，知道权利受侵害之时，也就知道了加害人是谁；但例外情况下知道权利受侵害之时，可能并不知道加害人是谁，这时时效期间仍然不应开始起算。如前所述，理论上只有当原告知道其存在一个完整的诉因（请求权）时，其才有起诉的动力和机会，只知道一个完整诉因的某些要件是不够的。以产品责任案件为例，在欧盟，要认定产品责任，原告通常需证明其受到了损害，产品有缺陷，及二者之间存在因果关系。当然还必须知道谁是生产者，才可以让其承担责任。但由于产品经过多道流转过程，受害人因使用产品受到损害时，很可能并不知道产品的生产者是谁，更可能不知道产品是否存在缺陷。欧盟《产品责任指令》[③]第10条要求成员国以立法形式规定以产品责任为由请求损害赔偿的程序，受3年时效期间的限制，从原告知悉或者应该合理知悉"损害、缺陷及生产者的身份"之日起算。在反垄断法上，损害赔偿请求权的构成要件包括被告实施了违法行为，原告受到了损害，二者有因果关系，有的法域还要求原告受到的损害是可合理查明的。如果缺乏任何一个要件，原告都是不会提起诉讼的，其也无权起诉。因此，在请求权要件尚不完备时，责怪原告不起诉而使其诉因罹于时效是不公正的。同样，在原告没有知道也无理由知道其请求权要件已完备之时，责怪其不起诉并使其请求权罹于时效也是不公正的。但此时有一个限制条件，即原告不能以不知或无理由知道为由使请求权永远存在下去，而必须使被告能够有将一日放下心来，不再为此担心被诉。

例如，在美国反垄断法上，有关损害赔偿的规则要求，作为求偿的要件之一，原告须证明其所受损害是可计算的，而不是臆测的。据此，美国联邦最高法

---

① 参见冯恺：《诉讼时效制度研究》，山东人民出版社2007年版，第128～129页。

② 同上书，第129页。

③ 85/374/EEC – EU Product Liability Directive.

院在 Zenith 案[①]中判决，即使被告的违法行为已经发生，针对无法证明的未来损害也不产生诉因，因此直到可以充分确定损害数额之时，诉讼时效才开始计算。如果原告“能够证明，在被排除竞争之时其受到的未来损失过于臆测，法官或陪审团在当时无法就该等损失判赔损害赔偿”，则诉讼时效不开始计算。[②] 这是在美国反垄断法上客观起算的时效规则下做出的判决。同样，在主观起算的规则下，也应如此，只不过作为时效起算的前提，除了要求诉因的各要件均已完备，且原告须知道或有理由知道这一点。

2. 知道的含义

在采用主观起算的欺诈性隐瞒例外规则下做出的判决，能帮助我们更好地理解原告知道的内容应包括哪些。在这一例外规则下，原告要采用主观起算的时效规则，需要证明的第二个和第三个要件实际上就是，原告经合理的勤勉未发现构成请求权基础的诸事实，即构成请求权的各要件。这里的“经合理的勤勉未发现”实际上包含了“知道”和“应该知道”的含义。其中“知道”是一个主观的概念，他人必须借助于行为人的外在表现来推断“知道”，而“应该知道”则表明行为人事实上的不知道，但是一般人在一般情况下理应知道，这是一种“推定的知悉”(constructive knowledge)。美国法院把欺诈性隐瞒规则下的推定知道界定为这样的情况：“原告应该已经警觉到如下诸事实：经勤勉的调查，这些事实本可以已经向原告透悉了其诉讼请求的存在。但如果诉讼请求相关的事实不是那种能引起调查的类型，知道这些相关的事实并不构成推定知道。”[③]对于原告应知道的对象，判例上多表述为“诉讼请求”(claim)、“救济请求”(claim for relief)或“构成诉讼请求诸事实”，但无论使用何种表述，判例均要求原告知道的情况应达到提起诉讼所需的程度。根据判例，政府的调查、其他人向相同被告提起诉讼、刑事指控、媒体报道等，均不自动构成对于知道的推定，是否足以构成推定知道应视该等事件对于诉讼请求要件的透露情况。根据判例，这些事件，第一应足以让原告获悉存在垄断违法行为，例如，政府针对煤油市场上的掠夺性定价行为进行的调查，并不能足以让后来提起固定价格诉讼的原告知道

---

① Zenith Radio Corp. v. Hazeltine Research, Inc. 401 U S 321. 339(1971).

② Brunswick Corp. v. Riegel Textile Corp, 752 F. 2d 261, 271(7thCir. 1984).

③ In coordinated pretrial Proceeding in Petroleum Antitrust Litigation, 782 F. Supp. 487, 493(C. D. Cal. 1991).

垄断违法行为的存在；[1]新闻报道在没有具体指明违法行为所在的相关市场时，也不足以从中推定知道违法行为；[2]但是在新闻报道指明了被告及其参与的铜市场操纵计划时，法院推定原告知悉了违法行为。[3] 第二，即便原告知道或应该知道其诉讼请求，但只有在原告有理由认为其诉讼请求是有价值的时，方可推定知道，因为原告不应该提起无价值的诉讼。例如，即便是存在对于相似的反垄断诉讼的广泛报道，如果原告不知悉存在可支持其诉讼请求的证据，也不能必然构成原告实际知道或推定知道其诉讼请求；从原告知道相似的诉讼到其实际或推定知道其救济请求，二者之间涉及一些需要具体考察的事实问题。[4] 针对相同被告同一违法行为提起的反垄断法诉讼，要构成原告应从中推定知道当前诉讼中的诉讼请求，该诉讼必须与当前诉讼"具有充分的相似性，足以让原告想到自己也可能拥有救济请求"，该先前诉讼"必须具有法律的和事实的根据，因为推定知道不能基于轻率的诉讼请求，"并且，"原告必须能够确定该诉讼是有价值的"。[5] 因此，在采用主观起算点的时效规则中，原告"知道或应该知道"的内容应该是完整的且有价值的诉讼请求（诉因、请求权），即一个诉因的所有构成要件。这样做，一方面，体现出对受害人的公正和对于反垄断法执法的保障；另一方面，也可以保证受害人不会因为担心诉讼时效届满而提起过多的轻率诉讼。

### （三）持续性违法行为案件

持续性违法行为是持续性侵权行为的一种。持续性侵权行为，又称连续性侵权行为，或继续性侵权行为，"通常是指侵权行为在一定时间内呈继续状态的侵权"，[6]包括持续不断地发生的侵权行为，也包括有间断但呈连续性的侵权行为。反垄断法上的许多违法行为都呈现出持续性，一个违法行为可能持续几年。

---

① In coordinated pretrial Proceeding in Petroleum Antitrust Litigation, 782 F. Supp 487 (C. D. Cal. 1991).

② Berlyn Inc. v. Gazette Newspapers, Inc., 2003 - 1 Trade Cas. (CCH) 73, 963 (D. Minn. Feb. 6, 2003).

③ In re Copper Market, 2003 - 2 Trade Cases (CCH) 74, 165 (W. D. Wis., 2003.).

④ In re Beef Industry Antitrust Litig., 600 F. 2d 1148, 1171 (5th Cir. 1979), cert denied, 449 U. S. 905 (1980).

⑤ In coordinated pretrial Proceeding in Petroleum Antitrust Litigation, 782 F. Supp. 487, 493 (C. D. Cal. 1991).

⑥ 冯恺：《诉讼时效制度研究》，山东人民出版社2007年版，第145页。

持续性侵权行为是否适用诉讼时效是一个复杂的问题，需要结合多个政策考虑综合确定。一种观点认为，持续性侵权行为不应受诉讼时效的限制，否则加害人在经过时效期间后就获得了对非法利益的合法权利，即便是仍在继续的侵权行为。但是，如果仅因为侵权行为具有持续性就排除诉讼时效的适用，将会违背诉讼时效督促权利行使、促进诉讼和经济效率等目的的实现。在反垄断法案件中，更有可能纵容原告为多得赔偿而故意不及时起诉，特别是在判多倍损害赔偿的制度下。因此，持续性的违法行为同样应受诉讼时效的限制。

1. 立法例

鉴于持续性违法行为本身具有的特殊性，在诉讼时效的制度设计中应作特殊的考虑，对一般性的反垄断法诉讼时效规则作适当的修正。例如，在 Zenith 案中，美国联邦最高法院在指出"一般地，被告实施侵害原告业务的行为之时，诉因产生且时效开始计算"之后，立即指出"在持续性违反反托拉斯法的场合……这通常被理解为原告每一次因被告的一个行为受到业务或财产损害时，都产生了一个请求损害赔偿的诉因"，"如果原告在某一天感受到反托拉斯共谋行为的不利影响，他立即产生一个诉因，以请求该日为止所产生的所有损害……"。[①] 由于感受之日与违法行为之日间可能有一定的时差，因此，此处阐明的以"原告受损害时"或原告"感受不利影响时"为诉因产生之时的规则，其实已经偏离了前述一般性规则。欧洲联盟法院在 Manfredi 案[②]中讨论以实施违法行为之日为时效起算点的不适当性时，特别指出："这种情况下，如果涉及持续性或重复性的违法行为，时效期间有可能在违法行为停止之前即已届满，此时，任何在时效期间届满之后遭受损害的个人都将无法起诉。"[③]这是对欧盟法上有效原则的违反。鉴于此，欧盟《损害赔偿诉讼白皮书》建议，在此类案件中，时效期间从违法行为停止之日起算。[④]

欧盟之所以选择以违法行为停止之日为起算点，是出于欧盟特殊的政策考虑作出的选择。

---

① Zenith Radio Corp. v. Hazeltine Research, Inc., 401 U. S. 321, 338(1971).

② Joined Cases C – 295/04 to C – 298/04 Vincenzo Manfredi and others v. Lloyd Adriatico Assicurazioni SPA and Others, para. 6. 1.

③ Commission Staff Working Paper annex to the White Paper on Damages actions for breach of the EC antitrust rules, SEC(2008)404 final, para. 79.

④ White Paper on Damages actions for breach of the EC antitrust rules, COM(2008)165 final, p. 8.

一方面,欧洲联盟法院的 Crehan 案①和 Manfredi 案均对因违反竞争法的行为受到损害者获得补偿的权利,给予了非常高的重视。因此,诉讼时效规则的制定,应保证不对受害人补偿权构成侵害。“由于无法概括地确定一个持续性或重复性反托拉斯违法行为会持续多久,我们无法通过设定一个特定的期间来补救对于欧洲联盟法院提及的有效原则的违反,除非是一个非常长的期间。欧委会因此建议对此类违法行为,以违法行为停止之日为起算点。”②这样的规则自然会缩小诉讼时效的适用空间,因为诉讼时效制度的根本出发点就是通过限制受害人的权利来实现特定的法律价值。以违法行为停止之日为起算点,可以保证受害人能够对所有违法行为进行起诉,并获得赔偿。

另一方面,欧盟之所以对私人诉讼的诉讼时效制度建议采用这种模式,也受到了公共执法中时效期间制度的影响。第 1/2003 号条例第 25 条规定,欧委会对反竞争行为进行罚款或处罚的权利受 5 年期间限制;对于持续性或重复性违法行为,该期间从“违法行为停止之日”起算。欧洲议会在 2007 年的决议中指出:“(欧洲议会)认为在没有该等决定的情况下,针对违反条约第 81 条或第 82 条或者共同体竞争规则的行为,应该可以在委员会有权对该等违法行为作出罚款决定的期间内的任何时间,就其提起损害赔偿诉讼”。③ 欧洲议会在 2009 年的决议中也指出:“在持续性或重复性违法行为案件中,时效期间的起算点为以下二者之在后者:违法行为停止之日或者受害人可被合理期待知道违法行为之日……时效期间应为 5 年。”④

但是,欧盟的这种做法是否科学,值得商榷。与公共执法权的时效期间保持一致,这无可厚非,甚至是可取的。但是私人诉讼与公共执法之间的一个重大区别,特别是具体到持续性违法行为案件中,是私人存在滥用诉讼程序的机会主义动力,即可能将时效期间用作策略性目的,如在发现持续性违法行为后坐视不动,纵容违法行为的发生,以获得较多的赔偿,并可能对违法者造成起诉

---

① Case C-453/99, Courage Ltd v. Crehan [2001] ECR I-6297, [2001] 5 CMLR 28.

② Commission Staff Working Paper annex to the White Paper on Damages actions for breach of the EC antitrust rules, SEC(2008)404 final, para. 234.

③ European Parliament Resolution of April 25 2007 on the green paper on damages actions for breach of the EU antitrust rules (2006/2207[INI]), para. 24.

④ European Parliament resolution of 26 March 2009 on the White Paper on damages actions for breach of the EC antitrust rules (2008/2154(INI)), P6_TA(2009)0187, para. 19.

者无法通过市场竞争达到的沉重打击。① 而公共执法机关却没有这种动力。因此,以违法行为停止之日为持续性违法行为案件中的诉讼时效起算点,尽管在公共执法中是适当的,在私人诉讼中却存在明显的缺陷。

为了避免以违法行为停止之日为起算点所带来的缺陷,侵权法上采用两种特殊的处理方式。

第一种做法是将侵权行为持续期间内的每一天都视为起算点,然后确定有多少时间没有罹于时效;这种方法为英国侵权法所采用。② 我国最高人民法院《关于审理专利纠纷案件适用法律问题的若干规定》第 23 条③也采用这种做法;但这不是纯粹的以每一天为一个起算点的起算方式,而只是一种计算损害赔偿的期间限制,因为该等求偿是以起诉时侵害权行为仍在继续为前提,如果起诉时侵权行为已经终止,即便是有一部分的侵权行为发生在起诉前两年期间内,也受到时效届满的限制。

第二种做法是分段计算的方法,将整个债权区分为多个在经济上和法律上具有相对独立性的个别债权,并对各个个别债权分别适用诉讼时效。美国反垄断法上对于持续性违法行为发展出了一个例外的时效限制,它实质上就是这种分段计算的方式。美国联邦最高法院在 Zenith 案④中判决,涉及持续性的共谋,"原告每一次因被告的一个行为受到[业务或财产]损害时,都产生了一个请求损害赔偿的诉因……诉讼时效从该行为实施之时起算"。⑤ "每一个独立的诉因都赋予原告就该诉因产生之日已遭受的损害以及因该特定侵害行为[可能遭受]的未来损害获得赔偿的权利。"⑥根据大多数法院的解释,在持续性共谋中,决定一个新诉因产生与否的时间是被告行为之时,而非原告受到损害之时,只要原告受到了可查明的损害。

但是,在反垄断法案件中,导致损害的行为与该行为导致的损害往往不是

---

① 参见冯恺:《诉讼时效制度研究》,山东人民出版社 2007 年版,第 146 页。

② 同上书,第 147 页。

③ 第 23 条规定:"侵犯专利权的诉讼时效为二年,自专利权人或者利害关系人知道或者应当知道侵权行为之日起计算。权利人超过二年起诉的,如果侵权行为在起诉时仍在继续,在该项专利权有效期内,人民法院应当判决被告停止侵权行为,侵权损害赔偿数额应当自权利人向人民法院起诉之日起向前推算二年计算。"

④ Zenith Radio Corp. v. Hazeltine Research, Inc. ,401 U. S. 321(1971).

⑤ Ibid. ,p. 338.

⑥ Ibid. ,pp. 338 – 339.

同时发生的,损害往往会晚于损害行为。在一个持续性共谋中,如果前一诉因已过时效期间,但其损害后果发生在后一个诉因产生之后,且后一个诉因未过时效期间,那么,原告在就后一诉因起诉时,可以就时效期间内遭受的全部损害,包括前一诉因导致的损害求偿吗?还是只能对后一诉因导致的损害求偿?美国联邦最高法院在Zenith案中判决,如果先前的诉因造成的损害,在其时效期间内过于臆测无法查明,则可以在就后一诉因起诉时一并请求。① 这实际上就推迟了前一诉因的时效期间的计算,等于是损害的可查明是诉因的构成要件。在该案中,反垄断法诉讼的原告针对被告参与的一个专利池共谋提起3倍损害赔偿诉讼。原告是在1963年起诉的,按照《克莱顿法》的时效规定,其只能就1959~1963年4年发生的违法行为导致的损害求偿,但实际上其求偿1959~1963年发生的损害,其中包括1959年以前的违法行为所导致的后续损害。联邦最高法院认为,由于政府1958年的执法行为导致的时效中止,原告有权对1954年之后的行为导致的损害求偿。问题是它是否有权就之前的行为导致的损害求偿。鉴于本案的事实,假如原告在1954年曾就之后5年内的损害赔偿提起诉讼,很难说服法官判赔未来几年的损害,因此,在1963年的诉讼中请求这些先前诉因的后续损害并不被时效届满所阻止。②

因此,在持续性违法行为案件中,关键是确定具体的被告行为是否构成单独的诉因,从而引起一个新的时效期间的起算。如果一个行为构成一个单独的诉因,在该行为之日起算的时效期间届满之前,只要原告起诉,即可就该行为导致的现时损害和未来损害求偿;相反,如果原告起诉之时,被告最后一个构成独立诉因的行为已超过诉讼时效期间,则其就受到时效届满的限制;而如果原告起诉时,其中一些诉因已过时效期间,但相关行为导致的损害在未来才变得明显和可查明,则从后一时点起算时效期间,但以求偿这些未来显现的损害为限。美国最高法院明确指出:"在反托拉斯和3倍损害赔偿诉讼中,以过于臆测为由拒绝判赔未来利润,等于是判决除了针对已遭受的损害,针对任何损害均未产生诉因。"③

因此,在反垄断私人诉讼案件中确定被告的一个行为是否构成单独的诉因,因就成为确定一个案件是否适用持续性违法行为的诉讼时效规则的关键,

---

① Zenith Radio Corp. v. Hazeltine Research, Inc., 401 U. S. 321(1971), p. 339.

② Zenith Radio Corp. v. Hazeltine Research, Inc., pp. 341 – 342.

③ Ibid., p. 339.

并进而决定了原告的起诉权是否已罹于时效。根据美国的判例，如果被告以起诉的方式滥用市场支配地位，压制竞争对手，如通过起诉竞争对手侵犯知识产权实现滥用知识产权和市场支配地位的目的，那么只有起诉行为本身构成反垄断法诉讼时效上的诉因，而起诉后的推进程序行为以及上诉行为均不构成新的诉因。[①] 拒绝交易案件是持续性违法行为案件中常见的一类案件，法院必须决定一个持续的拒绝交易构成一个单一的诉因，还是每一次重申拒绝交易均构成一个独立的诉因。[②] “如果最初的拒绝是确定性的，则诉讼时效开始计算，受害人之后无谓地努力与违法者进行交易并遭到拒绝时并不产生新的诉因。如果最初的拒绝不是确定性的，受害人每一次寻求与违法者进行交易并遭拒绝时，都产生一个新的诉因。”[③]最初的拒绝是否是确定性的，这是一个事实问题，根据具体案情确定。第九巡回区上诉法院判决“一个能够引起重新起算诉讼时效期间的公开行为，须满足两个要件：(1)其必须是一个新的独立的行为，而不只是对先前行为的再确认；(2)其必须对原告造成了新的和叠加的损害”。[④]

2. 评价

综上所述，关于持续性违法行为的诉讼时效，现在至少有 3 种模式可用：

第一种即欧盟模式，其特点是按照违法行为停止之日为客观起算点，如果原告在时效期间内(从停止之日起算)起诉，其可以就整个违法行为在任何时间造成的损害获得赔偿。这种模式强调对于受害者的充分补偿，但不利于督促受害人及时起诉，甚至有可能被受害者用作策略性目的。

第二种即美国模式，其特点是以整个违法行为期间发生的足以构成单独诉因的各个相对独立的行为为客观起算点，分别计算时效，只有在起诉时尚未罹于时效的那些诉因导致的损害可以获得赔偿；已罹于时效的诉因导致的损害不能获得赔偿，除非可以证明，这些诉因导致的损害在时效期间内因过于臆测性而难以查明，从而可以推迟求偿。这种模式对受害人比较苛严，并且使部分非法利益经过一定的期间后得以合法化；但同时也有利于督促受害人及时行使权

---

① Pace Industries, Inc. v. Three Phoenix Co., 813 F. 2d 234 (9th Cir. 1987); Al George Inc. v. Envirotech Corporation, 939 F. 2d 1271 (5th Cir. 1991).

② See C. Douglas Folyd and E. Thomas Sullivan, *Private Antitrust Actions: The structure and process of civil antitrust litigation*, Little, Brown and Company, 1996, p. 592.

③ Kaw Valley Elec. Co-op. Co., Inc. v. Kansas Elec. Power Co-op., 872 F. 2d 931, 934 (10th Cir. 1989).

④ Pace Industries, Inc. v. Three Phoenix Co., 813 F. 2d 234, 236 (9th Cir. 1987).

利,从而及时阻止违法行为的继续,对于实现私人诉讼的执法目的有促进作用。但这种模式也存在一定的复杂性,在确定哪些损害是由哪些诉因造成的时,存在较大的困难。

第三种即英国模式,其特点是将持续期间内的每一天视为产生一个新的诉因,并以此作为起算点,受害人对起诉前尚未罹于时效的每一天,即从起诉之日回推一个时效期间的时段,获得损害赔偿。我国最高人民法院关于专利纠纷的规定,对此模式附加了一个条件,即起诉时侵权行为仍在继续,缩小了这一模式的适用范围。英国模式相对较为简单,并且照顾到了时效制度的督促功能。但是以每一天作为一个新的诉因,在反垄断法上可能并不是非常合适,而美国反垄断法上判断新诉因的方式更为可取。

出于前文对主客观起算点的比较,笔者认为,时效的起算点应以受害人知道或应该知道每一个诉因之时,而诉因应该指各个要件的总和,而非仅指违法行为。因此,如果从受害人知道或应该知道一个请求权各要件具备之日起,在时效期间内没有起诉,则不得再起诉;但如果受害人证明一个已过时效期间的请求权涉及之违法行为导致的损害在当时过于臆测,则可在受害人知道或应该知道该等损害可查明时起算的时效期间内仅就该等原本不可查明的未来损害求偿。

综合以上分析,反垄断法诉讼中的时效规则可以设计如下:

一般规则是,时效期间从受害人知道或应该知道请求权产生之日起算;请求权于其各要件完备时成立。对于持续性的违法行为,每实施一个新的并导致新的损害的违法行为,产生一个请求权,每一个请求权的时效期间从受害人知道或应该知道该请求权产生之日起算;但如果受害人可以证明,已罹于时效的一个请求权导致的损害在未来才成为可查明的损害,则以求偿该等未来可查明的损害为限,时效期间从受害人知道或应该知道该等损害可查明时起算。

## 第三节　时效期间的障碍

### 一、时效障碍概述

诉讼时效是为了公益和义务人的利益而对权利人的权利施加的限制。但是,如果限制不合理,将导致权利人的利益被无辜剥夺,从而将违背基本的正义。正是出于这种考虑,诉讼时效制度体系下设置了时效的障碍机制,以中断或中止、延长时效期间。

不同法制下规定的具体障碍机制有所不同，如有的规定时效中断和时效中止，有的规定时效中断和时效不完成，有的则同时规定了以上 3 种机制，我国《民法通则》则规定了时效中断、中止和延长制度。

即便是同样名称的机制，在不同的法律制度下含义也不尽相同。以时效中止为例，有的法律规定中止事由需发生于时效期间最后 6 个月，如我国及《国际商事合同通则》（2004 年）；[①]有的则规定中止事由发生于时效期间内任何时间都产生中止效果，如法国、瑞士；有的则针对不同事由分别规定，如《欧洲合同法原则》规定因不可抗力引起中止时，不可抗力事件须发生于期间届满前最后 6 个月，而因司法程序、仲裁程序或其他旨在获得可强制执行文书的程序而引起中止时，则没有此种限制。德国《债权现代化法》也规定除因不可抗力引起中止时，中止事由须在时效期间最后 6 个月外，中止事由可发生于时效期间内的任何时间。

时效中止的效力，通常是中止事由存续期间不计入时效期间，在中止事由出现时时效期间暂停计算，待到中止事由消失时再恢复计算，如我国《民法通则》第 139 条。另一种做法是规定在中止事由消除后，重新开始一个法定的期间或保证一个最短法定的期间。例如，德国《债法现代化法》第 204 条规定，因实现权利引起时效中止的，在该等实现权利的程序结束 6 个月后时效届满。《国际商事合同通则》（2004 年）也规定，在出现不可抗力事件时，时效中止，若中止事由结束后剩余时效期间不足 1 年，则在中止事由结束 1 年后时效届满。如果债权人或债务人无行为能力或死亡，时效中止，直至为无行为能力人、死者或其遗产指定了代理人之时，或者直至继承人继承了上述之人的地位之时恢复计算，若中止事由结束后剩余时效期间不足 1 年，则在中止事由结束 1 年后时效届满。[②] 第二种方式非常接近于时效的不完成。

时效的不完成也称时效推迟届满，是指"在时效即将完成之际，由于存在特定的事由，法律强行规定在该事由存续及之后的一定期间内，请求权的时效不完成"。[③] 例如，《欧洲合同法原则》第 14:304 条规定，如果各方就请求权或产生请求权的情况进行谈判，时效期间不得在谈判中最后一次联络后 1 年内届满；第 14:305 条规定，如果一个无行为能力人无代理人，在该无行为能力的情

---

① 参见第 10.5 ~ 10.7 条。

② 参见第 10.8 条。

③ 冯恺：《诉讼时效制度研究》，山东人民出版社 2007 年版，第 224 页。

况消灭后或指定代理人后 1 年内,该人享有的或针对该人的请求权的时效期间不得届满;第 14:306 条规定,债权人或债务人死亡的,死者遗产享有的或针对死者遗产的请求权的时效期间,在继承人或遗产代理人能强制执行该请求权后 1 年内,或在针对继承人或遗产代理人能强制执行该请求权后 1 年内,不得届满。因此,时效不完成的实质是将时效届满之时推迟到一个特定时间。其与时效期间的中止,特别是前述第二种形式下的中止区别并不是很明显。如尽管前述《国际商事合同通则》(2004 年)使用了"中止"字样,而《欧洲合同法原则》未使用"中止"字样,属时效推迟届满,但二者的实质效果却是完全一样的。因此,笔者在下文的讨论中,将这种时效推迟届满作为时效中止加以讨论。

除了时效中止和不完成,另一个重要的时效障碍机制是时效中断,有的法域称之为时效期间的重新计算。"诉讼时效期间的中断是指在诉讼时效进行期间,因法定事由的发生导致以前经过的诉讼时效期间全部归于无效,待中断事由消除后诉讼时效期间重新开始计算。"①虽然时效中止和中断都是诉讼时效的障碍机制,但是它们的一个重要区别在于,时效中止对于时效进行的影响只是暂时性的,只有推迟届满的效果,而时效中断的影响却是根本性的。诉讼时效以权利人不行使权利为前提或基础,"就中断而言……是由于发生了推翻诉讼时效存在基础的事由,明示或暗示性地表明权利人行使了权利,如果使时效继续进行有失公平,从而立法上设置中断制度,使得时效期间重新计算"。② 传统上认为"诉讼时效期间中断的事由都是当事人具有主观意识的行为,这与诉讼时效期间中止的事由都是客观的不可抗力或其他障碍截然不同"。③ 例如,我国《民法通则》规定引起时效中止的事由有不可抗力和其他障碍,根据司法解释"其他障碍"包括权利人死亡、丧失行为能力等客观障碍。

但事实上,究竟特定的事由应引起时效中止还是中断,是一个立法选择的问题,一个法律制度下作为时效中断的事由,在另一个法律制度下可能是引起时效中止的事由,或者相反;同一法律制度在不同时期也可能会把同一事由作为不同的障碍事由。例如,起诉在很多法律制度下都被视作权利人行使权利最切实、强烈的方式,因而被规定为引起时效中断的事由,我国均如此。但是,《国际商事合同通则》(2004 年)第 10.5 条和《欧洲合同法原则》第 14:302 条均将

① 苏号朋主编:《民法学》,对外经济贸易大学出版社 2007 年版,第 248 页。

② 冯恺:《诉讼时效制度研究》,山东人民出版社 2007 年版,第 176 页。

③ 苏号朋主编:《民法学》,对外经济贸易大学出版社 2007 年版,第 249 页。

司法程序作为引起时效中止的事由。在德国,旧《民法典》规定起诉是引起时效中断的事由,但德国《债法现代化法》却将起诉转变成引起时效中止的事由。

另外,“权利实现方式从公力救济走向公力救济和私力救济并举,消失时效的使用范围也扩展到私力救济领域”。[①] 例如,除了诉讼仍然是最重要的权利实现方式外,各种各样的替代性纠纷解决方式非诉讼纠纷解决程序(Alternative Dispute Resolution,ADR)的作用越来越大,如仲裁、调解甚至是和解。这种变化也反映在时效障碍制度之中,如《国际商事合同通则》(2004 年)第 10.6 条和《欧洲合同法原则》第 14:302(3)条均承认仲裁程序为引起时效中止的事由,前者还承认调解为时效中止事由,后者则承认“旨在获得一项如同判决的具有执行力的文书而启动的其他程序”为中止事由。《欧洲合同法原则》第 14:304 条还将当事人之间的谈判作为时效不完成(推迟届满)的事由。日本《民法典》第 151 条也规定和解和调解申请为时效中断事由。德国《债法现代化法》第 204 条 1 款 4 项将调解作为时效中止事由,第 203 条将当事人之间的谈判也作为时效中止事由。其第 203 条规定:“债务人与债权人正就请求权或者请求权产生的事由进行谈判时,消灭时效中止,直至一方或者另一方拒绝继续谈判时为止。消灭时效最早从中止事由结束后 3 个月届满。”学者认为,将谈判“设定为时效中止的事由,可以使就有争执或者有疑义的请求权所进行的谈判磋商不受任何时间上的压力,从而为债权人心平气和地解决争执或疑义创造条件,同时还可以避免出现法律争议,进而减轻司法机关的负担……债权人由于容许债务人协商而暂缓起诉,事后若允许债务人据此一期间为时效的主张,对债权人也非公道。”[②]

## 二、反垄断法上的时效障碍

民法上有关时效障碍的规定同样也适用于反垄断法诉讼,但是反垄断法诉讼具有特殊性,具有独特的价值考虑,因此,要对反垄断法诉讼中的时效障碍制度作一定的特殊设计。我们这里只对这种特殊性加以考察,本书未作特别考察时仍适用民法的一般理论。反垄断法诉讼中的时效障碍制度的设计,主要需要特别考虑私人反垄断诉讼与其他程序之间的关系协调问题,包括与 ADR 程序间的协调与和解谈判之间的协调、与公共执法之间的协调,以及与集团诉讼之

---

① 李求轶:《消灭时效的历史与展开》,中国法制出版社 2008 年版,第 144 页。
② 冯恺:《诉讼时效制度研究》,山东人民出版社 2007 年版,第 207 页。

间的协调。

### (一)ADR 程序与时效障碍

ADR 程序是指"以非诉方式解决争议的程序,如仲裁、调解和小审"。[①] ADR 程序是否能成为时效障碍的事由,主要取决于 ADR 程序是否被认为是一种争议解决方式。如果 ADR 程序不被视为当事人请求解决争议、行使请求权的方式,在诉讼时效框架下,也不会被视为足以对时效的进行产生影响的事由;反之,则被视为一种时效障碍事由。至于是作为何种障碍事由,即引起时效中断、中止还是不完成,则完全取决于一个法律制度对其影响作何种评价。就现有立法例来看,ADR 程序主要是作为时效中止的事由。如前所述《国际商事合同通则》(2004 年)和《欧洲合同法原则》都将仲裁和调解作为时效中止的事由,德国《债法现代化法》也将调解作为时效中止事由;但日本《民法典》将调解作为时效中断事由。

具体到反垄断私人诉讼中,ADR 程序对时效进行具有何种影响,首先取决于 ADR 程序是否被承认为解决反垄断法争议的有效方式。因此,是否承认反垄断法争议的可仲裁性、可调解性等,成为讨论这一问题的先决问题。鉴于这一问题比较复杂,本书不做详细探讨。但需要指出的是,欧盟《损害赔偿诉讼绿皮书》认为调解应成为反垄断诉讼中引起时效中止的一个事由。《委员会关于民商事案件调解若干问题的指令建议》[②]第 7 条规定,如果各方当事人约定进行调解或者法院命令使用调解,或者如果根据一个成员国国内法的规定有义务使用调解,则时效期间应该中止。"这一拟议的规则与当前的事项(反垄断法上的时效问题)尤其相关,因为它也涉及两种不同类型程序之间的协调,并且是一个表明如下情况的一种事例,即通过一定的设计可以使时效功能的发挥取决于另一项程序。"[③]

### (二)和解与时效障碍

和解是争议当事人在不借助外部力量和帮助的情况下,通过谈判达成解决争议的方案。和解在所有法律制度下,均是当事人处理其争议的一种途径。和

---

① *Black's Law Dictionary*(7th Edition), p. 78.

② Proposal for a Directive of The European Parliament and of The Council on certain aspects of mediation in civil and commercial matters, COM(2004)718 final.

③ Commission Staff Working Paper annex to the Green Paper on damages actions for breach of the EC antitrust rules, SEC(2005)1732, para. 270.

解可以在起诉前达成,也可以在起诉后达成。由于当事人就其之间的争议进行和解谈判表明了权利人行使权利的明确意图,各个法律制度通常都承认其具有影响时效进行的效力。例如,日本《民法典》将和解作为时效中断事由。《国际商事合同通则》(2004 年)、德国《债法现代法》均将和解谈判作为时效中止事由。将和解作为时效中止事由还是中断事由是一个立法选择问题。

在反垄断法案件中,正如在其他案件中一样,和解是一种非常重要的解决争议方式。例如,研究表明,在欧盟范围内私人执法相对较为活跃的英国,"大部分私人争议,包括竞争法/反托拉斯法争议,都是在就案件实质作出最终判决前实现庭外和解",并且,"有证据表明,近年来和解的数量呈增加趋势,其中最明显的是滥用市场支配地位案件"。① 正因如此,在反垄断法诉讼中,和解谈判应该被承认为时效障碍事由。例如,欧洲议会"认为在当事人之间进行任何正式谈判或调解期间,该等时效期间应该停止计算"。② 至于应该将和解谈判作为何种障碍事由,主要取决于立法选择,但是我们倾向于将其作为一个时效不完成事由,即推迟时效届满的时间,如规定时效期间最早不得与谈判终止后(或最后一次联络后)两年内届满,以使原告在谈判不成功的情况下有足够的时间准备起诉。这里之所以使用"最早",是指如果谈判终止后的剩余时效期间超过两年,仍然以剩余的时效期间为准计算届满时间。

**(三)后续案件中的时效期间**

在私人执行与公共执行并存的反垄断法执法体系下,如何协调私人诉讼与公共执法之间的关系,是反垄断法执行体制设计中一个非常重要的考虑因素。这种协调的一个重要方面就是公共执法程序对于私人起诉动力的影响,包括对违法行为的证明要求和对诉讼时效等的影响。本章仅探讨对诉讼时效的影响。

所谓公共执法程序是指由公共执法机关发起和推动的执法活动,在不同的法律制度下表现形式不同,如在美国主要表现为司法部反托拉斯局向法院提起民事和刑事诉讼,也表现为 FTC 的行政审判程序;在欧盟等大陆法系制度下,主要表现为行政执法部门的行政调查、处罚等程序。涉及诉讼时效、公共执法程序与私人诉讼之间的协调主要考虑的问题是,"防止出现如下可能的情况,以保

---

① Making Antitrust Damages Actions More Effective in the EU: Welfare impact and potential scenarios, Final Report, 44(30 March 2008).

② European Parliament Resolution of April 25 2007 on the green paper on damages actions for breach of the EU antitrust rules(2006/2207[INI]), para. 24.

护提起后续案件的可能,即在竞争主管机关(及其审查法院)公共执行竞争规则的活动仍在进行之时,时效期间即已届满”。[①] 不同的时效障碍制度设计,会对私人执法与公共执法的协调产生不同的影响,包括对矫正正义、阻吓违法、被告的机会主义行为、法律的稳定性、诉讼成本和法院负担、管理负担和错误判决的成本等。[②]

总结学术研究成果和执法实践,主要有 5 种模式可供选择。在决定采用何种模式时,要以其各个模式对前述各方面的影响作为考察的尺度。[③]

模式 1——私人执法与公共执法相互独立,即公共执法程序对私人起诉的时效期间不产生影响。

模式 2——“修正的德国模式”,即公共执法程序的启动产生时效中止效果,公共执法程序终止后时效期间恢复计算,直至剩余期间届满。德国《反对限制竞争法》第 33 条第 5 款规定:“若卡特尔局就第 1 款规定的违法行为启动程序,或者欧盟委员会或欧共体另一成员国的竞争主管机关就违反《欧盟条约》第 81 条或第 82 条的行为启动程序,则根据第 3 款请求损害赔偿的请求权,其时效期间中止。准用《民法典》第 204 条第 2 款规定。”德国《民法典》第 204 条第 2 款规定,时效中止于公共执法程序作出确定决定或以其他方式结束 6 个月后终止。这种模式对德国的做法作了修正,使公共执法程序仅具有时效中止计算的效果,而不是推迟届满。推迟届满在模式 3、模式 4、模式 5 中讨论。这样修正,可以更好地与我国《民法通则》中时效中止的制度作对应研究。

模式 3——“修正的西班牙模式”,即公共执法程序启动后,私人起诉的时效中止,至公共执法机关终止程序后,或者终审法院就违法问题作出认定后,开始计算一个 1 ~ 2 年的新的时效期间。

模式 4——“最短期间模式”,时效期间为从受害人知悉所受损害之日起 5 年,或者公共执法程序中作出的决定确定之后 1 ~ 2 年,以其中较短者为准。

模式 5——“修正的美国模式”,即时效期间为从受害人知悉诉因产生之日起 4 年,或者公共执法程序结束后 1 年,以其中较长者为准。美国《克莱顿法》

① Commission Staff Working Paper annex to the White Paper on Damages actions for breach of the EC antitrust rules, SEC(2008)404 final, para. 237.

② Making Antitrust Damages Actions More Effective in the EU: Welfare impact and potential scenarios, Final Report, pp. 540 – 541(30 March 2008).

③ Ibid., pp. 539 – 540.

第5条第i款规定:"除本篇第15a条项下的诉讼之外,凡美国启动任何民事或刑事程序,阻止、限制或惩罚违反反托拉斯法规定的任何行为时,在该等程序系属期间以及之后1年期间,依据该等法律并且全部或部分基于该等程序中指控的任何事项产生的任何私人或州的诉权,其诉讼时效中止计算;但是,凡本篇第15条或第15c条项下产生的诉因,其诉讼时效依本款中止计算的,强制执行该等诉因的任何诉讼,除非在中止期间或者在诉因产生后4年内提起,否则永久被禁止。"由于我们在前文论述了反垄断法诉讼中的时效起算采用以知悉(包括实际知道和应该知道)之日为起算点,我们这里对美国模式作了修正,由客观起算修正为主观起算。

根据前述评价标准,我们对以上5种模式加以评价。在模式1下,由于公共执法程序不会对私人起诉的时效期间产生影响,私人受害人不会存在等待观望心理,防止搭便车现象的出现;但是,私人诉讼与公共执法之间存在重复和重叠执法,增加执法成本,也可能会出现法院和公共执法机关作出相冲突的认定。

在模式2和模式3下,公共执法程序启动后,私人起诉的时效期间中止或推迟届满,有利于私人利用公共执法中发现的证据和作出的认定,可以节约执法成本、减轻法院负担、避免相冲突的认定。但是在模式2之下,如果公共执法正式启动或终止程序的时间不明确,不为公众所知,将会对私人诉讼的时效期间何时中止、何时恢复计算带来不确定性;被告可能会采取策略行为拖延正式启动程序的时间,因为这样可以确保公共执法程序结束后,只剩下很短的时间供私人起诉。德国法以推迟届满6个月来弥补这一问题,但是鉴于反垄断法案件的复杂性,6个月的剩余期间过短;根据公共执法启动时间的不同,公共执法程序结束后,剩余的时间可能很短(如在时效期间的最后3个月启动,则只有3个月的剩余时间),也可能很长(如私人正是由于公共执法活动的启动才知悉时,则还剩余整个时效期间),不利于私人执法与公共执法之间的协调,会导致对矫正正义的损害(如果剩余期间过短),或者增加法律的不确定性(如果剩余时间过长)。①

模式3是在竞争主管机关或其审查法院就违法认定问题作出确定的决定之后,启动一个新的固定的时效期间,因此被告将不再有动力拖延正式启动公

---

① Making Antitrust Damages Actions More Effective in the EU: Welfare impact and potential scenarios, Final Report, at 541 - 542; Commission Staff Working Paper annex to the White Paper on Damages actions for breach of the EC antitrust rules, SEC(2008)404 final, pp. 72 - 73.

共执法程序的时间。同时,私人诉讼与公共执法之间实现了合理的衔接与协调,既不会出现因剩余时间过短而影响原告起诉,也不会因为剩余时间过长而增加法律的不确定性。因此,这是一种较为理想的模式。欧委会认为这是一种"较好的选择"。①

模式 4 与模式 3 具有较大的相似之处,都在公共执法程序作出确定决定后设定一个新的固定期间。但是,二者存在一定的差别。如果公共执法程序在私人知悉受损之后立即启动,并在很短时间内结束,如 2 年,则私人的诉讼时效期间因受到 1 ~ 2 年新期间的约束实际上是缩短了;如果公共执法程序很长时间都没有结束,甚至超过了私人起诉的时效期间,为避免请求权罹于时效,私人将被迫在公共执法程序结束前起诉。② 这将会出现执法重叠,增加执法成本,加重法院负担。

而模式 5 实际上是对模式 4 的修正,即正常时效期间与公共执法结束后一个固定长度的新期间,二者中较长者为提起后续案件的时效期间。其实质上也与模式 3 有较大重叠,但是如果公共执法程序在私人知悉诉权后立即启动,并在很短时间内结束,如 2 年,私人实际上可以在公共执法程序结束后 2 年内起诉,而非固定的 1 年新期间内,因为法律允许在正常时效期间内起诉。这样做只会对被告带来一定的不确定性,但是实践中这样的案件应该比较少,因为公共执法程序往往会历时不止 2 ~ 4 年;但是却可能出现这样的情况,即公共执法程序发起后一段时间,私人才知悉起诉权,从而公共执法程序结束之时离正常诉讼时效届满之时还有超过 1 年的期间,私人仍可在 1 年额外期间之外的正常时效期间内起诉。尤其是在公共执法机关启动程序和推进程序不够正式,时间不明确之时,并不能根据公共执法程序来推定私人受害人知悉其诉权。此时,前述不确定问题及相关的督促私人尽快起诉的问题,将更加明显。例如,在欧盟,"欧委会或一个成员国竞争主管机关发起程序,这一事实通常并不被视为表明原告已知悉违法行为的证据"。③

综上,笔者认为最理想的反垄断法案件诉讼时效制度设计为模式 3 的时效

① See Commission Staff Working Paper annex to the White Paper on Damages actions for breach of the EC antitrust rules, SEC(2008)404 final, para. 239.

② See Making Antitrust Damages Actions More Effective in the EU: Welfare impact and potential scenarios, Final Report, p. 543(30 March 2008).

③ Ibid., p. 538, note 826.

不完成制度。

竞争执法机关就一项违法行为启动了执法程序的,私人受害人基于相关违法行为提起请求损害赔偿诉讼的请求权,其时效期间中止计算,在公共执法机关中止程序之后或者终审法院就违法问题作出确定的认定之后,重新开始计算一个时效期间。

这里需要注意几个问题:

1. 新的时效期间的长度

德国《反对限制竞争法》准用《民法典》上 6 个月的规定,美国《克莱顿法》规定为 1 年,西班牙也采用 1 年的新期间。对于 1 年或 6 个月的额外期间是否充分,我们缺乏充分的实证材料。根据两位美国学者的研究,私人"后续"案件平均在政府案件终止后 2 年后提起。① 欧盟委员会也认为,"为使原告有效提起诉讼,新的诉讼期间应至少为 2 年,这一点似乎是正确的。这样能确保潜在原告有足够的时间准备起诉"。② 因此,我们认为 2 年的新时效期间是合适的。

2. 公共执法程序与私人起诉之间应达到何种程序的相关,方能产生时效中止的效果

在这方面,美国的实践为我们提供了指南。依据《克莱顿法》第 5 条第 i 款的规定,首先,公共执法程序和私人诉讼追诉的违法行为,均须是"违反反托拉斯法"的行为。其次,私人诉讼中的请求权"全部或部分基于公共执法程序中被指控的任何事项"而产生。法院判决,在决定这一要求是否得到满足时,"必须限于对两项起诉做表面的对比",③"并不要求私人原告主张,同样的手段被同样的被告用以实现同样的共谋的同样的目的"。相反,在 Leh 案中,美国联邦最高法院否定了被告的下属主张:因为私人诉讼中的被告、时效期间、地域和共谋行为与政府程序中的这些方面相比,范围更窄或者不同,时效中止是不适当的。

5 年后,美国联邦最高法院在 Zenith 案中再一次对这一问题作出解释:"《克莱顿法》第 5 条第 i 款的语言明确地规定针对"全部或部分基于公共执法程序中被指控的任何事项……的任何私人诉权",诉讼时效中止。依该款的字

① See Lande, R. H. and J. P. Davis, *An Evaluation of Private Antitrust Enforcement*: 29 *Case Studies*, interim report, p. 131, note 66(8 November 2006).

② Commission Staff Working Paper annex to the White Paper on Damages actions for breach of the EC antitrust rules, SEC(2008)404 final, para. 240.

③ Leh v. General Petroleum Corp., 382 U. S. 54, 65 – 66(1965).

面规定,如果政府针对某一共谋已经提起诉讼,就同一共谋起诉的私人,毫无疑问,其诉讼请求是基于此的,即便私人诉讼中的具名被告在政府程序中既没有被指名是被告,也没有被指明是共谋参与人。即如果政府只起诉了某些共谋者,但是同时也主张并在审理中证明了其他人为共谋者,则很难否认时效期间针对该等虽未被起诉但被证明的人发生中止效果。如果在先的政府诉讼中提交的证据没有证明一名被告是共谋者,但是在随后的私人诉讼中被证明了这一点,也不能否认时效的中止。本院在立法史中未发现任何迹象表明,国会意图该规定仅针对政府诉讼中的被告当事人产生时效中止的效力。本案中,本院收到的被引证的任何判决依据也未表明这一点。相反……由于相信私人反托拉斯诉讼,国会才制定本款以帮助私人诉讼当事人利用其可以从政府反托拉斯诉讼中取得的任何好处。本院认为,判决针对政府诉讼所指控的的共谋的所有参与人产生时效中止效力,无论该等参与人在政府诉讼中是否被指明是被告或共谋者,并不会对国会的目的造成任何破坏;相反,如此判决还能够通过允许私人诉讼当事人等待政府诉讼的结果并利用其带来的好处,对国会的政策产生重大的推动。"①

① Zenith Radio Corp. v. Hazeltine Research, Inc. ,401 U. S. 321,335 -336(1971).

# 第十一章　反垄断私人诉讼中的集团诉讼

在反垄断法案件中，受害人往往众多，但是每个人所受损害金额较小，而全部损害的合计金额却非常庞大。在这种情况下，单个受害者的起诉动力不大，且传统的诉讼模式是一对一的设计，每个原告仅就其本身所受损害起诉被告。在这样的情况下，一方面，受害者不愿提起诉讼，纵容违法行为；另一方面，各个原告单独起诉，增加了法院的负担和全社会的交易成本。鉴于此，各国纷纷设计出形式各样的集团诉讼，主要用来应对新兴经济法领域的大规模纠纷的处理。例如，美国的集团诉讼、德国的团体诉讼、英国竞争法上的消费者代表诉讼。这些集团诉讼方式，各有特色，也不同程度地存在问题。

本章分三节展开论述，第一节“集团诉讼的概念及功能”，主要概述有关集团诉讼的基本概念和功能；第二节“各国反垄断集团诉讼制度的考察”；第三节“反垄断集团诉讼的模式及赔偿计算”。鉴于美国反垄断法私人诉讼制度中集团诉讼机制的非常繁荣和强大威力，因此将以美国的反垄断私人集团诉讼为主要考察对象，同时兼论德国、英国。

## 第一节　集团诉讼的概念及功能

工业化的进程带来了人们之间的频繁接触，大规模伤害事件经常发生，从而引发群体性的纠纷。同时，很多大规模的侵害涉及公共利益的巨大损害，而单个个体受到的损害则相对较小，不足以调动私人起诉的动力，如国有资产流失、环境污染等公害事件，垄断等破坏市场秩序的行为等。传统的一对一的诉讼模式不再适合群体性纠纷、大规模侵害的解决和救济，因此，各国相继建立起形式各样的集团诉讼制度，如政府机构代表公共利益提起的诉讼，由特定团体机关提起的团体诉讼，由私人提起的集团诉讼、代表人诉讼、选定当事人诉讼等。其中，有的是为了维护公共利益，有的是为了一次性解决涉及多个当事人的相同或相似的纠纷，还有的在二者之间存在一定的交叉。为了表述的方便我们这里统一称为集团诉讼。

## 一、集团诉讼的概念

集团诉讼(class action)，也译为集体诉讼或团体诉讼。《元照英美法词典》的释义是："由一个或多个成员作为集团全体成员的代表，代表全体当事人起诉或应诉的诉讼"。其产生前提是，作为原告或被告的集团与其代表在诉讼中具有共同的利害关系，将他们作为一个集体就其权利或责任作出裁决比在一系列的单个诉讼中做出裁决更为有效。

对于集团诉讼形式的分类，可以从不同的角度出发，其中与此相关的则是存在原告集团诉讼(plaintiff class action)和被告集团诉讼(defendant class action)之分。在反垄断私人诉讼的实践中，一般出现的多为原告集团诉讼模式，即遭受反垄断损害的众多受害人作为原告提起的诉讼。因此，本书在此主要是从原告集团诉讼模式的角度来论述集团诉讼制度运作过程中的程序正当性问题。①

## 二、集团诉讼的价值取向

任何制度的存在都有特定的原因和条件，集团诉讼是当代世界共同关注的一个重要的法律和政治问题。当代世界各国共同面临着集团性侵害造成的小额多数权利救济问题，并由此产生了相同或相似的社会需求，即尽快制止这种侵害的继续并对违法者予以制裁，以及对已经造成的侵害给予救济。尽管各国由于经济社会发展程度不同，市场和企业的规模有大小之分，但是由于经济全

① 关于原告集团诉讼和被告集团诉讼模式的具体论述可参见 Robert E. Holo，"Defendant Class Actions：the Failure of Rule 23 and a Proposed Solution"，38 *UCLA L. Rev.*，1990，pp. 223，223－25。

球化的影响，这两个问题都不同程度地摆在每一个国家面前，并且正在以跨国界、跨区域的形式发展。不仅如此，由于当代消费者运动的推动，全球性的群体性侵害及其救济问题已经迫在眉睫，并迅速波及世界的每一个角落。①

就反垄断集团诉讼而言，政治体制与司法体制是关乎其价值理念及运行条件的最关键因素。当集团诉讼已经超越纠纷解决的范畴而进入资源与利益分配等决策性问题的时候，可以看到司法权的限度和民主政治的基点都开始出现了某种程度的倾斜。"这类争论的结果和对公共利益诉讼的定位很大程度上依赖于一个国家关于法律形成过程中立法和司法的作用的思考和行为模式。这种模式是多种多样的……欧洲的法律专家在审视美国现代的法律舞台时，恐怕会对宪法及法律在重要的社会各制度的结构和运用上所进行的缺陷改革中，法院活动范围之广深有感触。虽然如此，但许多国家并不太希望模仿美国，不管是政治结构和社会经济发展阶段与其迥然相异的国家，司法威信不如美国高的国家，还是更依赖于官僚程序的公平的国家，社会结构更均衡的国家，或者是民事诉讼制度更易产生纠纷的国家。"②

随着当代司法权限的扩大，世界各国的民事诉讼制度出现了一种分化趋向，即所谓"纠纷解决模式"和"政策修正模式"，③二者分别代表了传统司法理念和"司法能动主义"观念，④并反映在不同国家的诉讼制度和理念中。美国的集团诉讼在当代的高速发展，都是与司法能动主义理念分不开的，即试图通过这些新型诉讼推进制度的改革。然而，一般而言，由立法机关代表的议会民主仍然具有最高权威，在面临着重大的利益纷争和社会政策时，唯有立法机关具有作出决策的正当性。20 世纪后半期以后，多数国家的司法权已明显扩大，但至今仍有许多国家，如法国，恪守着对司法权的严格限制，法院无疑不可能具有通过集团诉讼促进司法决策的正当性。⑤ 以德国为代表的大陆法系国家的法院也仍然恪守着法律执行机关的定位，并不准备采取司法能动主义的姿态，也不认为普通法院有能力完成决策的使命；而其民事诉讼基本上仍然保持着纠纷解

---

① 参见范瑜：《集团诉讼问题研究》，北京大学出版社 2005 年版，第 97 ~ 102 页。

② 参见[意]莫诺、卡佩莱蒂著：《福利国家与接近正义》，刘俊祥译，法律出版社 2000 年版，第 96 ~ 97 页。

③ See Scott, "Two Models of the Civil Process", 27 *Stanford Law Review*, 1995, p. 937.

④ 有关司法能动主义的问题可参见[美]克里斯托弗·沃尔夫：《司法能动主义——自由的保障还是安全的威胁?》，黄金荣译，中国政法大学出版社 2004 年版。

⑤ 参见范瑜：《集团诉讼问题研究》，北京大学出版社 2005 年版，第 104 页。

决模式,并没有成为社会决策的契机。由此,必然产生对诉讼的不同期待和对策。实际上,多数国家都不鼓励司法权的过度扩张和司法能动主义。因此,不仅在选择集团诉讼模式时必须对政治体制及司法的功能有准确把握,而且,如果司法机关不拥有足够的资源和能力,就必然会采取自我限制的政策;那么,即使在制度上引进了某种集团诉讼模式,也未必能发挥其原型的功能和作用。

## 三、反垄断集团诉讼的功能

反垄断集团诉讼重点是解决小额多数侵害的救济问题,在反垄断损害赔偿领域,这种诉求主要来源于社会的中间阶层,属于权利的扩大;正如许多研究者指出的那样,其真正受益人并非处于社会底层的真正意义上的弱势群体,一般将其看作向经济上的弱势当事人提供司法救济的途径。而超大企业真正受到集团诉讼打击的程度,远比中小企业或一般的大企业要小得多。

一种观点认为,集团诉讼基本功能之一即是对受害人损害的补偿。尽管在美国反垄断法上存在惩罚性损害赔偿制度,但就我国侵权法功能定位来讲,其主要目的在于使侵害人对所造成损害承担损害赔偿责任,而非惩罚。就此一功能定位而言,填补当事人损害乃是基于公平正义之基本理念,①其主要目的是要为受害人的损害恢复至其受损害前的状态。从程序功能设计来讲,其第一个重要的目标也是在于对个人所受损害的补偿。在许多案件中,集团诉讼程式是以损害赔偿为中心的,因为其目标是要确定对某些受到损害人的群体或者集团的赔偿的判决,且要求承担责任者支付损害赔偿的义务。其最终的目的是要确定集团每个成员的损害赔偿额。② 这种观点值得商榷,笔者认为,就反垄断集团诉讼而言,前文所述反垄断法的执行目的首先在于威慑,其次在于实现矫正正义,达到补偿的效果。③ 在反垄断集团诉讼司法实践中,以美国为例,那些因违反反托拉斯法的行为而遭受经济损失的受害者通常没有提出从民事损害赔偿金中获得赔偿的需求,甚至也没有带来这种实践的机会。典型状况是,这些损失由很多人分摊,涉及的金额不大。④ 在这种情况下,没有势在必行的填补损失的补

---

① 参见王泽鉴:《侵权行为法》(Ⅰ),中国政法大学出版社2001年版,第7~8页。

② 参见胡永庆:《证券纠纷集团诉讼制度研究》,载《上海证券报》2003年3月28日。

③ 学理上的探讨笔者已经在第二章充分论述,这里不再赘述。

④ See Reichard A. Posner, *explaining the economic nature of the societal harm inherent in an antitrust violation in terms of substitution and rent-seeking costs*, supra n. 1, pp. 13–14.

偿理念,而且操作上看分配成本很可能大于收益。

毋庸讳言,在威慑的前提下,对受害人的损害进行补偿也是反垄断集团诉讼的目标所向。实践中,在美国反垄断集团诉讼制度运作中,惩罚性损害赔偿机制的运用是较为常见的,其基本的政策定向在某种程度上来讲仍然是为受害人提供损害的补偿。① 换句话说,对受害人损害之补偿功能的实现主要是从实体法的角度来讲的,如果从程序法功能定位的角度来看,即可将其解释为向受侵害人(尤其是小额受侵害人)提供司法救济的可能性和动因。对于那些小额受侵害人而言,从主客观的法律以及经济方面的因素出发,受侵害人可能获得的小额赔偿并没有对其就小额损害提起单独诉讼提供充分的法律和经济方面的动因。然而,集团诉讼机制的运行对该问题的解决提供了可能性,为其寻求司法救济确立了诉讼机制的架构。正是因为在如产品责任、限制竞争等群体性侵权案件中会存在大量的小额损害的受侵害人,因此这一政策目标的实现对于集团诉讼制度的确立起到了基础性的作用,亦应该是其立法模式和实践运作的最为重要的政策目标。②

## 四、反垄断集团诉讼的效益分析

反垄断集团诉讼对相关的公共政策领域提出了两难的问题,因为其对社会的影响有正负两个方面,而决策者所面临的问题是如何应对此两难的境地。一些人认为,反垄断集团诉讼所产生的社会成本要远远大于其所获取的社会效益,他们由此主张应该放弃以私人集团诉讼的模式来获取反垄断欺诈领域内的损害赔偿。持此观点的人认为,应该更多地依靠国家机构的作用来执行公共政策方面的目标,③而当事人诉讼的目标乃是获取个人的损害赔偿,则应该采取单独诉讼的方式来主张其权利。而另外有人认为,反垄断集团诉讼的社会效用要大于其社会成本,因此他们认为禁止采取反垄断私人集团诉讼的观点是不可取的。对此问题的分歧,引发了我们对反垄断集团诉讼在公共政策目标和私益目

---

① See Reichard A. Nagareda, Autonomy, "Peace and 'Put' Options in the Mass Tort Class Action", 115 *Harv. L. Rev.*, 2002, pp. 747, 752.

② See Garry D. Watson, "Class Action: The Canadian Experience", 11 *Duke J. Comp. &Int'l. L.*, 2001, pp. 269, 269.

③ See Deborah R. Hensler et al, *Class Action Dilemmas: Pursuing Public Goals for Private Gain* (Executive Summary), 1999, p. 18.

标之间平衡问题的重视。①

单纯地就单独诉讼模式和集团诉讼模式的成本效益问题作出实证性的研究本身是非常困难的。单独诉讼有单独诉讼产生的成本，集团诉讼有集团诉讼带来的成本，同时二者亦有其自身不同程度和不同方面的效用，其间具有一定的相对性。② 我们如果要对其各自的成本效益相当的问题进行考察，以确定该种制度所取得的效用是否值得其所耗费的成本，其中更多的是政策分析的因素占据了主导地位。如果我们将集团诉讼的目的只是定位于向反垄断受侵害方提供补偿，并无其他，那么我们则没有必要设立集团诉讼或者其他模式的群体诉讼制度来运作反垄断民事诉讼，这一政策目标完全可以通过单独诉讼模式来实现，而且没有集团诉讼模式所带来的冗长、迟延等方面的负面因素。从受害人本人来讲，其提起反垄断民事诉讼之主要甚至是唯一目的是要获取损害赔偿。尽管如此，作为决策者在制订和运作反垄断民事诉讼机制的时候，他的政策定位不应该局限于此，其应该将公共政策目标的实现融入其中。

在此方面，我们所讨论的诉讼经济和效益问题主要是从两个方面出发的，即诉讼当事人和审理法院的两个方面的视角。对于群体性侵权案件而言，如果摒弃集团诉讼作为解决其争议的诉讼机制，而是以单独诉讼的方式运行，其结果则是诉讼程式上的低效益。对于单独提起的诉讼形式，其数目可能达致上百、上千等，而其所依据的事实、理由等均是相同或者是类似的，而法院仍然需要重复花费司法资源来审理这些案件，高额诉讼成本的支出可能是其负面因素之一，而且很可能会导致判决的不一致。另外，小额诉请当事人需要单独提起诉讼以主张其权益，这对于他而言也是存在诉讼不经济的层面。③

当然，对于此政策目标在实践运作中的现实效用问题，在讨论中是存在分歧的。④ 尤其是在美国集团诉讼制度运作实践中，就我们在上文提到的诉讼效

---

① 参见胡永庆：《证券纠纷集团诉讼制度研究》，载《上海证券报》2003 年 3 月 28 日。

② 以单独诉讼解决反垄断案件，如果对其进行一种孤立地评价，其对于原告、被告、法院而言所需要付出的金钱、时间、人力等方面的诉讼成本是较小的，但是若以若干单独诉讼解决集团诉讼所能够解决的侵害范围内的问题，其诉讼成本将是巨大。而且，以单独诉讼并不能够实现集团诉讼所能够达到的公共政策目标，这方面所需要支出的社会成本亦应该计算在内。

③ See David Rosenberg, Mandatory, "Litigation Class Action: The Only Option for Mass Tort Cases", 115 *Harv. L. Rev.*, 2002, pp. 831, 848 – 852.

④ 参见汤维健：《美国民事司法制度与民事诉讼程序》，中国法制出版社 2001 年版，第 390 ~ 391 页。

益在原告方当事人方面的表现而言，有人提出集团诉讼模式的结果其实并不总是能够给其带来实质性的受益。对于这种想法，究其原因，主要是存在以下两个方面的因素：其一，特别是在反垄断集团诉讼案件中，一般认为是一种律师主动发起或者驱动的集团诉讼程式，①从美国反垄断集团诉讼的实践来看，有评论认为原告集团律师在和解过程中有着自身的利益所在，而且研究表明反垄断集团诉讼中原告集团成员对律师代理行为缺乏足够有效的监督和控制，因此律师在和对方当事人进行和解的过程中即有可能将其自身的利益置于首要地位。②况且美国反垄断集团诉讼中一般是采用胜诉酬金（contigent fee）的形式确定律师费用，美国兰德民事司法研究所（Rand Institute for Civil Justice）就此问题所作的一项实证研究表明，很大比例的集团诉讼案件（这其中当然包含了反垄断集团诉讼案件）和解数额中的绝大部分用来支付了律师的胜诉酬金，而原告集团成员最后获得实际赔偿额是较小的。③ 其二，批评者指出，许多集团诉讼案件在实践运作中经常造成诉讼迟延、耗时较长、程序烦杂、成本高昂等，④因此其对遭受反垄断损害的受害人即原告集团成员而言并不具有明显的诉讼效益上的优点。

为了实现对违反反托拉斯法的行为的最佳威慑目标，诉讼请求的集体化势在必行。当一个违法者在行使抗辩权过程中拥有集体性“所有权”利益，而它所面对的多数小额诉求的原告在行使共同诉讼权过程中分别只拥有部分“所有权”利益的情况下，存在诉讼规模效益不对称以及因此产生的诉讼力量不对称的局面。集团诉讼从本质上克服了这种不对称性，使双方拥有同等机会利用可得的诉讼规模效益。通过合并所有诉讼请求，原告将同样能够利用被告自然享受到的规模效益。不仅如此，集团诉讼机制还具有激励法院在协调此类诉讼请求（包括复杂的事实、法律、证据和政策问题）过程中从经济学角度的成本收益

---

① See Jill E. Fisch, “Class Action Reform: Lessons from Securities Litigation”, 39 *Ariz. L. Rev.*, 1997, pp. 533, 538.

② See G. Chin Chao, “Securities Class Actions and Due Process”, 1996 *Colum. Bus. L. Rev.*, 1996, pp. 547, 551 – 52.

③ See Deborah R. Hensler et al, *Class Action Dilemmas: Pursuing Public Goals for Private Gain* (*Executive Summary*), 1999, pp. 12 – 15.

④ 参见汤维健：《美国民事司法制度与民事诉讼程序》，中国法制出版社2001年版，第391页。

角度获得最佳投资的好处。①

(一)实现最佳的诉讼投资

在反垄断集团诉讼中,当任何一部分原告单独或者联合提出诉讼请求的时候,由于被告有更大的机会利用诉讼规模效益的优势,就自然而然地"占了上风"。原告个人可能获得的赔偿是100元也好、1000元或者100万元也好,被告都会把共同问题作为单独的个体诉讼处理,为了将减轻责任的整体收益最大化而进行不菲的投资,然后将其分摊在它所面临或将要面临的不拘多少个单独诉讼中。原告由于不能利用类似的可得诉讼规模效益,通过单独起诉的方式进行诉讼受到限制。被告的诉讼地位就此得到巩固,这与诉讼的实质问题毫无关系,完全是因为原告力量分散。② 由于投资上的差距,结果畸偏几乎是无疑的。要纠正这种破坏反托拉斯法私人执法威慑功能的制度偏差,集团诉讼集体化是基本要求。

(二)实现最佳的司法投入

在法官理性分配司法资源的条件下,集体诉讼的规模效益在激励法院优化司法投入方面起着至关重要的作用,最大限度地提高了实现威慑违法这个社会目的的可能性。单独诉讼程序使法官不仅要承受很大的行政压力和行政成本负担,而且要克服获取所需信息的障碍和原告囿于对案件局部情况的片面印象而造成的投资积极性不足、见解失当的问题。法院受到这些限制,容易做出错误的判断,尤其是在处理反托拉斯诉讼中复杂而微妙的事实和理论问题的时候。反托拉斯案件中的错误判决将造成高昂的社会成本,包括减少甚至完全排除有效革新和其他有创造力的企业。这些错误的成本经常使法院有正当理由独立地完善相关信息以及补充和确认当事人制作的证据记录,为判决打下全面而可靠基础。但是,要调整反托拉斯诉讼请求,必须获取高度专业化的信息并对其进行评估和适用,因此,对法院来说,在诉讼中确定独立地位的费用太高。对于可以集体提出的诉讼请求,法院在标准的单独诉讼程序中,完善和使用信息的投资往往比将所有请求一次性全面彻底解决时的投资少得多。为了激励和确保法院做出的司法投入使私人执行反托拉斯法的社会价值最大化,集团诉

---

① See David RosenbergJames P. Sullivan, "Coordinating Private Class Actionand Public Agency Enforcementof Antitrust Law", *Journal of Competition Law & Economics June*, 2006".

② See Bruce L. Hay & David Rosenberg, "Sweetheart and Blackmail Settlements in ClassActions: Reality and Remedy", 75 *Notre Dame L. Rev.*, 2000, pp. 1377, 1379 - 80.

讼的规模效益是必需的。

**（三）阻吓违法**

在反垄断法中，私人诉讼的一个重要执法目的是借助阻吓违法来矫正潜在违法者的行为，从而实现反垄断法的立法目的，集团诉讼作为落实私人诉讼制度的一个具体制度也应如此。因此，凡是能够最大限度地剥夺不法所得、让违法者无利可图，甚至制裁违法行为的制度，均应该给予优先考虑。

例如，在集团诉讼中，有些受害者可能因为金额较小而不受领其应分的判赔部分，从而让起诉代表人获益；或者由于当事人对代理律师控制不足，而让律师成为诉讼的主要获益者。① 在这种情况下，个别原告或原告律师从起诉中受益不应该成为放弃相关制度的理由，因为如果不采用这种制度情况会更糟，即因大多数原告均不起诉而使被告保留不法利益，从而鼓励和放纵违法。在原告、律师和违法者之间，最不应保留这些利益的就是违法者。比如，在集团诉讼中，要证明每一个受害者所受损害及其金额、因果关系，将会实际上禁止集团诉讼，特别是代表消费者的诉讼。此时，应该允许法院就全体受害者的受害总额作出判决，特别是依据违法者的不法利益计算赔偿金额。这样问题就会简单多了。至于判赔总额如何在受害者之间分配，可以另作设计，总之不能让违法者因受害者之间不能精确分配判赔而获益。应尽量确保让违法者将其给社会造成的损害充分内部化，尽量使被告“向所有受害者支付损害赔偿，而非仅向有足够动力（或者有能力）提起诉讼的受害者支付损害赔偿”。②

**（四）避免滥诉**

集团诉讼给予受害者起诉激励，因此有可能鼓励原告提起无价值的诉讼压制或敲诈被告和解，尤其是在采取多倍损害赔偿以及判赔诉讼费用的情况下。“强调如下一点非常重要：可以设计一些具体制度，以有效保障集团诉讼机制不被滥用。这些措施有助于确保违反欧洲竞争法行为的受害者援用的群体性诉讼机制，在实现提升接近司法水平和确保补偿目标的同时，避免对潜在被告和司法体系带来不必要的成本。”③在阻吓违法为集团诉讼追求的目的之一时，同

---

① See Office of Fair Trading, Private actions in competition law: effective redress for consumers and business (Discussion Paper), para. 4.43 (April 2007).

② Ibid., at para. 4.26.

③ Commission Staff Working Paper annex to the White Paper on Damages actions for breach of the EC antitrust rules, SEC(2008)404 final, para. 43.

样应该如此。在强调避免滥诉原则时,学者往往以美国集团诉讼带来的过度诉讼为实证。不过,采用集团诉讼机制,即便是美国式的集团诉讼,并不会当然导致美国式的诉讼文化,因为美国集团诉讼的膨胀是美国多种具体制度的综合产物,如3倍赔偿、单转诉讼费用规则、强大的证据开示程序、陪审团制度、或然费等。① 例如,尽管加拿大采用了与美国集团诉讼基本相同的集团诉讼制度,但由于其他制度的差别以及法院对于该制度的解释和适用,加拿大竞争法领域并未出现美国式的集团诉讼膨胀。② 另外,以色列《限制贸易行为法》也规定了与美国类似的集团诉讼制度,但也未出现大量滥诉的情况。

**(五)实践需要优先于传统理论**

理论应是为了解释实践现实而作的抽象和概括,而不应成为阻碍现实发展的路障。理论应随着实践的发展而发展,因应现实的需要应该是制度设计的原则,而不应要求实践拘泥于理论的完整性和统一性。集团诉讼机制正是因应现实的需要和回应传统诉讼模式的不足而出现的,"实体法上……请求权之主体虽为个人,但在多数个人之同类权利受同一行为所侵害或有侵害之虞,且受影响之个人可能普遍存在于全国各地或某一区域,具有扩散性而无法一一特定时,为能有效保护多数同类的权利,传统民事诉讼法上仅着眼于个人权利保护之程序制度已不足以因应,遂有必要承认'集团利益'或'集团权利'之概念,以提供受害人有效之救济途径"。③ 因此,如果以传统民事诉讼法理论的视角来看,集团诉讼制度特别是美国式的集团诉讼,存在许多理论问题,如处分权、起诉资格、判决的效力。例如,传统民诉理论认为权利人可以决定由谁代理自己起诉或者是否起诉,但在某些形式的集团诉讼形式下,如果权利人不明确声明退出原告集团即被视为属于该集团,并受集团代表人之诉讼行为和结果的约束,这在传统理论上是说不通的。但是现实情况是,在损害分散的违法行为中,绝大多数人都会无动力起诉,与其拘泥于传统理论,不如突破理论,处理实际的问题。同样,在这种情况下,代表受害人集团的原告代表人的起诉资格按照传统起诉资格理论也不无问题;在由某一团体代表受害人起诉时,理论问题更加

---

① See Office of Fair Trading, Private actions in competition law: effective redress for consumers and business (Recommendations), para. 7.22 esq. (November 2007).

② Making Antitrust Damages Actions More Effective in the EU: Welfare impact and potential scenarios, Final Report, 283 (30 March 2008).

③ 沈冠伶:《诉讼权保障与裁判外纷争处理》,北京大学出版社2008年版,第180页。

突出，既然该团体不是实体权利人或关系人，为何能以他人的利益受侵害为由获得起诉资格？对此，学者认为，“对于立法者而言，‘最重要的是赋予谁起诉权能够使诉讼制度发挥功能，以及作出司法解决（事后规制）及行政性解决（事前规制）何者更符合效率的判断’，而不是理论上能否赋予团体起诉权的问题”。[①]如果囿于传统理论，集团诉讼机制将难以发挥应有的功能。

**（六）赋予法院更大的程序控制权**

集团诉讼是一种新型的诉讼机制，在带来众多好处的同时，也带来一些问题，如滥诉的问题、理论上的不一致问题、操作中的技术问题。这些问题大多数都难以在立法中做出具体的处理，过于僵硬的规则会削弱集团诉讼机制的功能。处理的方法就是交由法官在具体案件中根据具体情况作灵活的把握。因此，要赋予法官更大的自由裁量权，灵活处理。“由于实际或潜在的无根据的诉讼会带来成本、管理时间的分散以及恫吓效果，法院积极行使其案件管理权力相当重要。英国法院（特别是英格兰和威尔士的法院）已经拥有了强有力的案件管理权力。例如，若案情陈述没有披露提起（或防御）诉讼请求的合理根据，英格兰法院可以删除该案情陈述，并且英格兰法院有权处以诉讼费用惩罚。他们还可以采取措施确保当事人在形成或陈述案情时集中于关键争点，以及确保文件披露不会导致过度的负担。鉴于违反竞争法的诉讼所具有的复杂性，该等权力在私人群体性的反垄断诉讼中尤其重要。”[②]并且，“很可能需要明确赋予法院某些新的或更大的权力，以处理竞争法代表诉讼的某些方面”。[③] 例如，为了防止集团诉讼的强大压力被滥用，采用这种机制的法域均要求集团要经过法院认证，并规定了法院在决定是否认证时应考虑的多种因素，特别是法院可以考虑集团诉讼相对于其他诉讼形式是否在公平公正地解决争议方面具有优势。[④] 另外，反垄断集团诉讼，特别是美国式的集团诉讼，具有较大的公益性，但是，有可能出现原告代表对代理律师监督不足的问题。为了维护公共利益，集团诉讼中法院也往往被赋予更大的控制权，使诉讼程序较单一诉讼更加偏向于纠问式而非对抗制。例如，“希腊团体诉讼被予以非诉化，而属非讼事件，此乃

---

① 范愉：《集团诉讼问题研究》，北京大学出版社2005年版，第139页。

② Office of Fair Trading, Private actions in competition law: effective redress for consumers and business (Discussion Paper), para. 4. 18 (April 2007).

③ Ibid. , at para. 4. 19.

④ Fed. R. Civ. P. 23；以色列《限制性贸易行为法》第46B条第3款。

特别着眼于团体诉讼之公益性，于适用职权探知主义下，法院得依职权探知事实、调查证据”。[①] 其他设立了或正考虑设立集团诉讼制度的法域也均作了类似的处理，如我国台湾地区学者在谈到其“民事诉讼法”规定的团体不作为诉讼时，主张“由于系为维护公益或集团利益，通常民事诉讼程序所适用之处分主义或辩论主义，即有限制之必要”。[②]

概括而言，给予法官的更大控制权主要体现在以下方面：对于原告集团的界定、通知集团成员的方式，撤诉、和解、判决金额的计算与分配等。“可以设置不同程度的控制机制（如通过各种程度的法庭监督），以保证适当界定受害人集团，实现代表充分性，以及避免提起无价值的诉讼。”[③]“可以要求任何和解均需经法院批准……法院的功能是评估和解是否合适以及符合相关（但未具名的）当事人的利益。”[④]例如，美国《联邦民事程序规则》规定，经认证的集团的任何诉讼请求、争点或抗辩的任何和解、自愿撤诉或者妥让（compromise），都必须经过法院的批准。[⑤] 寻求批准的当事人必须提交一份陈述，指明达成的与此和解、自愿撤诉或者妥让相关的所有协议。[⑥] 如果该和解、自愿撤诉或者妥让将对某些集团成员有效，则法院必须指示以合理方式向这些成员进行通知。[⑦] 任何集团成员都可以对此提出反对，并且不经法院许可不得撤回反对。[⑧] 法院通常都会就是否批准举行听审。以色列也规定：“未经法院批准，原告不得放弃集团诉讼，也不得与被告达成协议或和解。”[⑨]反垄断法群体性诉讼由于涉及众多受害人，且单个损害往往金额不大，因此如何分配判赔就成为一个重要的问题，特别是在美国式的集团诉讼中。许多法域允许法院根据具体情况作灵活处理。[⑩] 对于这些问题，本书将在下文详述。

---

① 沈冠伶：《诉讼权保障与裁判外纷争处理》，北京大学出版社 2008 年版，第 175 页。

② 同上书，第 197 页。

③ Commission Staff Working Paper annex to the White Paper on Damages actions for breach of the EC antitrust rules, SEC(2008)404 final, para. 46.

④ OFT Office of Fair Trading, Private actions in competition law: effective redress for consumers and business(Recommendations), para. 7.30(November 2007).

⑤ See Fed. R. Civ. P. 23(e)(1)(A).

⑥ See Fed. R. Civ. P. 23(e)(2).

⑦ See Fed. R. Civ. P. 23(e)(1)(B).

⑧ See Fed. R. Civ. P. 23(e)(4).

⑨ 参见以色列《限制性贸易行为法》第 46D 条。

⑩ 参见以色列《限制性贸易行为法》第 46I 条，加拿大《安大略省集团程序法》第 26 条。

## 第二节　各国反垄断集团诉讼制度的考察

由于集团诉讼本身就是衡平法的产物,并非来自成文法的创设,因此,该制度的产生与发展均与美国强大的司法创制文化相适应。①加之美国反垄断私人诉讼中因集团诉讼的大量出现而形成的丰富司法判例,因此,本节在讨论反垄断集团诉讼模式时主要是以美国的相关制度作为基础,但同时亦结合了其他国家集团诉讼制度中的特定性问题。②

### 一、美国的集团诉讼制度

美国的集团诉讼主要是指由《联邦民事诉讼规则》第 23 条规定的集团诉讼程序,因此它是一个普遍适用于所有民事案件的程序制度。不过,根据现行规则第 23 条,集团诉讼可以划分为适用于 3 种类型的案件,其中适用于反垄断法案件的主要是第 23 条第(b)款第(3)项规定的一类,即“法院认定所有集团成员共同的法律和事实问题压倒了仅影响单个成员的任何问题,并且认定为公平和有效地裁决该争议,集团诉讼优越于其他替代方式”。③ 许多小额的消费者集团诉讼、证券欺诈集团诉讼就是根据本项受理的,这类诉讼往往涉及共同的诉因且单个原告往往只有很小的利益,单独诉讼往往是不划算的,而由一个或几个代表代替他们起诉则是非常合适的。该类集团诉讼中作出的判决,无论胜诉还是败诉,如果被认定为集团成员的人经送达通知没有选择退出该集团,均对其有效。具体而言,美国集团诉讼制度包含如下内容。

#### (一)集团诉讼的前置条件

第 23 条第(a)款为集团诉讼代表人设置了 4 项前置条件,只有满足此 4 项要求诉讼才得以集团诉讼的方式进入司法程序:(1)人数;(2)共同性;(3)典型性;(4)充分性。针对此规则,法院进一步设置了大量的门槛要求。

---

① See Linda Silberman,“The Vicissitudes of American Class Action:With a Comparative Eye”,7 *Tul. J. Int' l & Comp. L.* ,1999,pp. 201,201.

② 集团诉讼模式并不只是存在于美国法律制度中,在其他普通法系国家中,诸如加拿大、澳大利亚等均有采用,只不过是其集团诉讼模式并没有美国集团诉讼模式典型、完善,且其适用领域也不如美国的实践广。

③ See Fed. R. Civ. P. 23(b)(3).

1. 人数

依照第 23 条第(a)款第(1)项，集团必须是“由于人数众多使对于全体成员进行合并诉讼成为不现实”。对于人数如何确定，则被称为是要基于每一案件的具体情况做出实际的判断。但近年来，以此条规定为由拒绝集团诉讼的申请已经很困难，并且门槛似乎显得很低。①

尽管集团诉讼成员的数量对于人数来讲是一个核心因素，但并非唯一相关的因素。其他因素，如诉讼的性质和所寻求的救济的种类，索赔金额的大小，对于共同争点的再次发生诉讼的现实性以及集团成员在地理上的位置等也可能会与人数要求相关。并不要求证明集团成员的准确人数，只要看上去合并诉讼是不现实的即可。

2. 共同性

第 23 条第(a)款第(2)项要求集团存在共同的事实或法律争点；即使只存在一个共同的争点也可以满足集团诉讼的条件。在反垄断诉讼中，因不能满足此项要求而导致集团诉讼的申请不被支持的情况基本上不会出现。对于反垄断案件，法院认为：对于一个被指称的合谋的存在、范围和效率的指控，对于垄断企图、兼并的存在或滥用垄断权力，或者是统一的捆绑销售，都会充分满足对于共同性的要求。只要是证明了被告对于组成原告的集团之每一成员从事了相似的而非确定的行为，则满足了此项条件要求。② 第 23 条第(a)款第(2)项并不要求集团对于所有法律和事实争点都相同，也不要求共同争点是处于支配地位的。

3. 典型性

依照第 23 条第(a)款第(3)项，集团代表成员的起诉或抗辩必须对于集团来讲具有典型性。这条规定意味着具名的原告必须是拟进行集团诉讼的集团成员。依照此条规定进行的考察通常与第 23 条其他条款设定的其他要求相重叠。

第 23 条第(a)款第(3)项并不要求代表人的主张被确认为集团成员的主张。在一般情况下，代表人的主张是典型的，“如果它是因某一事件或行为的实践或过程所引发，且此同一事件或行为同样引发了那些缺席的集团成员的权利

---

① See Dale Elecs, Inc. v. R. C. L. Elecs, 53 F. R. D. (1999).

② See In re Flat Glass Antitrust Litig, 191 F. R. D. 472(1999).

主张，且他们对于权利的主张是基于与代表人的主张相同的法律或救济理论”。[①] 比如，在一起涉及固定价格的合谋案件中，原告代表人的主张通常被认为是典型性的，即使该代表人是通过不一样的采购渠道购买产品，其所购买的也不是同样质量的产品或者并不是以相同的价格所购买，又或者与集团其他成员相比，其所购买的是不同的产品组合。另外，代表人通常情况下如果其实际上与其他集团成员处于“明显不同”的地位，则其不满足于典型性要求。

4. 充分性

第 23 条第(a)款第(4)项要求代表人必须“公平地和充分地维护集团全体的利益”。不管是具名原告或原告的律师——以集团律师的名义行为——必须对于此项要求持谨慎的态度。Amchem 案和 Ortiz 案的裁决均是在很大程度上基于这样的认识，即集团诉讼代表人和他们的律师以牺牲那些隐名的集团成员(特别是未来的权利主张者)的利益来满足其个人利益。[②]

为甄别集团诉讼代表人，具名原告必须首先具备与集团利益充分关联之利益以确保其全力投入诉讼。若一位集团成员存在与全体集团利益相冲突的个人利益，则不被认为是适当的代表人。比如，绝大多数法院认为：一位前特许经营者不会代表包括现特许经营者在内的集团提起一项旨在针对特许经营权人的诉讼，因为在特许经营权人的经营活动的存续过程中，前特许经营者与现在的特许经营者间并不存在共同的利益。但是，绝大数法院拒绝将此分析方法延及适用于在一起针对供应商的诉讼中将前消费者排除在目前消费者代表人之外，因为一位消费者不会与其供应商在连续的经营活动中产生相同利益，而一位获准特许经营者却在其特许经营权人的连续运营活动中存在相同利益。一些法院已经将集团诉讼之集团区分为以所确认的主张之争点为中心的集团和仅基于策略问题组成的集团。[③]

首先，当所指称的违法行为性质属于损害赔偿金额对于集团全体来讲是有限的，故在原告和其他集团成员间将会产生如何分配此有限的损害赔偿金的冲突时，则原告不能满足“充分性”的要求而成为其竞争者在内的集团诉讼代表人。并且，当原告代表人指称一些集团成员参与了其所指称的违法行为时，一

① See Davis, 95 F. R. D. at 43; (S. D. N. Y. 2000).

② See Ortiz v Fibreboard Corp, 527 U. S. 815(1999); Amchem Pords. v. Windsor, 521 U. S. 591 (1997).

③ See Fraser v. Major League Soccer, 180 F. R. D. 178(D. Mass. 1998).

项关于集团诉讼的确认申请也将不被支持。其次,每一具名原告,不管其是提起一项个人诉讼或是集团诉讼,必须具备起诉资格,尽管至少有一个法院表示愿意“接受”原告基于“请求确认集团诉讼之目的”而提起诉讼。但是,集团代表人,即使他们自己的主张被认为缺乏法律意义,也可以起诉以保护集团成员之利益。再次,由于集团代表人具有集团利益监护人的功能,因此“坦白地说,恪守职责和其他值得肯定的品质”是决定代表人资格是否充分的相关因素。代表人必须具备一些起码的对于诉讼知识的了解,尽管他并不要求对案件的理论和事实有详细的理解。一些法院认为代表人应具有其进行诉讼所需要之相关费用支出的知识,则已经可以满足充分性的要求,特别是当诉讼费是由原告律师预交的情况下尤其如此。其他一些法院则要求代表人更为广泛地证明代表人在费用方面的责任,特别是当存在某种理由怀疑代表人进行诉讼的意愿或能力时。最后,虽然第 23 条第(a)款第(4)项只规定了代表人要维护全体集团的利益,但法院也将此规定适用于对于代表人律师的充分性条件的审查。尽管律师对于集团成员的主动性唆使并不构成对于集团诉讼认定的排除理由(除非有证据证明律师在此过程中存在误导性陈述或不道德的行为),但律师不得同时既担任集团的律师又担任代表人的律师。更为常见的,当某一律师所代表的当事人间出现相冲突的利益而产生了截然不同的或者不一致的诉讼请求时,一项关于集团诉讼的确认申请可能不被支持。

尽管存在潜在的冲突,个别法院依然依照第 23 条第(b)款第(3)项之规定同意了集团诉讼的申请,因为那些洞察了冲突的集团成员可以退出集团诉讼转而保有个人单独起诉之权利。① 但绝大多数法院并不愿意依赖于由不具名的集团诉讼成员在面对相冲突的利益的情况下自己去保护其自身利益。更普遍的情形是,法院可能会设立一个分集团或重新划定集团以消除集团成员间潜在的冲突,而非终止集团诉讼活动。设立分集团的需要可能出现在诉讼中的任何阶段。

5. 最低的门槛要求

在 Dafforn v. Rousseau Assocs 案中,法院进一步对第 23 条第(a)款划定了几个最低的门槛要求,这些要求并不完全符合上述 4 项必备条件。② 为承认一项诉讼为集团诉讼,必须要有证据证明一个集团的存在以及该集团可以被依合

① See Rental Car, Inc. v. Westinghouse Elec, 496 F. Supp. 373(D. Mass. 1980).

② See Dafforn v. Rousseau Assocs, Inc, 1976 - 2 Trade Cas(N. D. Ind. 1976).

理的分类方法进行界定。特别是集团不可以以案件的优先权责任问题被定义(保险集团)。另外,当申请集团诉讼的当事人假定存在违反州反垄断法的行为时,其案件可否由联邦法院听审,他们必须协商以细化其诉求从而划定集团诉讼之各个不同的司法管辖区间。

**(二)集团诉讼之附加条件**

除了满足第23条第(a)款规定之各项条件,被推定的集团诉讼代表人还必须满足第23条第(b)款规定的4项可替换的条件中的任何一项。

1. 考虑分别起诉会导致的裁决不一致风险

当分别进行的各个单独诉讼的判决会通过确立彼此矛盾的行为标准,从而存在带给集团诉讼对方当事人不连贯不一致的判决的风险时,第23条第(b)款第(1)项(A)规定通过允许进行集团诉讼而向相对方当事人提供保护。依第23条第(b)款第(1)项(A)规定,在反垄断案件中,如果不存在出现其他起诉的现实风险,并且当分别进行的判决间的潜在矛盾仅是遵循先例而产生的后果时,集团诉讼的申请可以被拒绝。一些法院依照第23条第(b)款第(1)项(A)以及第23条第(b)款第(2)项之规定,在拒绝确认集团之诉时,将金钱损害赔偿的显著重要性纳入考量范围。①

2. 考虑缺席集团诉讼成员利益

当分别进行的单独起诉将"作为一项现实问题……会处分那些不是当事人的其他成员的利益……或者实质性地损害或妨碍他们保护其自身利益的能力"时,第23条第(b)款第(1)项(B)规定得通过允许集团诉讼从而保护缺席的集团诉讼成员。在 Ortiz v. Fibreboard Corp. 案中,②最高法院指出:第23条第(b)款第(1)项(B)不可以通过设定少于被告全部资产的"有限基金"来保护被告使其免于破产。最高法院通过强调第23条第(b)款第(1)项(B)之有限的历史渊源——作为一项为保护缺席之集团成员利益而设置的机制——指出:为保护缺席的集团成员,当事人间任何协议必须与基金独立,且存在于集团成员间的冲突必须被呈交。在反垄断案件中,依照第23条第(b)款第(1)项(B),当集团成员间在事实上的分歧会阻止非集团诉讼案件的任何判决影响假定的集团成员的权利时,该集团诉讼请求也可以被拒绝。当一项集团诉讼的申请既可以依照第23条第(b)款第(1)项被恰当地准许,又可以依照第23条第(b)款第(3)项

---

① See Al Barnett&Son v. Outboard Marine Corp(D. Del. 1974).

② See 527 U. S. 815(1999).

被准许时,法院通常会依第 23 条第(b)款第(1)项行事。

3. 考虑不同的救济方式

当"集团诉讼之对方当事人已经基于集团诉讼的方式行事",依第 23 条第(b)款第(2)项,该集团诉讼的请求得被认为是恰当的。在此情形下,对于集团整体的禁令救济或确权救济都是恰当的。当主要寻求的是金钱的损害赔偿救济时,是否可依照第 23 条第(b)款第(2)项之规定裁决确认为集团诉讼,司法实践中出现了有分歧的裁决。

4. 考虑是否具有优先性和优越性

在反垄断案件中大量出现了涉及依照第 23 条第(b)款第(3)项的对于集团诉讼的确认。第 23 条第(b)款第(3)项规定,当"集团成员之共同的事实或法律问题优先于仅对成员个人产生影响之任何其他问题之时"(优先性要求),并且当"相对于其他解决争议问题之可能方法,集团诉讼更为公平和有效之时"(优越性要求),集团诉讼得被准许。

(1)优先性要求

为取得优先性之共同问题"并不需要是对诉讼有决定性的问题"。相反,法院必须辨析涉案各问题并决定这些问题中,哪些"是适用于整个集团的要被证明的普遍性问题",哪些是必须以集团成员个人名义进行证明的问题。法院对于反垄断案件,如同对待其他案件一样,事实证明其在传统上表现出极大的意愿对于那些涉及个体损害赔偿的案件批准进行集团诉讼,而反对将责任问题个体化。探寻的关键是损害是否是"一个集团的共同问题而应当被普遍性地证明,或者……仅是针对每一集团成员之单独问题"。如果集团诉讼看上去很可能是要对其中的责任问题进行多次审理,则共同问题通常不会被认为具有优先性,因而作为集团诉讼进行审理就是不恰当的。很多法院建议:"关于对于某一具体类型的反垄断案件是否适用集团诉讼方式,并没有强硬的快速的规则……",并且"每一案件中的特定事实只是在大体上被决定的"。但是也有重复出现的模式。比如,法院经常在横向固定价格的案件中找到优先性,但不是仅只在个体化的基础上才可以证明损害或影响的存在。尽管有个体提出了欺诈的主张,而这种主张被认为是不适于准许进行集团诉讼的,但是一个法院依然对于一起关于垄断的指称确认了集团诉讼的形式。同样,法院通常在捆绑销售和那些存在书面协议证明存在纵向合谋的案件中可以找到优先性,但在需要个体证明存在强迫或伤害的类型时却不能找到优先性。对那些需要个体化的证据来证明被告对于下级经营单位存在控制,从而使原告可以享有一项例外,以阻止一项由间接购买者提起的诉讼并声称存在纵向和横向的合谋的情况，集团诉讼方式会被拒绝。法院通常并不在那些涉及违反《罗宾逊—帕特曼法》之二线违法行为的指称中查找优先性。

(2)优越性要求

传统上，优越性对于集团诉讼之获准只表现出一种低级的门槛要求。法院查明原告具有优先性并满足第23条第(a)款设置的几项前置条件后，对于优越性的审查则是快速的。但是最高法院在Amchem案中却以不具备优越性为由拒绝批准采用集团诉讼方式，[①]最高法院强调优越性可以是确定是否采用集团诉讼方式以及解决纠纷的真实的限制性条件。第23条第(b)款第(3)项明确了4项法院必须考虑的非排他性因素以决定一项诉讼采用集团诉讼的方式是否比其他方式进行审理更为优越。

首先，法院必须考察"在分别进行的诉讼中由个体控制的起诉或抗辩中的集团成员的利益"。一些法院规定允许依照第23条第(b)款第(3)项之进行集团诉讼的成员享有退出集团诉讼以充分保护其自身利益之权利。但是，更多情况下，法院会进行一项独立的评估，对于如集团成员之个体损害求偿的规模等因素进行考察(特别是与分别进行诉讼的费用支出相关的问题进行考察)，并且对于诉讼中涉及的问题的种类也要进行考察。

其次，法院必须考虑到"任何针对集团成员或由集团成员提起的已经开始的任何诉讼中相关争点的性质和范围"。对此点的讨论在反垄断案件中很少见；个别法院，假定此项因素仅与集团诉讼机制之功能——消除冲突裁决之可能性——相关，从而得出结论：《美国法典》第28卷第1407条(授权进行跨区诉讼的合并的条款)的存在使这一因素成为无关紧要的因素。但也有一些法院在分析这一因素时进行了更为宽泛的考察，认为合并只是作为诸种可替代的方式之一使反垄断诉讼得以以集团诉讼之方式进行。其他可替代的方式包括：参加诉讼，单独起诉(特别是相关的诉讼已经为其他法院所悬置的情况下)，试验案件(指一个组织拿一个可能发生纠纷事作为案件向法院起诉，以便试验法院作如何处理，使将来实际发生纠纷时即可按此为例作出处理)，对抽象行为之诉，以及对法定代理人之诉悬置的尊重。

再次，法院必须考虑"某一特定法院对起诉集中进行审理的意愿"。一些案

---

① See Amchem Prods. v. Windsor, 521, U. S. 591(1997).

件表明单一法院更喜欢将可能合并的案件采用集团诉讼的方式合并审理,特别是为了提高办案效率。但也有一些法院总结认为对于可能被移送和合并的随后出现的单独起诉的案件,建议不采用集团诉讼方式。很多法院将这一因素理解为一项要求法院考虑诉讼的方便性的指示,特别是当集团诉讼已经被确认的情况下。

最后,法院必须考虑"集团诉讼中可能遭遇的各种困难"。尽管一些法院表示以此为由拒绝准许集团诉讼是不被欣赏的,但它的确是经常要考虑的诉讼因素。比如,拟进行集团诉讼的规模的大小就会引发管理的问题。特别是,法院必须考虑到依照第23条第(c)款第(2)项之规定,集团诉讼中必须对其成员尽提示义务之可能性,在大规模的集团诉讼中做出终止仅属于个人争点之裁决之可能性,以及对被告集团的成员行使属人之司法管辖可能性。虽然针对原告和其他集团成员的多重反诉的存在也是一个复杂的因素,但通常情形下此因素总体上并不足以构成拒绝确认集团诉讼之请求之原因。

## 二、英国的消费者代表诉讼

英国《1998年竞争法》第47B条规定了专门适用于反垄断法损害赔偿和其他金钱性救济的消费者诉讼请求制度。该条同时规定了消费者诉讼请求的专门程序。第1款规定:"指定团体可以(以满足本法竞争上诉法庭规则为前提)在竞争上诉法庭提起包含有代表至少两名个人提起或继续的消费者诉讼请求的程序。"这些诉讼请求应该是因同一违法行为产生的诉讼请求。第9款规定:"该等团体由国务大臣依据其为本条之目的公布的标准而发布的命令指定。"依据第3款,满足以下条件的消费者诉讼请求可以包含在本条规定的程序:"(1)如果其是在指定团体代表相关个人发动的该程序中提出的诉讼请求;或者(2)如果其是由相关个人依第47A条提出,并在指定团体代表其发动的该程序中继续的诉讼请求;并且该诉讼请求只有经过相关个人同意方能在该程序中提出或继续。"第6款规定:"就本条程序中包含的一个诉讼请求判赔的任何损害赔偿或其他金额(而非费用或支出),必须判给相关个人;但是,经指定团体和该个人同意,竞争上诉法庭可以命令该判赔的款项必须支付给该指定团体(其代表该个人)。"

因此,本条规定了个人消费者的团体诉讼模式,类似德国的团体诉讼模式。不过在该团体诉讼模式下,法律并没有授予指定团体在具体诉讼中本身的起诉资格，指定团体必须经权利人的特别同意才能取得个案中的起诉资格，方能代表其提起或继续诉讼。由于这种特别同意，指定团体的起诉资格在理论上不存在问题。“该规定可能会促进竞争上诉裁判所受理的有关英国和欧盟竞争法的‘集团诉讼’，并且表面上看是一项受人欢迎的发展，将加强法律的威慑作用。”①

## 三、德国的团体诉讼

德国反垄断法上采用的群体性诉讼模式，称为团体诉讼，即“一种赋予某些团体诉讼主体资格和团体诉权（当事人适格），使其可以代表团体成员提起、参加诉讼，独立享有和承担诉讼上的权利义务，并可以独立作出实体处分的制度”。德国的团体诉讼并不是一般的民事诉讼制度或程序，不是适用于所有民事诉讼的群体性诉讼模式，而是通过实体法上的规定在特定的法律领域建立的专门性制度或特殊程序。目前，德国规定有团体诉讼的法律主要有《反不正当竞争法》《反限制竞争法》《降价法》《一般交易条件法》《手工业法》等。② 与美国的集团诉讼是代表人代表集团成员进行的诉讼活动不同，德国团体诉讼这种制度的特点是：立法中规定一定领域中具有法人资格的某些团体享有当事人适格，可以作为原告起诉。因此，团体诉讼制度形式是由单一的法人，而非多数当事人充当原告，作为原告的团体是由多数自然人或法人组成，团体被法律特别赋予诉讼实施权，组成团体的成员不能同时享有诉讼实施权。德国的团体诉讼，主要用于提起停止侵害或预防之诉，但是反垄断法上还规定了请求没收违法所得之诉。

该制度的主要特征有以下几方面：

首先，行使权利保护的预防功能。被法律赋予诉讼实施权的某些团体，一般只能就他人违反禁止或无效的行为向法院提起命令他人不作为的民事诉讼。因此，德国的团体诉讼的原告无权行使损害赔偿请求权，一般只能提起确认之诉或变更之诉，主要是不作为之诉。各种团体对其自身所受损害，基于自身的权利请求损害赔偿，不属于团体诉讼的范围。

其次，在第三人权利有可能被侵害时，团体可依法行使诉讼实施权，但团体

---

① See Barry J. Rodger, “Private Enforcement and The Enterprise Act: An Exemplary System of Awarding Damages”, *ECLR* 2003, 24(3), 108.

② 参见范愉：《集团诉讼问题研究》，北京大学出版社 2005 年版，第 231 页。

的成员没有代表该团体起诉的资格。团体直接享有诉权的条件是:具有权利能力;该诉讼的目的属于该团体章程所定目的;有一定的经济能力;该团体有一定数目的成员,其所代表的观点有普遍性(这可防止团体诉讼可能被滥用)。

最后,团体诉讼判决效力扩张的片面性。表现在团体诉讼原告的胜诉判决,团体各成员可以主张判决对其有拘束力,当团体接受其成员的诉讼实施权的授予,依任意的诉讼担当提起请求损害赔偿诉讼时,判决对团体的成员生效,即判决的利益或不利结果都归于委托人。但在环保和限制营业竞争禁止领域,该团体诉讼判决中有关命令败诉方支付损害赔偿的既判力将扩张到其他团体,但不利于判决的既判力不得扩张到未参加诉讼程序的团体。①

德国《反对限制竞争法》第33条和第34条,分别对特定团体请求停止侵害或预防之诉和没收违法所得之诉的起诉资格作了规定。关于停止侵害之诉,第7次修订之前的第33条仅规定"请求停止的请求权,也可由具有权利能力的工商利益促进协会主张之"。实践中,只有少数的商业利益促进协会,如商会,有提起停止侵害之诉的起诉资格,但是它们很少行使这一权利。②

为了加强消费者的权益保护,德国政府在第7次修订期间建议将起诉权扩大到消费者协会,并且建议在故意违反竞争规则的情况下,工商业利益促进协会和消费者协会均有权请求收缴违法者的利润(没收违法所得)。其背后的法理在于,在某些违反经济法规则的情况下,受害人众多,但是每个人受到的损害金额都很小,赋予协会起诉没收违法所得的起诉资格将剥夺违法者的违法所得。③ 但是德国议会上院全盘反对授权消费者协会参与反垄断执法的方案。因此,最后通过的第7次修正中完全删除了有关消费者协会起诉资格的部分。

第7次修正的结果就是,工商利益促进协会除保留可提起停止侵害之诉的起诉资格外,还获得了请求没收违法所得的起诉资格。关于停止侵害之诉,新法第33条第2款较旧法作了更加具体的规定:第1款[停止侵害或预防之诉]规定的请求权也可以由具有促进工商业或独立职业利益的法律能力的协会主张之,但前提条件为:(1)它们有数量众多的在同一市场上出售相似或相关种类

---

① 参见肖建华:《群体诉讼与我国代表人诉讼的比较研究》,载《比较法研究》1999年第2期。

② See Wolfgang Wurmnest, "A New Era for Private Antitrust Litigation in Germany? A Critical Appraisal of the Modernized Law against Restraints of Competition", *German Law Journal*, Vol. 06 No. 08, para. 1187.

③ Ibid.

产品或服务的成员企业;(2)特别是考虑到其人力、物力和财力资源,有能力切实行使其促进工商业或独立职业利益之法定功能;(3)该违法行为影响了其成员的利益。修订之后的团体诉讼对适格的当事人团体提出了更多、更具体的要求。只有真实的促进工商业或独立职业利益的团体,才能够提起该款规定的诉讼,像美国那样仅为起诉而组成的松散的集团是不够资格的,律师成立的团体(除非为律师职业的利益)也是不够资格的。另外,满足前述条件的团体也只要在反垄断违法行为影响到其成员的利益时方能起诉。鉴于反垄断法上团体诉讼在过去的表现,新修订的该制度,预计在将来的反垄断执法中不会发挥很大的作用,尤其是考虑到新增加的限制。

关于没收违法所得之诉,新增加的第34a条规定:"任何人故意实施第34条第1款规定的违法行为,并因此以多个购买者或供应者为代价获得经济利益者,有权请求第33条第2款规定的禁令的协会可以要求其将该等经济利益上缴国库,但是以卡特尔局没有以处以罚款、没收或根据第34条第1款[由卡特尔局]命令收缴该等经济利益为限。"[①]该等协会可以要求联邦卡特尔局偿还其提起该诉讼所需的支出,但是以其从责任方无法取得该偿还为限。偿还的请求权限于上缴国库的经济所得之金额。因此,新增加的团体提起没收违法所得之诉,对于团体本身而言没有任何意义,其消耗大量的人力、物力和财力,没收的款项全部上缴国库,甚至还有可能收不回因起诉所支出的款项。

## 四、我国的代表人诉讼制度

我国《民事诉讼法》第53条、第54条规定了代表人诉讼的制度,确立了起诉时人数确定的代表人诉讼和起诉时人数不确定的代表人诉讼两种模式。[②]但这两种模式均要求代表人诉讼必须:诉讼请求性质相同、抗辩理由相同或者对于各成员都能成立。具体来讲,代表人诉讼要求全体成员的诉讼请求属于同一性质,如都是给付之诉或者变更之诉,诉的内容基本一致;或者全体成员都是依据同一或者同类型的事实、法律基础,即代表人所据以对抗对方主张和根据的

---

① See Act against Restraint of Competition, § 34a(1).

② 参见最高人民法院《关于适用〈中华人民共和国民事诉讼法〉若干问题的意见》第59条、第60条。

理由,对于被代表人都能够成立。①

对于诉讼代表人的条件,我国的代表人诉讼制度规定:本人是该案的利害关系人,代表人与被代表当事人是处于相同诉讼地位的当事人;由法定程序登记的权利人推选或者由法院与参加登记的权利人商定,或者由法院指定;具有相应的诉讼行为能力;能够充分、正确实施其代表行为,善意地维护被代表人的合法权益等。

相较而言,我国的代表人诉讼制度与日本的选定当事人制度颇有相似之处。由于我国的代表人权利构成的基础包括了诉讼担当和诉讼代理人制度的结合,代表人诉讼模式中的诉讼担当实际上是一种并不完全的诉讼担当。其特点是代表人由多数当事人选任,行使一切诉讼权利,但是重大的事项应获得选任该代表人的多数当事人同意。② 上文提及,代表人诉讼的要件之一,就是要求当事人人数众多,按照有关司法解释的规定,人数一般为10人以上。③

但是,需要注意的是,并非是人数众多就必须要根据代表人诉讼程序来进行诉讼。如果多数当事人不以诉讼担当方式赋予他人诉讼程序实施权,法院也不要求多数当事人一方选出代表人进行诉讼,人数众多的诉讼也不可能以代表人诉讼的形式进行。④ 因此,我国的代表人诉讼制度仍然是属于共同诉讼的范式,将传统的共同诉讼模式拓宽和延伸以适合于群体诉讼。⑤ 对于起诉时人数确定的代表人诉讼,共同诉讼的模式显而易见。对于起诉时人数不确定的代表人诉讼,试图通过登记程序将人数确定化,从而在普通共同诉讼的前提下推选代表人进行诉讼。

---

① 参见庄淑贞、董天夫:《我国代表人诉讼制度与美国集团诉讼制度的比较研究》,载《法商研究》1996年第2期。

② 参见[日]小岛武司:《诉讼制度改革的法理与实证》,陈刚、郭美松译,法律出版社2001年版,第98页。

③ 参见最高人民法院《关于适用〈中华人民共和国民事诉讼法〉若干问题的意见》第59条、第60条。

④ 参见胡永庆:《证券纠纷集团诉讼制度研究》,载《上海证券报》2003年3月28日。

⑤ 参见李庆民、董明慧:《试论集体诉讼》,载《法律科学》1995年第3期。

## 第三节　反垄断集团诉讼的模式和赔偿计算

### 一、模式分析与选择

根据具体设计的不同，集团诉讼表现为不同的形式。根据划分标准的不同，集团诉讼的具体形式可作不同的划分。

**（一）集团诉讼的分类形式**

1. 根据原告代表人的身份不同，可以划分为公共机关为代表的集团诉讼，组织机构或协会、团体为代表的集团诉讼，以及私人为代表的集团诉讼。如 2002 年《瑞典群体性诉讼程序法》[Sweden's Group Proceedings Act（SFS 2002：599）]就规定，集团诉讼可以以私人集团诉讼、团体集团诉讼或公共集团诉讼的形式发起。私人集团诉讼由对作为诉讼标的的诉讼请求拥有利益的自然人或法人提起。团体集团诉讼由在消费者与经营者争议中保护消费者或挣工资者的非营利协会提起。公共集团诉讼由适合代表群体成员利益并经政府许可提起该等诉讼的政府机关提起。在美国反垄断法上，司法部可代表联邦政府就联邦所受损害请求损害赔偿，FTC 也可以向法院起诉要求被告吐出非法利益，州司法部长可以代表本州内的自然人请求损害赔偿。由于在我国大陆法的制度下，行政机关通常无须向法院起诉，而直接行使调查、处罚权，因此对于公共机关为代表的集团诉讼形式，本书不加讨论。

2. 根据原告代表人自己对诉讼请求是否有请求权，可以划分为代表诉讼和集体诉讼。在代表诉讼（representative action）中，诉讼是由一个认证的代表团体，而非一个或几个个人，代表一个具体群体的受害人提起；该团体可以是消费者协会、企业协会或者公共机关；但是该代表团体本身对作为诉讼标的诉讼请求并无实体法上的利益。① 在代表诉讼中，被代表人并不是诉讼程序的当事人。集体诉讼（collective action）是由一个对作为诉讼标的的诉讼请求有请求权的人，代表其自己以及许多其他受害人提起的诉讼。原告代表人本身受到了与被代表的群体相同的损害，其属于被代表的群体的一员。② 前述瑞典的私人集团

---

① See Making Antitrust Damages Actions More Effective in the EU：Welfare impact and potential scenarios，Final Report，271 & 273（30 March 2008）.

② Ibid.，at 270；Commission Staff Working Paper annex to the White Paper on Damages actions for breach of the EC antitrust rules，SEC（2008）404 final，para. 57.

诉讼即属于集体诉讼,美国的集团诉讼也是集体诉讼。而下文要介绍的英国竞争法上的代表消费者的团体诉讼,以及德国反垄断法规定的特定团体的诉讼则属于代表诉讼;前述瑞典的团体群体性诉讼也属于代表诉讼。

3. 根据受害人被界定为被代表群体的成员的方式,可以划分为"加入制""退出制"和"强制制度"。在"加入制"(opt-in)程序中,受害人必须明确表示其愿意成为被代表群体的一部分,方才被界定为被代表群体的一员并受群体性诉讼结果的约束。在"退出制"(opt-out)程序中,所有相似处境的人均被界定为被代表群体的一员,并因此均受到集团诉讼结果的约束,除非在收到该程序的通知后明确表示选择退出该群体。在"强制制度"(mandatory)程序中,被认定为被代表群体成员的所有人,均受到集团诉讼结果的约束,没有选择退出的机会。① 强制制度因为与传统民事诉讼法的处分权原则冲突过大,一般很少使用,并且主要限于公共机关提起的代表诉讼。加入制偏离传统理论的程度最低,较易被接受。实践中,如瑞典的前述 3 种集团诉讼形式,前述英国竞争法上的团体诉讼,日本的选定当事人制度均为加入制。退出制偏离传统理论的程度较大,在刚引进集团诉讼制度的法域,可能一时还难以被接受。美国、加拿大的集团诉讼,以及以色列反垄断法上的集团诉讼采用退出制。

以上 3 种分类方式是按照不同的标准所作的人为划分,它们之间存在交叉与重叠,如代表诉讼既可以是退出制,也可以是加入制,集体诉讼同样如此。代表诉讼也并非只能由团体提起,理论上也可以以公共机关甚至私人提起,但我们这里只讨论由团体提起的代表诉讼。以下对代表诉讼与集体诉讼,以及加入制与退出制这两组模式加以考察。

**(二)代表诉讼与集体诉讼**

1. 代表诉讼

如前所述,代表诉讼由并未实际受到损害的、实体法律关系之外的第三人——一个团体,如消费者协会、企业协会等——提起,目的是为被代表的受害人就其所受的损害获得损害赔偿。由于代表团体是实体法律关系之外的人,其本身对于违法行为不拥有实体法上的权利,因此,学术上通常认为其是因法律的直接规定或者实体权利人的选定/授权而以诉讼担当人的方式取得起诉资格的。依法律的直接规定而为诉讼担当人的,为法定的诉讼担当;依实体权利人

① Making Antitrust Damages Actions More Effective in the EU: Welfare impact and potential scenarios, Final Report, 270 & 286 (30 March 2008).

的选定/授权而为诉讼担当人的,为意定的诉讼担当。退出制和强制制度的代表诉讼中,通常为法定诉讼担当,而加入制的代表诉讼中,通常为意定的诉讼担当。

代表诉讼区别于集体诉讼的重要一点即在于,它是由一个经认证的团体提起的。与集体诉讼中的原告代表人不同,"代表诉讼中的代表团体对于诉讼结果没有金钱利益,而是以准公益的资格行事。因此,其应能像任何其他被代理人一样对于诉讼的开展进行有效的控制"。① 这一点会导致代表诉讼在代表人动机、融资渠道和控制机制等方面不同于集体诉讼,特别是可以有效避免集体诉讼中原告律师过分追求自己的利益而非受害人的利益。另外,代表团体的质量对于代表诉讼机制发挥应有作用也至关重要。"只有获许提起代表诉讼的团体可信赖、声誉良好并且致力于依其代表之人的利益行事时,代表诉讼制度方可能成功运作。"②因此,如何确保代表团体既充分代表受害人的利益,又不因追求自身利益而有滥诉倾向,就成为一个重要的问题。

实践中,通常是法律制订或授权制订一定的标准,据此事先认证某些团体是有提起代表诉讼的资格,或者据此在具体案件中逐一认证。究竟是采用事先授权制(登记制),还是采用个案审查制?两种方式本身没有太大的优劣之分,关键是应该有一个合理的可资评判的标准。但是有一点应该注意,若采用个案审查制,审查工作应该由受理案件的法官进行,而不应由其他机关进行。否则,会影响到代表诉讼的效率和制裁违法的实效。如在我国台湾地区"民事诉讼法"第 44 -3 条规定的团体不作为之诉中,团体之当事人适格须经目的事业主管机关许可。这种许可被解释为个案许可,而非通案许可。③ 这种做法"极可能使公益团体法人不能及时起诉以制止不法行为,尤其是难以利用暂时权利保护制度(定暂时状态之假处分),或证据保全程序"。④

至于审查标准,该等标准应该客观、透明、非歧视,并确保"起诉资格应该仅限于某些类型的实体,以便对能提起代表诉讼的实体实施一定的公共控制。但是,有起诉资格的实体的范围也不应被界定得过于局限,以确保代表诉讼机制

---

① Office of Fair Trading, Private actions in competition law: effective redress for consumers and business(Discussion Paper), at para. 4. 35(April 2007).

② Ibid., at para. 4. 14(April 2007).

③ 我国台湾地区司法机关与行政机关各部分研商会议之结论。参见沈冠伶:《诉讼权保障与裁判外纷争处理》,北京大学出版社 2008 年版,第 184 页。

④ 同上。

仍然是有效的和可用的救济方式”。①

例如,德国《反对限制竞争法》第 33 条和第 34 条,分别对特定团体请求停止侵害之诉和请求违法所得之诉的起诉资格作了规定,德国法院在实践中还承认了特定团体请求损害赔偿的起诉资格。

(1)停止侵害之诉

关于停止侵害之诉,第 7 次修订之前的第 33 条仅规定“请求停止的请求权,也可由具有权利能力的工商利益促进协会主张之”。实践中,只有少数的商业利益促进协会,如商会,有提起停止侵害之诉的起诉资格,但是它们很少行使这一权利。② 为了加强消费者的权益保护,德国政府在第 7 次修订期间建议将起诉权扩大到消费者协会;并且建议在故意违反竞争规则的情况下,工商业利益促进协会和消费者协会均有权请求收缴违法者的利润(收缴违法所得)。其背后的法理在于,在某些违反经济法规则的情况下,受害人众多,但是每个人受到的损害金额都很小,赋予协会起诉收缴违法所得的起诉资格将剥夺违法者的违法所得。③ 但是德国议会上院全盘反对授权消费者协会参与反垄断执法的方案。因此,最后通过的第 7 次修正案中完全删除了有关消费者协会起诉资格的部分。④

经过第 7 次修订,工商业利益促进协会除保留提起停止侵害之诉的起诉资格外,还获得了请求收缴违法所得的起诉资格。关于停止侵害之诉,新法第 33 条第 2 款作了更加具体的规定:第 1 款[停止侵害或预防之诉]规定的请求权也可以由具有促进工商业或独立职业利益的法律能力之协会主张之,但前提条件包括:(1)它们有数量众多的在同一市场上出售相似或相关种类产品或服务的成员企业;(2)特别是考虑到其人力、物力和财力资源,有能力切实行使其促进工商业或独立职业利益之法定功能;(3)该违法行为影响了其成员的利益。修订之后的团体诉讼对适格的当事人团体提出了更具体的要求。只有真实的促进工商业或独立职业利益的团体,才能够提起该款规定的诉讼,像美国那样仅

---

① Commission Staff Working Paper annex to the White Paper on Damages actions for breach of the EC antitrust rules, SEC(2008)404 final, at para. 51.

② See Wolfgang Wurmnest, “A New Era for Private Antitrust Litigation in Germany? A Critical Appraisal of the Modernized Law against Restraints of Competition”, 6 *German Law Journal*, 2005, pp. 1173, 1187.

③ Ibid.

④ Ibid.

仅为起诉而临时组成的松散的集团是不够资格的，律师成立的团体（在非为律师职业的利益时）也是不够资格的。另外，满足前述条件的团体并不是对于任何垄断违法行为均可以提起停止侵害或预防之诉，只有在垄断违法行为影响到其成员的利益时方能起诉。鉴于反垄断法上团体诉讼在过去的表现，修订后的该制度预计在将来的反垄断执法中不会发挥很大的作用，尤其是考虑到新增加的限制。

（2）收缴违法所得之诉

关于收缴违法所得之诉，新增加的第34a条规定："任何人故意实施第34条第1款规定的违法行为，并因此以多个购买者或供应者为代价获得经济所得者，有权请求第33条第2款规定的禁令的协会可以要求其将该等经济所得上缴国库，但是以卡特尔局没有通过处以罚款、没收或根据第34条第1款命令收缴该等经济利益者为限。"①"该等协会可以要求联邦卡特尔局偿还提起该诉讼所需的支出，但是以其从责任方无法取得该偿还者为限。偿还的请求权限于上缴国库的经济所得之金额。"②因此，新增加的团体提起收缴违法所得之诉，对于团体本身而言没有任何意义，其消耗大量的人力、物力和财力，收缴的款项全部上缴国库，甚至还有可能收不回因起诉支出的款项。

（3）损害赔偿之诉

目前，德国法尚未就请求损害赔偿的集团诉讼形式作出明确规定，2009年联邦最高法院在Cartel Damage Claims（"CDC"）vs. Dyckerhoff AG.案中判决，一个营利性机构可以通过受让受害人的损害赔偿请求权以捆绑方式起诉，执行多个诉讼请求，确认了一种类似于加入制代表诉讼的群体性损害赔偿诉讼形式——受害人各自的请求权转让给一个单一的公司，由后者对违反反垄断法的行为提起诉讼。2002年春天德国联邦卡特尔局（Federal Cartel Office，FCO）调查发现水泥行业12家公司实施了划分市场和固定价格卡特尔行为。2003年4月FCO对这12家公司处以7.02亿欧元的罚款，其中6.6亿欧元由6家最大的德国公司承担。水泥卡特尔的客户——大多数是中小型企业——因此卡特尔行为受到严重损害。Cartel Damage Claims（CDC）2002年秋成立于比利时布鲁塞尔。36家水泥客户把他们针对水泥卡特尔成员的损害赔偿请求权转让给了CDC。CDC与各个转让方约定，作为转让对价，向每个转让方支付100欧元，外

① GWB, § 34a(1).

② GWB, § 34a(4).

加最后取得的任何损害赔偿的 15% ~25%。CDC 基于该等受让的请求权于 2005 年 8 月在杜塞道夫地区法院(Düsseldorf LG)对前述 6 家最大的卡特尔成员提起诉讼,请求 1.5 亿欧元的损害赔偿(不含利息),但把具体金额留待法院确定。被告依两个理由对 CDC 提起的“捆邦式”损害赔偿诉讼的许可性提出异议,其中一个理由是 CDC 缺乏起诉资格,因为该请求权转让无效。被告的理由是,CDC 滥用被告客户拥有的转让请求权的权利,在德国民诉法不承认集体诉讼的情况下,提起事实上的集团诉讼。2007 年 2 月 12 日杜塞道夫地区法院以一个中间判决驳回了该动议,认可了该请求的许可性。被告向杜塞道夫州高等法院(Düsseldorf OLG)提起上诉,2008 年 5 月 14 日杜塞道夫州高等法院第一卡特尔庭驳回上诉,确认了该请求的许可性。关于起诉资格,杜塞道夫州高等法院指出了德国民诉法上的一般原则是,只要原告以自己的名义主张权利,该起诉就是许可的。如果该权利是通过转让取得的,只需主张权利转让实际发生了就足够了。转让在法律上是否有效是实体法的问题,仅影响诉讼的实质。6 家被告之中只有 Dyckerhoff AG 对此向联邦最高法院(BGH)提起抗告。2009 年 4 月 7 日 BGH 以一个非常简短的判决驳回了抗告,同时以一份新闻稿进一步解释了其推理。BGH 判决,对违反反托拉斯法的行为提起“捆邦式”损害赔偿诉讼在德国民诉法上原则上是允许的。其认为,一般基于捆绑的个体请求权提起的诉讼可能很复杂,这一事实对于决定是否允许该诉讼并不相关。另外,BGH 确认了杜塞道夫州高等法院的如下观点:CDC 只需主张这些请求权事实上转让给了它就足够了。BGH 显然认同杜塞道夫州高等法院的如下观点:下级法院应把对转让的法律有效性的审查推迟到审查案件实质问题之时。①

英国《1998 年竞争法》第 47B 条规定了专门适用于反垄断法损害赔偿和其他金钱性救济的消费者诉讼请求制度和专门程序。该条第 1 款规定:“指定机构可以(以满足本法和[竞争上诉]法庭规则为前提)在法庭发起程序,该等程序应包含代表至少两名个人提起或继续的消费者诉讼请求。”这些诉讼请求应该是就同一违法行为产生的诉讼请求。第 9 款规定,“该等机构由国务大臣依据其为本条之目的公布的标准,通过发布命令指定。”

按照这一授权,国务大臣发布了《代表消费者的诉讼——指定机构备选指

① 资料来源:Cement cartel Germany, at http://www. carteldamageclaims. com/english/cement_cartel_D. htm(2009 -7 -24)。

南》。[①] 该指南规定的标准为：①该机构的组织、管理和控制方式，足以令人期待其能够以独立、中立和完全廉洁的方式行事；②该机构能够表明自己代表和/或保护消费者的利益（全体消费者的整体利益或者特定群体消费者的利益）；③该机构有能力代表消费者追诉一个诉讼请求；④该机构不设有交易部门，但拥有一个交易部门本身并不使其丧失提起消费者群体性诉讼的资格，只要是该交易部门不控制该机构，并且其利润全部只用于促进该机构公开的目的。

在反垄断法案件中，代表诉讼是一种有价值的集团诉讼方式。首先，其可以避免集体诉讼的一些固有缺陷，如滥诉倾向、律师与当事人之间的代理成本问题。其次，代表团体更有动力和能力起诉。"以保护特定利益为其目标的消费者组织、行业协会或者国家机构，以保护特定利益为目的，较之利益受损害的个人消费者或小企业，可能更愿意向竞争违法者起诉。原因之一是向违法者提起损害赔偿诉讼与其核心业务活动（保护特定利益）相关，然而受害企业，特别是中小企业也许不能以损害其正常业务活动为代价将时间和资源投入到诉讼活动。企业，特别是中小企业，还可能不愿意起诉与自己有日常交易往来的商业伙伴。同样，消费者，特别是在遭受的经济损失较小时，可能因司法程序的成本、拖延和管理负担而不愿起诉。"[②]

代表诉讼本身虽然具有这样的优点，但具体制度的设计仍然会影响其作用的发挥，如采用退出制或加入制会带来很大的不同；另外，代表团体被准许只代表其成员的利益，还是代表不限于其成员的一定群体的利益，还是代表全体公众的利益，也会产生重大的不同。如果仅代表成员的利益，其能较好地实现补偿受害人的目的，但是对于一次性解决纠纷和阻吓违法则不能发挥很好的作用；如果是代表更广泛群体的利益，被代表人的范围就能得以扩大；若代表全体公众的利益，则被代表人的范围达到了最大。但是随着被代表人的增多，通知、损害赔偿的计算和分配等，也相应地成为需要解决的问题。此外，其他制度设计也将影响到代表诉讼的效果。例如，英国竞争法上的消费者代表诉讼采用行政前置的做法，因此，尽管"该规定可能会促进竞争上诉法庭受理的有关英国和共同体竞争法的'集团诉讼'，并且表面上看是一项受人欢迎的发展，将加强法

---

① 资料来源：www. dti. gov. uk/consumers/enforcement/group-claims/index. html。

② Commission Staff Working Paper annex to the White Paper on Damages actions for breach of the EC antitrust rules, SEC(2008)404 final, para. 50.

律的阻吓作用”,[①]但因行政前置程序的弊端不可避免,使竞争上诉法庭沦落为一个损害赔偿认定机构,而没有违法行为认定的权力。集团诉讼的本来价值就在于能够集合多数原告的资源,共同用于证明违法行为的存在;前置程序的设定,使得本条规定的程序丧失了其最大的价值。[②]

因此,本条规定的个人消费者的团体诉讼模式,类似德国的团体诉讼模式。不过本条规定的团体诉讼模式下,不同于德国法法定诉讼担当的做法,法律并没有授予指定团体在具体诉讼中的起诉资格,指定团体必须经权利人的特别同意才能取得个案中的起诉资格,方能代表其提起或继续诉讼(加入制)。由于这种特别同意,指定机构的起诉资格在理论上不存在问题,但意定诉讼担当也使得被代表集团的规模受到很大限制。

2. 集体诉讼

如前所述,集体诉讼区别于代表诉讼的主要一点在于,集体诉讼中的原告代表人是受害人群体之一成员,其本身是实际受害人之一。因此,相比较而言,集体诉讼中原告代表人的起诉资格面临的争议相对要小一些。虽然如此,由于原告代表人除了代表自己之外,还代表其他人起诉,这种代表在起诉资格方面仍然不无问题。在加入制的集体诉讼中可以把这种代表解释为一种意定的诉讼担当,[③]因此起诉资格并不是一个重大的问题。

但在退出制中,许多被代表的人并未表示由原告代表人担当诉讼,甚至对于该诉讼完全不知情。这又如何解释呢?以美国集团诉讼这种典型的退出制集体诉讼为例。美国的集团诉讼主要是指由《联邦民事程序规则》第23条规定的集团诉讼程序,因此它是一个普遍适用于所有民事案件的程序制度。不过,根据现行规则第23条,集团诉讼可以划分为适用于3种类型的案件,其中适用于反垄断法案件的主要是第23条第(b)款第(3)项规定的一类,即“法院认定所有集团成员共同的法律和事实问题压倒了仅影响单个成员的任何问题,并且为公平和有效地裁决该争议,集团诉讼优越于其他可用方式”。[④] 许多小额的消费者集团诉讼、证券欺诈集团诉讼就是根据本项受理的,这类诉讼往往涉及共

---

① Barry J. Rodger, “Private Enforcement and The Enterprise Act: An Exemplary System of Awarding Damages”, *ECLR* 2003, 24(3), p. 108.

② Ibid.

③ 参见张艳蕊:《民事公益诉讼制度研究——兼论民事诉讼机能的扩大》,北京大学出版社2007年版,第108页。

④ Fed. R. Civ. P. 23(b)(3).

同的诉讼请求且单个原告往往只有很小的利益,单独诉讼往往是不划算的,而由一个或几个代表人代替他们起诉则是非常合适的。该类集团诉讼中作出的判决,无论集团胜诉还是败诉,如果被认定为集团成员的人,经送达通知没有选择退出该集团,则判决对其有效。[①] 也就是说,只要完成了法院规定的通知程序,没有明确选择退出的任何人,只要被认定为属于这个集团,都受到法院判决的约束。因此,集团的起诉资格就成为一个很有争议的问题。理论上对此进行了探索性的解释。

作为解决新型诉讼的手段,集团诉讼的民事诉讼目的不应局限于争议的相对解决或个别解决,而应顾及争议的整体解决,[②]以及民事诉讼在政策制定和执行过程中应该发挥的作用。在群体性纠纷中,如果仅关注程序的个别解决功能,各个当事人必须分别起诉,给当事人和法院都带来巨大的成本和资源浪费。因此学者提出了新的当事人适格的基础理论,即“代表性”或“争议管理权”基础。[③] 考虑到集体诉讼的群体性性质,即使代表人没有得到全体利害关系人的特别授权,该代表人也因为对纠纷整体具有管理权,而是适格的当事人。在这种诉讼模式下,人们更积极地考虑,对于集体诉讼谁作为当事人最为合适,最为合适的人就应该是适格的当事人。根据日本东京大学的伊藤真教授提出的“纠纷管理说”理论,[④]在提起诉讼前的纷争过程中,具体地、持续地实施以消除纠纷原因为目的的行为人,将被赋予纠纷管理权。但是,如果个人利益遭受了直接的侵害,该人就具有了独立的当事人适格,没有必要依据纠纷管理权获得当事人适格。美国斯科特教授甚至认为,“在(行为修正)模式下起诉资格问题消失了,并且被相反的关切取代了——如何将没有(足够的金钱)激励的……案件提交到法院”。[⑤] 因此,在反垄断诉讼这样典型的行为修正模式程序中,传统的起诉资格理论就不应该成为关注的焦点,如何激励当事人起诉并以此阻吓企业的违法行为就成为关键。集团诉讼就是一种很好的激励方式,不管其是否符合传统的当事人适格理论,也无论用什么样的新理论加以解释。

另外,由于前述集体诉讼与代表诉讼在诉讼代表人方面存在的差别,一方

---

① Fed. R. Civ. P. 23(c)(3).

② 参见张卫平:《民事诉讼:关键词展开》,中国人民大学出版社 2005 年版,第 103 页。

③ 同上。

④ 同上。

⑤ Kenneth E. Scott, “Two Models of the Civil Process”, 27 *Stanford Law Review*, 1975, pp. 937, 949.

面，集体诉讼中的原告更有动力起诉和推进程序，以求对所受损害求偿；另一方面，集体诉讼中的原告代表人往往并不像代表诉讼中的代表团体那样，拥有足够的监督和控制代理律师的能力，并且法律和法院对于该等原告代表人的控制也不像对代表团体的控制那样有效，因此更容易出现起诉被代理律师作为谋取私利的手段，导致代理成本和滥诉问题，特别是与“退出制”相结合时。

不过，集体诉讼所具有的优缺点程度，主要取决于具体的制度设计，包括采用加入制还是退出制，损害赔偿的计算与分配方式，认证原告代表人的条件等；同时也取决于相关的制度，如陪审团制、诉讼费用分配、律师收费方式等方面。例如，如果采用加入制，特别是在损害比较分散的案件中，形成的原告群体可能较小，而且多数为受损金额较大的受害人，因此他们对于代理律师可能就更有能力和动力进行监督。相反，如果采用退出制，很多被认定属于原告群体的受害人，因损害金额很小不屑于监督律师，甚至不屑于领取自己的损害赔偿份额，律师更可能有滥用程序的动力和机会。关于损害赔偿的计算与分配方式，如果法律要求依据原告所受的经证明的损失计算损害赔偿，集体诉讼的作用将消解殆尽，特别是在退出制中，因为很多被认定的集团成员根本不屑于参加程序，更何况证明其损害；而如果允许法院根据公益所受损害判决一个总损害赔偿金额，或者依被告非法所得计算损害赔偿金额，并依具体情况酌定分配，则能把集体诉讼的功能发挥得淋漓尽致，特别是在退出制下；当然同时也会放大被滥用的可能。

3. 代表诉讼与集体诉讼的共存关系

尽管集体诉讼有一些不尽如人意的地方，不及代表诉讼容易控制，但它仍然具有很大的价值。“首先，合格的实体可能没有足够的资源同时处理涉及不同违法行为的几起案件，因此会决定对案件作优先顺序的安排。该合格实体还可能因利益冲突而无法起诉，例如，一个行业协会的会员同时为违法行为受害者和违法者。其次，可能存在一些子群体，尽管理论上可以由同一合格实体代表起诉，但他们却希望集体提起独立的诉讼。最后，可能尚不存在任何一个合格的实体代表某些受害者群体的利益，例如，在一个不存在行业协会的新市场上经营的中小企业。”①因此，代表诉讼机制的存在并不排斥集体诉讼机制，二者可以相互共存，相互补充。

---

① Commission Staff Working Paper annex to the White Paper on Damages actions for breach of the EC antitrust rules, SEC(2008)404 final, at para. 60.

### (三)加入制与退出制

加入制和退出制是两种确定集团诉讼中群体成员的方式,任何一个都既可以与代表诉讼结合,也可以与集体诉讼结合。例如,瑞典的私人集团诉讼是一种加入制的集体诉讼,美国的集团诉讼则为一种退出制的集体诉讼;瑞典的团体诉讼是一种加入制的代表诉讼,英国竞争法上的消费者代表诉讼也是如此,而葡萄牙的协会诉讼以及以色列法规定的消费者协会集体诉讼则为退出制的代表诉讼。

1. 加入制

如前所述,在加入制下,一个受害者只有明确表示愿意成为原告群体时,才受诉讼结果的约束。因此,无论在代表诉讼中还是集体诉讼中,受害者都不会在对诉讼不知情的情况下即受到诉讼结果的约束,从而被剥夺了诉权。正因为如此,其"最为接近这样的传统法律原则:案件结果仅在当事人之间有约束力"。[①] 在加入制下,代表诉讼中代表团体以及集体诉讼中原告代表人提起集团诉讼的起诉资格,也基本不存在问题,因为该代表行为经过了被代表人的明确授权或同意。

在加入制下,选择加入的时机会对该制度的功能产生重大影响。如果只准许在起诉前或起诉时加入,因为"此时尚未寻求诉前披露,或者诉讼时效的原因",[②]个别通知受害人将难以做到,而只能依赖公告等一般通知方式。因此,应考虑"给予更多消费者在后面的阶段加入诉讼的进一步的机会。法院可以指示在最终听审损害赔偿数额问题前,先处理责任问题,或许还可以处理有关因果关系和损害赔偿计算的某些问题。在就被告的责任认定或者每单位产量多收价款的数量计算作出判决之后,再次公告本代表诉讼程序,以允许更多原告加入"。[③] 例如,我国台湾地区"民事诉讼法"第 44 - 2 条规定的扩大的当事人选

---

① Making Antitrust Damages Actions More Effective in the EU: Welfare impact and potential scenarios, Final Report, 272 (30 March 2008).

② Office of Fair Trading, Private actions in competition law: effective redress for consumers and business (Discussion Paper), at para. 4.31 (April 2007).

③ Ibid., at para. 4.32.

定制度,①实质上就是允许两次加入的机会,尽管第二次加入也是在程序之初进行的,而非像英国 OFT 建议的那样。

但是,这种理论上的正统性却防碍了集团诉讼的机能发挥。由于加入制以受害人的明确加入表示为前提,最终被认定的原告群体往往比较小,无法实现规模经济、一次性解决纠纷、提升原告方力量、阻吓违法等目的。这是因为,一方面,加入制下需要找出实际受害人并由他们做出加入诉讼的积极表示。这种查明工作在反垄断法案件中无疑是非常困难的。“对加入制代表诉讼而言,在程序之初查明潜在原告所带来的困难是一个须特别注意的问题,因为如果在程序之初不能吸纳足够的原告,起诉可能是根本不可行的。”其实英国政府(贸工部)早在 2001 年提交议会的竞争政策白皮书《世界水准的竞争体制》中就清楚地认识到:“在大多数竞争法案件中,特别是涉及影响消费市场的长期违反竞争法的行为时,准确查明谁以及以何种方式受到了损害,对于代表诉讼而言是一个重大障碍。潜在原告的身分要么是不得而知,要么是需要付诸巨大的额外努力才能查明。”②“政府担心,如果要求消费者团体查明大量的受害人,他们起诉的动力将会很小……在可以表明消费者受到损害时允许代表广大公共利益的诉讼,这是一个重要的原则。”③“方式之一是允许特定团体在特定情况下代表更大群体或集团的利益提起损害赔偿诉讼。”④另一方面,许多案件,尤其是反垄断法案件中单个损害通常较小,许多受害者不屑于选择加入;况且,很多受害人对于违法行为和诉讼程序可能一无所知,更何谈加入?加入制在单个损害比较巨大的案件中,如大型企业对于违法者的起诉,在保持理论正统性的同时,仍能发挥集团诉讼的机能;“在重大损害面前,个人既然已有主张权利之意识与动

① 该条规定:(1)因公害、交通事故、商品瑕疵或其他本于同一原因事实而有共同利益之多数人,依第 41 条之规定选定一人或数人为同种类之法律关系起诉者,法院得征求原被选定人之同意,或由被选定人声请经法院认为适当时,公告晓示其他共同利益人,得于一定期间内以书状表明其原因事实、证据及应受判决事项之声明,并案请求。其请求之人,视为已依第 41 条为选定。(2)其他有共同利益之人,亦得声请法院依前项规定为公告晓示。并案请求之书状,应以缮本或复印件送达于两造。(3)第 1 项之期间至少应有 20 日,公告应黏贴于法院公告处,并登载公报、新闻纸或其他相类之传播工具,其费用由当局垫付。(4)第 1 项原被选定人不同意者,法院得依职权公告晓示其他共同利益人起诉,由法院并案审理。

② Department of Trade and Industy, A World Class Competition Regime, Cm. 5233, at para. 8.19 (July 2001).

③ Ibid., at para. 8.20.

④ Ibid., at para. 8.21.

机,既可利用选定当事人制度以资处理”。[①] 但是在单个损害数额较小的分散型案件中,特别是消费者和中小企业对于违法者的起诉中,加入制就无能为力了。“尽管在一个个案中全体消费者遭受的损失总额非常巨大,但有可能个体的损失却很小,即便是他知悉潜在请求权之后仍然选择不采取行动加入一个代表诉讼来求偿其损失。这样,有可能根本就没有一个代表诉讼被提起,从而消费者的损害也无法得到补偿,尽管违法企业以侵害其客户和消费者利益的方式攫取了非法利润。”[②]正是基于这样的认识,在对日本的选定当事人制度进行考察后,学者认为其“尚未从保护个人利益诉讼迈向为保护一般的权益而运用的集团利益诉讼”。[③] 英国竞争法在2002年修订时采用了加入制的代表诉讼制度。对此制度的运作情况,OFT认为:“现有证据表明,纯粹代表确定的消费者的代表诉讼,继续无法实现规模经济的优化,并导致无谓的成本和复杂。还存在着这样的风险:有价值的诉讼可能没有提起,或者仅由或仅代表少数的受害人提起。代表全体消费者或企业的代表诉讼,在保障接近司法和确保竞争体制的有效性方面,能够发挥重要作用。”[④]“缺少可以代表全体消费者或企业提起的代表诉讼机制,是现行体制的一个重大缺陷。”[⑤]例如,在该制度下指定的一个有资格提起竞争团体诉讼的机构——Which?在对JJB Sports提起的团体诉讼中,最初预计会有数千人加入,但最终只有稍高于200名个人加入。[⑥] 这与美国反垄断法集团诉讼动辄代表数百万受害者的情形形成鲜明的对比。因此,OFT极力倡导修改现行竞争法代表诉讼制度,允许提起代表全体消费者或企业的代表诉讼,即退出制代表诉讼。

2. 退出制

在退出制下,被界定属于原告群体的受害人,除非明确表示退出该群体,否则即受诉讼结果的约束。因此,经过适当的通知程序,只要没有明确表示退出,

---

① 沈冠伶:《诉讼权保障与裁判外纷争处理》,北京大学出版社2008年版,第193页。

② Office of Fair Trading, Private actions in competition law: effective redress for consumers and business (Discussion Paper), at para. 4.23 (April 2007).

③ 范榆:《集团诉讼问题研究》,北京大学出版社2005年版,第136页。

④ Office of Fair Trading, Private actions in competition law: effective redress for consumers and business (Recommendations), at para. 7.12 (November 2007).

⑤ Ibid., at para. 7.29.

⑥ Jonathan Isted, Nicolai Goeke and Mira Raja, Class actions in the EU: a threat to the life sciences industry? Life Sciences 2008/09, p2, available at http://www.freshfields.com/publications/pdfs/2008/dec08/class_actions.pdf.

无论是因为对通知程序不知情,还是因为虽然知情但因为受损金额太小不屑于理会,被界定为原告群体之人即默示地成为原告。实证研究表明,只有很少的人行使退出权,绝大部分最初被认定属于原告群体的人都保留了下来。例如,Eisenberg 和 Miller 2004 年的研究发现,平均退出率只有0.6%;其他研究也发现实际退出率极低。① 从而,退出制下往往会形成巨大的原告群体,这一点正好契合了分散型损害案件的需要。

正是由于退出制倾向于形成更大的原告群体,相对于加入制其具有如下优点:首先,增强了受害人的起诉动力和诉讼地位;其次,规模经济效益,不但节约了司法体系的运作成本,而且每个原告分担的成本也随着群体的扩大而降低;再次,一次性地解决争议,不但能保证判决之间的统一,而且确保被告不会重复因同一违法行为不断被起诉;最后,能够对违法行为产生足够的威慑,促进竞争守法。"一个能使被代表人数量最大化的机制,也会使违反竞争法的企业面临的财务风险最大化,他们将会意识到自己必须向所有的受害人支付损害赔偿。"②尽管退出制具有上述优点,但是由于其偏离传统诉讼模式的程度较大,也引起了一定的理论上的担忧,例如,干涉甚至剥夺受害人的处分权,与正当程序原则或公正审理权原则相冲突。然而,由于退出制向受害人提供了退出的机会,其可以选择不受约束,因此这些担忧应该是多余的。况且,在分散型的损害事件中,由于大面积的人受到金额较小的损害,公共利益本身既已受损;在反垄断法这种合目的性的法律中,法律所保护的竞争秩序也受到了损害,而竞争秩序本身就是一种公益。这时,除了受害人本人,特别是受到损害较大者,获得诉权之外,可视为还产生了一种集体诉权。"集体诉权是现代司法制度的一个同样普遍的特征。其主要存在于消费者保护、劳动法、不正当竞争法和环境保护等领域。法律授予协会或其他代表团体,代表被代表人的利益或者公共利益起诉的权利。它可以促进为公共利益而制定的法律的私人执行,并能够支持那些面对组织严密、资金力量强大的对手诉讼条件往往很差的个人起诉者。"③

既然退出制具有这些优点,是否它的存在就应该排斥加入制,或者相反?

---

① See Making Antitrust Damages Actions More Effective in the EU: Welfare impact and potential scenarios, Final Report, 287(30 March 2008).

② Office of Fair Trading, Private actions in competition law: effective redress for consumers and business(Discussion Paper), at para. 4.26(April 2007).

③ Commission Staff Working Paper annex to the White Paper on Damages actions for breach of the EC antitrust rules, SEC(2008)404 final, 53 n121.

并非如此,由于两种制度各有自己的特点和适用范围,二者应该共存并相互补充。如加入制理论争议较小,且更适用于损害金额较大、容易查明受害人的案件,因此在这类案件中,加入制就更具有优点。而退出制更适用于损害比较分散、且金额较小的更偏向保护公益的案件。所以,作为一般性的原则,直接购买者更适合采用加入制,而间接购买者更适合采用退出制,但这并不排除特殊情况下,直接购买者更适合退出制,或间接购买者采用单独起诉方式。"所谓的加入制和所谓的退出制可以共存。可以交由法官依个案具体情况但根据适当界定的标准和过滤机制,决定具体案件应以代表全体消费者/企业的代表诉讼、代表确定的消费者/企业的代表诉讼还是单独诉讼的形式提起。"①

**(四)集团诉讼模式的选择**

本书前文分析了,集团诉讼模式可以是代表诉讼,也可以是集体诉讼,并且二者可以共存、补充;无论代表诉讼还是集体诉讼,又都可以采用加入制,或者退出制,并且二者可以共存补充。欧委会在其《损害赔偿白皮书》中建议同时采用两种制度:代表诉讼和加入制集体诉讼,但是二者的组合只是为受害者"提供了最低程度的保护,成员国可决定根据其法律传统突破这一程度"。②

一些法域的实践为我们提供了这方面的研究资料。例如,以色列《限制性贸易行为法》第46A(a)条规定:"任何人或消费者协会均可以以一个群体的人的名义,根据其依据本法有权以自己名义起诉的任何理由,针对其有权以自己名义起诉的被告,提起诉讼(集团诉讼)。"该法对于"消费者协会"的定义是,司法部长为本法之目的批准的代表消费者的协会(第1条)。因此,尽管第46A(a)条要求任何人或消费者协会据以提起集团诉讼的理由,应是"其依据本法有权以自己名义起诉"的理由,但并未明确这种起诉是依实体权利,还是依法定的诉讼担当;解释上应理解为"任何人"应为受损害之人,其是依实体权利受损而获得起诉资格,因此其提起的集团诉讼应为集体诉讼性质;而"消费者协会"则

---

① Office of Fair Trading, Private actions in competition law: effective redress for consumers and business(Recommendations), at para. 7.28(November 2007).

② Commission Staff Working Paper annex to the White Paper on Damages actions for breach of the EC antitrust rules, SEC(2008)404 final, at para. 48.

是依法定的诉讼担当,①以代表人的身份代表受害人或公益(消费者利益)而起诉,性质上应为代表诉讼。依第46C(b)条,该法规定的集团诉讼为退出制集团诉讼。前述瑞典《群体性诉讼程序法》规定的私人群体性诉讼和团体群体性诉讼也分属(加入制)集体诉讼和(加入制)代表诉讼。此外,欧盟范围内的丹麦、葡萄牙和西班牙也都同时规定了集体诉讼和代表诉讼两种机制。②

我国台湾地区"民事诉讼法"第41条规定的选定当事人制度和第44-2条规定的扩大的选定当事人制度,即为(加入制)集体诉讼;而第44-1条规定的"准团体诉讼"和第44-3条规定的"团体诉讼"(仅限不作为诉讼)则为代表诉讼。第41条规定,多数有共同利益之人,得由其中选定一人或数人,为选定人及被选定人全体起诉(或被诉),此诉讼之判决不论有利或无利,均对选定人发生既判力。第44-2条规定,在因公害、交通事故、商品瑕疵或其他本于同一原因事实,而有共同利益之多数人,依选定当事人制度起诉时,法院得征求被选定人同意,或由被选定人申请并经法院认为适当,或在被选定人不同意时由法院依职权,公告晓示其他共同利益人,使其得并案请求,如此请求之人视为已为选定行为。第44-1条规定,公益社团法人的社员可以选定该社团法人为选定人起诉。尽管仍称"选定",但是被选定人(社团法人)因不是受害人之一,因此该程序性质上已发生了改变,由集体诉讼变为了代表诉讼。但由于社团的起诉仍须基于社员之选定行为,因此,此为加入制的意定诉讼担当。第44-3条规定,以公益为目的之社团法人或财团法人,经其目的事业主管机关许可,于章程所定目的范围内,得对侵害多数人利益之行为人,提起不作为之诉。这也是一种典型的代表诉讼,尽管只限于请求不作为。

日本《民事诉讼法》除了规定了选定当事人制度这种集体诉讼形式外,第29条还明确规定,非法人的社团或财团,有一定的代表人或管理人的,可以以其名义起诉或被起诉。这一规定有条件地承认了团体诉讼。③

---

① 依该法第1条,消费者协会为"代表消费者的协会",其本身不太可能因实体权利受损提起诉讼;且依第46A(a)条,其是"以一个群体的人的名义"起诉,若其是依自己的实体权利受损而起诉,何故要以他人名义起诉呢?因此应解释为,第46A(a)条规定消费者协会的起诉资格是一种法定的诉讼担当。

② Making Antitrust Damages Actions More Effective in the EU: Welfare impact and potential scenarios, Final Report, 295 Table-40(30 March 2008).

③ 参见张艳蕊:《民事公益诉讼制度研究——兼论民事诉讼机能的扩大》,北京大学出版社2007年版,第109页。

尽管以上国家或地区都同时制定或考虑采用不同组合形式的加入制和退出制，来建立代表诉讼和集体诉讼机制。但是未见有正式的制度用以处理它们之间的关系，特别是代表诉讼所代表的利益与决定另行起诉（单独提起或以集体诉讼方式提起）的受害人发生重叠之时。“在代表诉讼中基本的原则应该是，个人受害者不应被剥夺提起损害赔偿诉讼（单独地或通过加入制集体诉讼）的权利，如果其选择这样做的话，也不应被剥夺根本不起诉的权利。因此，合格实体应……通知其所代表的受害人，这一点非常重要。”①同样，在集体诉讼中，也应该给予被代表人选择退出并决定单独起诉或以代表诉讼或集体诉讼方式起诉的合理机会。但这并不表示不能出于相关政策的考虑对退出行为和退出者的后继起诉行为施加一定的限制。例如，出于一次性解决争议的考虑，可以要求退出者在一个规定时间内起诉，并与现有案件合并审理。重要的是不同的诉讼形式之间在涵盖的受害人范围方面应该有良好的御接，既保证被告充分内部化其对所有受害人造成的损害，又确保不同诉讼形式不会重叠代表相同的受害人。例如，退出制的代表诉讼和退出制的集体诉讼就可能使消极的受害人被重叠界定入两个集团诉讼之中；相反，加入制的代表诉讼和加入制的集体诉讼（或单独诉讼）之间，则可能使消极的受害人在两个诉讼中均没有被代表利益。然而，退出制的代表诉讼与加入制的集体诉讼（或单独诉讼），或者退出制的集体诉讼与加入制的代表诉讼（或单独诉讼），则能较好地实现既充分涵盖又不重叠的目标。因此，在充分利用不同诉讼形式以最大限度实现群体性诉讼在反垄断法上的各种目的的同时，“应设置必要的保障机制，以避免同一损害通过各种可用的诉讼方式（单独诉讼、集体诉讼和代表诉讼）获得多次补偿”。②

## 二、集团诉讼中的损害赔偿计算与分配

在集团诉讼中，如何计算和分配损害赔偿是一个非常重要的问题，往往直接决定着整个集团诉讼的有效性。在传统的损害赔偿诉讼中，损害赔偿的计算要遵循补偿原则，即填补原告受到的实际损害；而且原告要获得赔偿，除了要证明被告违法外，还需证明其遭受了损害，损害与违法行为之间存在因果关系，甚至还要证明损害的金额。在反垄断法案件中，由于受害人众多，由他们对这些

---

① Commission Staff Working Paper annex to the White Paper on Damages actions for breach of the EC antitrust rules, SEC(2008)404 final, at para. 61.

② Ibid.

要件一一进行举证,可能会使程序变得异常复杂。如果这种方式在加入制群体性诉讼中还勉强可行,在退出制下则完全行不通,因为众多遭受小额损害者根本不会参与程序。其结果只会是让违法者因为原告的求偿不力而保留巨额违法所得,尽管在责任认定阶段,原告已经证明了(或者执法机关已经认定了)被告的违法行为对市场和众多市场参与者造成了损害。

鉴于此,在集团诉讼中,损害赔偿不应该根据各个受害人的实际损害进行计算,而应授权法院对被告给受害人群体造成的损害总额做出一个概括判决,然后再决定如何分配。这样可以保证让被告吐出其全部违法所得,进而实现阻吓违法的目的。在这方面英国 OFT 建议,“可以(而且我们认为应该)设定公平、有效率和经济的制度,从而可以做到无须证明每个消费者或企业所受个别损失就能计算损害赔偿总额。可以赋予法院如下权力:如果证据表明计算补偿性损害赔偿过于困难或无效率,其可以指示按返还方式判决损害赔偿(即按照违法者因其违法行为获得的利益,而非按照消费者或企业遭受的损失)”。① 例如,我国台湾地区“民事诉讼法”第 44 - 1 条第 2 项规定,在选定当事人诉讼中,法院可以以选定人全体之损害赔偿总额为裁判,但前提条件是须有选定人全体作成由法院作如此判决的协议。这样的要求在退出制集团诉讼中是不现实的,因为退出制下很多受害者是完全消极地参与程序的,不可能指望他们作出此等约定。但该项之下计算损害赔偿总额的方法值得借鉴,在此规定下,“受诉法院在认定损害赔偿总额时,非仅将各选定人之实体损害赔偿金额加总而成,而系审酌一切情况定之(我国台湾地区“民事诉讼法”第 222 条第 2 项)。除考虑受害程度外,亦得斟酌被告企业因此所获得之利益或营业额,以统计学上方法计算,并命被告提出营业帐册,以利认定。”②加拿大《安大略省集团程序法》第 24 条第 1 款规定:“满足以下条件时,法院可以决定被告对集团成员承担的责任的总额或一部分,并相应地作出判决:(a)代表某些或所有集团成员提出了金钱救济的请求;(b)为确定被告承担的金钱责任的金额,除与金钱救济的计算相关的问题外,不存在其他事实或法律问题;(c)被告向某些或所有集团成员承担的责任的总额或其一部分,无须单个集团成员证明即可合理确定。”

确定被告的损害赔偿责任总额之后,另一个重要的问题是如何分配损害赔

① Office of Fair Trading, Private actions in competition law: effective redress for consumers and business (Recommendations) at para. 7.31 (November 2007).

② 沈冠伶:《诉讼权保障与裁判外纷争处理》,北京大学出版社 2008 年版,第 194 页。

偿判决？特别在退出制下，可能会有很多受害者因为不知该诉讼程序或者因为损害金额过从小而未请求其在判决总额中应分享的份额，这时就会出现剩余款额，有时还相当巨大。另外，即便是知道或者可以查明实际受害者，但分配成本使得分配不经济时，不予分配也许是更有效率的选择。

在损害赔偿总额的分配上，应该掌握以下几个原则：首要的原则是不能让被告因为某些人的不请求或因分配不经济而获益；其次，如果分配给实际受害者是可能的，且是经济的，应尽可能分配，特别是在加入制程序中；最后，给予法院较大的自由裁量权，允许其根据个案情况做尽可能合理的处置。

例如，涉及代表公益的代表诉讼中损害赔偿判决的分配，英国贸工部建议："一种选择是将判决的任何损害赔偿都以信托方式存放一个有限的期间，以供原告申领。在这种方式下，该期间届满后，竞争委员会上诉法庭有权决定申领人针对该基金的个体请求。另一种选择是扣除诉讼成本后，剩余款项被用作其他目的，以使相关产品的消费者或相关市场中的消费者受益，包括提供更优质的消费信息，或者在地理市场狭小的情况下，提供具体的社区设施。"①

以色列《限制性贸易行为法》第46I条规定："(a)如果集团诉讼中法院做出金钱赔偿的裁决，该法院可以……(3)指示是否在扣除成本和法律费用后，依其裁量，将裁决金额的任何部分支付给承担起诉和证明工作的原告，并将剩余部分依遭受的损害按比例或者以该法院认为适当的任何其他方式，分配给集团成员。(b)如果法院认为由于无法查明成员身份及无法以合理成本完成支付，或者由于任何其他原因，对于全部或部分集团成员作金钱性赔偿在个案情况下是不切实际的，其可以规定依个案情况其认为适当的任何其他救济，无论是用于服务全部或部分集团成员，还是用于服务公共利益。"

加拿大《安大略省集团程序法》对于法院依前引第24(1)条在集团诉讼中判决的损害赔偿总额或其一部分如何分配，也作了明确规定。第24条第2款、第3款规定："(2)法院可以命令以如下方式运用依第1款所作判决的全部或其一部分：某些或所有个体集团成员平均或按比例分享该判决。(3)在决定是否作出前款规定的命令时，法院应考虑查明有权分享该判决的集团成员，或者确定应向个体集团成员分配的准确份额，是否不切实际或无效率。"但是，尤其在消费者为集团成员的集团诉讼中，集团人数可能数以百万计，而各个成员所受

---

① Department of Trade and Industy, A World Class Competition Regime, Cm 5233, at para. 8.22 (July 2001).

损害非常微不足道。为了解决这种情况下的判决分配问题，第 26 条规定："(1)法院可指示以其认为适当的任何方式分配依第 24 或 25 条判决的金额……(4)法院可以命令第 24 条判决金额的全部或部分，若没有在法院规定的时间内分配受领，以任何合理地可能使集团成员受益的方式运用，即使该命令未规定向个体集团成员提供金钱救济，只要法院认为合理数量的原本无法受领到金钱救济的集团成员将从该命令中受益。(5)无论是否可以查明所有集团成员，也无论是否可以准确确定其所有份额，法院均可作出第(4)款项下命令。(6)即便是第(4)款项下命令会使：(a)不属于集团成员的人受益；(b)因该集团程序已经受领金钱救济的人受益，法院仍可做出该等命令。"这种在向群体成员分配损害赔偿金钱不现实或无效率的情况下，以使其间接受益的方式加以使用的做法，被称为"近似"(cypres)分配。

在 Alfresh Beverages Can. Corp. v. Hoechst AG 案①中，各种分配方式有机配合，共同完成了分配损害赔偿(和解基金)的任务。该案中原告起诉被告共谋在山梨酸酯(sorbates)市场实施固定价格和划分市场行为。分配协议规定将和解款在 4 个类别的集团成员间进行分配，并采用不同的方法进一步分配：分销商(买进并转售相关产品者)，制造商(买进相关产品并以之为原料生产其他产品者)，中间商(购买制成品并转售者)和消费者(购买制成品的消费者)。针对分销商和制造商，设立一个基金，全加拿大境内曾购买原料产品的两类企业可以申领。该基金中的资金在及时提出申领的所有两类企业之间按比例支付。但在查明中间商和消费者方面却存在很大困难。因此，分配给这两类原告的资金以"近似"分配方式支付给特定的非营利组织，由其代表此两类原告的一般和间接的利益加以使用。

集团诉讼之所以能在世界上产生如此广泛的影响，并引起许多国家的高度关注。与其独特的价值和功能是密不可分的：首先，它能促进人们接近司法，克服诉讼成本的障碍，有利于保障弱势群体当事人的诉讼权利平等，从而使原告方能够平等地与处于优势地位的大型组织(企业)进行对抗。其次，它能提高诉讼效益，维护法律适用的统一，它通过一次性解决具有共同争点的大量小额请求，以谋求权利实现的低廉化和效率化，不但可以避免诉讼的重复和诉讼成本的浪费，还可以通过减少互相冲突的裁决促进诉讼公正和既判力效果。再次，

① [2002] O. J. NO. 79 (S. C. J.).

集团诉讼具有影响和改变公共政策的功能，它要求法官对涉及众多利益主体并具有一定公益性质和公共政策的问题作出判断，从而通过集团诉讼以禁令或判决等多种手段发挥影响和改变公共政策的功能。最后，集团诉讼还具有强化实体法的实施力度，抑制侵权人的侵权行为。具体到反垄断法救济领域，一般而言，如果个体遭受的损害额过小，集团诉讼就可能是私人提起反垄断诉讼请求的唯一的可行手段。美国反垄断私人法诉讼之所以非常繁荣，除了 3 倍损害赔偿和律师费制度等以外，强大的集团诉讼机制向来被认为是一种非常重要的原因。

通过比较可以看出，美国集团诉讼如此强大的威力主要来源于其强大的效力扩张性及判决的效力及于任何没有明确选择退出该集团诉讼的集团成员。相比之下，英国的团体诉讼，需要得到当事人的明确授权之后，才能代表受害人，而德国则只能代表团体的固定成员，判决的效力也仅及于给予明确授权的受害人或固定成员。从而大大缩小了团体诉讼的效力范围，其一次性解决争议的能力和集中受害人力量对抗违法行为人的能力等，都受到很大的削弱。

另外，虽然美国的集团诉讼，因为其强大的扩张性对违法者形成强大的威慑力，但是也导致了滥诉和对企业的过度阻吓。而德国的团体诉讼和英国的消费者代表诉讼虽可有效防止滥诉，但是由于其扩张力不强，在制裁违法方面的作用有限。

我国虽然在民事诉讼制度中有代表人诉讼制度，但是我国的代表人诉讼制度未脱共同诉讼的窠臼，在这一点上，与日本的选定当事人制度具有共同之处。但与以美国模式为代表的真正的集团诉讼模式并不相同。①

① 参见[美]史蒂文·苏本、玛格丽特·伍：《美国民事诉讼的真谛》，蔡彦敏、徐卉译，法律出版社 2002 年版，第 194 页。

# 第十二章　完善我国反垄断私人诉讼制度

本书前述各章对反垄断私人诉讼制度作了比较全面的考察。考察的目的是为我国反垄断私人诉讼制度的构建提供借鉴。因此,一切论述最终都要归结到对我国制度的考察、分析、评价和完善。

对于我国应当构建何种反垄断执行制度的问题,在学术界曾经存在“一元执行体制”——单一的行政执法和“二元执行体制”——行政执法和私人诉讼机制相结合的争论。2007 年我国《反垄断法》正式出台,其第 50 条规定:“经营者实施垄断行为,给他人造成损失的,依法承担民事责任。”因此,关于“一元执行体制”和“二元执行体制”的争论尘埃落定,我国立法最终采纳的是“二元执行体制”。但第 50 条只是一项关于诉权的条款,授予因垄断违法行为受损害者请求违法者“承担民事责任”的权利。2012 年 5 月 3 日最高人民法院公布《关于审理因垄断行为引发的民事纠纷案件应用法律若干问题的规定》(法释〔2012〕5 号,以下简称《垄断行为若干问题的规定》),就反垄断民事纠纷的受案条件、原告的适格性、管辖权、证据规则、损害赔偿、诉讼时效等方面作出进一步规定,细化了《反垄断法》第 50 条反垄断私人诉讼制度,为反垄断私人诉讼制度的具体实施奠定了程序法基础。但是,该司法解释并未彻底健全我国反垄断私人执行所需的支撑制度。由于我国长期以来实行行政主导的经济法救济模式，即人们通常所说的一元模式，使我国反垄断私人诉讼制度面临着一个制度整合问题，主要是如何与我国现有的行政执法模式，与我国的民事诉讼、行政诉讼制度相衔接的问题。鉴于这一问题的复杂性，本书仅以此章提出些初浅的看法和见解。

本章分两节讨论这一问题：第一节"我国现有反垄断法私人诉讼制度的问题"，讨论我国反垄断私人诉讼制度在我国现有法律框架下存在的问题；第二节"我国反垄断私人诉讼制度的完善"，在对前述各章具体制度考察进行总结的基础上，阐明我国反垄断私人诉讼制度构建时应有的指导思想，并对我国未来反垄断私人诉讼制度的设计提出一些具体的建议，以供立法者参考。

## 第一节　我国现有反垄断法私人诉讼制度的问题

我国《反垄断法》上有关私人诉讼的规定，仅有一个条款。其第 50 条规定："经营者实施垄断行为，给他人造成损失的，依法承担民事责任。"该条只是一项诉权条款，授予因垄断违法行为受损害者，请求违法者"承担民事责任"的权利。根据民法通则对于"民事责任"的规定，此处的"民事责任"除了包括损害赔偿外，还包括排除妨害、消除危险等，后两者可以认为是我国民事制度中类似禁令救济制度。

关于私人诉讼制度的完善，包括实体制度和程序制度，程序制度是反垄断私人诉讼司法实践的基础制度。《垄断行为若干问题的解释》比照民事诉讼法相关制度具体规定了反垄断私人诉讼程序制度，主要有起诉资格制度、管辖制度、证据制度、赔偿制度、时效制度等。

对现有我国法律相关各项制度进行考察，再对比国外反垄断私人诉讼成熟国家的机制，不难看出，我国反垄断私人诉讼制度具有如下特点。

### 一、重公权、轻私权

在反垄断法的救济体系中，公共执法机关的制裁手段种类多样，适用面广。反垄断法对各类垄断行为都规定了行政责任，并且不同种类的责任方式相互配合使用，以确保公共执法机关有足够的权力和手段制裁和制止违法行为。如对垄断协议，我国《反垄断法》第 46 条第 1 款规定，可以"责令停止违法行为""没收违法所得"及"罚款"，对于尚未实施的垄断协议也可以处以罚款。针对行业协会从事此类违法行为,还特别规定了罚款和撤销登记的处罚手段。反垄断法对于公共执法机关认定违法行为时的调查程序也作了专门的规定,赋予其很大的权力。

但是,对于因垄断违法行为受有损害者的民事救济权利,《反垄断法》和《垄断行为若干问题的规定》并未对于私人在提起和追诉反垄断私人诉讼中的特殊困难未作任何照顾。反垄断私人诉讼虽然表面上看属于平等主体之间的诉讼,所涉及的民事法律关系表面上看属于平等主体之间的民事纠纷。但事实上,《反垄断法》上的“民事关系”并不是传统民法意义上的平等主体之间的关系,而属一种“经济法关系”,当事人之间的市场地位是不平等的。在消费者向垄断者提起诉讼的情况下,这种不平等是不言而喻的;即使在竞争者之间提起的反垄断私人诉讼,双方之间也是不平等的,是弱者与强者之间的不平等较量。而传统民事诉讼法的基本假设就是纠纷双方地位平等。在自由资本主义时代,这种假设是成立的。但是到了垄断资本主义时代,在垄断者作为一方的纠纷中,这种假设不复存在,纠纷双方成了力量不均衡的强者和弱者。在这种现实下,理性的选择是对传统民事诉讼的理论前提和具体制度作出修正,以反映当事人地位不平等的现实,通过将诉讼制度朝向有利于弱者的一方倾斜来达到诉讼地位的实质平等。域外众多国家的反垄断法制度大多作出了这样的选择,如美国、英国、德国。它们这种倾斜做法反映了对私权的重视,是矫正正义的基本要求。更何况,在反垄断法属公法,受害者在行使诉权时维护的并非纯粹的私权,同时还在更大程度上维护着公共利益,即通过维护竞争格局实现对消费者福利的保护。

## 二、重实体、轻程序

《反垄断法》对受害者的实体请求权作出规定,《垄断行为若干问题的规定》对于如何行使该等权利适用了民事诉讼程序。但是如前所述,反垄断私人诉讼与一般民事诉讼在根本理念上就存在分歧,反垄断法诉讼属于经济法诉讼,其特点就在于当事人之间地位实质上不平等。法律规定诉权并不直接导出诉权能够自然实现。在原告决定提起诉讼前会衡量很多因素。首先是诉讼费,其次是时间精力,然后是求偿金额的大小及其与付出之间的比较,再然后是胜诉的能力及可能性。原告只有在权衡这些因素后,认为起诉有利可图时才会走进法院。在反垄断私人诉讼中,原告面临的障碍更多、更大,因为反垄断法案件具有难以想象的复杂性、专业性、高成本性、精力消耗性，有时损害还具有分散性和单个小额性。在这样的情况下，想当然地认为受害者会向强大的垄断者发起挑战是幼稚的和不现实的。鉴于此，域外许多国家和地区在民事诉讼法中或反垄断法中对反垄断私人诉讼案件作了特殊的程序规定，以激励和方便私人起诉。如美国《克莱顿法》和《联邦贸易委员会法》均对反垄断诉讼的许多程序问题作了特殊规定，内容涉及起诉资格、管辖法院、损害赔偿金额的计算、行政程序中认定和裁决的证据力等。德国《反限制竞争法》也对反垄断法私人诉讼的程序作了详细的特殊规定，内容涉及起诉资格、管辖法院、集中管辖、团体诉讼、损害赔偿金额的计算、合并审理等。日本《禁止垄断法》对反垄断私人法诉讼的管辖法院、行政前置程序、诉讼时效、征求行政机关的意见、案件移送等程序制度也作了专门规定。欧盟和土耳其反垄断法还对举证责任问题作了专门规定。以色列反垄断法专章规定了反垄断法集团诉讼制度。有的国家在一般民事诉讼法中针对反垄断法案件的特殊需要对相关制度作了特殊设计，如美国集团诉讼规则很大程度上就是为了迎合反垄断私人诉讼的需要而制定的。

我国《反垄断法》之所以对反垄断诉讼的程序制度依照民事诉讼规则作出规定，很大程度上是受传统上实体法与程序法分别立法的模式所限的结果。根据这种思路，凡是属实体支付的内容就应该在实体法中加以规定，凡是程序制度的内容就应该在程序法中加以规定，如民法与民事诉讼的分立。但是，到了近代，这种实体与程序的分立已经不能适应现实的需要了。在经济法出现以后，虽然由此产生的“民事”纠纷仍然根据民事诉讼法加以处理，但是，如前所述，经济法实质上不同于民法，为处理民法所生纠纷而制定的传统民诉法，当然在处理经济法所生纠纷时往往会感觉力不从心。如由于某些案件专业性高，一般法院难以胜任，根据传统民诉规则确定的管辖法院可能就不合适了；再如，某些案件可能涉及众多的当事人，传统民诉规则一对一的审理程序也可能无法容纳。鉴于此，许多经济法已经突破了实体法与程序法分立的观念，在对实体制度作出规定的同时，对处理纠纷的程序制度也作出专门规定，以补充传统民诉法的不足。因此，许多经济法既不是纯粹的实体法也不是纯粹的程序法，而是实体和程序融合的法。当然，在我国，囿于传统观念，这种现象在法律中表现并不明显，但是司法解释中却比比皆是，如证券民事诉讼中的行政前置、管辖。在国外，这种法律非常普遍，即便在传统的大陆法系国家也是如此，前述反垄断法的规定就是明证。

## 三、偏于抽象,可操作性不强

我国《垄断行为若干问题的规定》对于民事救济仅比照民事诉讼法作了较为原则的规定,其可操作性仍有待进一步细化。众所周知,反垄断法案件是一类非常复杂的案件,要认定违法责任存在,需要广泛地进行调查、取证工作,需要非常专业地介定相关市场,确定市场力量,认定违法的行为的存在。如此大规模的调查取证工作,如此专业的认定工作,当事人如何胜任、法院如何胜任?在制度设计方面都需要给予认真的考虑和对待,即便在认定违法责任之后,当事人要获得损害赔偿,还需要证明损害、因果关系、损害的数额等。在灵活万变的市场中,这些都有很大的不确定性,往往需要借助专业的经济学手段。法院在做这些工作时,如何根据合法的程序利用这些专业知识?这些都是不得不考虑的因素。因此,针对反垄断法案件的特点,对这些特殊方面作出特殊规定,对于救济制度作精细化的规定是国外反垄断法的一个重要特点和发展趋势。这种精细化一方面体现在前述的程序制度的特殊规定,另一方面体现在对于救济手段本身的细化规定。鉴于反垄断法损害赔偿的特点,许多国家的反垄断法都对损害赔偿责任的构成要件和计算方法等加以特殊规定,如德国《反限制竞争法》规定要认定反垄断法损害赔偿责任要求存在故意或过失,被告不得主张转嫁抗辩,原告可以依被告的违法所得求偿,被告应支付从损害发生时发生的利息,另外,还就诉讼时效作出规定。我国台湾地区"公平交易法"也规定原告可以请求依被告的违"法"所得求偿,并在被告存在故意时求偿惩罚性损害赔偿。土耳其《保护竞争法》还对计算损害赔偿金额的方法作出专门规定。

## 四、私人执行在反垄断执行体系中的地位不高

很多当代的法学家都认识到当代的一些法律具有不同于传统民法的特点,这些法律被称为管理型法或者经济法。其主要特点在于追求特定的经济、社会目的,法律框架的设计以追求这些目的的实现为首要任务,而纠纷的解决被置于相对次要的位置。根据得到普遍认可的观点,经济法是"国家(政府)管理(干预)社会经济之法",[①]以自由竞争和秩序调控为目的,具体到经济法的核心——反垄断法,其目的就是要维护和促进竞争、促进经济效率和消费者福利。

① 参见邱本著:《经济法总论》,法律出版社2007年版,第26页。

因此,在反垄断法的制度设计中,无不以确保立法目的的实现为其首要考虑。各国在追求反垄断法立法目的的实现时,主要是借助两种手段——公共执行和私人执行。但根据具体情况的不同,对于两种手段的依赖程度有所不同。公共执行借助政府机关启动并推动执法程序,如执法机关的调查、处罚或起诉,私人执行借助私人的力量来启动和推动执法程序,如向法院起诉。

在反垄断法执行体系中,私人诉讼的定位不是传统的解决纠纷的方式,其目的主要不在于解决受害者与违法者之间的纠纷,而在于通过借助私人的力量威慑违法行为,从而实现反垄断法的立法目的。因此,反垄断法下的私人诉讼属于学者所说的"行为矫正"模式,一切的制度设计都以实现立法目的为首要考虑。正是认识到私人诉讼所具有这种功能,发达国家将经济法中的私人诉讼称为法律的"私人执行",从而私人诉讼成为法律得以执行的一种手段,而不限于纠纷的解决。为了适应这种对私人诉讼的新的角色定位,相关国家的反垄断法在救济制度的设计方面,也作出专门规定,积极鼓励私人提起诉讼。最著名的要数美国《克莱顿法》第 4 条的规定,该条规定了 3 倍损害赔偿制度,还规定了胜诉原告获得律师费补偿(但败诉时无须补偿被告)的特殊诉讼费制度;《克莱顿法》第 16 条也规定在请求禁制令救济的反垄断私人诉讼中适用相同的诉讼费规则。另外,美国反垄断私人诉讼还适用或然费的律师费收费方式、强大的证据开示制度和包容性非常强的集团诉讼制度。在所有这些具体制度的共同作用下,私人诉讼成为美国反垄断法执行体系中非常重要的一环,私人起诉者因此获得"私人检察总长"的称誉。英国从《1998 年竞争法》颁布以来,一直在强化私人执行在整个执行体系中的地位,并不断通过具体的制度来落实这种新的定位。欧盟从 2005 年发布有关损害赔偿的绿皮书以来,也在积极推动私人诉讼在竞争法执行中的地位提升。另外,我国台湾地区等在"反垄断法"中规定惩罚性损害赔偿制度,以及前述各国和地区反垄断所作的特殊的实体和程序规定,也均体现着对私人执行功能的重视。

### 五、民事救济的体系化程度较低

这里的"体系"是指不同救济方式相关衔接配合,各救济方式与周边相关制度衔接配合,构成一个运作顺畅的整体,既保证对受害的救济,又保证对竞争的救济和对违法行为的威慑,既能事后补救又可事前预防。

无论是《反垄断法》还是《垄断行为若干问题的规定》,反垄断私人救济的体系化仍有待进一步完善。尽管如前所述,“民事责任”一语可以解释为包括损害赔偿和禁制令两种救济方式,但其具体适用条件因反垄断法未作规定,只能适用民法上发展的法理。但民法是平等地位者的法,而反垄断法是地位不平等者的法,民法有关损害赔偿和禁制令的法理对于反垄断法诉讼未必适用;况且,民法上对于禁令(停止侵害、消除危险)的构成要件向来都存在争议。因此,何时可以适用禁令,如何与损害赔偿衔接配合就不无问题。美国《克莱顿法》第4条和第16条对反垄断私人损害赔偿诉讼和禁制令诉讼的适用条件分别作了规定,前者适用于“营业或财产受到损害”的情况,后者适用于“损失或损害威胁”;另外英美法上对于损害赔偿救济和禁制令救济的适用条件也发展出了一套规则,在反垄断法诉讼中同样也是适用的。德国《反限制竞争法》第33条第1款规定,对于违反该法的行为可以请求排除或禁制令救济,在违法行为可预见时即成立该等请求权,并且不以违法者有故意或过失为要件;同时第3款又规定,在违法者存在故意或过失时,违法者对于违法行为造成的损害负损害赔偿责任。日本《禁止垄断法》也对禁令救济和损害赔偿救济分别作了规定,原告利益受到或可能受到侵害并且因此遭受或可能遭受严重损害时,原告可请求禁令救济,而原告受到损害时可请求损害赔偿救济。有的还明确规定违反反垄断法的协议无效,如欧盟、英国;有的还赋予私人在利益受到侵害时,请求公共执法机关动用公共执法权的权利。在这样的法域,反垄断法从多个角度提供救济:在合同法上,行为或协议无效;在受到损害或有此可能时向公共机关报告并可向法院请求禁令救济,如果受到实际损害,还可请求损害赔偿。在制度完善的法域,请求损害赔偿时法院受到公共机关的认定的约束或者可以以此为证据。

在与其他相关制度的衔接方面上,主要是指与民事诉讼法的衔接。如前所述,反垄断私人诉讼案件适用民事诉讼法,但是反垄断法本质上属于经济法,而非民商法,因此,传统民事诉讼规则并不完全契合反垄断私人诉讼的需要。这就要求反垄断私人诉讼在适用民事诉讼法的同时,在某些方面对传统民事诉讼规则有所突破和创新。例如,我国民诉法在起诉资格问题上采用“直接利益人”的标准,在具有损害广泛性的反垄断违法情况下,这一标准显示是不合适的,在集团诉讼等群体性纠纷解决机制下更是如此。我国民事诉讼法对于起诉采用“事实诉答”的方式,在起诉之时即要求原告提出证据,并且民事诉讼法也没有赋予原告有力的取证手段,在反垄断诉讼这种复杂的案件中,这显然是不合适的。在民事诉讼法没有作出修改前,在反垄断法中作出特殊规定是可行的,也是理想的选择。有些国家,鉴于反垄断法案件的专业性,还在反垄断法中对于法院如何利用专家证人、如何获取专业知识、专业机构的意见以及公共执法机关的意见和技能等专门作出规定，这些也是对传统民诉规则的突破和超越。

## 第二节　我国反垄断私人诉讼制度的完善

本节首先阐述我国在反垄断私人诉讼制度设计中应采用的指导思想，然后结合本书的论述就在具体制度的设计提出一些建议。

### 一、完善我国私人诉讼制度的指导思想

我国未来完善反垄断私人诉讼制度应当基于以下几点指导思想：重视私人诉讼的执法功能与防止滥诉文化相平衡；对实体和程序制度作综合规定；重视救济方式的体系化；具体救济制度的设计应该具有选择性。

#### （一）重视私人诉讼的执法功能与防止滥诉文化相平衡

反垄断法是经济法，是管理型法，是新型法，以实现特定的管理目标为目的，因此，如何实现立法目的才是反垄断法执行中应坚持的最高原则。理论上，公共执法机关是公益的代表，是拥有强大权力的专门执法机关，因此最适合反垄断执法工作。但是，现实中由于执法资源有限等因素，公共执法机关并不能保证反垄断法立法目的的实现。鉴于此，世界的潮流是动用私人的力量参与反垄断执法活动。动用的方式就是积极鼓励和推动私人提起反垄断法诉讼，私人诉讼在反垄断法上属于行为矫正模式，以实现反垄断法的立法目的为首要关切。

我国反垄断法也应该突破传统上过分依靠公权力执行管理型法律的传统，积极鼓励和支持私人提起反垄断法诉讼，从而调动私人和法院的执法力量，保证公共执法机关将执法资源和力量集中处理危害严重的垄断违法行为。这样可以形成行政力量与司法力量、公共执法和私人执法的紧密配合和良性互动，确保有效地打击和威慑垄断违法行为，保证经济运行中的自由竞争秩序。

要重视私人诉讼的执法功能，除了要解放思想、改变民事诉讼作为纠纷解决的方式的定位，更重要地是要在具体的制度设计中向私人提起诉讼提供足够的激励，减少私人起诉面临的障碍，如惩罚性损害赔偿、诉前利息、减少举证难度、放宽起诉资格、降低诉讼费用风险、提供诉讼援助、以群体性纠纷解决制度增强原告的力量。

但是,重视和鼓励私人诉讼,并不是允许和激励私人无节制地提起诉讼。过度和不合理的激励会导致过度的私人诉讼,甚至滥诉。结果不但会使企业因担心受到无端起诉而不敢采取虽然激烈但是正当的经营行为,从而损害竞争,与反垄断法的目的背道而驰。同时,诉讼是一种非生产性的分配活动,过多的诉讼将消耗掉大量的资源,不但是原被告双方的资源,还有法院宝贵的司法资源。

因此,笔者在推动私人执法和设计私人反垄断救济制度时应该既保证私人能够对公共执法活动提供必要的补充,实现威慑违法的目的,同时也要避免滥诉文化的形成。我们追求的私人执行制度,应该是一个培养"竞争文化"的制度,而非培养"诉讼文化"的制度。

**(二)对实体和程序制度作综合规定**

反垄断法是经济法的核心,而经济法是在社会发展进入垄断资本主义阶段以后发展起来的一个新兴的法律。在我国,经济法是一个独立法律部门基本上已经得到普遍认可,但是其是否应该像民法对应民诉法、行政法对应行政诉讼法、刑法对应刑事诉讼法那样,有自己对应的诉讼法?在这一点上还存在着较大的争议。有的认为应构建独立的经济诉讼法,有的认为经济法纠纷适用民事诉讼法。但是,就目前来看,构建独立的经济诉讼法部门是不太现实的,因为经济法是一个内容比较庞杂的法律,各法之间在调整对象上存在差异,如竞争关系,宏观调控关系,目前还没有任何国家制定统一的经济法法典,人们对于经济法许多方面的认识还有待深化。在经济法实体法典缺失的情况下,要制度统一的诉讼法是不现实的。

经济法之中调整私人之间关系的部分,本质上是从民商法中独立出来的,是人们在认识到这类关系并不像民商法预设的那样具有主体的平等性,而是具有不平等关系之后,从民商法中分离出来并划归到经济法调整对象之中的。传统上,这类经济法关系产生的纠纷适用民事诉讼法。但是,在认识到传统民诉法并不完全适应经济法纠纷之后,各国立法机关采取了一种权宜之计,即在相关经济法中对传统民诉法不适应经济法纠纷特点的方面作出特殊规定。因此,经济法呈现出对实体制度和程序制度加以双重规制的特点。严格来说,经济法并不是实体法也不是程序法,而是综合规制法。这样保证了经济法纠纷既能适用民诉法,又对民诉法中不合适的方面作出调整,从而最有效地处理经济法纠纷。前文已经讲到,德国、日本、欧盟、美国等的反垄断法均是既规定有实体制度,又对程序制度作出详细的专门规定。

我国反垄断法也应该在观念上认识到,作为经济法,反垄断法诉讼具有不同于传统民事诉讼的特点,在基本适用民事诉讼法的同时,应该在反垄断法中对反垄断法诉讼所需求的特殊规则作出专门规定。这就要求立法者首先在观念上打破实体法与程序法分别立法的思维定式,将经济法视为综合规制法,对实体制度和程序制度一并作出规定,最大程序上保证管制计划的完整性和有效性。①事实上,在我国现行立法中,不乏这样的例子,尽管立法者可能并未意识到这一点,如《消费者保护法》第 35 条(方便起诉的要求)和第 37 条第 1 款第 7 项(消协支持起诉的权利)即根据该法的当事人地位不平等性对民诉法的特殊规定,尽管变更的幅度很小。反倒是属于民法范畴的知识产权法,对民诉法作出了较大突破,如《商标法》第65 条、《专利法》第66 条和《著作权法》第51 条规定的诉前责令停止侵权和财产保全制度属于纯粹的程序制度。

**(三)重视救济方式的体系化**

不同的救济方式有不同的功能。就民事救济方式而言,主要有损害赔偿和禁制令两种。另外,根据反垄断法的特殊性,有些国家还规定将合同无效作为一种救济方式。当事人还可以请求公共执法机关动用行政手段给受害人以救济。

请求公共执法机关调查处理违法行为,对于私人而言,是最为经济的方法,由于整个程序由公共机关发起、推动,无须受害人花费金钱和精力,在反垄断案件中更突显其重要性。例如,加拿大《竞争法》第 9 条规定,任何 6 名不低于 18 岁的加拿大居民均可向竞争委员提交发起调查的书面请求;第 10 条规定,竞争委员接到请求后,应发起调查,并可在调查过程中随时移送加拿大检察总长处理。日本《禁止垄断法》第 45 条规定,任何人在认为存在垄断违法行为时均可向公正会报告并请求采取适当的措施。大多数国家的反垄断法均授权公共执法机关采取临时措施防止损害扩大的权力。另外,不少国家给予公共执法机关的认定,在民事诉讼中具有证据力,可以方便受害人通过法院请求损害赔偿。但是,请求行政救济也存在一定的缺陷。因为公共执法机关的资源和精力有限,不可能对私人请求的所有案件作出回应。并且除个别法域外,公共执法机关并不能责令违法者给予受害人金钱补偿。

损害赔偿是各个国家给予私人受害者的主要救济手段,有利于因垄断违法

① 参见王新红:《经济法纠纷司法解决机制研究》,中国法制出版社 2006 年版,第 68 页。

行为受有损害者获得赔偿,实现矫正正义。另外,通过具体的制度设计,如惩罚性损害赔偿,损害赔偿可以提供私人执法的金钱激励,有利于反垄断法立法目的的实现。但是,损害赔偿是一种事后救济方式,只有在损害实际发生后才能适用,因此不利于损害的预防和制止。

相比之下,禁令救济具有预防和制止损害的事前救济功能。正因为其具有的这种事前救济功能,在构成要件(适用条件)上应该不同于损害赔偿,较后者更加容易适用,如不以主观故意或过失为要件,也不以实际损害的发生为要件,只要有发生损害的可能即可我国反垄断法将损害赔偿和禁令统一纳入"民事责任"之中,但规定承担民事责任的条件之一是给他人造成"损失"。这显然是不恰当的,削弱了禁令救济的预防功能。在存在诉前禁令和临时禁令的国家,民事救济方式的体系化程度大大加强,受害者可以通过提起诉前禁令请求法院责令停止违法行为,然后请求公共执法机关发起调查,并在公共执法机关作出违法认定后请求损害赔偿。在美国,法院在禁令之诉中还可以给予结构性救济,通过拆分、强制许可或强制消除进入壁垒等给予更根本性的救济。

垄断者在经营活动中从事的行为或签订的协议,根据传统民商法的意思自治原则或缔约自由原则都是有效的,尤其是滥用市场支配地位的行为,往往在反垄断法上的性质也比较模糊。但是,垄断违法行为是一种严重的违法行为,按照现代民商法的规定往往可以解释为行为或合同无效,以此削弱经营者从事垄断违法行为的积极性。为了强化和明确这种态度,有的反垄断法直接规定垄断协议无效,有的还进一步规定违反反垄断法的单方行为也无效。合同行为无效既可以作为受害者的诉因加以积极主张,也可以在受到垄断者起诉时作为抗辩理由主张。

**(四)具体救济制度的设计应该具有选择性**

垄断违法行为具有多样性。有的危害性较大,如核心卡特尔行为;有的危害性稍小,如歧视行为。有的是恶意的,有的是一般故意的,有的则是过失的。有的是更多依靠公共执法的,如核心卡特尔;有的更多需要私人的力量,如公共执法机关无暇顾及的案件。有的起诉者力量较强大,如与垄断者地位相当的竞争者;有的则是力量相对过于弱小,如消费者和中小企业。有的诉讼难度较大,如无法借助公共力量的案件;有的则可以以公共执法机关的认定为表面证据或确定证据。因此,在各种各样的具体制度设计中,围绕着激励私人起诉又不会导致过度滥诉的总目标,应该区别情况作不同的制度安排。如对于恶意或故意的违法行为规定惩罚性损害赔偿,而过失违法则只能求偿实际损害。关于选择性制度设计的指导思想,前文在论述具体制度时多有体现,并将在后文具体制度设计部分加以贯彻,此处不再赘述。

## 二、反垄断私人诉讼的具体制度设计

作为对本书前述各章对于具体制度考察的总结和对于前述指导思想的具体化,本部分对于我国理想的未来反垄断私人法诉讼制度的设计提出一些具体的建议,以供立法者参考。

### (一)损害赔偿

反垄断法损害赔偿是民法侵权损害赔偿的一种特殊形式。因被告的违法行为遭受损失的受害者,根据侵权法获得损害赔偿的权利,在任何一个法律体系中都是得到认可的一项基本权利,只要法律规定的构成要件得到满足。在我国,这一权利同样得到法律的认可。《民法通则》第 106 条第 2 款和《侵权责任法》第 6 条就侵权责任作出一般性的规定;同时,《反垄断法》第 50 条针对垄断违法行为造成的损害也作出专门的民事责任规定。但是,由于反垄断法的损害赔偿是一种特殊的侵权责任,实质上是因违反经济法应承担的责任。两种责任形式追求的目的不同:民法损害赔偿的目的在于复原,即一定程度上补偿受害人;而反垄断法损害赔偿的目的最重要的并不是复原,而是作为一种反垄断法执法手段,寻求如何以阻吓效应预防违法行为的发生,达到纠正企业行为的目的。

赋予私人提起反垄断法损害赔偿诉讼的权利,允许私人执行反垄断法,有利于反垄断法的有效执行和矫正正义目的的实现,从而促进反垄断法立法目的的实现。但是,反垄断法私人损害赔偿诉讼非常复杂,为了激励私人起诉,充分发挥私人执法的阻吓作用,有必要对私人诉讼提供足够的激励,如增加损害赔偿额、扩大损害范围、降低起诉和证明难度。

但是允许私人提起反垄断法损害赔偿诉讼并给予激励也会带来众多问题,如过度阻吓、影响反垄断法的公共执法政策、被用作战略性目的、滥诉和成本、“搭便车”问题。

在反垄断法私人诉讼的具体制度设计中,时刻需要对两方面的政策加以考虑和平衡,做到既保证具有有价值诉因的原告有充分的动力起诉,又要限制滥诉的发生,尽量减小对效率的影响。

因此,在具体制度设计方面,结合我国现实笔者建议如下。

1. 不应该将故意或过失作为原告获得损害赔偿的要件。这样做的目的在于减少损害赔偿责任的构成要件，其原因在于：一方面，原告要证明被告的过错非常困难；另一方面，被告在从事垄断行为时几乎肯定存在过错，要求原告证明过错要件徒增证明困难。但可以将故意或过失作为确定损害赔偿金额的情节加以考虑，如原告证明被告存在故意时可以判决惩罚性损害赔偿。

2. 损害赔偿范围的确定，一方面，要考虑私人执法的阻吓作用，向私人提供起诉的激励；另一方面，又要防止反垄断法损害赔偿诉讼被滥用，保证该等诉讼的公益性。私人反垄断法损害赔偿诉讼的公益性来源于私人求偿与公益（竞争）受损害之间具有的联系性。比如，美国的反托拉斯法损害原则，英国国内法上的损害类型要求，都是保证这种公益性的具体制度。在相反的方向上，由于欧盟主要考虑扩大私人起诉的执法功能，且传统上实行赔偿实际损害的原则，它对于滥诉的顾虑不大，因此没有作这方面的限制，而是允许原告就其因被告反垄断违法行为造成的任何损害求偿。对于中国而言，也应该考虑相关政策之间的平衡。对于是否限制可求偿的损害类型的问题，就目前的力量对比来看，起决定作用的应该是法律允许的损害赔偿的判决金额。如果判决金额不高，激励不足，不应该再作求偿范围的限制，因为实际受害人以外的人滥诉的动力较小。而如果判赔金额具有惩罚性，为防止滥诉、保证公益性，可以限定可求偿的损害为反垄断法损害。由于我们赞成对一定类型的垄断行为处以惩罚性损害赔偿，为确保私人损害赔偿诉讼的公益性，建议将赔偿范围限定为反垄断法损害。

3. 在计算损害赔偿的金额时，计算的依据通常有3种，即依原告所受损害、依被告所得非法利益（侵害利益），以及法律规定的数额。第三种显然在反垄断法案件中是非常不合理的。依原告所受损害计算时，计算出的数额往往较小，因为原告只能求偿可证明的实际损害，并且被告的行为除给原告造成损害外，还对全社会整体造成损害，这些损害难以归为原告可求偿的范围。因此，我们建议原告有权选择依据实际受到的损害或者被告侵害利益作为计算损害赔偿的基础。如果原告在证明被告的侵害利益方面比较方便，即可选择这一方法。使用何种方法由原告选择。无论是依原告所受损害，还是依被告所得非法利益，计算和证明垄断行为造成的损害都存在很大的困难。主要原因在于，垄断行为首先侵害市场竞争秩序，然后才反射侵害到受害者的利益，而市场的运行具有很大的不可捉摸性，要想把垄断行为对市场的影响从其他因素的影响中分离出来，存在相当困难，更难以做到精确的程度。因此，借鉴一些国家或地区的做法，在两个方面因应这一困难：其一，对于受害人一方而言，降低其对于损害赔偿金额的证明标准，其提供的证明足以供人民法院对损害赔偿金额作公正、合理的估算即可；其二，对人民法院而言，授予其依该等证据和其他信息对损害赔偿金额作公正、合理的估算。

4. 有必要提高判决金额，以实现阻吓目的，在行政罚款不足以震慑违法时更是如此。但我们并不建议单纯通过提高损害赔偿倍数达此目的，也不建议对所有反垄断法案件规定统一的一定倍数的损害赔偿。但是，在本身恶性深重的本身违法的案件中，如卡特尔案件，可以规定两倍的损害赔偿；还可以规定在被告具有故意的普通反垄断法案件中，规定两倍以内的惩罚性损害赔偿，但原告需证明被告的故意。

5. 对于适用惩罚性损害赔偿的垄断行为，判决惩罚性损害赔偿时存在两个例外：其一，为鼓励卡特尔参与者举报垄断行为和协助受害人求偿的积极性，免除举报者惩罚性损害赔偿的责任，无论公共执法机构是否实际认定了垄断行为的存在，如在公共执法机构与涉嫌违法者达成和解的情况下；其二，如公共执法机构确实认定了违法行为的存在，由于该等认定对受理民事诉讼程序的人民法院具有约束力，当事人免除了证明违法行为的责任，因此私人起诉也丧失了执法的功能，而成为单纯的寻求补偿的机制，应免除违法者惩罚性损害赔偿的责任。

6. 原告如未受到损害，其资金（数额上等于判决金额）本将会获得收益，该收益因被告的违法行为而丧失，因此属所失利益范畴，应予以赔偿。从损害发生时起计算利息，方能补偿原告所受的所失利益；利息率应至少为基础利率，理想状态下应依原告的收益率确定，但为方便计，可规定为基础利率加一定幅度。该增加部分还可考虑惩罚的目的，因为尽管我们主张首选的立法选择是在《反垄断法》中规定有选择的惩罚性损害赔偿，但是因受到法律传统的制约，赔偿的倍数不易规定过高，但提高利率水平可起到增加判决额的目的。

**（二）禁令**

垄断行为一旦发生往往会造成巨大的损害，反垄断法上的救济不但应致力于“治已病”还应致力于“治未病”，预防违法行为和损害的发生要好于修复已造成的损害后果。但为防止预防措施损及正常的竞争行为，须在认定满足一定条件后方能实施救济。

在《反垄断法》规定的3类经济性垄断行为中，垄断协议和滥用市场支配地位由反垄断执法机构和法院平行实施，因此法院判决禁令无须满足行政前置要求。而经营者集中行为主要由反垄断执法机构作预防性的审查,因此应给予反垄断执法机构处理的优先权,只有反垄断执法机构不予受理时,私人方可请求法院判决禁令救济;若反垄断执法机构受理后作出不予禁止的决定或其他对非合并方不利的决定,后者方可以提起民事禁令之诉。

由于反垄断诉讼程序耗时较长,为防止垄断行为在审理期间继续实施和带来损害,法院应有权作出临时禁令,但原告应证明给予临时禁令的必要性,且如有必要,如原告大部分资产不在中国境内,法院可要求原告提供适当担保,以确保若临时禁令错误,被告可就因此受到的损害获得赔偿。

法院应有权命令为预防和修复损害所需的一切措施,以保证禁令救济的有效性。鉴于反垄断案件的专业性和复杂性以及反垄断执法机构的专长,应允许法院就救济方案的设计征求反垄断执法机构的意见;但是,由于结构性救济措施手段极端,影响范围广,实施难度大,如果法院认为需要实施一定的结构性救济措施,则应将移交反垄断执法机构提出救济方案,后者在设计方案时应采用透明的方式,允许公众和利害相关人参与和监督,方案应报原审法院批准。

**(三)垄断行为无效**

垄断协议的合同标的非法,为实现打击非法垄断协议的目的,应首先使该等合同归于无效,使合同当事人利用合同实现非法目的的意向落空。但有时当事人缔结的庞大合同中只有个别条款为反垄断法所禁止,此时使全部合同归于无效对反垄断法立法目的的实现并无益处,反而徒增当事人交易成本。因此,若该等条款可同合同其他部分分离而不影响合同的整体性质,应仅使该等条款归于无效。滥用市场支配地位的行为,因违反竞争秩序而为反垄断法所禁止,也应为无效。

**(四)起诉资格**

起诉资格问题是一个诉权问题,直接关系到法律规定的诉权能否实现。我国《反垄断法》第 50 条规定从事垄断违法行为的经营者对于他人所受的损害应付民事责任。但是,并没有就任何人享有起诉资格,满足什么样的条件方具有起诉资格等作出具体规定。我国现行《民事诉讼法》(第 119 条)规定民事诉诉的原告须为"与本案有直接利害关系"之人,采用直接利害关系人的起诉资格理论,缩小了适格原告的范围。在反垄断法案件中,违法行为往往会损害范围广泛的人的利益,而单个受害者所受的损害金额往往不大。此时,根据"直接利害管辖人"理论,该等受害者是否具有起诉资格就后很有疑问。但是如果据此不允许起诉,一方面受损害者得不到救济;另一方面违法者逍遥法外,纵容违法行为的存在。因此,为摆脱这种尴尬局面,《垄断行为若干问题的规定》(第1条)对起诉资格的范围作了扩大规定,"因垄断行为受到损失以及因合同内容、行业协会的章程等违反反垄断法而发生争议的自然人、法人或其他组织"。

在确定起诉资格的范围时,需要综合考虑反垄断法私人执行的多重政策因素。这方面主要考虑两个方面共5个政策:即正面的两个政策考虑:(1)补偿受害人。(2)执行反垄断法并威慑未来的违法行为,以及负面的3个政策考虑(风险):①难以证明损害和反托拉斯违法行为之间因果联系的案件;②复杂的损害赔偿诉讼;③重复求偿。它们的不同组合要求采用不同的起诉资格制度。

例如,在私人执行程度较低的国家,由于没有滥诉问题的困扰,通常对起诉资格不作特殊限制,并且为鼓励私人起诉有放松限制的倾向。而在私人执行程度较高的国家——美国,在鼓励私人执行和限制滥诉等风险之间寻求一定的平衡尤其重要;由于滥诉问题严重,而其他方面的控制机制不够有效,法院试图通过缩限起诉资格来应对负面的风险问题。

在中国目前情况下,私人起诉的程度较低,应该鼓励私人提起诉讼,而不是限制私人的起诉资格。至于对滥诉和其他问题的关切,可以通过其他机制解决,例如行政前置和专业管辖。

1. 损害赔偿诉讼中的起诉资格

损害赔偿诉讼中在确定起诉资格的范围时,需要综合考虑反垄断法私人执行的多重政策因素。

例如,在私人执行程度较低的国家,由于没有滥诉问题的困扰,通常对起诉资格不作特殊限制,并且为鼓励私人起诉有放松限制的倾向。而在私人执行程度较高的国家——美国,在鼓励私人执行和限制滥诉等风险之间寻求一定的平衡尤其重要;由于滥诉问题严重,而其他方面的控制机制不够有效,法院试图通过缩限起诉资格来应对负面的风险问题。在中国目前情况下,私人起诉的程度较低,应该鼓励私人提起诉讼,而不是限制私人的起诉资格。至于对滥诉和其他问题的关切,可以通过其他机制解决,如行政前置和专业管辖。但是,为防止反垄断法规定的损害赔偿诉讼服务于公益(保护竞争)目的,可以要求原告表明其所受损害与竞争所受损害之间的关联性,唯此方可认为私人起诉服务于公益目的,才有使用反垄断法损害赔偿机制(尤其是考虑到其在方便和鼓励私人起诉方面所做出的特别规定)的正当性。这种关联性的表明,作为起诉资格问题,无须以正式的证据证明,只要初步表明存在这种关联性即可继续诉讼。但是,原告的求偿范围会受到这种关联性的制约,即在计算损害赔偿阶段,原告须按照规定的证明标准证明相关损害是被告反竞争的垄断行为造成的，而非其他因素如被告的合法行为或与反垄断法无关的行为造成的。

具体到间接购买者的起诉资格，即非与垄断行为人存在直接交易关系的交易当事人是否有资格起诉垄断行为人，也须考虑前述因素：允许间接购买者起诉就会造成效率的削减，不允许间接购买者起诉就会造成不正义。因此，在效率和正义之间寻求某种平衡就是不可避免的，并且任何一方均不可偏废。[①] 笔者赞同对不同类型的垄断行为采用不同的政策：直接侵害间接购买者利益的垄断行为，如卡特尔和垄断高价会直接导致产品价格的上涨，应给予间接购买者起诉资格，并借助适当的程序设计，综合运用案件合并、分割审理以及相争诉讼等程序制度，达到平衡和兼顾正义与效率的目的。而较直接地侵害交易对手（如歧视定价）和竞争者（如掠夺性定价、拒绝交易）利益的垄断行为，间接购买者主要是因竞争受到损害而间接地受到损害，此时应不允许间接购买者起诉。但此时若最终消费者与垄断协议行为人直接交易，应允许其起诉。

具体到违法协议的当事人的起诉资格，基本的原则是，垄断协议的当事人除非由于其积极推动违法协议的订立而应受责难外，应允许其对负主要责任的协议当事人起诉，请求其因该等违法行为受到的损害。具体到不同类型的垄断行为，应该区别情况加以区别对待：一类是横向竞争者之间签订的卡特尔协议；另一类是具有上下游关系的纵向协议。就卡特尔而言，各个成员通常都积极促进协议和其中的非法条款，都将被认定为对违法行为负有重大责任，因此卡特尔成员没有向其他成员方就其因该卡特尔受到的损害提起损害赔偿诉讼的起诉资格。而就纵向协议而言，没有积极参与违法活动的当事人，尤其是被迫订立违法协议的一方，和被迫接受标准条款或其他不容许谈判的条款的一方，应该被认定为有起诉资格。

2. 协议无效和禁令之诉中的起诉资格

合同无效理论上为自始无效、当然无效，任何人均可主张之；但为防止正常交易秩序无端受到滋扰，应限定主张要合同无效者须有诉的利益。即便是垄断协议的当事人，也可能因受到胁迫等原因而签订垄断协议，但只要其不是垄断

① Antitrust Modernization Commission, *Report and Recommendations*, April 2007, 275（“问题在于如何最成功地形成一个解决方案，法院可以据此在管理直接和间接购买者诉讼过程中实现效率和公平”）。

协议的推动者，应允许其主张协议无效。

滥用市场支配地位的行为也为反垄断法所禁止，但其与企业的正常竞争行为也更难以区分。为防止企业以滥用市场支配地位为幌子对其他企业的正常竞争行为提起策略性诉讼，将起诉资格限定为受到不利影响的，与被告企业存在较直接关系者——交易相对人和具有竞争关系者。

禁令之诉中只要原告表明其可能因被告的垄断行为受到损害，即具有了诉的利益，因此具有起诉资格。

协议无效之诉和禁令之诉因不涉及金钱赔偿，被滥用的可能性降低，如果原告表明被告行为违反反垄断法，其起诉行为即具有了维护公益（竞争秩序）的正当性，因此无须再额外表明其损害（协议无效之诉中甚至无须表明这一点）与竞争所受损害之间存在关联性。

**（五）管辖权**

关于管辖权，在我国主要涉及两个问题：一是级别管辖；二是审判庭的确定。

关于级别管辖，《垄断行为若干问题的规定》（第3条）作出了专门规定，即一般由中级人民法院管辖，经最高人民法院指定，可由基层人民法院管辖。这种制度规定解决了反垄断私人诉讼直接套用民事诉讼法的不合理性。首先，两审终审制下，基层和中级人民法院受理的案件没有上诉到最高人民法院的机会，即便案件涉及新颖和重大的法律问题，这不利于最高人民法院发挥统一法律解释和发展法律规则的功能。其次，最高人民法院直接受理一审案件，也剥夺了当事人上诉的权利，也不利于最高人民法院集中精力处理法律问题。

反垄断法案件是一类非常复杂的案件，在现行民事诉讼法规定的管辖制度下将会遇到制度性的难题。其一，很多案件的影响范围是跨省的，但未必达到具有全国性影响的程度，根据现行法，应由高级人民法院还是由最高人民法院管辖呢？均不太合适。其二，反垄断法案件主要是围绕案件事实展开的，且此类事实认定工作非常专业和复杂，这样的工作无论是基层人民法院，还是高级人民法院或最高人民法院都不是最佳的承担者。基层人民法院在处理该类案件时的能力和独立性等都是值得怀疑的。对于高级人民法院和最高人民法院，尽管《反垄断法》第10条第2款针对公共执法规定，有可以授权省级执法机关实施的规定，似乎从中可以认为司法系统内也应该由省级的法院即高级人民法院受理初审。但是，笔者并不认为高级人民法院是最适合的反垄断案件出身法院，因为案件事实问题应交由下级法院处理，上级法院负责法律的解释，这是各国的通例,也是科学的方式。高级人民法院应该负责对案件事实问题和法律问题的上诉审,最高人民法院受理进一步的就法律问题的上诉审。由下级法院受理初审,好处之一是上级法院可以集中处理法律问题,二是可以借助下级法院的洞见深化对法律问题的解释。在反垄断法这种专业性和抽象性均很强的案件中,最高人民法院保障法律统一解释和发展的功能尤为重要。

因此,笔者认为中级人民法院是最为合适的初审机关。同时,根据多数国家的做法,反垄断法案件通常由几个法院集中受理,这样有利于集中专业人员,发展受理法院在处理反垄断法案件方面的专业能力。反垄断私人诉讼一审管辖权放在中级人民法院审理,其优势在于:一是方便集中管辖;二是尽可能排除地方保护利益;三是方便上诉。此外,国务院反垄断执法机构是可以依法授权省一级的相应机构开展反垄断执法工作,而这一级别的机关都设在省会城市,因此将反垄断诉讼一审管辖权集中在省会法院有利于司法与执法的相配合

关于审判庭,笔者认为无论是现有的民事庭还是知识产权庭,在审理反垄断法案件方面都不具有足够的专业性,甚至是存在理念上的冲突。因为传统民事庭主要是受理传统民商法案件的机构,主要按照传统民商法的理念思考问题;而反垄断法实质上是一种经济法、市场调节法,应该结合民商法和市场经济规制的理念综合思考问题。借鉴国外一些国家的做法,如日本和德国,应在有管辖权的法院设置专门的反垄断法庭,高级人民法院和最高人民法院也设置这样的专门法庭。这样有利于专门案件的专门处理,有利于法律的统一实施和发展。

**(六)证据规则**

反垄断案件主要围绕案件事实展开,而且事实的认定具有非常高的专业性。因此,证据规则,如举证责任的分配、证明标准的高低、证明方法的种类等对案件的处理都具有非常大的影响。

但是,我国现行民事诉讼法在理念上与当前的现实需求存在较大的差距。特别是,其是为适应传统民商法案件的需要而制订的民事程序制度,与新兴的经济法案件的审判程序需要之间存在较大的理念差距。

大体而言,在证据规则领域,应该在以下几个方面减轻原告的证明负担:第一,对民事诉讼法作相应的修改,或者在反垄断法中作出专门规定,放松对原告起诉状中诉讼请求主张和证据的过高要求,前文对此已有论述。第二,增强当事人的取证能力。当事人除了可按照现行民事诉讼法和证据规则调查取证外,应赋予当事人新的权力并加强法院对调查取证工作的控制,如召集双方律师制

定调查取证工作的进度表并监督进度表的落实情况。新增加的调查取证权力，如双方交换文件目录，对方可检查文件目录上所列的文件并制作副本；如对方当事人认为一方未将相关文件列入文件目录，可请求法院责令提供。同时，未列入文件目录的文件，也不得以对未列入方有利的方式使用。此外，还应明确允许当事人使用专家证人提供意见和作证。专家的意见应事先交换，在庭审中，当事人可相互对专家证言进行质证，且法院应审查确认专家意见具有可信性后予以采信。第三，明确反垄断案件的证明采用证据占优的证明标准，即举证方只须证明待证事项为真的可能性大于为假的可能性，即为完成举证责任。鉴于垄断行为造成的损害存在计算上的困难，如原告已经证明了损害的存在，应放松损失程度的证明标准，甚至允许对原告受到的损害的程度作有一定根据的估计。第四，赋予反垄断法执法机构作出的被告违法认定一定的证明效力，如据此推定违法，或者其对法院具有约束力。鉴于反垄断法损害赔偿案件涉及巨额赔偿，若允许被告反证违法行为不存在，其必然会利用一切机会极力试图免责。因此，规定公共执法机构的违法认定对法院具有约束力为宜，但公共执法机构应提高执法能力，推进执法程序的司法化，以向涉嫌违法者提供充分的证明其不违法的机会。第五，可以考虑法院要求执法机构提供资料和进行调查的权力；赋予公共执法机构"参加诉讼"的权利，或者允许公共机构向法院提交"法庭之友"意见。

**（七）民事诉讼与公共执法的协调**

反垄断法案件的专业性和复杂性决定了，私人反垄断损害赔偿诉讼应与公共执法相协调配合。协调配合的方法有以下多种。

第一种方法是行政前置。行政前置即法律规定私人只有在公共执法机关对涉嫌违法行为作出违法认定之后，方可以起诉或继续民事诉讼的制度。行政前置具有明显的好处，但同时也存在很大的弊端。因此，在决定是否采用以及采用何种形式的行政前置时，应该综合考虑多种因素，如利用反垄断行政执法机构的专业知识协助法院、控制案件数量、防止滥诉、反垄断法法理的成熟程度不高、行政机构的执法效率不高、经济规模不大等；这些因素的存在，要求或者适合于行政前置程序。但是，相反的考虑则要求放松限制，如激励私人执法、反垄断法法理较高程度的成熟和普及。通过对这些因素在我国地现状进行分析可以得出这样的结论：从私人执法的重要作用、我国滥诉迹象很小、经济规模庞大、行政执法效率不高等角度来看，应该向私人提供宽松的起诉环境。但是，还必须充分考虑中国经济和法治发展阶段及法官素质不高的现实，以及经济学和反垄断法法理发育刚刚起步的现状。

笔者建议,中国反垄断法损害赔偿案件的管辖应该总体上逐步放松的方式,并应该区分不同类型的案件采取不同的对策。在第一阶段,采用专业管辖加备用行政前置的做法。行政前置仅作为一个备用的选择,在出现大量非理性的反垄断法案件时,最高人民法院可以通过通知采取行政前置,暂时遏制起诉势头。但这种行政前置,时间也不宜过长,以使人们认识到反垄断法案件的复杂性为限。在第二阶段,可以采用专业管辖加选择性行政执法优先模式,同时,管辖法院的范围应该较第一阶段进一步扩大。在这种"选择性的行政执法优先"模式下,反垄断执法机构应该确定一定的优先执法领域,对于这类案件,应该给予反垄断执法机关优先执法权,目的在于给予行政机关对于特定案件公益执法的优先权,以免破坏行政机构的执法计划;同时也有利于私人求偿的实现,避免法院与行政机关的冲突等。这类案件以外的其他案件不受行政前置的约束。在第三个阶段,由一般法院受理。这样可以大大方便当事人就近提起诉讼,大大增加反垄断法私人损害赔偿诉讼的威慑作用。

对于禁令之诉,如前所述,仅原告在以被告非法实施经营者集中为由起诉时,因涉及的领域主要由公共执法进行预防性执法,因此设有行政前置程序,须先申请反垄断执法机构处理,只有后者不受理时,原告方可向法院起诉。对于垄断行为无效之诉,由于不涉及滥诉等考虑,亦不设行政前置。

协调的第二种方法,是赋予反垄断执法机构对于某些案件具有优先执法权。例如,法院受理案件后应通知公共执法机构,如后者在规定期间内决定启动公共执法程序,应通知法院,法院随即中止程序,但仍可进行与案件管辖权的确定、受理案件、临时禁令相关的程序。为确保公共执法机构不感兴趣的案件中,民事程序不会无端受到拖延,公共执法机构可事先发布其优先执法的案件类型,如法院受理的案件不属于优先执法案件,其即可以在通知公共执法机构的同时继续进行程序,不必担心会因启动公共执法程序而中止民事程序。但这并不排除公共执法机构于必要时宣布对非属其优先执法领域内的案件启动公共执法程序。

第三种方法,即便公共执法机构没有启动执法程序,其在民事案件诉讼过程中仍应有权应法院的邀请或经主动申请发表意见,表明其执法态度、对法律解释和适用的看法,以及对救济方案的建议。

**(八)诉讼时效**

禁令之诉,鉴于其预防损害之性质,只要违法行为仍在继续或损害仍在继续即可提起,以阻止违法行为的继续或反复,或者修复已造成的损害。

损害赔偿,因涉及金钱赔偿,必须寻求在各方、各利益之间达致一定的均衡,既不过分苛求受害人,也不过分优待受害人从而损及被告的正当利益和市场经营之秩序的形成与稳定。考察域外实践可知,从知道或应知道诉权产生时起四年为较为合理的时限,允许受害人有充足的时间准备起诉,又不过分苛待被告与公益。

之所以采用从受害人"知道或应当知道"之主观起算点,原因在于很多垄断行为较为隐蔽,若采用客观起算点,可能致受害人尚不知其诉权(如时效期间较短)即已丧失诉权,显失正义;或者致受害人知道诉权(如时效期间较长)后长期不行使诉权,不利被告及社会公益之维护。

受害人唯在知道其诉权后方有可能起诉,若仅知诉权之一成分而不知其他成分,如只知违法行为之存在,而不知自己受到了损害或自己之损害与该违法行为有因果关系,亦不能起诉。因此,受害人知道其诉权之时为起算点,并于其应当知道之时推定已经知道。

若垄断行为为持续性行为,每一个新的行为若导致新的损害,即产生新的诉权,起算一个新的时效期间。

原则上,一个诉因若已罹于时效,不得再行起诉。但是,垄断行为导致的损害,可能部分发生于时效期间届满之后,若于该等损害显现前诉讼时效既已届满而遭禁止,实有悖正义之观念。因此,应允许在该等损害显现后,针对该等损害起算一个时效期间,以受害人知道或应当知道该等损害之时起算。

前述为一般原则,在特殊情况下,允许对时效期间作扩展或限缩。如反垄断执法机构对同一违法行为发起调查程序,或诉讼双方举行和解谈判,该等程序结束后应允许受害人有最少一定期间准备起诉,以此配合公共执法和鼓励当事人谈判。若提起集团诉讼,被代表之人视为已经起诉,即便是集团诉讼不被法院认证,或其中一些人退出集团,仍不应以时效在集团程序进行期间已届满而禁止被代表之人或退出之人再行起诉,而应允许其有最少一定期间起诉。"最少一定期间"的长度依受害人在该期间之前阶段对案件的可能了解或准备程度而定。上述规定并不影响民法上对诉讼时效中止、中断和延长等一般性规定的适用。

对于涉及众多受害人的诉讼,应追求依特殊程序作一次性解决,特别是诉讼公告、催促起诉、诉讼合并、诉讼参加和集团诉讼制度。因此,受害人看到类似受害人的起诉后应积极起诉或参加诉讼,否则一定期间后不得再行起诉。但是,如果受害人确实不知也没有理由知道已有其他人提起类似诉讼的,应免受禁止起诉。

**(九)集团诉讼**

我国虽然在民事诉讼制度中有代表人诉讼制度,但是我国的代表人诉讼制度未脱共同诉讼的窠臼,在这一点上,与日本的选定当事人制度具有共同之处。但与以美国模式为代表的真正的集团诉讼模式并不相同。①从本质上讲,我国的代表人诉讼的制度理念仍然是狭隘的一对一诉讼,过度强调当事人的处分权,实践中这一制度在处理群体性纠纷方面发挥的作用非常有限。因此,为了适应反垄断法案件处理的需要,应对我国代表人诉讼制度加以改造,或者在反垄断法中作出专门规定,扩大集团诉讼在反垄断私人执行中的作用。

在具体的制度设计上,如何既能充分调动私人提起反垄断法诉讼的积极性,借此推动反垄断法的有效执行,又能避免滥诉倾向是十分重要的。笔者以为,为防止诉讼泛滥,美国模式并不可取。相比之下,英国的团体诉讼,需要得到当事人的明确授权之后,才能代表受害人,而德国则只能代表团体的固定成员,判决的效力也仅及于给予明确授权的受害人或固定成员。从而,大大缩小了团体诉讼的效力范围,可以有效防止滥诉的发生。这些都是值得借鉴的。

鉴于团体诉讼和集团诉讼各有利弊,二者可以相互配合、相互补充,建议同时采用两种形式。团体诉讼适用于存在利益代表团体的领域,集团诉讼不受此限制,但以受害人数众多、不适合共同诉讼形式为前提条件。由于我们对团体诉讼和集团诉讼均拟采用退出制,以追求判决的扩张力,提升民事诉讼的威慑力,因此若同一个案件中包含团体诉讼或集团诉讼,并包含另外一种诉讼形式,如单独诉讼、共同诉讼、代表人诉讼;或者同时包含团体诉讼和集团诉讼,在划定团体所代表的受害人范围和界定集团成员的范围时,就应该注意不同诉讼形式所代表的受害人之间不存在重叠。

按照我们设计的团体诉讼模式,立法授予一定的工商业利益团体和消费者利益团体起诉权,经法定通知程序,任何没有明确退出诉讼的团体成员或消费者均应受该团体的诉讼结果的约束;同时,该等团体不但有权提起停止侵害的诉讼,而且更重要的是有权提起损害赔偿诉讼,并允许其在分配求偿的赔偿金之前先行扣除因诉讼支出的费用并取得一定的利益。

---

① 参见[美]史蒂文·苏本、玛格丽特·伍:《美国民事诉讼的真谛》,蔡彦敏、徐卉译,法律出版社2002年版,第194页。关于此问题参见本书第四章相关部分。

按照我们设计的集团诉讼模式,立法规定经原告申请,法院应认定满足一定条件的诉讼为集团诉讼,由一位或几位成员代表整个集团进行诉讼活动,诉讼结果及于全体集团成员,除非其按要求退出了集团。集团诉讼若请求损害赔偿,和解金或判决款在支付经法院批准的律师费后,法院可决定以和解金或判决款的一部分奖励一部分原告(包括但不限于原告代表),特别是在判决惩罚性损害赔偿和间接购买者不请求款项的情况下。

在团体诉讼和集团诉讼中,经过扣除诉讼费用和奖励金之后的余款,法院有权以最适合案件情况的方式予以分配和使用,而不必严格按照受害情况分配。

**(十)诉讼程序**

除了前述各项涉及的程序制度外,反垄断民事诉讼还应该考虑在以下方面作专门的规定:

第一,期间。由于反垄断案件较为复杂,无论是当事人准备诉讼文件,还是法院审理工作可能都需要较其他案件中更多的时间,《民事诉讼法》规定的期间长度可能无法满足需要。由于究竟多长期间为宜尚须总结实践经验定之,因此授权最高法院在总结经验的基础上对期间作变更规定,作适当延长,但不得缩短《民事诉讼法》规定的期间,也不得超越必要的限度延长期间。

第二,简易判决。由于我们建议采用通知式诉答的方式,原告起诉时只须提出主张,无须提供支持证据,这就为原告提起无价值的诉讼大开方便之门。作为过滤机制,设立简易判决制度。当事人可在两个阶段申请法院做出简易判决:原告可申请法院就被告的抗辩作简易判决,被告可申请法院就原告的诉讼请求作简易判决,如果该等抗辩或诉讼请求不能满足最低的标准,即被视为无价值之抗辩或诉讼请求而驳回。

第一次申请是在提交完第一轮诉讼文件(起诉状和答辩状)之后,此时由于尚未开始调查取证工作,因此审查的标准即原告,假定主张的事实全部为真,是否提出了得到法律承认的诉讼请求和主张了必要的案件事实;假定主张的事实全部为真,被告是否提出了得到法律承认的抗辩和主张了必要的案件事实。如果达不到这一要求,即作出简易判决,除非法院认为存在其他重大理由推迟处理该事项。第二次申请是在完成调查取证工作之后,实体审理之前,审查的标准是,若对有争议的证据作对被申请人最为有利的解释,其是否有胜诉的合理可能。如果即便是把证据作对其最为有利的解释,原告就某一诉讼请求或其事项仍无合理的胜诉可能,或者被告就某一抗辩或其事项仍无合理的根据,就没必要作实体审理,除非法院认为存在其他重大理由推迟处理该事项。

第三,合并审理。在审理法院发布催促起诉的公告一定期间后,某些案件中可能会有类似受害人起诉,起诉可以是单独起诉、共同诉讼,也可以是为反垄断法专门规定的团体诉讼和集团诉讼。这些案件因涉及相同的垄断行为,为节省司法资源、保证处理结果一致,法院应裁定合并审理这些案件。

做出合并审理裁定前,或者在该等裁定时限届满后,与现有诉讼中的原告有相似处境的受害人也可不独立起诉,而请求参加现有诉讼;但合并审理裁定作出后,或者在该等裁定时限届满后,为保证合并审理的目的得以实现,再有起诉者,应以申请参加现有诉讼的方式起诉。只要现有诉讼的实体审理程序尚未结束,即可参加诉讼。但如果打算参加诉讼者的利益已由现有诉讼的当事人代表(如团体诉讼或集团诉讼),则不再有独立的请求权,不能申请参加诉讼,但可参与诉讼程序;亦可依团体诉讼或集团诉讼的程序规定退出后行使诉权,申请参加诉讼,这种申请须在规定的时限内提起。

第四,判决。法院做出的判决应有理、有据,详细说明,充分论证,唯其方可做到判决的透明,令当事人信服,也才有可能发展反垄断法的法理。为此,应规定法院的判决书包含必要的内容:案由、诉讼请求、抗辩、争议的焦点;当事人的事实主张,法院认定的事实及依据的证据;对法律问题争议的分析、推理、裁决和依据的法律;判决结果;以及诉讼费用和上诉事宜。

为推动反垄断法法理的发展,提升司法透明度,所有反垄断法案件的判决都应通报最高法院,由其统一公布,以便查阅和研究。

第五,诉讼费用。诉讼费用是原告考虑是否起诉时的决定性考虑因素。反垄断案件的专业性和复杂性决定了诉讼费用往往非常巨大,而单个受害人的损害金额往往不大,特别是消费者为受害人的情况。如果原告在起诉时,面临着败诉时须承担对方诉讼费用的风险,其可能会放弃即便是有价值的诉讼。为此,必须降低该等风险,降低的方式就是规定在被告胜诉时不得向原告追偿其诉讼费用,以免被告通过大规模投资于诉讼活动来迫使原告和解或放弃起诉。同时,为鼓励原告起诉,允许原告在胜诉时向被告追偿其诉讼费用。

由于受到金钱上的激励,或出于策略性的目的,原告可能会提起无价值甚至压制性的诉讼,滥用诉讼程序。为此应设立两个机制,其一是第一轮诉讼文件提交后设置简易判决程序,该等简易判决做出以前发生的诉讼费用各自承担,原告为避免发生无必要的费用,特别是因无价值诉讼请求引起的简易判决等费用,会尽量不提出无价值的诉讼请求。通过这一筛选程序的诉讼请求被视为是有一定价值的诉讼,应予以鼓励。但是,作为第二个控制机制,如果被告证明原告的诉讼存在主观恶意,可向原告追偿其支付的诉讼费用。主观恶意的证明应满足较高的证明标准方可,不宜将原告的诉讼行为轻易认定为存在主观恶意。

除了诉讼费用的分担,诉讼费用的资金来源对原告的起诉决定也发挥重大影响。与律师签订或然费协议,由律师垫付,是当事人获得资金资助的一个重要渠道。律师因为提供资金而承担了败诉时亏损的风险,因此,应允许律师在胜诉时取得较其他律师费协议下更高的报酬。当事人和律师可以约定按照取得的诉讼结果支付不同金额的律师费,该等不同的金额可以以获得的赔偿金额的一定比例表示。

在集团诉讼中,为确保律师与当事人代表签订的律师费协议不损害集团的利益,该等协议应得到法院的批准。必要时法院可确定律师费的金额,但应考虑到律师费协议的性质、双方的约定、取得的成果、花费的时间等因素。

我国《反垄断法》第50条明确规定了私人对于反垄断违法行为具有请求对方承担民事责任的权利。但第50条只是一项关于诉权的条款,授予因垄断违法行为受损害者,请求违法者"承担民事责任"的权利。通过对我国法律相关各项制度进行考察,再对比国外反垄断私人诉讼成熟国家的机制,不难看出,我国反垄断私人诉讼制度尚存在如下一些缺点:重公权、轻私权;重实体、轻程序;过于抽象,可操作性不强;私人执行在反垄断执行体系中的地位不高;民事救济的体系化程度较低等。

鉴于中国的反垄断法显然面临着不同于欧美的任务和责任,而中国的特殊国情也决定了中国反垄断的执行与救济必须解决某些特有的问题。笔者认为,中国反垄断法救济制度的设计依然要以公共执行,也就是说以反垄断行政主管机构承担打击反垄断违法行为为主,以私人诉讼为辅助手段。

在具体的制度设计上,笔者认为,一方面,为了有效打击并遏制限制竞争行为并逐步培养企业的竞争法律文化,应当在救济制度设计上体现有利于保障私人救济实现的安排。比如,降低起诉资格的要求,规定由败诉的被告承担原告发起诉讼的必要成本等。另一方面,为防止滥用诉权,可考虑设置前置程序,要求必须经由反垄断行政主管机关对限制竞争行为做出确认之后,方可提起损害赔偿之诉。在救济方式上,不宜制定惩罚性的赔偿规定,以补偿为原则。

# 结 论

法谚有云："有权利必有救济"（Ubi jus，ibi remedium）。[①]救济是权利实现不可或缺的核心要素。完善的救济可以令抽象的权利具体化，让书本中、纸面上的法律成为"活法"——权利体现了人的某种要求，而救济则是这种要求得以实现的手段。

毋庸置疑，反垄断法私人执行机制在有效维护一国的市场竞争秩序中能够发挥非常重要的作用：首先，通过私人执行，可以使违法行为的加害人赔偿受害人因合法利益受到侵害而产生的损失，从而实现直接正义。其次，它能够发挥威慑功能，可以有效阻吓社会中潜在的反垄断违法行为的发生。最后，这一机制还不但可以弥补政府公共执行财政预算和人力资源之不足，而且可以在当公共执行偏离正常轨道时，克服公力执行机关的失职和懈怠，促进反垄断法被更有效地执行。

我国《反垄断法》的出台，其对未来反垄断私人诉讼机制的设计使人们对这一机制充满了期待。但是，我们也要对这项制度本身作用的有限性存在清醒的认识，在进行制度设计时对它心存谨慎。毕竟，无论是沿承中国法律传统，还是基于功利主义的经济学考量，司法与行政分权的基本格局都不能被打破，法院司法不能代替

---

① "有权利必有救济"的拉丁文，英文为"Where there is a right，there is a remedy"。

行政经济部门执法;对经济违法行为,经济行政执法应当是主要的救济手段,私人民事救济手段只能居于辅助地位。而制度建构的关键是找准两种救济制度间的平衡点,使它们能够相辅相承,共同促进中国市场经济秩序的良性运转。面对中国社会的现实情况,以下几种主要因素的合力将决定这个平衡点应当设在何处。需要指出的是,这个平衡点应当是动态的。

因素之一,反垄断违法行为不仅会造成社会公共利益的损失,也会给社会成员个体造成损失。因此,通过私人民事损害赔偿诉讼获得救济具有法理之基本正当性,更可以被认为是现代法治社会对正义的基本要求。

因素之二,借鉴美国、欧盟先进的立法经验是中国作为后发国家建立市场经济法治环境所不得不依赖之"路径";经验表明,只要能同中国的现实很好地结合起来,这种"路径"其实是"捷径"。特别是原本一直奉行行政执法中心主义的欧盟近年来也开始仿效美国,逐步在欧盟境内建立自己的反垄断法私人执行机制,这对于在法律体制上更多受大陆法传统浸润的中国,无疑具有深远意义。但更为重要的是,全球化时代、法律趋同,特别是市场经济领域内的法律趋同有着非同一般的现实意义:如果中国没有与之相对应的机制,则面对全球化竞争,中国的经营者将面对不利的竞争局面。

因素之三,在中国制度转型且竞争文化的培育期内,在反垄断等法律领域多一些激励诉讼的机制可以有利于竞争文化的培养。换言之,现阶段的中国社会现实,使得司法节制与鼓励诉讼间的天平可以适度向后者倾斜。如可以采用诉讼费用补偿措施等。

因素之四,法院是否有能力和资格对几种彼此冲突的公共利益进行评判,在中国是一个尚在争论中的问题;同时,中国绝大多数法官能否具备处理技术要求复杂的反垄断案件的能力更是问题。故在私人民事救济制度与政府公共行政救济制度间通过设置行政前置程序等方式架起桥梁更为妥当。

因素之五,我国现有行政救济制度的进一步完善程度以及公共执行的有效性将是决定其与私人执行机制平衡点的关键所在。如果政府行政执法机构责权清晰,分工明确,救济渠道通畅,救济即时,则私人执行无须外力也会自动节制。但若行政救济机制失灵,则私人诉讼便会激增,同时,大量的社会问题会随之产生。

总之,任何权利救济的结构及其转型都需要相应的社会资源、法律理论以及实证检验作为支撑。从当下中国现实出发,针对反垄断违法行为,私人民事赔偿机制自然当行,却也应当慎行。对待反垄断私人诉讼机制,理性的态度应当是“稳健而非冒进的,或者在这里可能用保守更为合适”。[①] 由此,方能使我国的经济法律在个人自由与国家干预之间维持一种合理限度,进而在个人权利与社会整体福利间达至适度的平衡。毕竟,权利只“可欲”而不“可能”,不是法治社会应有之人间秩序;但社会成员争相诉讼官司缠身,亦非和谐社会之生活常态。

① 黄勇:《中国反垄断法下的救济措施》,载王晓晔主编:《反垄断立法热点问题》,社会科学出版社2007年版,第154页。

**图书在版编目(CIP)数据**

反垄断私人诉讼制度研究/戴宾著. --北京:法律出版社,2017
(竞争政策与法律文库/黄勇主编)
ISBN 978-7-5197-1530-4

Ⅰ.①反… Ⅱ.①戴… Ⅲ.①反垄断法-民事诉讼-研究-中国 Ⅳ.①D922.294.4

中国版本图书馆CIP数据核字(2017)第260303号

**反垄断私人诉讼制度研究**
**FANLONGDUAN SIREN SUSONG ZHIDU YANJIU**

戴 宾 著

策划编辑 沈小英
责任编辑 沈小英 刘晓萌
装帧设计 李 瞻

**出版** 法律出版社
**总发行** 中国法律图书有限公司
**经销** 新华书店
**印刷** 北京京华虎彩印刷有限公司
**责任校对** 王晓萍
**责任印制** 吕亚莉

**编辑统筹** 财经出版分社
**开本** 710毫米×1000毫米 1/16
**印张** 22
**字数** 398千
**版本** 2017年10月第1版
**印次** 2017年10月第1次印刷

法律出版社/北京市丰台区莲花池西里7号(100073)
网址/www.lawpress.com.cn
投稿邮箱/info@lawpress.com.cn
举报维权邮箱/jbwq@lawpress.com.cn
销售热线/010-63939792
咨询电话/010-63939796

中国法律图书有限公司/北京市丰台区莲花池西里7号(100073)
全国各地中法图分、子公司销售电话:
统一销售客服/400-660-6393
第一法律书店/010-63939781/9782
西安分公司/029-85330678
重庆分公司/023-67453036
上海分公司/021-62071639/1636
深圳分公司/0755-83072995

**书号**:ISBN 978-7-5197-1530-4
**定价**:66.00元
(如有缺页或倒装,中国法律图书有限公司负责退换)